MÉMOIRES

POUR SERVIR

A L'HISTOIRE DE FRANCE.

IMPRIMERIE DE FAIN, PLACE DE L'ODÉON.

NAPOLÉON.

MÉMOIRES

POUR SERVIR

A L'HISTOIRE DE FRANCE,

SOUS LE GOUVERNEMENT DE NAPOLÉON BUONAPARTE, ET PENDANT L'ABSENCE DE LA MAISON DE BOURBON;

Contenant des anecdotes particulières sur les principaux personnages de ce temps :

Par J.-B. SALGUES.

TOME PREMIER.

A PARIS,

Chez Louis FAYOLLE, Libraire, rue Saint-Honoré, n°. 284, près l'église Saint-Roch.

MDCCCXIV.

MÉMOIRES
POUR SERVIR
A L'HISTOIRE DE FRANCE
SOUS LE GOUVERNEMENT
DE NAPOLÉON BUONAPARTE,
ET PENDANT L'ABSENCE
DE LA MAISON DE BOURBON.

Contenant des anecdotes particulières sur les principaux personnages de ce temps.

Par J.-B. Salgues,

Ancien professeur d'éloquence à l'Académie des sciences et belles-lettres de Dijon, rédacteur en chef de *l'Oriflamme*.

Huit volumes in-8°, papier fin, caractères cicéro.

CONDITIONS DE LA SOUSCRIPTION.

	fr.	c.
Les personnes qui souscriront pour les huit volumes, formant quarante-huit livraisons, paieront à l'avance, (l'ouvrage pris à Paris).	60	»
Pour les départemens.	72	»
Les personnes qui n'auront pas souscrit, paieront les huit volumes.	72	»
Franc de port.	84	»
Chacun des cahiers.	2	»
Franc de port.	2	30

On souscrit à Paris, chez J. G. DENTU, imprimeur-libraire, rue des Petits-Augustins, n° 5; et Palais-Royal, galeries de bois, n°s 265 et 266.

On souscrit aussi chez les principaux libraires du royaume et de l'Europe, et chez MM. les directeurs des postes du royaume.

PARIS,
IMPRIMERIE DE J. G. DENTU.
Février 1825.

Nouvel et dernier Avis.

MÉMOIRES

POUR SERVIR

A L'HISTOIRE DE FRANCE

SOUS LE GOUVERNEMENT

DE NAPOLÉON BUONAPARTE,

ET PENDANT L'ABSENCE

DE LA MAISON DE BOURBON.

Contenant des anecdotes particulières sur les principaux personnages de ce temps.

Par J.-B. Salgues.

Diverses causes ont suspendu trop long-temps la continuation de cet ouvrage. Il serait inutile d'en parler ici ; mais il est nécessaire de dire qu'elles ne se reproduiront plus. Devenu propriétaire de ces Mémoires, j'ai pris les mesures convenables pour que les livraisons se succédassent régulièrement. Leur discontinuation eût été un tort grave fait à l'histoire ; car l'auteur s'est appliqué à écrire avec une franchise et une liberté que l'on trouve rarement dans un contemporain. Incapable de crainte et de servilité, il n'a laissé enchaîner sa plume par aucune considération ; et sans manquer aux convenances, il a su dire ce qu'il importait de savoir. Aussi le public a-t-il accueilli son travail avec la faveur la plus honorable.

Lorsque tant d'écrivains, serviteurs reconnaissans de Napoléon, réunissent tous leurs efforts pour abolir, s'il est possible, le souvenir ou de ses fautes ou de ses excès, qu'ils se disputent l'honneur de lui ériger des autels, il était à propos qu'il se trouvât un homme courageux qui ne prît pour règle de son travail que l'exacte vérité, et qui, toujours juste, éclairé, impartial, se fît un devoir de dire également le bien et le mal. Ces qualités ne manquent pas à l'auteur de ces Mémoires; et jusqu'à ce jour on doit lui rendre ce témoignage, qu'il s'est exprimé avec une rare indépendance.

Son ouvrage n'a donc rien de commun avec les recueils officieux que l'on vient de publier sous le même titre. MM. le comte de Las-Cases, les généraux de Montholon et Gourgaud devaient un hommage à l'homme qui les avait comblés de ses faveurs. Ils le lui ont rendu, et personne ne songera à les en blâmer. Mais l'histoire ne vit point de sentimens; elle est impassible et froide comme la glace dans laquelle se réfléchissent les événemens. Les *Souvenirs de Sainte-Hélène* ne sont donc pas des monumens historiques; ce caractère était réservé aux Mémoires dont il s'agit ici, et c'est ce qui en a fait particulièrement le succès. Ils seront continués sur le même plan par le même auteur, et avec la même liberté. Les faits qui restent à raconter sont les plus curieux et les plus importans du règne de Napoléon. On y verra comment Napoléon s'est frayé le chemin au trône, avec quelle adresse il a su également employer, pour y parvenir, le bien et le mal, la prudence et l'audace, le crime et les dehors de la vertu.

Dans les prochaines livraisons, l'auteur décrira la célèbre expédition de Saint-Domingue et la reprise des armes contre l'Angleterre: fatale rupture qui devait, quelques années après, précipiter du trône celui qui avait tout fait pour la provoquer. On jettera aussi de nouvelles lumières sur le sombre et funeste drame qui a fait périr le dernier héritier du nom des Condé; et l'auteur poursuivant sa tâche avec persévérance, n'abandonnera l'homme du destin que quand la Providence, le frappant au milieu de ses triomphes, l'aura enlevé au monde, qu'il avait étonné par ses exploits, et restitué à la terre, qu'il prétendait asservir à ses lois.

Je ne parlerai point ici du mérite littéraire de ces Mémoires, il est reconnu depuis long-temps. La première édition est presque entièrement épuisée, et je tarderai peu à en offrir une nouvelle au public.

L'ouvrage entier formera huit volumes in-8°. Le quatrième est commencé : les autres se succéderont assez vite pour ne point laisser refroidir l'intérêt ; et cet ouvrage formera le monument le plus complet, le plus vrai qui ait paru sur cette matière.

CONDITIONS DE LA SOUSCRIPTION.

	fr.	c.
Les personnes qui souscriront pour les huit volumes, formant quarante-huit livraisons, paieront à l'avance, (l'ouvrage pris à Paris).	60	»
Pour les départemens.	72	»
Les personnes qui n'auront pas souscrit, paieront les huit volumes.	72	»
Franc de port.	84	»
Chacun des cahiers.	2	»
Franc de port.	2	30

Ces prix sont invariables.

On souscrit à Paris, chez J. G. DENTU, imprimeur-libraire, rue des Petits-Augustins, n° 5 ; et Palais-Royal, galeries de bois, n°s 265 et 266.

On souscrit aussi chez les principaux libraires du royaume et de l'Europe, et chez MM. les directeurs des postes du royaume.

Le Catalogue général de la librairie de J. G. DENTU sera envoyé, franc de port, *aux personnes qui en feront la demande.*

SOUS PRESSE CHEZ LE MÊME LIBRAIRE :

Appel d'intérêt public au gouvernement contre le ministère; par M. SARRAN; avec cette épigraphe : « Le Roi fait et défait les « ministres, la Chambre des députés les accuse, la Chambre des « pairs les juge. » — In-8°. Prix : 3 f. 50 c., *fr. de port,* 4 f.

Liste de quelques ouvrages récemment publiés par J. G. DENTU.

LES MILLE ET UNE CALOMNIES,
OU EXTRAITS DES CORRESPONDANCES PRIVÉES

Insérées dans les journaux anglais et allemands pendant le ministère de M. le duc Decazes, avec cette épigraphe : *Aude aliquid brevibus gyaris et carcere dignum si vis esse aliquid.* (JUVÉNAL.) Trois vol. in-8, papier fin véliné, 18 f. — *Franc de port*, 22 f.
Le 3ᵉ volume se vend séparément, 6 f. — *Franc de port*, 7 f. 25 c.

MÉMOIRES DES DIX DERNIÈRES ANNÉES
DU RÈGNE DE GEORGES II,

D'après les manuscrits originaux d'Horace Walpole, comte d'Orford ; traduits de l'anglais par J. Cohen, ancien censeur royal; 2 vol. in-8 de 1500 pages, sur papier superfin des Vosges, 15 f. — *Franc de port*, 19 f.

L'ANCIENNE HÉLOÏSE,

Manuscrit nouvellement retrouvé de lettres inédites d'Abailard et d'Héloïse, traduites par de Longchamps, et publiées avec des notes historiques, par M. A. de Puyberlaud; 2 vol. in-8, sur papier superfin des Vosges, 10 f. — *Franc de port*, 12 f. 50 c.

TRAITÉ DE DROIT POLITIQUE
ET DE DIPLOMATIE,

Appliqué à l'état actuel de la France et de l'Europe. Par G. B. Battur, docteur en droit, auteur du Traité des priviléges hypothécaires, etc.; 2 gros vol. in-8, sur papier fin véliné, 12 f. — *Franc de port*, 15 f.

PIÈCES INTÉRESSANTES

Pour servir à l'histoire du 19ᵉ siècle, publiées par Alexandre M****. Un vol. in-8, 3 f. — *Franc de port*, 3 f. 75 c.

Les pièces contenues dans ce recueil, la plupart très-rares ou peu connues, sont du plus grand intérêt, relativement à l'époque présente.

COUP-D'ŒIL SUR L'ESPRIT DU SIÈCLE,

Ou de la dégradation morale de l'homme sous le règne des lumières, et de la désorganisation politique de la société sous le gouvernement de l'opinion, avec cette épigraphe : *Ils ont semé du vent, et ils recueilleront des tempêtes.* (OSÉE, c. VIII, § 7.) In-8, 3 f. — *Franc de port*, 3 f. 75 c.

TABLEAU SYNOPTIQUE DE L'HISTOIRE DE FRANCE,

Et des principaux évènemens arrivés en Europe depuis la naissance de Louis XIV, jusqu'à l'époque de la restauration de la monarchie française ; pour servir de suite à l'Abrégé chronologique du président Hénault ; par M. Bordes. Trois gros vol. in-8, imprimés avec soin et sur papier superfin, 24 f. — *Franc de port*, 29 f. 50 c.

PRÉFACE.

En publiant ces Mémoires, on n'a point l'intention d'imiter quelques personnes qui semblent vouloir, tous les jours, réaliser la fable du *lion devenu vieux*. Des hommes prosternés, il y a quelques mois, devant les dernières ombres du pouvoir de Buonaparte, ont été les premiers à briser ses images; à insulter ses autels; ils se montrent braves aujourd'hui, de toute leur lâcheté d'autrefois.

D'autres font mieux; comblés de ses faveurs, enrichis de ses dons, ils outragent publiquement leur bienfaiteur. Ils le chantoient dans la prospérité, ils le frappent dans l'adversité. Ils sont toujours conséquens, toujours fidèles à leurs principes : car, pour eux, il ne s'agit pas de ce qui est honnête, mais de ce qui est utile.

Cet excès de bassesse indigne à la vérité les âmes honnêtes, mais il sert admirablement les âmes faciles et accommodantes qui sont prêtes à tout, même à l'opprobre. Car c'est à cette flexibilité de conscience, à cette abnégation des lois de la reconnoissance et de l'honneur, que nous devons le plaisir de voir, depuis vingt ans, les mêmes hommes se perpétuer dans les mêmes places et se plier à tous les gouvernemens, quels qu'en soient les formes, les chefs, ou les principes.

On les accuse d'inconstance; c'est une calomnie,

ils sont constamment vils, constamment attachés à leurs intérêts personnels, et suivent, sans varier, cette maxime, que d'honnêtes gens regrettent de trouver dans le bon *La Fontaine* :

> Le sage dit, suivant le temps,
> Vive le roi, vive la ligue.

Ils voient, disent-ils, le gouvernement comme un fait; et s'inquiètent fort peu du droit. Nous les félitons de cette heureuse docilité, de cette profitable souplesse; mais nous avouons humblement qu'il nous seroit impossible de suivre de si nobles exemples. Nous avons constamment eu la foiblesse de croire que la morale et l'honneur étoient de quelque prix; nous avons même quelquefois poussé la gaucherie jusqu'à nous en faire les défenseurs. On ne nous a jamais vus dans la foule des adulateurs. On ne nous a point entendus exalter des actions que notre cœur désavouoit; encore moins en rendre grâce au ciel. Il est vrai que cette fierté ne nous a valu ni cordons, ni dotations, ni fonctions honorifiques. On n'a dépouillé personne pour nous enrichir. Mais si notre conduite nous a mérité l'estime et l'attachement du petit nombre d'honnêtes gens dont nous avons l'honneur d'être connus, nous ajouterons à nos autres maladresses, celle de nous croire suffisamment dédommagés.

Nous pouvons donc écrire ces Mémoires sans avoir à encourir le reproche d'ingratitude et d'inconséquence. Car telle a été notre destinée, ou peut-être notre volonté, que de tous les bienfaits des gouvernemens révolutionnaires qui viennent heureusement de cesser, nous n'avons connu que les mandats d'arrêt, les prisons, les spoliations et autres aménités employées autrefois pour la conversion des infidèles et qui n'ont pu néanmoins nous convertir.

Nous convenons ingénument qu'il eût été plus agréable pour nous de retracer les actions d'un bon roi, chéri de ses sujets, que celles de Buonaparte. C'est un bonheur qui n'est pas donné à tout le monde, et les bons rois sont rares. Heureuse Mme. de Genlis, à qui il est permis d'écrire la vie de Henri IV !

Mais si l'histoire des bons princes, est la seule qui soit véritablement digne d'être gravée dans le souvenir des hommes, celle des méchans n'est pas non plus sans intérêt; et peut-être Tacite ne mérite-t-il pas moins de l'humanité, quand il peint la tyrannie de Tibère, que quand il célèbre les vertus d'Agricola.

Buonaparte a été un horrible tyran; la postérité gardera le souvenir de son règne, comme on garde celui des grandes calamités qui affligent le genre humain. Mais tel a été l'éclat de ce règne, l'audace de ses folles entreprises, l'excès de sa présomptueuse ambition, qu'il a su long-temps fasciner les yeux des foibles et les attacher à son nom par une sorte de prestige, dont l'impression dureroit peut-être encore, s'il eût su terminer sa carrière par une mort honorable.

Et c'est cet éclat, ce prestige d'une vaine et fausse gloire qui lui assure encore quelques adorateurs secrets, quelques zélateurs plus généreux qu'éclairés,

qui sollicitent pour lui, si non des éloges, au moins l'oubli du passé et le silence de l'histoire. « Car tel
» est, dit un de nos plus célèbres historiens, la misé-
» rable foiblesse des hommes, qu'ils regardent avec
» admiration, ceux qui ont fait du mal d'une manière
» brillante, et qu'ils parleront souvent plus volontiers
» du dévastateur d'un empire, que de celui qui l'a
» fondé ».

On pardonne aisément cette foiblesse, parce qu'elle provient des erreurs de l'esprit et non point des vices du cœur. Mais faut-il pardonner également à ceux qui réclament l'oubli des maux que nous avons souf-ferts, parce qu'ils en ont été les auteurs ou les com-plices ? à ceux qui nous défendent de jeter les yeux en arrière, parce qu'à toutes les époques de la révo-lution, on les trouve constamment associés à la tyran-nie, toujours prêts à en recueillir les fruits ?

Nous concevons facilement que Buonaparte soit pour eux un objet d'intérêt, et l'histoire un objet de terreur ; nous concevons facilement toute leur ten-dresse pour le tyran qu'ils ont servi : en plai-dant sa cause, c'est la leur propre qu'ils défen-dent ; en réclamant pour lui notre clémence, c'est pour eux-mêmes qu'ils la sollicitent. Le passé les effraie, parce que le passé les accuse : ils parlent sans cesse de générosité, d'oubli, de pardon ; mais, dans le long cours de nos calamités, au milieu du débor-dement des malheurs qui se sont répandus sur nous, quels efforts ont-ils faits pour en arrêter le cours ? quelle pitié ont-ils eue pour les victimes de la tyrannie? Ni les maux des peuples, ni les gémissemens des familles, ni la désolation générale n'ont pu obtenir d'eux le moindre signe d'intérêt, armer leur cœur du moindre courage, les disposer à la moindre résistance. Leurs noms seront éternellement un objet de mépris et d'exécration ; et si le malheur des temps et la nécessité des circonstances leur conservent encore quelque pouvoir, ou quelque honneur, leur élévation ne sera jamais considérée que comme un reste des calamités publiques.

Si, après avoir épuisé la France dans ses dernières ressources, avoir tari le sang de nos dernières générations, Buonaparte eût réussi dans ses derniers desseins, doute-t-on qu'ils ne fussent venus au pied de son trône, admirer son génie, se féliciter de ses bienfaits, et lui voter de solennelles actions de grâce?

Ayons, si l'on veut, assez de générosité pour pardonner tant de bassesse, soyons grands pour user noblement de la victoire et mépriser les lâches qui frappent leur ennemi par terre ; mais ne soyons pas assez dépourvus de justice, de prévoyance et de force pour céder à d'artificieuses insinuations et nous associer à des hommes qui veulent épargner le crime, en affectant de révérer le malheur. Il importe que les actions des méchans soient connues ; et ce n'est pas battre un tyran, que d'écrire son histoire.

Quand Néron, condamné par le sénat à mourir sous les verges, se vit réduit à se faire donner la mort par un esclave, il étoit assurément malheureux.

Étoit-ce une raison pour ensevelir les crimes de Néron dans l'oubli? et parce que Tacite et Suétone ont flétri le nom de Narcisse et de Tigellin, ses infâmes conseillers, faudra-t-il accuser ces écrivains d'avoir mal usé de la victoire, et manqué de générosité?

Sans doute quelques modernes Tigellins auront à se plaindre de la franchise avec laquelle nous écrirons ces Mémoires; mais si, dans ce tableau de nos calamités publiques, ils trouvent quelques vérités peu flatteuses pour eux, nous les prions de considérer que ce tort n'est pas le nôtre, et que le seul moyen de n'avoir rien à craindre du souvenir des hommes, c'est de travailler à mériter leur estime.

Ce n'est ni l'esprit de vengeance, ni l'esprit de parti, qui nous a portés à écrire ces Mémoires; c'est le désir seul d'être utile à nos concitoyens, et de rappeler dans leur cœur les principes de vertu que le règne passé en avoit exilés. Car c'est le propre de la tyrannie d'anéantir tout ce qui est grand, noble et généreux, d'avilir toutes les âmes, de dénaturer tous les sentimens, et de jeter les peuples dans le désespoir, en leur montrant sans cesse la vertu malheureuse et le vice triomphant. Spectacle désolant qui accable l'homme de bien; qui nous détache insensiblement de nos devoirs; qui nous fait douter de la providence et nous porte à regarder l'univers, cette œuvre sublime de Dieu, comme l'ouvrage d'un mauvais génie. Que faudroit-il, pour extirper tous les germes de la morale, et porter les peuples à l'athéisme? si non prolonger la tyrannie.

Buonaparte est vaincu. Grâces en soient rendues au ciel ! Il expie dans l'exil les maux innombrables qu'il a causés à l'humanité ; ne troublons point sa solitude, oublions sa personne ; mais souvenons-nous éternellement de son règne.

Il faut avoir sans cesse sous les yeux les crimes de la tyrannie, pour sentir le prix des vertus qu'elle étouffe. Il faut haïr les tyrans, pour aimer les bons rois.

Qui sait d'ailleurs si les complices de Buonaparte ne nourrissent pas encore de coupables espérances ? n'a-t-on pas vu ces fauteurs de révolution, toutes les fois qu'ils ont été vaincus, réclamer les principes de l'humanité, s'adresser à la clémence de leurs vainqueurs, les conjurer, au nom de la patrie, d'étouffer leurs ressentimens et d'éteindre parmi les concitoyens tous les germes de haine et de division ?

Mais lorsqu'ils avoient obtenu de la loyauté de leurs ennemis, un pardon généreux ; que faisoient-ils ? Ils méditoient en secret les moyens de ressaisir la puissance, et quand la fortune et l'habileté les secondoient, à quels actes de violence et de cruauté ne se portoient-ils pas ? avec quelle fureur on les voyoit immoler ceux mêmes qui les avoient épargnés ! avec quelle impitoyable cruauté ils usoient de la victoire !

Qu'auroient fait Buonaparte et ses inexorables satellites s'ils eussent eu à leur disposition ces princes, aujourd'hui l'objet de notre amour, le gage de nos plus douces espérances ? Auroient-ils hésité un instant à les sacrifier à leur lâche sécurité ?

Et quand un des agens de Napoléon essaya tout récemment de s'emparer des voitures qui sortoient de Vesoul ou de Nancy, dans l'espoir d'y trouver l'auguste frère de notre monarque, étoit-ce pour le reporter près du trône de ses pères? Quel eût été le sort de M. le duc d'Angoulême, si Bordeaux eût été vaincu, et si ce prince fût tombé entre les mains des commissaires de Napoléon?

N'écoutons donc point les conseils d'une fausse et périlleuse générosité; et s'il est quelques personnes qui conservent encore quelque tendre intérêt pour le moderne Domitien, nous les appelons au tombeau du duc d'Enghien et à la poudrière de Grenelle.

Il importoit que quelqu'un se chargeât de recueillir les monumens historiques dont la tyrannie ombrageuse de Buonaparte avoit depuis quinze ans interdit la publication; car le premier soin des tyrans est de condamner leurs sujets à l'ignorance, de proscrire la pensée, d'étouffer la plainte, et de couvrir du secret le plus profond les actes criminels sur lesquels est fondé l'édifice de leur puissance. Jamais personne n'a mieux connu cet art que Buonaparte; jamais despote n'a possédé d'esclaves plus dévoués, de ministres plus zélés pour l'accomplissement de ses ordres. Au milieu de l'Europe, il a trouvé le secret de nous rendre étrangers à l'Europe toute entière. Il a fait plus; il est parvenu à nous dérober jusqu'à la connoissance des événemens qui se passoient presque sous nos yeux; et tel a été l'état de dégradation où il nous avoit précipités, que nous étions en quelque sorte devenus sourds, aveugles et muets. Son règne est le seul qui offre l'exemple incroyable d'une nation de trente millions d'hommes tenus au secret pendant près de quinze années.

Avilissement inouï, et qui nous couvriroit d'une honte ineffaçable, si l'on ne savoit jusqu'à quel point un peuple fatigué de douze années d'orages politiques est propre à la servitude, et capable de patience et de longanimité.

En publiant aujourd'hui les secrets du règne de Buonaparte, en produisant au grand jour les mystères de la tyrannie, nous aurons le mérite d'offrir à nos lecteurs des scènes inconnues et nouvelles, et de leur parler de leur propre histoire comme de l'histoire d'un peuple étranger et lointain.

Déjà ils commencent à en avoir quelque idée. Chaque jour les révélations se succèdent et se multiplient, nous les recueillerons avec soin dans cet ouvrage; nous en ajouterons de nouvelles; nous les soumettrons toutes à un examen sévère et impartial; nous n'admettrons que des faits avérés, nous les appuyerons souvent de pièces justificatives; enfin nous n'épargnerons rien pour rendre ces mémoires dignes des suffrages et de l'estime publique.

Nous n'avons point le dessein d'écrire une histoire, c'est à Tacite qu'il est réservé de peindre Tibère ou Néron. Nous croirons avoir suffisamment mérité du public, si jamais ce recueil peut offrir quelque secours à des écrivains plus habiles que nous.

Il faut répéter ici ce que nous avons annoncé

précédemment dans notre prospectus, que pour distraire nos lecteurs des images funestes dont cet ouvrage ne sera que trop rempli, et tempérer le bien par le mal; nous essaierons de tracer l'histoire des princes de la maison de Bourbon pendant leur long exil, et depuis les funestes catastrophes qui les ont forcés d'abandonner la terre de leurs augustes aïeux.

MÉMOIRES

POUR SERVIR

A L'HISTOIRE DE FRANCE,

Pendant le Gouvernement de Napoléon Buonaparte, et l'absence de la Maison de Bourbon.

CHAPITRE PREMIER.

De la Corse.

La Corse est une île de la Méditerranée, située entre les quarante-unième et cinquante-cinquième degrés de latitude septentrionale, le vingt-sixième et le vingt-septième degrés de longitude. Elle a, au nord, le golfe de Gênes; au midi, la Sardaigne, dont elle n'est séparée que par un détroit de trois lieues, parsemé d'îles et de rochers. La mer de Toscane la baigne à l'est; celle de Provence, à l'ouest. Sa longueur est de trente-huit à trente-neuf de nos lieues ordinaires; sa largeur, de quinze à seize.

Elle est coupée, dans toute son étendue, par une double chaîne de montagnes, qui se croisent et la séparent naturellement en quatre parties. Les Grecs la connoissoient sous le nom de *Cyrnos*. On ignore à quelle époque et pour quoi elle a pris celui de *Corsica*.

Isidore de Séville prétend, à la vérité, qu'une femme de Ligurie, ayant vu revenir de Corse une vache bien grasse, passa aussitôt dans cette île pour y établir ses troupeaux; et comme cette femme s'appeloit *Corsa-Bubula*, elle ne manqua pas de donner à *Cyrnos* le nom de *Corsica*. Mais Isidore de Séville est un conteur d'historiettes, qui ne mérite aucune attention.

Les hautes montagnes et les rochers dont l'île de Corse est hérissée lui donnent un aspect inculte et sauvage. Cependant l'air y est sain et les eaux salubres; on y trouve des bains d'eaux minérales qui peuvent être très-utiles à la santé. Les vins y sont excellens, et pourroient rivaliser avec les meilleurs d'Italie, si l'on savoit mieux les faire; mais les œuvres de M. Chaptal y sont encore peu connues. La Corse jouit à peu près de la même température que la Provence; à peine y connoît-on les orages. On y trouve des bois d'orangers, de limoniers, de citronniers; l'amandier, le figuier, le palmier, le jujubier, y sont très-communs. La terre y est couverte de buis, de myrtes, de lauriers, de grenadiers, d'arbousiers, dont les fleurs parfument l'air. Les arbres les plus communs en Corse sont le chêne-vert, le hêtre, et surtout le châtaignier, végétal d'une ressource immense, qui seul suffiroit à la nourriture de tous les habitans. L'olivier de Corse est beaucoup plus gros, plus élevé que celui de Provence ou de Languedoc; mais l'huile n'y est pas aussi parfaite. Les mûriers que l'on y a plantés ont pris un accroissement rapide, et sont devenus une nouvelle source de richesses.

Les bestiaux sont plus petits en Corse que dans le reste de l'Europe, et les vaches y sont rares, faute de pâturage; mais les chèvres y sont très-nombreuses. La laine des moutons est longue, dure et rude comme du poil; tous ont la laine noire; à peine dans les troupeaux les plus considérables trouveroit-on un mouton blanc. On attribue ces effets au séjour qu'ils font sur les montagnes et à la nature des plantes dont ils se nourrissent. Le miel abonde dans l'île, et l'on y recueille une quantité considérable de cire. Elle a un grand nombre de ports propres à faciliter le commerce; celui de *Porto-Vecchio* est le plus vaste et le plus sûr. L'air des vallons et des plaines passe pour malsain; mais il deviendroit facilement salubre, si l'on s'occupoit davantage de l'écoulement des eaux et du desséchement des marais.

On prétend qu'il n'y a point d'animaux

venimeux. On y trouve néanmoins des scorpions, et une espèce de petite araignée, marquée de diverses couleurs, dont la morsure est fort dangereuse. Son effet est de produire un engourdissement et un froid subit, quelquefois suivi de la mort. Ce fait, attesté par le médecin Frediani, auroit besoin d'être vérifié.

Les loups sont inconnus en Corse; les renards y sont nombreux et entreprenans; le gibier y est très-abondant. Les bois, les rochers, les montagnes, recèlent une quantité prodigieuse de ramiers, de grives et surtout de merles, dont les gastronomes corses font un cas particulier.

Les belles nuits d'été sont en Corse, comme en Italie, éclairées par cette jolie mouche phosphorique qu'on nomme *luciola*, et dont le vol brillant jette partout une lumière vive, éclatante et mobile. Dix à douze lucioles suffiroient pour tenir lieu de bougies dans un appartement.

On fait monter la population de l'île à trois cent mille habitans. Ses principales villes sont Bastia, Ajaccio, Torte, Calvi, Bonifaccio, San-Fiorenzo. Bastia est la capitale; mais Ajaccio la surpasse pour la beauté du site, la forme et l'élégance des habitations : c'est la ville que les Grecs habitent de préférence ; et comme leurs femmes sont jolies, Ajaccio est le séjour le plus recherché de toute la Corse.

Les grandes routes étoient inconnues en Corse avant l'établissement des Français. Depuis ce temps on a construit des chaussées, ouvert de larges chemins pour la facilité et la sûreté des communications. La Corse possédoit autrefois cinq évêchés et soixante-dix-sept monastères.

La langue des Corses est un mélange de grec, d'arabe, de latin et d'italien. Les habitans sont la plupart pauvres, mal vêtus, mal nourris et ennemis du travail. Les hommes sont d'une taille médiocre, mais robustes, intrépides, capables de soutenir les fatigues, la faim, la soif et toutes les misères de la vie humaine. Quoiqu'ils battent habituellement leurs femmes, ils en ont cependant la meilleure opinion ; ils disent que lorsque Dieu créa le monde, il jetta douze onces de vertu sur la terre ; les femmes corses en prirent onze pour leur part, et laissèrent les autres femmes se partager le reste.

Les Romains avoient fait de la Corse un lieu d'exil et de bannissement. Sénèque y fut relégué et y passa huit ans. On montre encore aujourd'hui une tour qui porte son nom : *Torre di Seneca*. On croit que ce fut là qu'il composa ses Traités de la Consolation, dont il paroît qu'il avoit lui-même grand besoin. On cite de lui quelques épigrammes qui nous donneroient une fort mauvaise idée de la Corse et de ses habitans, s'il falloit s'en rapporter aux boutades d'un exilé ; la plus connue est celle-ci :

Lex prima ulcisci ; lex altera vivere furto ;
Tertia mentiri ; quarta negare Deos.

Se venger et voler, mentir, nier les dieux,
Voilà toutes les lois de ces aimables lieux.

Mais les Corses soutiennent qu'il ne la composa que pour se venger d'un affront qu'il avoit essuyé. Dans ses momens de gaieté, il étoit devenu amoureux d'une jeune insulaire, et avoit entrepris d'obtenir par force ce qu'il faut toujours obtenir de bonne volonté. La jeune fille se plaignit à ses frères, qui se saisirent du philosophe et le fustigèrent. Un philosophe fustigé est de mauvaise humeur ; il ne faut donc pas s'étonner qu'il ait si mal parlé de ses hôtes.

Le sort de la Corse a été de combattre éternellement pour la liberté, sans jamais l'obtenir. On connoît plus de deux mille années de son histoire, et ce sont deux mille années de guerres, de violences, d'usurpations, de révoltes, de de soulèvemens, de tyrannies, de calamités de tous les genres. Peut-être n'existe-t-il pas de pays plus constamment malheureux. Aucune terre n'a été arrosée de plus de sang, souillée de plus d'assassinats, témoin de plus de désastres.

Qu'on se figure un peuple en état de révolution pendant deux mille ans, déchiré sans relâche par l'esprit de parti, exalté, fanatisé par la haine, le ressentiment, le désespoir, et tout ce que le cœur humain renferme de plus violentes passions; luttant sans cesse contre ses tyrans, sans pouvoir briser ses chaînes, subissant en quelque sorte le supplice de Prométhée. Il y a dans cette persévérance de malheurs une sorte de fatalité capable de faire d'un peuple d'anges un peuple de démons.

On a dit, pour humilier les Corses, que les Romains ne vouloient pas d'eux pour esclaves; c'étoit pour les honorer qu'il falloit le dire; car quelle est la nation la plus digne d'éloges, de celle qui se soumet lâchement à la servitude, ou de celle qui ronge ses fers plutôt que de les porter? Jusques sous les chaînes de l'esclavage, les Corses conservoient leur esprit d'indépendance et leur indomptable fierté; ils aimoient mieux se laisser mourir de faim que de travailler pour leurs maîtres. Étoient-ils donc au-dessus des esclaves, ces Romains qui subissoient avec tant d'abaissement et d'humiliation la tyrannie des Tibère, des Caligula, des Néron, des Domitien ?

Toute nation opprimée se pervertit promptement. Il en est des Corses comme des Juifs; c'est l'excès du despotisme et de l'injustice qui a corrompu leur cœur; on finit par renoncer à la vertu quand la vertu devient inutile.

Les antiquités de la Corse sont obscures et incertaines, comme celles de tous les peuples ; on n'a sur ses premiers habitans aucune notion exacte. Les premiers étrangers qui vinrent s'y montrer, furent des Phocéens. Les Carthaginois les chassèrent, et furent chassés à leur tour par les Romains.

Les Corses firent de vains efforts pour se délivrer des Romains; ils furent vaincus dans toutes les occasions, et ne retirèrent d'autre fruit de leur révolte, qu'une surcharge d'impôts. On exigeoit d'eux cent mille livres de cire ; on leur en demanda deux cent mille. Ils se soulevèrent de nouveau ; on les battit encore, et ils payèrent. Les derniers mouvemens qu'ils firent pour leur liberté, furent réprimés par T. Sempronius Gracchus et P. Cornelius Scipion Nasica.

La Corse et la Sardaigne ne formoient qu'un

seul gouvernement; Adrien les sépara, et les Corses eurent leur gouverneur particulier. Les Romains avoient établi leurs colonies sur les côtes et dans les lieux les plus fertiles; ils portèrent dans cette île leurs arts, leur commerce et leur magnificence. Elle se couvrit de villes florissantes, bien bâties et bien peuplées; les marais furent desséchés, les terres cultivées; on croit que la seule colonie d'Aleria comptoit soixante mille habitans. Si jamais les Corses connurent quelque bonheur, il est probable que ce fut à cette époque, période heureuse, qui dura jusqu'à l'invasion des barbares.

Alors la Corse se trouva en proie à de nouvelles calamités; ses villes furent détruites, ses campagnes désolées par les Vandales; les Goths, qui survinrent, achevèrent la dévastation, et chassèrent entièrement les Romains. Narsès, général de l'empereur Justinien, y rentra, et remit, pour quelque temps, cette malheureuse contrée sous l'obéissance des empereurs d'Orient; mais les Lombards, autres barbares, y pénétrèrent à leur tour, et la leur enlevèrent.

Quatre ans après, Athime, chef des Sarrasins, se jeta sur Aleria, s'en rendit maître, et se proclama roi de l'île de Corse. Le fanatisme des Arabes, celui des Corses nouvellement convertis, la haine qu'inspiroit aux deux nations la différence des religions, devinrent la source de mille nouvelles atrocités.

Les Corses invoquèrent inutilement le secours des puissances d'Italie ; elles avoient trop d'affaires elles-mêmes pour pouvoir s'occuper de celles des autres ; mais on assure que leurs plaintes parvinrent à Charles Martel. Ce héros, la terreur des Maures, rassembla des troupes, s'embarqua avec elles, descendit en Corse, et, dans l'espace de trois jours, la délivra du joug des Sarrasins, après avoir tué leur roi de sa propre main.

Pourquoi ne les extermina-t-il pas jusqu'au dernier, comme dans les plaines de la Touraine! Après son départ, ils se réunirent sous un nouveau chef nommé Nuguloë, et rétablirent l'empire du croissant.

Rome étoit effrayée de voir s'élever si près d'elle le culte de Mahomet. Le pape Étienne IV excita le zèle de Hugues Colonna, noble Romain, et lui promit la souveraineté de la Corse s'il en chassoit les Sarrasins. Hugues Colonna étoit brave et entreprenant, et fort disposé à recevoir une couronne ; il rassemble deux cents chevaux et mille hommes d'infanterie, descend dans les plaines d'Aleria, attaque et défait Nuguloë, revient à Rome, reçoit du pape la souveraineté de la Corse, se fait son vassal, et laisse à son fils Bianco le soin de continuer la guerre. Elle fut atroce; les Sarrasins, attaqués de toutes parts, se défendirent en désespérés; on en faisoit un carnage affreux; on traitoit de même les Corses mahométans; ils avoient voulu convertir les chrétiens, on voulut les convertir à leur tour. Proscriptions, taxes extraordinaires, empoisonnemens, on n'oublia rien pour leur salut; on leur imposa jusqu'à la dîme de leurs enfans.

Les restes de ces malheureux, réduits au désespoir, prirent les armes, livrèrent des combats sanglans, et finirent par abandonner la Corse, en laissant partout des marques de leur fureur et de leur désespoir.

Depuis ce temps, l'île jouit de quelque repos. Le comte Arrigo supprima la dîme des enfans, et se fit bénir de ses vassaux; il gouvernoit avec sagesse et bonté, lorsqu'il fut assassiné par un scélérat venu de Sardaigne. Sa mort replongea la Corse dans la plus affreuse confusion. Les Pisans vinrent bâtir *Bonifaccio*; les Génois vinrent chasser les Pisans; les Corses attaquèrent les Génois. Le pape envoya un marquis de *Massa di Maremna*, qui battit et les Corses et les Génois et les Pisans, et gouverna pendant sept années. Après sa mort et celle de son fils, nouveaux désordres. Les Génois s'emparent de

Bonifaccio, et en chassent tous les habitans. Les Corses mettent à leur tête un homme audacieux et féroce, nommé Orso, qui les défend et les opprime ; il pousse la tyrannie jusqu'à établir le droit de première nuit. Les Corses le tuent ; l'île est dans une confusion horrible. Le pape Urbain II, dans une congrégation de cardinaux, la donne aux Pisans, comme un fief de l'église. Les Pisans acceptent le présent et se soumettent à payer au saint siége 50 livres de redevance.

Leur gouvernement fut doux et paternel; ils bâtirent des églises, construisirent des ponts, élevèrent des édifices publics, et firent goûter aux Corses les douceurs de la paix.

Ce calme heureux fut bientôt troublé. Il restoit un descendant du comte Arrigo, qui portoit le titre de comte de Corse, sans en retirer les bénéfices. Il entreprit de rentrer dans ses droits, et se rendit bientôt célèbre sous le nom de *Giudice della Rocca*. En 1264, il fut reconnu gouverneur général. *Giovaninello*, riche seigneur, se créa un parti, et lui disputa l'autorité. Les deux factions se déchirèrent pendant deux cents ans.

Les Pisans, hors d'état de se soutenir, rendirent à Urbain le présent qu'il leur avoit fait. Le pape l'offrit à Alphonse, roi d'Arragon. Alphonse l'accepta, puis l'abandonna. Les Corses, livrés à eux-mêmes, se choisirent des chefs plus cruels, plus féroces les uns que les autres. Les châteaux furent brûlés, les villages incendiés; la désolation étoit au comble. Enfin les habitans prirent le parti de reconnoître les Génois comme leurs souverains, et leur prêtèrent foi et hommage.

Ils espéroient quelque repos et ne l'obtinrent pas; mille factions s'élevèrent successivement, et couvrirent encore leur malheureuse patrie de cendres, de cadavres et de ruines; les Génois se rendirent si odieux que, dans une nuit, ils furent tous égorgés. Un moine, nommé Nicolo, se fit un grand parti par le moyen de son éloquence; il érigea une confrérie dans laquelle entrèrent plusieurs seigneurs; on jura de s'entre-secourir mutuellement : le moine commençoit à prendre un grand ascendant, lorsque son général le rappela.

On vit alors s'élever de nouvelles divisions; les Corses élurent des chefs qu'ils nommoient *Caporali*, et les chassèrent ensuite pour retourner aux Génois. Giovani Paolo et Rinuccio della Rocca refusèrent de se soumettre; les Génois envoyèrent contre eux Nicolo Doria, qui se signala par les actes de la plus horrible cruauté; il fit massacrer tous les habitans de plusieurs villages. Rinuccio avoit laissé deux de ses fils à Gênes; Doria en fit égorger un. Cette barbarie atroce n'ayant pu ramener Rinuccio, il le menaça de tuer le second. Un autre chef de parti l'inquiétoit, il fut assassiné. Tant de forfaits ne firent qu'irriter les esprits.

Il étoit difficile que les Corses tombassent sous de plus mauvais maîtres que les Génois. On a remarqué que la domination d'une petite république est presque toujours plus dure, plus oppressive que celle d'un état puissant. La conscience que les petits ont de leur propre foiblesse, les porte à des actes d'une excessive sévérité ; car, ne pouvant se faire respecter par la force, ils essaient d'imposer par la crainte.

Gênes avoit besoin d'appui pour elle-même; elle passoit successivement d'un protecteur à un autre, et ne jouissoit que d'une existence précaire. Le seul moyen raisonnable qu'elle eût pu employer pour conserver l'île de Corse, auroit été un gouvernement doux, libéral, paternel : elle suivit un système tout contraire; car, au lieu de chercher à rendre les Corses meilleurs et plus heureux, elle ne songea qu'à les tenir plongés dans la plus honteuse ignorance et la soumission la plus abjecte. Elle pouvoit obtenir beaucoup par l'amour, elle aima mieux obtenir moins par la terreur ; et telle fut sa cruelle politique, qu'un de ses propres historiens, Filippini, ne craint pas d'avouer qu'elle fit brûler plus de cent vingt des plus riches villages, de crainte qu'ils ne se révoltassent, et qu'elle força quatre mille habitans de quitter leur pays.

Ces excès suscitèrent, en 1550, un vengeur à la Corse, ce fut Sampietro de Bastelica; il étoit doué des plus hautes qualités; il avoit été élevé dans la maison du cardinal Hippolyte de Médicis, neveu du pape Clément VII, et s'étoit distingué au service de France, où il commandoit un régiment. Après la mort de François Ier., il étoit rentré dans sa patrie, et avoit épousé *Vannina*, héritière de la maison d'Ornano, l'une des plus anciennes, des plus riches et des plus illustres de la Corse. Il prit même le nom de *Sampietro d'Ornano*. Touché de l'état malheureux de sa patrie, il résolut de la secourir; il intéressa au succès de ses desseins Henri II, qui avoit des prétentions sur Gênes, et lui montra les avantages d'une possession telle que l'île de Corse. Le roi de France entra facilement dans ses vues. On prépara une expédition pour la Corse, et l'on en donna le commandement au général de Termes, ayant sous ses ordres Sampietro d'Ornano, Jourdain-des-Ursins, et plusieurs autres habiles officiers.

Henri II avoit pour allié l'empereur des

Turcs, Soliman, surnommé le Magnifique. Le sultan équipa une flotte, et se disposa à seconder le roi de France. Cette expédition devoit effrayer les Génois; cependant ils se disposèrent à soutenir courageusement la guerre. André Doria, malgré ses quatre-vingt-dix-sept ans, sentit renaître son ardeur guerrière et tout le feu de sa jeunesse. Il s'embarqua intrépidement à la tête d'un armement considérable.

La guerre fut soutenue de part et d'autre avec vigueur. Plusieurs places furent d'abord emportées par les Turcs et les Français, et particulièrement Ajaccio, dont l'opulence offroit au soldat l'espoir d'un riche butin. Ornano eut soin de répandre le bruit que les Français ne venoient que pour affranchir l'île de la tyrannie de Gênes; une foule de Corses se joignirent à lui, et bientôt une grande partie de l'île fut délivrée de ses tyrans. Mais le génie d'André Doria, les forces considérables que les Génois obtinrent de l'empereur Charles-Quint, arrêtèrent les progrès des Français. On fit de part et d'autre des efforts incroyables, les deux armées se signalèrent par les actions les plus éclatantes. La fureur des Corses étoit telle qu'ils juroient de se jeter plutôt dans les bras des Turcs, que de retourner sous le joug des Génois. Il fallut cependant y rentrer. Le roi de France, appelé par d'autres soins, termina cette guerre par un traité avantageux et honorable pour les Corses, et s'en rendit garant.

Mais les traités n'étouffent pas les haines nationales. Après la mort de Henri II, la tyrannie de Gênes devint plus violente que jamais; la haine des opprimés s'enflamma avec une nouvelle fureur. Ornano ayant inutilement sollicité le secours des Turcs, résolut de sauver seul sa patrie. Il rassembla ses forces, livra plusieurs combats, prit des villes, les perdit, et fut enfin lâchement assassiné par un misérable nommé Vitolli. On imputa ce crime aux Génois : il paroît constant que Pietro Vivaldi, qui commandoit leurs forces, avoit pris la résolution d'exterminer les chefs des Corses par le fer, le feu et le poison. Cette guerre fut conduite avec une férocité inouie; on tuoit de part et d'autre les prisonniers; on pendoit les garnisons, on incendioit les villages; il est probable qu'un assassinat de plus n'effraya pas le général génois.

Sampietro d'Ornano étoit un homme d'une âme élevée, d'un rare courage et d'une constance inaltérable. Il joignoit de grands vices à de grandes qualités : il étoit jaloux et cruel à l'excès. Sa femme ayant quitté l'île de Corse, pour se retirer à Marseille, Sampietro, dans l'accès de sa fureur, tua celui qui lui en apporta la nouvelle, courut à Marseille, se saisit de sa femme et l'étrangla de ses propres mains.

La mort de Sampietro ne rendit point le calme à la Corse; son fils, à peine âgé de dix-huit ans, se mit à la tête des insurgés, et les Corses jurèrent de mourir avec lui. Gênes sentit le besoin de capituler, proposa une amnistie, fit des propositions raisonnables qui furent acceptées. Le jeune Ornano quitta la Corse pour se rendre en France, et s'y montra d'une manière si honorable qu'il fut élevé au grade de maréchal de France.

Il ne s'agissoit, pour le bonheur de la Corse, que de continuer à y entretenir les principes de la modération et de l'équité; mais, si d'une part il étoit difficile de gouverner les Corses, de l'autre, il étoit presque impossible de se laisser gouverner par les Génois. L'île étoit ruinée, ils exigèrent d'elle des contributions excessives. Le désespoir enfanta de nouvelles révoltes; des deux côtés on s'attaqua avec rage, les Génois aggravant tous les jours la tyrannie, les Corses s'obstinant de plus en plus dans l'esprit d'insurrection. On exigeoit d'eux qu'ils n'exportassent leurs productions que dans les ports de Gênes, où ils étoient réduits à les vendre à vil prix. Dans une famine, on leur enleva tous leurs blés pour Gênes, et on les abandonna eux-mêmes à toutes les horreurs de la disette.

La manière de procéder contre les prévenus de crimes capitaux, étoit digne des temps les plus barbares. Le juge, les condamnoit, ou les acquittoit, suivant ses caprices ou son entendement. Il en étoit quitte pour alléguer sa conscience. *Ex informatâ conscientiâ.*

On condamnoit aux galères sur les plus légers prétextes ; et, comme le juge pouvoit remettre la peine, il faisoit un trafic honteux de ce privilége. On envoyoit un gouverneur pour deux ans ; c'étoit presque toujours un noble avide et ruiné ; il se livroit, pour s'enrichir, à tous les genres d'exactions envers ses malheureuses victimes : adressoient-elles leur réclamations au sénat ? Il étoit convenu d'avance que les Corses étoient un peuple indomptable dont on ne pouvoit écouter les cris. Comme il falloit diviser pour régner, on entretenoit à dessein les haines de famille, on suscitoit tous les jours de nouveaux sujets de division, on tenoit les esprits dans un état d'exaspération continuelle, et l'on favorisoit en quelque sorte les assassinats ; c'est un fait malheureusement avéré, que l'on compta, au commencement du siècle dernier, dix-sept cents assassinats dans l'espace de deux années. Ces assassinats n'étoient point sans intérêt pour le fisc ; car, comme la loi confisquoit les biens de l'assassin, ces meurtres engraissoient les coffres publics.

De pareils excès auroient transporté d'indignation le peuple le plus patient et le plus résigné; la colère des Corses finit par se tourner en rage; en 1729, ils s'armèrent de toutes parts, se donnèrent des chefs, et se livrèrent à tout ce que le fanatisme de la vengeance peut inspirer à une nation naturellement vindicative et féroce.

Les Génois appelèrent à leur secours l'empereur Charles VI, qui leur donna des troupes et des généraux.

Les Corses, vaincus de nouveau, consentirent à livrer leurs chefs en ôtage. C'étoient André Ceccaldi, Louis Giafferi et Dominique Rafelli. On les conduisit à Gênes où l'on délibéra, contre la foi des traités, si on les mettroit à mort; l'ambassadeur génois sollicitoit à Vienne le consentement de l'empereur, lorsque le prince de Wirtemberg, jeune héros du plus noble caractère, envoya un exprès pour représenter à S. M. combien l'honneur de sa couronne seroit flétri, s'il permettoit qu'on mît à mort des hommes qui ne s'étoient rendus que sur la foi de sa parole sacrée. Le célèbre prince Eugène joignit sa médiation à la sienne, et les Génois eurent ordre de mettre en liberté les trois chefs corses. Giafferi revint dans sa patrie; Rafelli se retira à Rome, et Ceccaldi en Espagne.

De nouveaux sujets de mécontentement ne tardèrent pas à produire de nouveaux troubles. Les Corses mirent à leur tête Giafferi qui s'adjoignit Hiacynthe Paoli.

Paoli étoit un gentilhomme d'une ancienne famille, mais plus distingué par son mérite que par son rang. Il étoit instruit, brave et religieux, également capable de servir sa patrie dans la paix comme dans la guerre. Le secours que les Génois avoient obtenu de l'empereur, leur avoit coûté cher; ils y avoient dépensé trente millions, sans compter les présens qu'ils avoient faits au prince de Wirtemberg et à d'autres généraux.

Ils ne furent point tentés de renouveler cette épreuve, et se préparèrent à soutenir la guerre avec leurs propres moyens.

Les Corses étoient décidés à conquérir enfin leur liberté. Ils cherchèrent d'abord quelque appui parmi les souverains d'Europe, et s'adressèrent à l'Espagne qui les refusa; ils sollicitèrent quelques autres puissances qui ne les accueillirent pas mieux. Désespérés de ne pouvoir trouver de secours sur la terre, ils en cherchèrent dans le ciel. Ils convoquèrent une assemblée générale de toutes les paroisses, et, après avoir juré une haine éternelle aux Génois, ils se mirent solennellement sous la protection de l'*immaculée conception de la vierge Marie*. André Ceccaldi, Hiacynthe Paoli et don Louis Giafferi furent élus primats du royaume et décorés du titre d'altesses royales. L'acte fut proclamé la 30 janvier 1735 (1).

On entra aussitôt en campagne. L'artillerie manquoit ; on enleva les cloches et l'on fondit des canons. On tomba sur les Génois partout où

---

(1) Cette pièce est assez curieuse pour être rapportée.

Acte d'élection de la Sainte-Vierge, comme reine de Corse.

1. Le royaume élit pour sa protectrice l'*immaculée conception de la Vierge Marie*, dont l'image sera empreinte sur les armes et les drapeaux, et l'on en célébrera la fête, dans tout le pays, par des salves de mousqueterie et de canon, conformément à ce qui sera prescrit par la junte.

2. Tout ce qui peut rappeler le gouvernement génois est aboli ; les lois et statuts seront brûlés publiquement.

3. On frappera des espèces au nom des primats du royaume.

4. Les terres et fiefs appartenant aux Génois sont confisqués ; les primats en disposeront et les feront affermer.

5. Quiconque refusera de reconnoître la junte et de lui obéir, d'accepter des charges et emplois, sera déclaré rebelle et condamné à mort. Ses biens seront confisqués.

ils se présentèrent, on en tua un grand nombre, on s'empara de plusieurs places fortes ; l'habileté et le courage de Giafferi déconcertèrent toutes les mesures des généraux et des commissaires de Gênes ; la cause de la liberté triomphoit partout, lorsqu'un événement inattendu vint encore relever les espérances de la Corse.

On vit débarquer dans le port d'Aleria un homme d'une apparence imposante, amenant

---

6. Seront traités de même ceux qui oseront mépriser ou tourner en ridicule les titres et qualifications donnés, soit aux primats, soit à la junte, soit à tous les officiers et ministres de la diète.

7. Seront également sujets à la peine de mort ceux qui proposeront, de quelque manière que ce soit, de traiter avec les Génois.

8. La junte fera un nouveau code, qui sera publié dans quinze jours, et aux lois duquel tous les sujets du royaume seront tenus de se conformer.

9. La junte donnera des brevets à chaque officier, depuis le commissaire général des armées jusqu'au dernier grade, et nul ne pourra exercer sa charge sans ces brevets, sous peine de mort.

10. Deux magistrats seront chargés de veiller à la tranquillité du royaume, et notamment de rechercher les traîtres à la patrie ou soupçonnés tels, avec pouvoir de leur faire *leurs procès en secret*, et de les condamner.

Conclu et arrêté dans l'assemblée générale des Corses, le 30 janvier 1735.

avec lui quelques hommes, dix pièces de canon et des malles qu'on disoit remplies d'argent. Le héros inconnu promettoit de délivrer l'île, pourvu qu'on lui conférât l'autorité nécessaire, et qu'on lui décernât le titre de roi.

Cet aventurier se nommoit Théodore de New-Hoffen. Il étoit fils d'un baron westphalien qui étoit venu s'établir en France. Il avoit été dans sa jeunesse page de la duchesse d'Orléans, s'étoit ensuite retiré en Suède, puis en Espagne, puis en Italie. C'étoit un homme d'une imagination ardente, un peu voisine de la folie. Sa tête active enfantoit tous les jours de nouveaux projets. Dans un voyage à Tunis, il persuada au Bey que, s'il vouloit lui donner un vaisseau de dix canons, quatre mille fusils, un peu d'argent et quelques munitions, il le rendroit maître de l'île de Corse. Le Bey eut la simplicité de l'écouter; Théodore s'embarqua pour Livourne, vit quelques Corses en Italie, et leur fit dire que, s'ils vouloient le reconnoître pour roi, il délivreroit l'île, et leur assureroit le secours des puissances de l'Europe.

Les idées les plus folles sont presque toujours sûres de réussir dans les révolutions. La proposition du baron westphalien fut acceptée; il aborda, au mois de mars 1736, au port d'Aleria, vêtu d'un long habit d'écarlate douné de fourrures, couvert d'une vaste perruque, d'un chapeau retroussé, à large bord, portant au côté une longue épée à l'espagnole, et à la main une canne à bec de corbin, qui lui servoit de sceptre.

Il apportoit avec lui deux cents fusils, autant de pistolets, quelques sabres, des souliers, fort peu d'argent, mais beaucoup de promesses.

Les Corses crurent voir un libérateur, et Théodore fut élu et proclamé roi dans un congrès de la nation, assemblé le 15 avril 1736. On rédigea une constitution que le nouveau monarque jura d'observer (1). La cérémonie

---

(1) *Élection et proclamation du roi Théodore.*

Au nom et à la gloire de la très-sainte Trinité, père, fils et saint-esprit, et de l'immaculée vierge Marie.

Aujourd'hui, dimanche 15 du mois d'avril de l'année 1736, dans l'assemblée générale du royaume de Corse, dûment convoquée, après de longues et mûres délibérations des principaux et de tous les peuples du royaume, il a été déterminé et arrêté de choisir un roi et de vivre sous sa dépendance.

Et le seigneur THÉODORE, baron de New-Hoffen, a été reconnu et proclamé pour tel, sous les pactes et conditions qui suivent, à l'observation desquels ledit seigneur devra s'engager par serment, tant pour lui que pour ses successeurs, l'intention des peuples étant qu'il ne puisse

de son couronnement se fit dans une église de Franciscains; et, comme on n'avoit point de couronne d'or à lui donner, on se contenta de lui en donner une de laurier.

Le premier soin de Théodore fut de se former une cour, de lever un régiment des gardes, de créer des comtes, des barons, des marquis; Giafferi et Paoli furent déclarés Excellences. On frappa des monnoies d'argent et de cuivre à l'effigie du nouveau souverain, et, pour essayer

---

faire aucun acte de royauté que, préalablement, il n'ait accepté lesdits pactes et conventions, juré de les observer, et signé de sa propre main, scellé de son propre sceau le présent acte, afin qu'il soit à jamais stable.

Art. 1er. Le seigneur Théodore, baron de New-Hoffen, est déclaré souverain et premier roi de ce royaume, et, après lui, ses descendans mâles, par ordre de primogéniture, et, au défaut des mâles, ses filles, suivant le même ordre, à condition que ceux qui succéderont au trône seront de la religion catholique, apostolique et romaine, et qu'ils résideront toujours dans le royaume, comme doit y résider le seigneur Théodore.

2. Dans le cas où le seigneur Théodore n'auroit pas de descendant, il pourra se choisir et nommer un successeur dans sa famille, pourvu qu'il réside dans le royaume et professe la religion catholique.

3. Si la ligne descendante, tant masculine que féminine, dudit seigneur Théodore ou de celui qu'il auroit

sa puissance, il fit pendre deux Corses qui s'étoient battus en duel. Dans le premier moment d'enthousiasme, il rassembla facilement beaucoup de troupes, et remporta divers avantages sur les Génois. Il n'approchoit jamais des côtes sans être armé d'une grande lunette, qu'il braquoit pour reconnoître en mer les secours qui devoient lui arriver; il affectoit d'expédier beaucoup de paquets pour les principales puissances de l'Europe; il recevoit des couriers sans nombre, qui lui apportoient les nouvelles

---

choisi pour son successeur, venoit à s'éteindre, le royaume rentrera dans tout le droit de se donner un roi, ou de se choisir telle forme de gouvernement qu'il jugera à propos.

4. Il sera établi dans le royaume une diète composée de vingt-quatre sujets les plus qualifiés et les plus méritans, lesquels résideront toujours à la cour, et que le roi sera tenu de consulter, sans pouvoir rien résoudre sur les impôts, la paix et la guerre, que par leur consentement.

5. Les dignités, charges et emplois, ne pourront être conférés qu'aux nationaux, à l'exclusion perpétuelle de tout étranger, quel qu'il puisse être.

6. Ne pourra le roi entretenir d'autres troupes que celles du royaume, à l'exception néanmoins de sa garde, qu'il pourra composer également de Corses ou d'étrangers.

7. Aucun Génois, de quelque état et condition qu'il

les plus satisfaisantes. Cette comédie dura huit mois. Les Génois en furent d'abord alarmés, et mirent sa tête à prix ; mais leur effroi ne fut pas de longue durée. Le monarque commençoit à se trouver dans la détresse, et l'enthousiasme public diminuoit avec ses finances. Pour éviter des suites plus sérieuses, il prit le parti de quitter ses états afin d'aller en personne

---

soit, ne pourra séjourner ou s'établir dans le royaume, et le roi ne sera pas même libre de le permettre.

8. Les produits du royaume qui seront exportés, ne paieront aucun droit de sortie.

9. Il sera formé dans le royaume une université publique pour les études, tant du droit que de la philosophie. Le roi et la diète pourvoiront à son entretien, en lui assignant des revenus suffisans, et la feront jouir de tous les priviléges accordés aux autres universités publiques.

10. Le roi établira incessamment, pour l'honneur et la gloire du royaume, un ordre de noblesse parmi les nationaux les plus qualifiés.

11. Tous les bois, terres, domaines et propriétés nationales continueront à demeurer dans l'état présent, sans que le roi puisse y prétendre d'autre droit que celui dont jouissoit la république.

Ainsi conclu le dimanche 15 avril 1736.

Les Génois effrayés de la résolution des Corses, firent publier contre le roi Théodore un manifeste dans lequel

accélérer les secours qu'il attendoit. Arrivé à Amsterdam, un de ses créanciers le fit mettre en prison ; mais il soutint sa disgrâce en roi, et traita si habilement avec un Juif, qu'il obtint d'une compagnie une somme de cinq millions avec laquelle il paya ses dettes, et chargea un vaisseau d'armes, de poudre et de munitions de tous les genres. Les Juifs se flattoient de

---

ils prétendoient donner les détails secrets de sa vie privée. Ce manifeste fut répandu avec beaucoup de profusion. Il y étoit dit :

Qu'il tiroit son origine d'un canton de la Westphalie, et se faisoit nommer le baron Théodore de New-Hoff ; qu'il se vantoit d'être fort éclairé dans la chimie, la cabale, l'astrologie, et que par le moyen de ces sciences, il prétendoit avoir découvert les secrets les plus importans ; mais que ce n'étoit en effet qu'un vagabond, d'une fortune très-médiocre.

En errant par le monde, disoit la république, il a déguisé son nom et son origine. A Londres, il étoit Allemand ; à Livourne, Anglais ; et à Gênes, Suédois ; prenant tantôt le nom de baron de *Naples*, de *Sminher* ou de *Nissen*, et quelquefois celui de *Smithberg*, ainsi qu'on peut s'en convaincre par les passe-ports et autres papiers authentiques.

A l'aide de ses différens noms, et de ses tours de souplesse, il a trouvé le moyen de vivre aux dépens d'autrui ; on sait qu'il a dissipé en Espagne, il y a dix ans,

faire bientôt tout le commerce de l'île, et Théodore ne doutoit pas qu'à son arrivée tous les Corses ne se rangeassent sous ses drapeaux. Les Juifs et lui se trompèrent. Il ne put débarquer dans ses états; il fut arrêté à Naples, se réfugia à Londres, contracta de nouvelles dettes, et fut de nouveau mis en prison; il y seroit mort si la singularité de ses aventures n'eût inspiré quelque intérêt pour lui. Sir Horace Walpole ne put voir un roi mourir dans les fers; il proposa pour lui une souscription qui fut remplie sur-le-champ. Sa majesté corse se libéra, et mourut peu de temps après, au mois de décembre 1746, dans la misère et

---

l'argent qu'on lui avoit donné pour lever un régiment allemand; obligé de fuir d'Espagne, il a trompé et filouté, en divers endroits, des Anglais, des Français, des Allemands, et plusieurs personnes de diverses nations.

Partout où il a commis des escroqueries, il eut soin de cacher ses artifices; mais ils ont été constamment découverts, après son départ.

Il y a quelque temps qu'il emprunta d'un banquier de Livourne cinq cent quinze pièces de huit, dont il assigna le remboursement à Cologne. Ses créanciers, trompés par les fausses promesses, le firent mettre en prison, d'où il ne sortit que sous la caution du patron d'un petit bâtiment, qu'il eut l'art de séduire. Ce fait est attesté par son acte d'élargissement du 6 septembre 1735. Rendu

le chagrin. On l'enterra dans l'église de Sainte-Anne, à Westminster, et l'on grava sur sa tombe ces deux vers :

Fate pour'd its lesson on his living head,
Bestow'd a kingdom, and deni'd him bread.

« Le destin plaça sur sa tête ses sévères leçons ; il lui » donna un sceptre et lui refusa du pain ».

Cependant, dès 1737, les Génois, se voyant dans l'impossibilité de soumettre seuls les insurgés de la Corse, avoient eu recours aux bons offices de la France.

On signa un traité à Versailles, par lequel S. M. très-chrétienne s'engageoit à réduire les

---

à la liberté, il n'eut pas le moyen de se faire soigner dans une maladie, et fut réduit à se retirer à l'hôpital de Livourne, où il fut traité comme nécessiteux.

Il est allé ensuite à Tunis, où il a exercé la médecine, et a tenu plusieurs conférences avec les chefs des infidèles. Il a su, à force de fourberies, en tirer des armes et des munitions de guerre, et s'est fait seconder dans ses desseins par un nommé Mahomet, autrefois esclave sur les galères de Toscane ; par deux jeunes Livournois chassés de la maison paternelle, et par un prêtre de Porto-Ferraïo, expulsé de la maison des missionnaires. A ces causes, nous avons jugé convenable de rendre public ce que dessus, et déclarons ledit sieur Théodore auteur de séditions, criminel de lèse-majesté, etc.

Corses à l'obéissance. On donna le commandement d'un corps de troupes au comte de Boissieux, neveu du maréchal de Villars. Il s'embarqua, au mois de mars 1738, ayant sous ses ordres le marquis de Contades, depuis maréchal de France. Le comte de Boissieux étoit un bon officier, mais peu fait pour les entreprises hardies ; il essaya d'abord les voies de conciliation, et commença quelques pourparlers qui n'eurent aucun résultat satisfaisant. Cependant les Corses, inquiets sur leur position, adressèrent au roi de France un mémoire d'une éloquence mâle, fière et agreste, où ils exposoient d'une manière énergique leur misère et la tyrannie des Génois.

« Sire,

» Abandonner sans réserve notre sort à la
» libre et entière disposition de V. M., c'est
» le plus cher et le plus ardent de nos désirs ;
» mais, s'il nous faut résoudre à baisser de nou-
» veau la tête sous le joug des sérénissimes
» seigneurs génois, c'est la plus cruelle de
» toutes les tortures que puissent éprouver et
» la raison et la volonté d'autant d'êtres que
» nous sommes. *Durus est hic sermo et quis*
» *potest illum audire?*

» Pardonnez-nous, Sire, de ne pouvoir, sans de

» si tristes plaintes, marcher au sacrifice; mais,
» si vos ordres souverains nous obligent abso-
» lument de nous soumettre aux seigneurs
» génois, allons, buvons, à la santé du très-
» chrétien et très-invincible Louis, ce calice
» amer, et mourons. Les armes de la France
» pourroient-elles nous livrer à une mort plus
» cruelle que le joug des Génois » ?

Ce mémoire étoit accompagné d'un projet d'accommodement, qu'ils supplioient le roi de vouloir bien rectifier. La cour en trouva les conditions trop fières pour un peuple tel que les Corses; on en fit rédiger un dont les dispositions paroissoient assez justes; mais il exigeoit préalablement que les Corses livrassent leurs armes, et ils refusèrent de s'y soumettre. Ainsi la guerre commença avec tout le fanatisme d'une nation désespérée. Un corps de quatre cents Français fut surpris et égorgé ; le comte de Boissieux fut réduit à s'enfermer à Bastia. Une flotte, expédiée pour lui porter des secours, fut dissipée par la tempête ; quatre cents naufragés tombèrent entre les mains des insurgés, furent traités en ennemis, et dépouillés tout nus, sans respect pour le droit des gens. Le général français était d'une mauvaise santé; le chagrin aggrava son état, et il mourut.

M. de Maillebois, qui lui succéda, conduisit cette expédition avec plus d'activité et de succès. Il crut qu'il étoit nécessaire d'effrayer les Corses, et de réduire par la terreur un peuple accoutumé à des scènes de carnage. Il avoit seize bataillons d'élite, des arquebusiers et des Basques habiles à gravir les montagnes.

Il partagea son armée en détachemens, pourvus de tout ce qui leur étoit nécessaire en munitions de guerre et de bouche; il pénétra jusque dans les parties les plus inaccessibles de l'île, fit traîner du canon dans des routes impraticables, brûla les moissons, arracha les vignes, les oliviers, incendia les villages, fit pendre des moines et des chefs d'insurgés, et sema partout la terreur et la désolation. L'effroi fut général parmi les Corses; au milieu de cet affreux désastre, ils vinrent capituler et remettre leurs armes; Giafferi et Paoli, leurs chefs, quittèrent l'île et se réfugièrent à Naples.

Ainsi fut achevée en trois semaines la réduction complète des Corses. Les Génois en tirèrent autant de vanité que si la victoire eût été leur propre ouvrage, et, dans l'ivresse du triomphe, ils proposèrent contre les insurgés des mesures dont la cruauté révolta le gouvernement français. L'ordre commençoit néanmoins à s'établir, et peut-être la soumission de la Corse eût été irrévocable, si la guerre de 1740 n'eût attiré ailleurs l'attention de la France ; elle retira ses troupes de Corse, et laissa aux Génois le soin de conserver la paix, et d'en recueillir les fruits.

C'étoit se flatter d'un avenir chimérique. La haine des Corses et la dureté de leurs maîtres étoient trop connues pour qu'on pût former d'aussi heureuses espérances.

A peine les Français étoient-ils partis que les Corses étoient déjà soulevés ; plusieurs de leurs compatriotes répandus en Italie leur fournirent des armes. Les marchands de Gênes, eux-mêmes, leur en vendirent ; hommes, femmes, enfans, religieux, tout prit part à l'insurrection ; tous sembloient animés du même esprit, de la même ardeur contre les tyrans.

Matra et Gafforio furent élus pour chefs. Gafforio étoit un médecin ; mais la nature l'avoit doué des plus hautes qualités, et surtout d'une éloquence entraînante qui subjuguoit tous les esprits. On lui annonça un jour qu'une bande de scélérats s'étoient réunis pour l'assassiner. Il alla au-devant d'eux, et les abordant avec une dignité imposante, il leur demanda s'ils vouloient l'écouter ; il leur fit un tableau si pathétique des malheurs de la Corse, et parvint à faire passer dans leur âme une si vive indignation contre les auteurs de tant de maux, qu'ils se jetèrent à ses pieds, le supplièrent de leur pardonner, et se rangèrent sous ses bannières.

Les Génois étant maîtres du fort de Corte, Gafforio les y attaqua avec toute la vigueur d'un ennemi irréconciliable. Il avoit un enfant fort jeune qui se trouvoit encore sous la tutelle de sa nourrice. Par une étrange absence de toute idée, cette femme alla se promener à quelque distance du camp génois ; un parti l'enveloppa et l'emmena avec l'enfant dans la forteresse ; cet événement jeta le deuil dans l'armée des Corses ; le général en parut touché, et les Génois, fiers de leur conquête, se flattèrent, avec un tel gage, de disposer de Gafforio. Lorsqu'il parut pour livrer l'assaut, ils lui présentèrent son enfant, et l'attachèrent à la partie des palissades la plus exposée au feu. Les soldats étonnés reculèrent; mais Gafforio, avec un courage vraiment romain, ordonna de continuer l'attaque, et par un bonheur digne d'une action si héroïque, son fils ne fut pas blessé.

De pareils traits indiquent assez à quels ennemis les Génois avoient affaire. La France avoit protégé ceux-ci ; l'Angleterre ne refusa point son appui aux insurgés. Le comte de Rivarola parut devant Bastia avec des vaisseaux de guerre anglais, et commença le bombardement de cette capitale, qui se rendit, ainsi que San-Fiorenzo. Ce succès exalta le courage des Corses, et le comte Rivarola fut nommé généralissime du royaume. Matra et Gafforio continuèrent de leur côté à servir leur patrie. Un bâtiment anglais amena encore deux bataillons, l'un de Sardes, l'autre d'Autrichiens : le succès des insurgés paroissoit assuré, lorsqu'ils se virent encore réduits à leurs propres forces. Le traité d'Aix-la-Chapelle leur enleva tout espoir de nouveaux secours. Matra passa au service du Piémont, et Gafforio, resté seul chef des insurgés, fut assassiné le 3 octobre 1753.

On imputa généralement ce crime aux Génois : ce qu'il y a de sûr, c'est que les assassins trouvèrent chez eux un asile et des pensions.

La mort de Gafforio n'abattit point le courage des Corses. Ils firent tous le serment solennel d'imiter le dévouement des habitans de Sagonte, et de périr dans les flammes, plutôt que de se soumettre. On n'avoit point encore oublié les services d'Hiacynthe Paoli, et ce vieux guerrier, retiré à Naples, n'oublioit point non plus sa patrie. Il y envoya, dès la même année, son fils Paschal Paoli. Nous arrivons ici à une époque aussi intéressante pour la Corse que pour nous.

Paschal Paoli étoit le second fils d'Hiacynthe. Il avoit été élevé avec le plus grand soin ; son père n'avoit rien négligé pour orner son esprit par l'étude des lettres, et entretenir dans son cœur des sentimens élevés et généreux. Il avoit passé ses premières années dans la Corse, afin d'y contracter l'amour de la patrie et la haine de l'oppression. A l'époque où M. de Maillebois avoit soumis l'île, Hiacynthe avoit emmené Paschal à Naples, où il avoit suivi l'académie, et obtenu du service dans l'armée royale. Sa réputation étoit telle parmi ses compatriotes que, dès qu'il parut, ils le proclamèrent généralissime. Paschal sentoit toute l'étendue de ses devoirs, et tous les dangers du poste qu'on lui confioit ; il étoit modeste et réfléchi : mais son amour pour la patrie l'emporta sur toute autre considération.

Il se fit rendre compte de la situation des affaires, et les trouva dans la plus horrible confusion. Point d'argent, de discipline, de subordination, à peine quelques armes et quelques munitions, et, ce qui étoit plus fâcheux, point d'union dans le peuple. Il résolut de remédier à tous ces maux. Ses exemples et ses discours ranimèrent le patriotisme et réunirent tous les cœurs. De toutes parts, on s'empressa de seconder ses desseins, et, dans l'espace de quelques mois, il parvint à rejeter les Génois aux extrémités de l'île.

Maître de l'intérieur, il s'appliqua à réformer les abus, à rétablir les lois, et à créer une administration sage et équitable. Depuis long-temps, les Corses, privés de l'appui des tribunaux, étoient accoutumés à se faire justice eux-mêmes, et ils s'égorgeoient sur le moindre prétexte; on estimoit généralement à huit cents, le nombre des assassinats qui se commettoient chaque année; le mal étoit arrivé à un tel point, qu'il paroissoit incurable.

Cependant, par la puissance de la persuasion, par la force de ses conseils, et surtout par l'exercice d'une justice sévère, il parvint à ramener ses compatriotes, et à les convaincre que jamais un peuple ne peut se flatter de conserver son indépendance, et de se former en corps de nation, sans une soumission entière aux lois, et sans une sage administration.

Les Corses sont naturellement humains, mais violens et impétueux comme presque toutes les nations du Midi. Cette disposition est l'effet d'un climat chaud et ardent. Paoli, instruit des secrets du cœur humain, dirigea ces défauts vers le bien public, et détourna sur les Génois les dispositions naturelles des Corses à la vengeance. Il réussit avec tant de bonheur que, dans l'espace de quelques années, la population du pays s'accrut de seize mille âmes.

Il prépara les Corses aux bienfaits de la civilisation, en s'appliquant à cultiver leur esprit. Il fonda une université à Corte, et ne négligea rien pour établir des écoles dans tous les villages. La fureur et l'habitude de la guerre avoient inspiré aux Corses une aversion singulière pour les arts de la paix. Il réforma leurs idées et leur apprit à aimer le commerce, l'agriculture et l'industrie. Enfin, il perfectionna si bien toutes les branches de l'administration, que ces insulaires, livrés auparavant à tous les déchiremens de la discorde, à tous les désordres des factions, se réunirent dans un même esprit et un même intérêt; et, si la France ne fût point intervenue dans leur querelle, il est probable que le grand œuvre de leur libération eût été consommé, et qu'ils eussent à jamais chassé leurs oppresseurs.

Mais les résolutions de la cour de Versailles déconcertèrent toutes leurs mesures. La France devoit aux Génois six millions, qu'elle ne pouvoit payer. Elle proposa, pour s'acquitter, d'envoyer en Corse sept bataillons, et de garder pendant quatre ans les places fortes que la république occupoit encore. Les Génois acceptèrent cette proposition avec empressement,

Ces troupes ne devoient point, à la vérité, agir hostilement; mais Gênes se flattoit que, la France étant chargée de garder ses places fortes, il seroit facile à la république de réduire l'intérieur du pays.

Le commandement de l'expédition fut donné à M. de Marbœuf, qui débarqua dans l'île en 1764. Les Corses agirent en cette occasion avec beaucoup de circonspection; ils tinrent assemblée générale, et prirent des résolutions plus modérées qu'on n'avoit lieu de l'espérer. Ils adressèrent en même temps un mémoire au roi de France, et se disposèrent à la guerre contre les Génois. Paoli ne précipita rien, et prit les mesures les plus propres à assurer le succès de ses opérations. Il avoit un frère brave et expérimenté; il lui confia le commandement d'une partie de ses forces, et donna le reste aux chefs les plus courageux et les plus habiles.

Au moment où le comte de Marbœuf débarquoit, il ne restoit plus aux Génois que six à sept places dont ils osoient à peine franchir les murailles. Paoli, qui s'étoit flatté de les leur enlever bientôt, vit l'armée des Français avec le plus vif chagrin; mais il sentit qu'il falloit le dissimuler.

Il s'appliqua à entretenir la bonne intelligence entre l'armée française et la sienne; il lia avec M. de Marbœuf une correspondance très-active et pleine d'intérêt ; car il parloit et il écrivoit d'une manière très-distinguée, et savoit bien le français et l'anglais.

M. de Marbœuf ayant témoigné le désir de se rendre à Bastia par la Corse, Paoli donna tous les ordres nécessaires pour le recevoir d'une manière digne de lui. Il entra dans cette capitale au bruit du canon, y trouva un repas somptueux et élégant, des appartemens meublés avec goût, et toutes ces attentions délicates qui semblent n'appartenir qu'à une nation anciennement civilisée.

Paoli tenoit des consultes pour délibérer sur les intérêts publics. Ce n'étoient plus ces assemblées sauvages, où l'on n'apportoit que le tumulte des passions, la rudesse du langage, la grossièreté des habits : on s'y présentoit avec décence ; on y délibéroit avec calme. Dans la consulte de 1764, les députés, pour plaire à leur général, avoient affecté un luxe inconnu jusque-là. La plupart avoient substitué des habits de drap fin à la bure dont ils étoient habituellement vêtus, et quelques-uns avoient même poussé la magnificence jusqu'à mettre un peu de poudre sur leurs cheveux.

On a parlé beaucoup des deux trônes de

Paoli. Voici à quoi se réduit toute cette pompe royale. Les assemblées du grand conseil se tenoient dans le palais du général; car il avoit un palais. Au milieu de la grande salle s'élevoit un trône de damas cramoisi, orné de crépines d'or, et entouré de neuf autres fauteuils de même étoffe, également galonnés en or : c'étoit le trône de la liberté. Dans une salle voisine, mais plus petite, où l'on s'assembloit aussi quelquefois, étoit un autre trône moins grand, mais plus riche et plus élégant; le dernier étoit chargé des armes de la Corse, surmontées d'une couronne, et brodées en relief. Paoli n'y monta qu'une seule fois pour haranguer l'assemblée. Il étoit vêtu d'un habit magnifique et avoit l'épée au côté. Lorsqu'il s'y fut placé, on n'aperçut plus que la couronne, qui se trouvoit si bien à la hauteur de sa tête, qu'on imagina qu'il avoit eu quelque intention : on murmura, et Paoli renonça au petit trône.

Tout continuoit de se passer pacifiquement entre les Français et les Corses; mais Paoli n'étoit pas tranquille sur les desseins du docteur Abbattuccei, médecin d'un grand esprit, d'un talent remarquable, et fort considéré dans la Corse : c'étoit le seul homme peut-être dont il dût craindre la rivalité.

Le mérite commençoit à lui devenir suspect ; il fit d'abord arrêter Abattuccei, le relâcha ensuite, en lui ordonnant de quitter le pays. Le docteur refusa d'exécuter l'ordonnance, leva des troupes et se disposa à donner lui-même des lois.

Paoli, obligé de recourir à la force, créa une junte de guerre, et la chargea de rétablir l'ordre dans la province. Le docteur marcha contre la junte, la fit prisonnière, et convoqua un congrès. Il y parla de lui avec beaucoup de modestie, justifia sa conduite ; et, sacrifiant ses prétentions à l'intérêt public, il termina par la soumission une affaire qui pouvoit mettre en péril la puissance de son rival. *Vicit amor patriæ.*

Les Corses étoient désolés de ne pouvoir satisfaire leurs ressentimens contre les Génois ; mais Gênes n'ayant pas une seule place dans l'intérieur de l'île, ils étoient réduits à une colère impuissante. Un habitant du village de Centuri, nommé Paul Mattei, revenant de France, et ayant été obligé de relâcher à Capraïa, s'aperçut que cette île étoit mal gardée ; il en donna avis à Paoli, qui résolut aussitôt de s'en emparer ; il équipe à la hâte une petite flotte, embarque deux cents hommes et deux pièces de canon, et les fait bientôt suivre d'un renfort plus considérable.

Gênes avoit été avertie; mais elle prit si mal ses mesures que, malgré tous ses efforts, Capraïa fut en trois mois réduite sous l'obéissance des Corses. Cette petite île n'est qu'à neuf ou dix lieues de la Corse : c'est un rocher de cinq lieues de tour, habité par deux ou trois mille hommes, étrangers à toutes les institutions de l'Europe, n'ayant pour lois que le simple droit de nature; ils vivent en commun, partagent chaque année les produits de la terre, ne paient aucun impôt, ne connoissent ni l'ambition, ni la guerre, ni les procès. Personne n'y sait lire et écrire. Les hommes se livrent au cabotage, les femmes cultivent la terre; c'est le tableau des mœurs primitives. Ce peuple seroit le peuple le plus heureux de la terre, s'il avoit des voisins aussi désintéressés, aussi sobres, aussi raisonnables que lui.

L'époque approchoit où les garnisons françaises devoient évacuer les places fortes et les remettre aux Génois. Jamais plus belle occasion ne s'étoit présentée de conquérir l'indépendance. Paoli convoquoit des consultes, les Corses s'armoient et attendoient ce moment avec la plus grande impatience; mais il sembloit écrit dans le livre des destins que jamais ils ne jouiroient de la liberté.

Les Génois avoient enfin compris qu'ils faisoient de vains efforts pour subjuguer la Corse, qu'ils ne parviendroient point à soumettre à l'obéissance un peuple indomptable, qui avoit fait le serment de périr plutôt que de céder. Le sénat se détermina donc à résigner la couronne, et céda ses droits de souveraineté à la France, avec la seule réserve de les reprendre quand la république pourroit rembourser tout ce que les Français avoient dépensé pour elle (1). Le traité fut conclu à Versailles, sous le ministère de M. de Choiseul.

M. de Marbœuf en reçut la nouvelle au mois de juillet 1768. Les Corses occupoient les communications de San-Fiorenzo et de Bastia. Le général français leur intima l'ordre de les abandonner, et se mit en marche pour en prendre possession.

---

(1) Les dames de Gênes apprirent cette abdication avec beaucoup de peine; elles étoient fort attachées aux honneurs de la souveraineté. L'abbé Richard, dans ses Observations sur l'Italie, rapporte qu'une dame génoise, ayant appris que les troupes de la république venoient de remporter un grand avantage sur les Corses, s'écria : *Dieu merci, nous sommes donc encore un peu reines!*

La trève devoit durer jusqu'au 4 août. Les Corses furent indignés de la voir violée, ils se défendirent avec fureur, tuèrent l'officier qui commandoit le détachement français, et assouvirent leur vengeance sur son cadavre qu'ils pendirent.

Il étoit à craindre que cette guerre ne prît un caractère de fanatisme dangereux. Le comte de Marbœuf la conduisit avec beaucoup de prudence, parvint à rétablir les communications, et n'entreprit rien contre l'intérieur de l'île.

A cette époque, il étoit rare que le commandement restât long-temps entre les mains du même officier. Dans la même année, M. de Chauvelin fut envoyé en Corse pour prendre le commandement général. Il y avoit été chargé précédemment d'une négociation où il avoit mal réussi; il réussit encore plus mal dans la guerre. Il irrita les Corses, en affectant un mépris insultant pour leur chef. Au lieu de lui faire connoître le traité par les formes ordinaires, il se contenta de le lui envoyer par une vieille femme qui se trouva sur le chemin de Bastia à San-Fiorenzo. Paoli indigné se prépara à la guerre avec tout le dépit de l'amour-propre offensé. Il fit à ses compatriotes une adresse pleine de chaleur et de fierté. « Unis-» sons nos efforts, disoit-il, afin que les Fran-

» çais ne puissent envahir notre pays et nous
» traiter ensuite comme un troupeau de bêtes
» qu'on a vendues au marché. La justice de no-
» tre cause est connue de tout l'univers ; Dieu
» a protégé nos armes durant quarante an-
» nées. Tout acte injuste est étranger au cœur
» de Louis xv ; le sort que nous subissons ne
» peut être que le fruit des intrigues de nos
» ennemis. Nous ordonnons à tout le peuple
» d'être en armes et toujours prêt à marcher
» au premier commandement ».

M. de Chauvelin voulut se porter en avant, attaqua les premiers postes, et les enleva. Ce premier succès l'aveugla sur la facilité de pénétrer dans l'intérieur ; il fit attaquer des positions bien défendues, et fut repoussé avec perte ; il voulut forcer des défilés, il fut obligé de les abandonner. Dans plusieurs occasions, il perdit des officiers de marque ; M. le comte de Marbœuf, lui-même, reçut un coup de fusil à l'épaule ; nos soldats se découragèrent, et telle fut la terreur que l'ennemi parvint à leur inspirer, que cinquante Corses embusqués firent reculer huit compagnies de grenadiers. Le général français songea alors à négocier ; il envoya à Paoli deux religieux, qui furent reçus avec beaucoup de dignité, et ne rapportèrent à M. de Chauvelin qu'une réponse plus humiliante que ses défaites.

Après ces tentatives malheureuses, il reçut ordre de suspendre toute opération offensive et de retourner en France. Paoli étoit plus irrité que jamais; il accueillit avec ardeur un projet de conspiration contre les Français. Il avoit été conçu par un prêtre nommé Salietti. Il ne s'agissoit rien moins que de faire égorger tous les Français dans leurs quartiers. Tout avoit été conduit avec la plus grande intelligence et le plus grand secret, lorsqu'une fille corse, qui avoit un Français pour amant, révéla toute la conjuration ; quatorze conjurés furent mis à mort, et les Français, retirés dans leur position, attendirent le retour de la saison, pour reprendre leurs avantages, et réparer l'honneur de leurs armes.

Le comte de Vaux, chargé de remplacer M. de Chauvelin, arriva au mois d'avril. Son nom seul rendit au soldat la confiance qu'il avoit perdue. Il avoit servi en Corse sous M. de Maillebois. Il connoissoit l'île et les habitans, et se trouvoit à la tête d'une armée de vingt-deux mille hommes. Avec ces avantages et les talens militaires dont il étoit doué, il entra en campagne, fit investir les premières positions des Corses, et conduisit cette opération avec tant de valeur et d'habileté, que l'ennemi fut obligé de se replier partout, et que, dans le désordre général, Paoli se vit réduit à abandonner ses papiers.

L'armée corse étoit de trente-cinq mille hommes mal disciplinés, mais d'une invincible intrépidité; le malheur ne les découragea point. Ils se rallièrent bientôt et vinrent attaquer eux-mêmes l'armée française, ils gravissoient sous le feu des Français, et sans tirer, les rochers les plus escarpés. Paoli se montroit en général et en soldat; il avoit formé un plan d'attaque dont le succès pouvoit décider du sort de l'île. On se battit sur le pont du Golo avec un acharnement sans exemple. Les Corses se crurent d'abord sûrs de la victoire; mais elle les abandonna bientôt. Les Français, aussi intrépides qu'eux, mieux conduits, mieux dirigés, les enfoncèrent partout; leur désastre fut complet, on leur tua beaucoup de monde, la perte des Français fut peu considérable.

Depuis ce jour, la cause de Paoli fut perdue : M. le comte de Vaux, aussi habile à profiter de ses avantages qu'à les assurer, pressa l'ennemi de toutes parts, et, sans lui donner le temps de se reconnoître, lui enleva successivement toutes ses positions. La campagne s'étoit ouverte au mois d'avril, elle fut terminée au mois de juin, et, dans l'espace de quarante jours, la France se trouva maîtresse d'une importante et utile possession.

Paschal Paoli et son frère Clément s'embarquèrent, avec une suite peu nombreuse, sur deux bâtimens anglais qui les attendoient à Porto-Vecchio, et se rendirent à Livourne.

M. de Maillebois, vingt-cinq ans auparavant, avoit obtenu, pour un semblable service, le bâton de maréchal de France. M. de Vaux n'eut pour récompense, que l'honneur qu'il s'étoit acquis : le mérite n'est pas toujours pesé dans les mêmes balances.

Paoli, trahi par la fortune, se retira à Londres. Quelques centaines de braves quittèrent leur patrie pour se réfugier en Toscane. Paoli partagea avec eux les restes de son ancienne opulence. Il vécut en Angleterre sans prétention, uniquement occupé de l'étude des lettres. Le cabinet de Versailles lui fit inutilement des offres avantageuses pour l'engager à retourner dans sa patrie. Il ne put consentir à la voir asservie. En 1789, un décret de l'assemblée constituante l'ayant rappelé, il se laissa séduire par des espérances de liberté, et revint parmi ses compatriotes en simple citoyen; mais avec ce titre, il n'en fut pas moins reçu comme un héros et presque comme un souverain. Son patriotisme porta ombrage à la convention, qui le décréta d'accusation, au mois d'avril 1793, et le déclara traître à la république, au mois de juillet suivant. Paoli retourna à Londres, et retrouva dans la solitude et la médiocrité, le bonheur que n'ont jamais donné ni l'éclat des richesses, ni les illusions du pouvoir. On a dit de lui que c'étoit un de ces hommes qu'on ne trouve plus que dans les vies de Plutarque.

CHAPITRE II.

Naissance et éducation de Buonaparte.

Parmi les braves qui avoient combattu sous les étendards de Paoli, pour la cause de la liberté, se trouvoit un jeune Corse, nommé Charles Buonaparte.

Il étoit né à Ajaccio en 1745, avoit étudié le droit à Rome, et se destinoit à la carrière du barreau; mais le goût des armes et l'amour de la patrie lui firent changer ces premières dispositions. Il quitta la robe pour l'épée, et déploya dans sa nouvelle carrière une bravoure et des talens si distingués, que le général Paoli se lia d'une amitié particulière avec lui.

Lorsque tout espoir d'indépendance fut perdu, et que Charles vit sa patrie soumise aux Français, il voulut quitter la Corse, et suivre la fortune de son illustre général ; mais il fut retenu par son oncle, chanoine en Corse, et chef de sa famille.

Il avoit épousé de fort bonne heure une jeune personne célèbre par sa beauté, nommée Letitia Ramolini, dont il eut huit enfans, cinq garçons et trois filles. Les garçons se nommoient Joseph, Napolione, Luciano, Luiggi, Gierolamo; les filles : Marianna, Carletta, Annonciada. Napolione étoit né le 5 février 1768 (1).

---

(1) Lorsque Napoléon fut élevé sur le trône, il jugea à propos de retrancher une lettre de son nom de famille, et de se faire appeler *Bonaparte* au lieu de *Buonaparte.* On a remarqué que Roberspierre avait, avant lui, fait la même chose, et que, pour adoucir son nom, il avoit supprimé l'*r* de la seconde syllabe. Napoléon jugea également convenable de se rajeunir d'environ dix-huit mois, en transportant le jour de sa naissance au 15 août 1769. On croit qu'il eut en cela deux intentions. La Corse n'avoit été soumise à la France qu'au mois de juin 1769 : il voulut se faire considérer comme Français.

Louis XIII avoit mis son royaume sous la protection de la sainte Vierge, et ce vœu se célébroit tous les ans le 15 d'août. Il voulut le faire oublier, se substituer à la Vierge, et se faire regarder lui-même comme le patron de l'empire. Les noms de baptême de ses sœurs ne lui sembloient pas non plus assez augustes, il leur en substitua de plus nobles, et les fit appeler Caroline, Eliza, Pauline.

Quelques personnes ont prétendu qu'il se nommoit lui-même *Nicolas* et non point *Napoléon* : c'est une erreur ; deux actes authentiques que nous avons sous les yeux, fixent, à cet égard, toutes les incertitudes. L'un est un acte de tutelle déposé aux archives de la chambre des

Après la pacification, il eut le bonheur de se faire aimer des Français et de gagner surtout l'affection du comte de Marbœuf, gouverneur général.

En 1776, une députation des trois ordres

---

comptes; l'autre est son acte de mariage avec madame de Beauharnais, consigné au registre de l'état civil. Le premier est ainsi conçu :

« Charles de Buonaparte, ancien député de la noblesse de Corse à la cour, assesseur à la justice royale d'Ajaccio, époux de dame Letitia Ramolini, est décédé, âgé d'environ 39 ans, le 24 février 1785, sur la paroisse de Saint-Denis, à Montpellier, et a été inhumé dans un des caveaux des RR. PP. cordeliers de ladite ville ».

» Le 16 août 1785, par-devant Dominique Forcioli, avocat au conseil supérieur de la juridiction royale d'Ajaccio, en l'île de Corse, faisant fonction du procureur du roi, attendu l'absence de J.-B. Orto, procureur du roi de l'amirauté de cette ville, est comparu le sieur Luciano de Buonaparte, archidiacre de la cathédrale, Ignace-Mathieu Costa, François Puravicini, tous deux chanoines; Jean-Jérôme Leca, Quondam-François Félix, parens au plus proche degré paternel des sieurs *Joseph*, *Napolione*, *Luciano*, *Luiggi*, *Gerolamo*, *Marianna*, *Carletta* et *Annonciada*, tous fils et filles mineurs de défunt messire Charles de Buonaparte, et les sieurs François Ramolini, prêtre, Quondam Giovan, Augustino, Sébastien et Silvestre frères, Colonna G^{de}. Dominique, nobles parens au plus proche degré maternel, pour procéder à la nomination d'un tuteur auxdits en-

ayant été envoyée au roi de France, Charles Buonaparte fut choisi pour représenter la noblesse ; ce qui lui valut peu de temps après le titre d'assesseur au tribunal d'Ajaccio.

---

fans mineurs et pupilles, lesquels ont choisi unanimement ledit archidiacre Luciano de Buonaparte, écuyer, oncle paternel, lequel a accepté ».

L'extrait de mariage présente quelques variations dans l'orthographe des noms. On trouve dans le corps de l'acte *Bonaparte;* mais la signature de Napoléon est *Buonaparte.* Charles Buonaparte, père de Napoléon, n'y est qualifié que de rentier, ainsi qu'on va le voir.

Extrait du registre des actes de mariage de l'an 4
(deuxième arrondissement de Paris).

Acte de mariage de Napolione Bonaparte, général en chef de l'armée de l'intérieur, âgé de vingt-huit ans, né à Ajaccio, département de la Corse, domicilié à Paris, rue d'Antin, fils de Charles Bonaparte, rentier, et de Letzia Ramolini, son épouse ;

Et de Marie-Joseph-Rose de Tascher, âgée de vingt-huit ans, née à l'île de la Martinique, dans les îles du Vent, domiciliée à Paris, rue Chantereine, fille de Joseph-Gaspard de Tascher, capitaine de dragons, et de Rose-Claire des Vergers de Sanois, son épouse.

Moi Charles-Théodore-François Leclerq, officier public de l'état civil du second arrondissement municipal de Paris, après avoir fait lecture, en présence des parties et témoins, 1°. de l'acte de naissance de Napolione Bonaparte, général, qui constate qu'il est né le 5 fé-

L'année suivante, le comte de Marbœuf envoya en France le petit Napoléon; c'étoit de tous les enfans de Charles celui qu'il aimoit le plus. On supposoit même que sa prédilection

---

vrier 1768 de légitime mariage de Charles Bonaparte et de Letzia Ramolini; 2°. l'acte de naissance de Marie-Joseph-Rose de Tascher, qui constate qu'elle est née le 23 juin 1767, de légitime mariage de Joseph-Gaspard de Tascher et de Rose-Claire des Vergers; vu l'extrait de décès d'Alexandre-François-Marie Beauharnais, qui constate qu'il est décédé le 5 thermidor an 2, marié à Marie-Joseph-Rose de Tascher; vu l'extrait des publications dudit mariage, dûment affiché, le temps prescrit par la loi sans opposition, et après aussi que Napolione Bonaparte et Marie-Joseph-Rose de Tascher ont eu déclaré à haute voix se prendre mutuellement pour époux, j'ai prononcé, au nom de la loi, que Napolione Bonaparte et Marie-Joseph-Rose de Tascher sont unis en mariage, et ce, en présence des témoins majeurs ci-après nommés, savoir : Paul Barras, membre du directoire exécutif, domicilié palais du Luxembourg; Jean Le Marrois, aide de camp capitaine, domicilié rue des Capucines; Jean Lambert Tallien, membre du corps législatif, domicilié à Chaillot; Étienne-Jacques-Jérôme Calmelet, homme de loi, domicilié rue de la place Vendôme, n°. 207, qui tous ont signé avec les parties et moi, après lecture. *Signé* TALLIEN, M.-J.-R. TASCHER, P. BARRAS, LE MARROIS le jeune, NAPOLIONE BUONAPARTE, CALMELET, LECLERQ, officier public.

tenoit à une cause plus particulière que la simple amitié pour ses parens.

Napoléon fut d'abord envoyé à Autun, auprès de M. l'abbé de Marbœuf, évêque de cette ville ; il entra ensuite à l'école militaire de Brienne, où il fut élevé, comme plusieurs de ses camarades, aux dépens du gouvernement.

L'école de Brienne étoit tenue par des religieux minimes, auxquels le jeune élève fut soigneusement recommandé. M. le comte de Brienne le prit également sous sa protection. Napoléon étoit d'une humeur triste et sombre, qui se manifestoit dans toutes ses actions. On ne le voyoit jamais se mêler affectueusement avec ses camarades; il parloit peu, cherchoit la solitude, et de toutes ses études paroissoit n'aimer que celles qui se rapportoient à l'art de la guerre ; on assure que dans le cours des hivers, il s'amusoit à élever des remparts de neige, à creuser des fossés, figurer des tours et des bastions, représenter tout l'appareil d'un siége. Ce fut à Brienne qu'il se lia avec M. Fauvelet de Bourienne, qui, depuis, l'a suivi dans ses campagnes d'Italie et d'Égypte, et a rempli auprès de lui les fonctions de secrétaire intime et de conseiller d'état. Ce fut aussi à Brienne qu'il apprit à distinguer le mérite d'un professeur de mathématiques, le P. Patrauld, qui, dans le cours des campagnes d'Italie, écrivit, pour lui, toute sa correspondance avec le pape Pie vi (1).

Après avoir passé sept ans à Brienne, Napoléon Buonaparte fut envoyé à l'école militaire de Paris, où il entra le 22 octobre 1784. Il s'y montra, comme à Brienne, triste, rêveur et solitaire. Il s'étoit fait deux compagnons qu'il ne quittoit presque jamais, et qu'il avoit accoutumés à l'admirer : malheureusement c'étoient deux petits idiots, objets de la dérision de l'école (2).

---

(1) On a dit qu'il étoit devenu amoureux à Brienne d'une jeune fille qui ne répondit que trop vivement à son ardeur ; que cette jeune fille ne tarda pas à s'apercevoir des suites de sa foiblesse, et que, pour éviter le scandale qui pouvoit en résulter, son amant la fit empoisonner.
Cette anecdote n'est établie sur aucune preuve; elle est d'un genre trop odieux pour être admise aussi légèrement qu'on l'a fait ; il est constant que jamais Buonaparte ne recula devant un crime qui pouvoit lui être utile; mais on trouvera dans le cours de cet ouvrage assez d'exemples de cette vérité, sans être obligé de recourir à des bruits scandaleux, dénués de tout fondement.

(2) L'un de ces deux camarades vit encore, et pourroit, si l'amour-propre le lui permettoit, confirmer de son témoignage ce que l'on écrit ici.

On se rappelle avec quel enthousiasme se répétoient alors les expériences aérostatiques de Charles et de Montgolfier. Des physiciens ayant élevé un ballon au Champ de Mars, en présence des élèves de l'École Militaire, un jeune homme sollicita vivement la permission d'y monter, et n'ayant pu l'obtenir, se jeta avec colère sur le ballon et le perça de son épée. On a fait honneur de ce trait d'impatience et d'audace à Napoléon ; il ne lui appartient pas : le coupable se nommoit Dupont ; il est mort, il y a trois ans, des fatigues de l'émigration, et dans un état voisin de l'aliénation mentale.

Outre son goût pour la solitude et les mathématiques, Napoléon professoit une admiration particulière pour l'histoire ancienne ; il s'étudioit à imiter les manières, les actions et jusqu'au langage des hommes les plus célèbres de l'antiquité. Il faisoit de Plutarque sa lecture favorite, il en portoit toujours un volume avec lui ; il aimoit surtout les Spartiates, et affectoit de s'exprimer comme eux en phrases courtes et sentencieuses. Son amour pour les sciences exactes avoit nui à ses progrès dans les lettres. Il n'eut jamais qu'une connoissance très-imparfaite des langues anciennes, et parloit même assez mal la langue française ; s'il écrivoit, son style étoit brusque, dénué de grâce et d'harmonie. C'étoit un très-mauvais rhétoricien.

Mais il ne faut pas être rhétoricien pour commander un exercice à feu, l'éloquence du canon est plus persuasive que toutes les figures du langage. En 1784, Napoléon se présenta au concours pour l'arme de l'artillerie; et, sur trente-six concurrens, il obtint la douzième place.

En conséquence, il fut nommé sous-lieutenant au service de France, et entra dans le régiment de la Fère. Un des professeurs de l'école militaire, M. l'Éguile, chargé de rédiger des notes sur chaque élève, avoit écrit à côté du nom de Buonaparte : *Corse de nation et de caractère ; il ira loin, si les circonstances le favorisent.* Les circonstances ne l'ont que trop favorisé (1).

---

(1) On a cité dans un recueil allemand, intitulé *Annales de l'Europe*, un certificat qui lui fut, dit-on, donné en sortant de Brienne. Ce certificat porte :

« M. Buonaparte (Napoléon), né le 15 août 1769,
» taille de quatre pieds dix pouces dix lignes, a fini sa
» quatrième année. A bonne constitution, santé excel-
» lente, caractère soumis, honnête et reconnoissant,
» toujours distingué par son application aux mathéma-
» tiques. Il sait très-passablement son histoire et sa géo-
» graphie ; il est assez foible dans tous les exercices d'agré-

Ce fut peu de temps après qu'éclata la révolution. Buonaparte, né au milieu des combats soutenus par sa patrie pour la cause de la liberté, sembloit, par son caractère, ses habitudes et ses goûts, fait pour les circonstances où il se trouvoit.

On a su qu'à cette époque, il délibéra avec lui-même, sur le parti qu'il avoit à prendre : la reconnoissance et l'honneur lui faisoient une loi de s'attacher à la cause du roi; l'ambition lui donna d'autres conseils. — « Si j'avois été général,
» a-t-il dit depuis à ses amis, j'aurois em-
» brassé le parti de la cour; sous-lieutenant,
» j'ai dû embrasser celui de la révolution ».

C'est-à-dire que, général, il auroit voulu défendre ce qu'il possédoit; sous-lieutenant, il voulut acquérir ce qu'il ne possédoit pas. C'est un trait digne de remarque dans la vie de Buonaparte, que jamais les impulsions du cœur

---

» ment et pour le latin, où il n'a fait que sa quatrième
» classe ; sera un excellent marin ».

Il est évident que cette note a été faite après coup. La date de la naissance est fausse ; les éloges qu'on lui donne contrastent ridiculement avec son caractère; il est probable qu'il demanda ce certificat à l'un de ses anciens professeurs, à l'époque où il s'occupoit du projet de descendre en Angleterre; il étoit alors nécessaire qu'il se donnât pour un marin.

et les principes du devoir ne furent pour rien dans ses déterminations, et qu'il se conduisit constamment par cette maxime, qu'il ne craignit pas de professer publiquement : *Un homme d'état doit avoir son cœur dans sa tête.*

En 1789, le général Paoli avoit été rappelé par un décret de l'assemblée constituante. Il vint en France et fut reçu, avec enthousiasme, par les patriotes qui lui décernèrent une couronne civique. Il embrassa tendrement le fils de cet ancien ami qui avoit combattu avec lui à San-Fiorenzo, en 1768. Ils s'embarquèrent ensemble pour la Corse : Paoli, plein de sentimens généreux pour sa patrie; Buonaparte, plein d'espoir de faire servir les événemens à l'ambition qui le dévoroit.

Paoli, avant de partir de Paris, avoit été présenté à Louis XVI par le marquis de la Fayette; il s'étoit rendu à la barre de l'assemblée nationale pour la remercier du décret qui le rendoit à sa patrie. Sa présence avoit singulièrement exalté les patriotes. Le club de 1789 voulut lui donner une fête; on y comptoit les grands acteurs politiques de cette époque, M. l'abbé Sieyes, M. Bailly, M. de la Fayette, etc. Le nombre des convives étoit de soixante-dix-huit, le banquet fut splendide. On y chanta des couplets patriotiques de la composition d'un de nos plus célèbres chansonniers. Après le festin et les chansons, le peuple qui entouroit la maison, sans songer à dîner, voulut voir Paoli, et le plaisir de le voir tint lieu de festin à ses admirateurs.

Il étoit impossible que Paoli, exalté par les idées patriotiques, ne cherchât point à les établir dans son île. Sa présence donna de vives alarmes à ceux qui prévoyoient déjà l'excès des tourmentes révolutionnaires. Il rapportoit avec lui des idées très-favorables au gouvernement britannique, il vantoit beaucoup la constitution anglaise; on l'accusa de vouloir l'établir dans la Corse, et livrer l'île à l'Angleterre. Il fut défendu vivement à l'assemblée nationale par les députés Salicetti et Butta-Fuoco. Mais bientôt, ses idées de liberté s'exaltant avec les travaux de l'assemblée constituante, sa présence devint une occasion de trouble pour sa patrie. L'île étoit partagée, comme la France, en aristocrates et en démocrates ; et comme les démocrates sont toujours les plus entreprenans et les plus nombreux, les aristocrates avoient beaucoup à souffrir. On renouveloit à leur égard toutes les violences que l'on commettoit sur le continent. Napoléon Buonaparte se signaloit parmi les plus ardens démagogues. On poursuivoit les nobles, les prêtres, les anciens fonctionnaires publics. On formoit des assemblées populaires, on fatiguoit les autorités de plaintes et de dénonciations.

Le député Butta-Fuoco crut devoir dénoncer ces excès, et demanda que le roi envoyât des commissaires dans l'île, pour comprimer les factieux et rétablir l'ordre. Les factieux avoient des amis à l'assemblée nationale; on s'éleva contre Butta-Fuoco, et la révolution continua sa marche triomphante dans la Corse.

L'évêque d'Ajaccio avoit quitté son siége, pour se rendre à Rome. C'étoit un ancien directeur du séminaire de Saint-Sulpice, M. de Verclos, homme aussi recommandable par la droiture de son esprit que par ses lumières et sa piété. On songea aussitôt à lui donner un successeur. L'assemblée des électeurs se réunit à Bastia pour nommer un évêque constitutionnel. M. de Verclos y reparut avec des instructions du souverain pontife, et s'efforça d'éviter le schisme dont l'église lui paroissoit menacée.

Sa présence ne fit qu'irriter les patriotes. On rassembla des troupes; Paoli se mit à leur tête, et parvint, à l'aide de deux mille hommes, à installer son évêque constitutionnel.

L'exaltation des esprits étoit à son comble. On en peut juger par l'adresse suivante que douze ou quinze cents patriotes venus des montagnes présentèrent au général Paoli.

« Général, si le tonnerre du ciel n'écrase pas
» l'ennemi de la patrie, le malfaiteur, c'est que
» l'homme fier et juste est destiné à remplir ce
» noble ministère. Nous venons donc pour
» que, réunis à tous les bons, tu nous mènes à
» Bastia. Il ne faut pas y laisser pierre sur pierre.
» Les habitans de cette île sont tous coupables ;
» car le bon qui laisse faire le méchant, n'est
» pas plus digne de la vie que celui-ci..... La
» liberté n'a jamais rien coûté aux Bastiaques...
» Ils n'ont pas, comme nous et nos pères, versé
» leur sang pour elle. Général, tu le sais, ces
» Bastiaques ont toujours été ennemis de la pa-
» trie. Il faut donc détruire leur ville sans ré-
» mission, c'est le vœu de toute la Corse ».

Heureusement le vœu de la Corse ne fut point accompli. Paoli comprit bientôt qu'il falloit renoncer au parti démagogique, ou se condamner à partager toutes ses fureurs. Il s'appliqua, mais trop tard, à modérer l'effervescence de ses compatriotes, à faire revivre l'empire des lois, et pendant près de deux ans, son nom ne fut plus entendu à la tribune de nos assemblées nationales.

Une partie de l'île dut jouir alors de quelque

repos; mais ce calme ne fut pas de longue durée.

Le 4 avril 1793, le représentant du peuple Escudier se leva au milieu de la convention, et lut avec beaucoup de chaleur une adresse de la société populaire de Toulon. C'étoit un acte d'accusation contre le général Paoli. Les patriotes l'accusoient de n'être plus à la hauteur des événemens, de servir les aristocrates, et de trahir la cause sacré des sans-culottes.

Quand on lit aujourd'hui ces adresses, on a peine à concevoir qu'il ait existé en France une époque où l'on ait écrit avec tant de grossièreté et de fanatisme.

La Source, député de la Gironde, appuya les patriotes de Toulon, et rappela que Paoli avoit autrefois fait construire un petit trône sur lequel il avoit eu l'insolence de s'asseoir. Il vit la monarchie relever sa tête altière dans l'île de Corse. Barrère et Marat confirmèrent les alarmes de la Source, et l'on décréta, au milieu des vociférations des tribunes, que le traître Paoli seroit tenu de se rendre à la barre de la convention nationale, pour justifier sa conduite.

Paoli répondit qu'il étoit trop vieux pour entreprendre un si long voyage; il offrit, si l'on vouloit, de quitter l'île, et continua, en attendant la réponse du peuple souverain, de réprimer le fanatisme et le brigandage révolutionnaire.

Paoli, devenu sage par l'expérience, ne vouloit ni assignats, ni proconsuls, ni pillage de propriétés. Il s'étoit surtout montré fort sensible à la mort du roi dont il révéroit les vertus. On lui envoya Lacombe, Saint-Michel et Salicetti, pour le mettre à la raison. C'est une observation digne de remarque que, de toute la députation de l'île de Corse, il n'y eut que Salicetti qui vota pour la mort de ce prince. Les autres méritent d'être cités avec honneur; c'étoient : Andrei, Cazabianca, Chiappe, Motedo, Porzio.

La convention avoit autorisé ses deux commissaires à se saisir, s'ils pouvoient, de la personne de Paoli ; c'étoit le point de leur mission le plus difficile à remplir. Paoli venoit d'être nommé généralissime. Il présidoit la *Consulta*, et comptoit sous ses ordres de nombreux bataillons, qui pouvoient lutter avec avantage contre les proclamations de Lacombe et de St.-Michel.

Il fallut avoir recours à de nouveaux décrets. On lut à la convention un rapport des commissaires ; ou lui peignoit, d'une manière énergique, les dangers des patriotes et les maux affreux dont l'île étoit affligée. Barrère joignit son éloquence à celle des commissaires, et, sur ses conclusions, Paoli fut déclaré traître à la patrie et mis hors la loi. On lança un décret d'accusation contre le procureur-général du département, M. *Pozzo-di-Borgo*, et l'on chargea le pouvoir exécutif d'envoyer dans l'île des forces suffisantes pour faire triompher la cause sacrée de la liberté et de l'égalité.

Au milieu de ces événemens, Napoléon Buonaparte étoit resté fidèlement attaché au parti révolutionnaire le plus ardent, et s'étoit fait nommer lieutenant colonel de la garde nationale. Quoiqu'il n'eût presque aucune connoissance de la poésie, il entreprit un poëme en l'honneur de la liberté. Ce poëme n'existe plus ; mais ceux de ses amis qui ont pu en lire quelques morceaux, conviennent que c'étoit une très-misérable production, où la mesure des vers n'étoit pas même observée (1).

On ne sait s'il la dédia à Paoli ; mais on est sûr qu'il s'appuya long-temps de sa protection, et qu'il eut soin de le ménager.

---

(1) Buonaparte, comme on l'a déjà observé, parloit très-mal la langue française. On a remarqué qu'à chaque ouverture des séances du corps législatif, il n'a jamais manqué d'employer le mot de *section* pour celui de *session*. Il disoit : *Voilà les objets dont vous aurez à vous occuper dans cette présente section.*

Une notice historique, publiée à Londres vers la fin du dernier siècle, assure même qu'en 1793 il prit courageusement sa défense ; qu'il afficha de sa propre main, sur les murs d'Ajaccio, les remontrances de la municipalité contre le décret qui déclaroit Paoli ennemi de la république et le mettoit hors la loi ; on ajoute que les proconsuls, irrités de cette audace, décernèrent contre lui un mandat d'arrêt ; qu'il n'obtint qu'avec peine sa liberté, et qu'il revint en France à l'époque du siége de Toulon.

J'ai lieu de croire que l'auteur de cette notice a été mal informé ; je ne trouve aucun acte propre à confirmer ces faits ; il en existe au contraire qui les démentent, ainsi que je me propose de le faire voir dans le chapitre suivant.

CHAPITRE III.

…lon ; commencemens de la fortune militaire de Buonaparte.

On a remarqué avec raison que le caractère des hommes ne se montre sous ses véritables couleurs, que dans les circonstances extraordinaires de la vie. Rien de plus propre à nous mettre à l'épreuve que les révolutions; car il ne s'agit plus alors de remplir paisiblement les devoirs de la vie civile; c'est au milieu des orages et dans la lutte de toutes les passions, qu'il faut prendre un parti.

L'âme alors se trouve attaquée par tout ce qui peut mettre sa vertu en péril, la crainte, l'espérance, l'amour, la haine, l'ambition; et, dans cette extrême agitation, il n'est donné qu'à un petit nombre d'êtres privilégiés, de rester fidèlement attachés à leurs devoirs. Combien de personnes, nées avec les plus heureuses dispositions, n'auroient donné que des exemples de sagesse, de probité, d'honneur, si elles n'eussent été exposées aux périlleuses épreuves de notre révolution ! La vertu étoit facile avant cette malheureuse époque; mais lorsqu'elle fut arrivée, il fallut, non-seulement du discernement pour y démêler le bien et le mal, mais du courage pour résister, tantôt aux sollicitations de la cupidité et de l'ambition, tantôt au choc des factions, tantôt à la crainte des périls qui nous assiégeoient de toutes parts.

On vit alors se jeter dans les rangs des novateurs, deux classes d'hommes fort différentes. L'une, guidée par l'amour du bien et l'espoir d'une heureuse amélioration, se forgeoit en imagination de nouveaux cieux et une nouvelle terre ; entraînée par un heureux délire, elle ne rêvoit que l'âge d'or et le règne d'Astrée. L'autre étoit composée de ces hommes que Salluste a si bien peints dans son histoire de la conjuration de Catilina : *Quos flagitium , egestas, conscius animus exagitabat :* Que tourmentoient la misère, le remords et les passions.

Ce fut dans ce dernier parti que se jeta Buonaparte. Il embrassa avec une sorte de fanatisme les idées démagogiques, résolu de servir constamment la faction triomphante, quels qu'en fussent les chefs, les principes ou les actions. Il s'étoit attaché à Paoli, tant qu'il l'avoit vu protégé par l'assemblée constituante et la convention ; il l'avoit ménagé encore lorsque son crédit commençoit à s'affoiblir ; il l'abandonna tout-à-fait et s'arma contre lui, quand il le vit frappé d'anathème par les démagogues. L'auteur anglais de la notice dont j'ai déjà parlé, convient qu'il s'embarqua sur des bâtimens destinés à une entreprise contre Ajaccio, et qu'il vint au nom de la république française sommer cette ville de se rendre. Mais elle étoit défendue par un de ses parens, officier d'un rare mérite, nommé Masseria, qui brava les menaces de Napoléon, et le força de se retirer.

La république avoit alors à lutter contre toutes les forces du continent ; ses frontières étoient envahies de toutes parts ; les forces de la Vendée s'accroissoient tous les jours ; les soulèvemens se multiplioient sur tous les points de la France. L'horreur qu'inspiroit la convention sembloit la menacer d'une insurrection générale ; l'état touchoit à une dissolution complète ; mais le danger ne faisoit qu'accroître la violence et l'énergie de cette cruelle et redoutable assemblée ; elle répondoit aux attaques de ses ennemis par de nouveaux excès et de nouvelles fureurs : on eût dit que le génie du mal étoit venu fixer son séjour au sein de la représentation nationale.

On avoit levé dans le cours de 1793 plus d'un million d'hommes ; la république en comptoit sous ses drapeaux quinze cent mille, partagés en quatorze armées, qui défioient tous les rois de l'Europe, qu'on ne désignoit plus que sous le nom de tyrans.

Le pavillon tricolore osoit même affronter les mers et braver les flottes anglaises. Dès le mois de décembre 1792, le contre-amiral Truguet étoit entré dans le port d'Ajaccio pour aller attaquer la Sardaigne. Cette flotte ne portoit, à la vérité, que quinze cents hommes; mais elle devoit se fortifier des bâtimens que commandoit devant Naples le capitaine de la Touche; elle devoit aussi prendre à bord deux bataillons de garde nationale corse, troupe audacieuse et aguerrie, qui ne redoutoit ni les fatigues ni les tempêtes. Avec ces ressources, la conquête de la Sardaigne paroissoit immanquable. Malheureusement quelques circonstances imprévues trompèrent toutes les espérances.

Dans ces temps de confusion et d'anarchie, il s'étoit formé au sein des villes et des armées des compagnies de pendeurs, qui, pour l'amour de la république, étrangloient fraternellement leurs camarades, et se livroient sans remords à tous les genres de forfaits. Les représentans du peuple n'osoient s'opposer à ces excès, soit dans la crainte d'être pendus eux-mêmes, soit afin d'entretenir le peuple dans une sorte d'ivresse dont ils avoient besoin pour soutenir la république.

Il arriva que deux soldats français pendirent deux soldats corses, sous prétexte d'incivisme. Les Corses n'étoient pas gens à se laisser pendre impunément. La crainte des représailles décida l'amiral à partager ses forces et à faire agir séparément la petite armée corse. Il la chargea d'attaquer les îles du détroit de Boniface ; Buonaparte, à la tête de cette expédition, s'empara d'abord de Saint-Étienne et de son fort, et prit possession de la Madeleine au nom de la république ; mais il ne put garder long-temps ses conquêtes.

L'expédition de Truguet avoit eu le résultat le plus désastreux. Deux de ses bâtimens avoient touché dans le port d'Ajaccio, et ne marchoient qu'avec peine. Les tempêtes avoient dispersé ceux que commandoit le capitaine la Touche ; et les Sardes, résolus de se défendre, avoient répondu au feu de la flotte française par des décharges à boulet rouge ; plusieurs de nos navires furent endommagés dans leurs mâts et leurs vergues : un d'entre eux fut brûlé. Les bombes des Français n'atteignirent que les faubourgs au-delà de Cagliari, et l'ennemi n'eut que cinq hommes à regretter dans cette attaque. Pendant le bombardement, les Français avoient tenté plusieurs fois des descentes sur le rivage, mais, constamment repoussés, ils avoient perdu près de six cents hommes.

Les montagnards de Sardaigne déployèrent, dans cette occasion, une rare intrépidité, et de tout ce que les Français jetèrent d'hommes sur la côte, il y en eut peu qui ne furent tués ou blessés. L'amiral avoit tellement compté sur le succès de cette expédition, qu'il avoit amené avec lui une grande quantité de bâtimens de transports, pour charger les grains dont les magasins de l'île étoient richement pourvus.

Lorsque la convention apprit l'issue de cette malheureuse entreprise, elle en ressentit un extrême dépit; mais elle le dissimula. A peine en parla-t-on dans les séances publiques; on se contenta de lire une lettre du contre-amiral, qui attribuoit ses défaites à l'indiscipline de l'armée, et aux désordres qui régnoient dans toutes les parties de l'administration (1).

---

(1) On se feroit difficilement une idée des excès et de l'anarchie qui régnoient à bord. Une lettre de Corse, publiée à cette époque dans les journaux français, portoit :

« On a encore manqué, l'un de ces jours, de pendre un » homme, qui, le lendemain, a été reconnu très-inno- » cent. Il est fâcheux qu'il n'y ait pas une justice plus sé-

Ainsi de toutes parts la république couroit les plus grands dangers. Paoli, indigné de l'assassinat de Louis XVI, fatigué de la tyrannie révolutionnaire, ne cachoit plus ses desseins. Hors d'état de résister, avec ses propres forces, aux armées républicaines, il avoit invoqué le secours de l'Angleterre, attaqué et battu l'armée française, et s'étoit peu de temps après rendu maître d'Ajaccio et de plusieurs autres places.

Les commissaires de la convention s'efforçoient en vain d'arrêter ce mouvement; ils n'avoient ni assez de puissance ni assez de génie; et Paoli, mis hors de la loi par la représentation nationale, bravoit également et ses décrets et ses soldats. Les menaces, les proclamations et les violences de Lacombe-Saint-Michel ne faisoient qu'irriter de plus en plus les esprits; le parti montagnard s'écrouloit de tous côtés, et les anarchistes poursuivis, proscrits sur tous les

---

» vère pour ces pendeurs de profession, qui se font un
» jeu d'assassiner, et un honneur de s'en vanter. On ne
» peut se figurer le mauvais effet que cette conduite pro-
» duit sur les étrangers. Aussi les Sardes se préparent-
» ils à se défendre vigoureusement, parce qu'on leur
» a peint les Français comme des impies et des violeurs
» de femmes ».

points de l'île, furent enfin réduits à l'abandonner. Buonaparte lui-même, frappé d'un décret de bannissement particulier, se vit contraint de quitter sa patrie avec toute sa famille(1). Elle étoit nombreuse et pauvre. Sa mère emmenoit avec

---

(1) Il est certain que Buonaparte fut banni de la Corse avec une foule de révolutionnaires, qui se retirèrent, les uns à Livourne, les autres en France. L'auteur d'un ouvrage intitulé, *Examen de la campagne de Buonaparte en Italie, dans les années* 1796 *et* 1797, prétend que Napoléon fut banni pour un crime qui méritoit la mort; voici de quelle manière il raconte le fait :

« En 1792, Buonaparte, retiré à Ajaccio, travailloit
» ses compatriotes dans les principes du jacobinisme. Il
» trouva une résistance à laquelle il ne s'attendoit pas,
» et dont il crut devoir se venger. Le jour même de la
» seconde fête de Pâques, à huit heures du matin, au
» moment où les fidèles sortoient de l'église cathédrale,
» il fait tirer sur le peuple par des brigands qu'il avoit
» postés exprès la nuit précédente dans le voisinage de
» cette église. Qu'on juge de la surprise et de l'effroi de
» ce peuple, qui ne soupçonnoit rien de pareil. Plusieurs
» furent blessés, quelques-uns perdirent la vie. Toutes
» les circonstances aggravoient le crime et appeloient
» une punition éclatante; néanmoins Buonaparte en fut
» quitte pour un décret de bannissement et d'infamie.
» Ce décret est existant et consigné dans les archives du

elle trois filles et son fils Jérôme, encore enfant. Joseph, Lucien et Louis, compris dans la proscription de leur frère Napoléon, étoient sans emploi ; leur oncle Fesch, qui avoit profité de la liberté révolutionnaire pour quitter l'habit et les fonctions ecclésiastiques, se trouvoit, comme eux, dénué de toute ressource (1).

» pays. Il fut provoqué et signé par le général Paoli,
» qui présidoit l'assemblée de la Corse ».

L'écrivain qui cite ce fait, paroît, dans tout le cours de son ouvrage, un homme d'honneur, incapable d'un mensonge. Cependant, si ce fait est vrai, il est nécessaire d'en rapprocher la date ; car il est constant que ce ne fut point en 1792, mais en 1793 que Buonaparte rentra en France. Il étoit en 1793 engagé dans l'expédition de l'amiral Truguet contre la Sardaigne, et il rentra avec le reste de la flotte dans le port d'Ajaccio. Les recherches que nous avons faites sur le décret n'ont pu nous donner des renseignemens positifs, et si cet acte a jamais été consigné dans les registres, il est probable qu'on l'en aura fait disparaître depuis, ainsi que tant d'autres pièces qu'on a pris soin d'anéantir.

(1) Le cardinal Fesch est frère utérin de madame Buonaparte mère. Il appartient à une famille de négocians estimés à Bâle. Un de ses parens est attaché au conseil des prises maritimes comme secrétaire-interprète. Jamais ni l'empereur Napoléon, ni le cardinal n'ont rien fait pour lui ; il les avoit vus malheureux, et c'étoit assez.

Napoléon ne servoit plus dans l'arme de l'artillerie ; il n'appartenoit à aucun régiment ; il débarquoit en France sans fortune, sans renommée, sans recommandation. L'édifice de ses espérances sembloit détruit de fond en comble; car on ne sauroit douter qu'en suivant Paoli en Corse, il n'eût eu le projet de marcher sur les traces de cet homme célèbre, de se créer un parti, et de se rendre un jour l'arbitre des destinées de son pays. Ce rêve venoit de s'évanouir; mais la fortune lui en réservoit un plus brillant

La famille fugitive s'établit à Marseille, et vécut des secours que le gouvernement accordoit aux réfugiés. Elle logeoit chez M. Clary, riche fabricant de savon et négociant estimable. Le général Collin, pour adoucir la rigueur de sa situation, lui faisoit donner tous les jours, outre les distributions ordinaires, quelques livres de pain et autant de viande. Il fut depuis récompensé par une lettre d'exil.

La jeune Carletta, devenue ensuite la princesse Caroline, n'avoit alors que treize ans; elle étoit chargée des menus soins du ménage: c'étoit elle qui, le matin, alloit faire les petites provisions. Son costume étoit modeste et léger. Les deux autres sœurs, plus grandes, ne furent pas long-temps à trouver des adorateurs.

L'ainée n'étoit pas jolie ; mais elle rachetoit ce désavantage par la vivacité de son esprit et une instruction assez étendue : la seconde étoit d'une beauté vive et piquante ; c'étoit celle qui fixoit le plus l'attention des amateurs, et l'on assure qu'elle ne se montra pas toujours insensible à leurs hommages (1).

Au moment où Buonaparte arrivoit à Mar-

---

(1) Nous ne répéterons point ici ce qui a été dit dans un libelle, publié d'abord à Londres, et ensuite à Paris, sous le titre d'*Histoire secrète du cabinet de Napoléon Buonaparte et de la cour de Saint-Cloud.* Si l'on en croit Lewis Goldsmith, auteur de cet écrit, la vie de madame Buonaparte mère et de ses filles n'a été rien moins qu'édifiante. La Corse et Marseille ont été témoins de leurs excès ; mais cet écrivain se fait un jeu si effronté de la calomnie et de la diffamation, qu'il est impossible d'ajouter la moindre croyance à ses récits. Le seul fait qui paroisse constant, c'est que madame Buonaparte mère essuya un affront public, au théâtre de Marseille, en 1797. C'étoit l'époque où Napoléon s'illustroit par ses conquêtes en Italie. Elle vouloit aller l'y rejoindre ; elle passa par Marseille, et s'y arrêta quelques jours. Un soir qu'elle étoit au spectacle avec deux de ses filles, un commissaire de police se présenta à sa loge, et lui intima l'ordre d'en sortir, sous prétexte qu'elle avoit autrefois reçu l'ordre de quitter Marseille pour cause de mauvaise conduite. La mère du héros d'Italie fut obligée d'obéir ;

seille, cette ville étoit menacée des plus grands malheurs. Depuis la funeste journée qui avoit vu tomber sur l'échafaud la tête du plus vertueux et du plus innocent des rois, une partie de la France, indignée de cet attentat et des excès de la convention nationale, avoit pris les armes. Marseille, cette cité si favorable à la révolution, commençoit à rougir des crimes qu'elle avoit autorisés et protégés. Les sections

---

elle eut au foyer une explication fort vive avec le commissaire, se fit connoître, rentra dans sa loge, et obtint bientôt après la destitution de l'officier public qui l'avoit traitée si injurieusement. Cette anecdote a été racontée de diverses manières par quelques-uns de nos journaux. Ce qui rend la conduite du commissaire justement suspecte, c'est qu'il est impossible de supposer que madame Buonaparte eût été reçue à Marseille chez M. Clary, chez M. Boismortier, et chez plusieurs autres personnes d'une conduite irréprochable, si elle se fût livrée au genre de spéculation que lui attribue Lewis Goldsmith. Que dans sa jeunesse elle ait eu des foiblesses si communes à son sexe; que ses filles aient été, comme leur mère, susceptibles de sentimens tendres, rien de plus facile à concevoir : une beauté pauvre est presque toujours facile à subjuguer. Nous savons qu'on offrit une d'elles en mariage à un jeune officier de notre connoissance, qui éluda adroitement la proposition, dans la crainte que cet hymen ne fût pas sans danger pour lui.

étoient divisées; cinq tenoient pour le parti de Roberspierre et de Marat, mais les vingt-sept autres manifestoient hautement le dessein d'arrêter leurs fureurs et de résister à l'oppression : elles ne pouvoient trop se hâter. Les sections anarchistes avoient, au mois de mars, présenté à la convention une adresse, dans laquelle elles demandoient que tous les députés qui avoient voté pour l'appel au peuple, fussent mis hors la loi. Chaque jour elles se signaloient par de nouveaux attentats ; la ville étoit remplie de dénonciateurs, de proscripteurs, d'hommes furieux qui ne demandoient que le pillage et le sang; les événemens du 31 mai avoient encore ajouté à leur audace, et des députés montagnards, envoyés dans tous les départemens, répandoient partout le désordre et la confusion.

Marseille, effrayée des progrès de l'anarchie, excitée par l'exemple de Lyon, qui s'étoit soulevé le 29 mai, prit enfin une résolution courageuse. Les sections se réunissent ; on établit un comité central d'administration ; on institue un tribunal populaire chargé de poursuivre les chefs du parti montagnard ; on lève une force départementale, et, afin de conserver encore quelque apparence de respect pour la convention, on envoie quarante-huit députés à Paris pour protester, au nom de la ville, contre les décrets rendus le 31 mai et les jours suivans.

Telle étoit la situation de Marseille, lorsque Buonaparte s'y établit avec sa famille. Il n'hésita pas à prendre un parti conforme à la conduite qu'il avoit tenue ; il se jeta avec ardeur dans les clubs, et, pour donner à la convention un nouveau gage de son dévouement, il fit imprimer à Avignon un pamphlet révolutionnaire, intitulé *le Souper de Beaucaire.* C'étoit un dialogue entre Marat et un fédéraliste, où tous les principes de la révolution étoient exaltés comme les plus sublimes conceptions de l'esprit humain. Marat y parloit d'une manière digne de lui et de son interprète ; le parti de la Gironde y étoit voué à l'exécration des républicains. Ce petit écrit fut imprimé chez Sabin Tournal, et n'eut que fort peu de succès. Il étoit d'un style barbare, conforme aux temps malheureux qui l'avoient vu naître. Il seroit difficile aujourd'hui d'en trouver un exemplaire (1).

---

(1) Lorsque Buonaparte fut parvenu à la dignité de premier consul, la veuve Sabin Tournal, à laquelle il devoit une centaine d'écus, vint à Paris réclamer son ancienne créance. Elle avoit eu soin d'apporter les derniers exemplaires du *Souper de Beaucaire*. Cette précaution lui valut un accueil très-favorable ; non-seulement on

Les députés de Marseille, frappés de ce qu'ils avoient vu à Paris, s'étoient hâtés d'en sortir, et, en quittant ce séjour du crime et de la tyrannie, ils avoient, comme l'apôtre, secoué la poussière de leurs pieds.

Marseille vit alors qu'il n'y avoit plus rien à espérer de la convention. Le 12 juin, les sections fidèles délibérèrent qu'elles ne reconnoissoient plus les décrets de la convention depuis le 29 mai, attendu qu'elle n'étoit ni libre ni complète. On donna de nouveaux pouvoirs au tribunal populaire, qui avoit été cassé précédemment par les députés Moïse Bayle et Boisset, et l'on forma le plan d'une fédération méridionale, pour s'affranchir de la tyrannie de Roberspierre, et pour faire triompher l'empire des lois. Nîmes, Bordeaux, Beaucaire, Grenoble, Lyon, et le département du Jura, envoyèrent des députés pour entrer dans la confédération et concerter un plan général; on décida qu'un

---

lui paya les 300 francs qu'elle répétoit, mais le premier consul voulut la voir, pour s'assurer lui-même si les exemplaires qu'on lui apportoit étoient réellement les derniers. Il engagea madame Tournal à ne rien négliger pour anéantir à jamais ce petit monument de jacobinisme, qu'il eût été bien fâché qu'on lui représentât lorsqu'il étoit empereur.

peloton de six mille hommes partiroit de Marseille, et marcheroit sur Paris, en se grossissant de toutes les forces que lui fourniroient les départemens.

Marseille et les villes confédérées ne renonçoient point à la république ; mais elles renonçoient à un gouvernement atroce, qui ne connoissoit, pour régner, que l'incendie, le pillage et le meurtre. Il s'agissoit de convoquer ailleurs une autre convention. Dans le même temps, Bordeaux étoit occupé des mêmes desseins, et se disposoit à faire marcher une force de huit cents hommes, qui, comme le bataillon de Marseille, ne devoit être que le noyau d'une force plus grande. Ainsi presque toutes les provinces du midi se disposoient à l'insurrection. La convention, effrayée, opposa d'abord à ces mouvemens des proclamations et des décrets. Le 19 juin, elle déclara que les juges du tribunal populaire étoient un assemblage d'assassins ; qu'ils étoient en état de rébellion contre la république ; qu'elle les mettoit hors la loi et ordonnoit à tout bon citoyen de courir sus. En même temps elle enjoignit au général Cartaux de se porter sur Marseille avec toutes ses forces. Cartaux étoit un homme d'une capacité médiocre, et d'un caractère plus modéré qu'il ne convenoit pour ces temps de terreur et de fanatisme. Il ne lui manquoit que du pouvoir pour faire le bien : avec plus d'autorité, il eût préféré les moyens de conciliation à une guerre atroce ; mais il étoit lui-même sous la puissance des représentans de la montagne, et réduit à exécuter leurs décrets, quelque absurdes qu'ils fussent. Il obéit, et se mit en devoir d'attaquer l'armée marseillaise.

Si les deux armées eussent été égales en force, il est probable que la victoire seroit restée au parti le plus juste ; mais tandis que l'armée de Marseille étoit obligée de se battre au-dehors, elle avoit à lutter en dedans contre les sections dissidentes qui s'étoient armées. On chercha à les effrayer en vain, en les environnant de canons et de baïonnettes; elles ne perdirent rien de leur audace, soutinrent le siége avec intrépidité, et, par leur résistance, donnèrent le temps au général de la convention, de battre l'armée marseillaise, et de se présenter sous les murs de la ville. Alors la consternation fut générale, et Marseille envahie ne présenta plus qu'un spectacle déplorable. La convention avoit envoyé deux de ses députés pour faire exécuter ses décrets; c'étoient Pomme et Charbonnière, l'un ardent montagnard, l'autre homme du monde plutôt qu'homme de révolution. On s'aperçut bientôt qu'ils manquoient de cette énergie que leurs collègues déployoient à Lyon et dans la Vendée. Ils n'avoient, dans la première semaine, envoyé que dix-sept personnes à l'échafaud : c'étoit un scandale pour la république. On leur adjoignit d'abord Barras et Fréron, et ensuite Garparin, Ricord, Salicetti, Roberspierre jeune, hommes d'une énergie éprouvée, incapables de foiblesse et de pitié.

Dans l'espace de quelques jours, les clubs furent ouverts, les comités révolutionnaires réintégrés, les échafauds dressés, les prisons encombrées de victimes, le buste de Marat élevé sur un amas de rochers bruts, et offert à la vénération publique. Quatre cents individus furent impitoyablement immolés, une partie des plus beaux édifices détruits ; on imposa une somme de quatre millions sur cette malheureuse ville, et, pour joindre l'insulte à la barbarie, Fréron, Barras, Salicetti et Ricord, décrétèrent qu'elle n'auroit plus d'autre nom que celui de *Sans-Nom* (1).

---

(1) Il faut, pour donner une idée juste de ces temps d'horreur, rapporter ici une lettre d'un des commissaires de la convention à l'accusateur public du tribunal révolutionnaire de Marseille. Après quelques reproches sur sa

Tandis que Marseille étoit livrée à toutes les fureurs d'une horde de brigands fanatiques, Lyon offroit un spectacle plus effrayant encore. Réduite à ouvrir ses portes, après un siége de deux mois, cette malheureuse ville étoit devenue un théâtre de carnage et de dévastation. Trente mille Français avoient été moissonnés dans les travaux du siége ; trois mille cinq cents avoient péri par le fer de la guillotine, les mitraillades et les fusillades ; les édifices tomboient sous le marteau des destructeurs, et la seconde

---

lenteur à faire tomber les têtes des aristocrates, des fédéralistes et des modérés :

« Je veux, lui dit-il, vous citer l'exemple de Paris : cette ville peut servir de modèle en tout ; à Paris, l'art de guillotiner a atteint sa dernière perfection. Samson et ses élèves guillotinent avec tant de prestesse qu'on croiroit qu'ils ont pris des leçons de *Comus*. Je leur en ai vu expédier douze en treize minutes. Envoyez donc à Paris l'exécuteur des hautes-œuvres de Marseille faire un cours de guillotine auprès de son collègue Samson. Tu dois savoir que nous ne te laisserons pas manquer de gibier de guillotine. Il faut que cela soit une espèce de spectacle pour le peuple. Les chants, la danse, doivent prouver aux aristocrates que le peuple ne voit de bonheur que dans leur supplice ; il faut donc faire en sorte qu'il y ait un grand concours de peuple pour les accompagner à l'échafaud ».

cité de France n'offroit plus qu'un monceau de ruines (1).

Toulon seul bravoit encore les décrets et les armées de la république. Cette ville s'étoit long-temps distinguée par un ardent républicanisme ; Roberspierre la comptoit au nombre des cités les plus fidèles : c'étoit de son sein qu'étoit sortie la dénonciation contre le général Paoli ; c'étoit elle qui, la première, avoit appelé sur Marseille les vengeances de la convention.

Mais à mesure que les calamités publiques s'étendoient sur toute la France, que les sources du commerce et de l'industrie se tarissoient, qu'au lieu de ce bonheur et de cette gloire si long-temps promis par la république, on ne trouvoit que misère et désolation, l'amour de la liberté et de l'égalité se refroidissoit ; chaque jour les illusions se dissipoient, et l'avenir ne

---

(1) Dans quel excès de délire et d'impiété l'esprit de la révolution n'avoit-il pas précipité les têtes républicaines? Voici de quelle manière on célébra à Lyon la fête des Sans-Culottides. On avoit chargé un âne d'ornemens sacerdotaux ; il portoit en collier des ciboires, des patènes et d'autres vases sacrés. Il étoit entouré de soldats et de clubistes qui chantoient des hymnes en l'honneur de la république. Derrière lui marchoient les représentans du peuple, précédés des deux bourreaux armés de leurs haches en forme de faisceaux. Les autorités constituées suivoient.

se présentoit plus que sous l'aspect le plus effrayant.

Au mois de juin 1793, la convention avoit envoyé à Toulon une commission révolutionnaire chargée d'y entretenir le feu du patriotisme. Elle étoit composée des députés Barras, Fréron, Despinassy, Roubaud, Pierre Bayle et Beauvais: c'étoient des patriotes déterminés, tous complices du meurtre de Louis XVI, tous résolus à sauver leurs têtes par les moyens les plus violens.

L'armée française se disposoit alors à envahir le Piémont et l'Italie; mais elle étoit peu nombreuse, et avoit besoin d'être organisée. Fréron, Barras, et deux de leurs collègues, quittèrent Toulon pour s'y rendre, et ne laissèrent dans cette ville que Pierre Bayle et Beauvais.

L'apparition de ces députés ressembloit à celle de ces météores qui jettent la consternation parmi les peuples, et sont regardés comme le présage des plus grandes calamités. Barras, Fréron et leurs compagnons de voyage, n'arrivèrent à leur destination qu'à travers mille périls. Toute la population étoit soulevée contre eux. A Vigneux, le maître de poste et les officiers municipaux entreprirent de les arrêter; de huit cavaliers qui les escortoient, six les abandonnèrent, et ils se virent obligés de mettre le sabre à la main pour sauver leurs jours. Le général Lapoype(1) ne put éviter la mort qu'en abandonnant ses chevaux, ses équipages, sa femme et ses enfans. A Saint-Tropez, nouveaux dangers ; la multitude les entoure, les attaque, et, si les officiers municipaux ne leur eussent fait un rempart de leurs corps, ils auroient été les victimes de l'indignation et de la vengeance publique.

A Toulon, Pierre Bayle et Beauvais se rendoient chaque jour l'objet de l'horreur générale. La convention ne connoissoit qu'un genre de politique ; soulever la populace contre les riches, et lui en promettre les dépouilles. Ses députés suivoient aveuglément ce système, et leur conduite hâtoit partout l'insurrection. En ce moment, le port de Toulon étoit bloqué par une flotte anglaise ; la Provence étoit désolée par la famine ; le peuple mouroit de misère. Dans cette circonstance, l'amiral anglais, Hood, offrit la paix et du pain.

« Voulez-vous, disoit-il aux Toulonais,
» vous déclarer franchement pour la monar-
» chie, arborer le pavillon royaliste, désar-

---

(1) M. de Lapoype, beau-frère de Fréron, avoit servi, comme officier, dans les gardes françaises ; il avoit obtenu de Louis XVI un brevet de colonel.

» mer les bâtimens de guerre, et mettre les
» forteresses à ma disposition? je déclare, au
» nom de S. M. Britannique, que j'offrirai à
» la Provence tous les secours qui sont en mon
» pouvoir; qu'il ne sera porté aucune atteinte
» aux propriétés; qu'elles seront, au contraire,
» scrupuleusement respectées ; que le port, la
» flotte et les forteresses de Toulon seront fidè-
» lement remis, dès que la paix aura été signée,
» l'unique but de S. M. Britannique étant de
» rétablir l'union entre les deux états sur un
» pied juste et honorable ».

La situation de Toulon étoit si malheureuse, ses besoins si urgens, qu'on accueillit avec enthousiasme les propositions de l'amiral Hood; et l'on résolut, si la convention persistoit dans son système de tyrannie, de méconnoître son autorité, et de proclamer le rétablissement de la monarchie. Cependant, pour ne rien précipiter, on envoya une députation au général Cartaux, qui commandoit à Marseille :

« Si vous êtes, lui disoit-on, le comman-
» dant de la garde nationale, nous consentons
» à traiter avec vous; mais nous n'aurons rien
» de commun avec ces hommes féroces qui se
» disent les représentans du peuple.

» Une foule de Marseillais, victimes de leur

» dévouement au bien et à la tranquillité de
» leur pays, sont en ce moment détenus par
» des ordres arbitraires, et attendent, dans
» d'horribles cachots, la mort réservée aux scé-
» lérats. Le citoyen Langier, président du tri-
» bunal populaire, et nombre d'autres, jouis-
» soient de l'estime publique, et d'indignes sa-
» tellites de la tyrannie se disposent à les
» immoler. Si ces horribles exécutions souillent
» les murs de Marseille, le comité général de
» Toulon vous déclare qu'il en tirera une ven-
» geance exemplaire. Nous avons entre les
» mains deux députés de la convention, et les
» parens de deux autres; ils nous serviront
» d'otages, et nous vous déclarons qu'ils subi-
» ront le même sort que vous ferez éprouver
» aux victimes innocentes que nous réclamons.
» Les Anglais sont unis avec nous; ils sont de-
» venus nos amis, ils nous ont amené des se-
» cours. Trente mille hommes seront bientôt
» prêts à seconder notre vengeance. Général,
» faites vos réflexions, et que les factieux ap-
» prennent qu'ils sont responsables, sur leurs
» têtes, des attentats auxquels ils oseroient se
» livrer ».

De quel succès pouvoit-on se flatter auprès du
général Cartaux? Il auroit voulu sans doute

écouter les réclamations des Toulonais, et sauver à la France une des plus belles portions de sa marine ; mais, effrayés du supplice de Custines, les généraux ne savoient qu'obéir. Barras, Fréron, Albite et leurs collègues ne répondirent qu'en faisant conduire au supplice le malheureux Laugier, revêtu d'une chemise rouge. Alors, plus de composition ; les Toulonais indignés résolurent d'obtenir de la force ce qu'ils avoient droit d'obtenir de la justice. Les administrations étoient entre les mains de patriotes fanatiques et sanguinaires, on les destitua ; la municipalité fut cassée ; les deux députés, Pierre Bayle et Beauvais, furent mis en prison ; cinq cents patriotes de Marseille, venus pour augmenter le trouble, furent chassés ou arrêtés ; les dénonciateurs, les proscripteurs de profession, jetés sur un vaisseau ; les plus coupables livrés aux tribunaux et punis du dernier supplice.

La religion même fut intéressée dans ce soulèvement général ; on exhuma les morts ; on porta en procession les restes des victimes de la révolution ; on célébra pour eux des sacrifices expiatoires. La flotte prit part à cette fête funèbre ; les bâtimens furent pavoisés, Louis XVII proclamé, les Anglais reçus dans la ville et dans les forts, et des salves d'artillerie annoncèrent la chute de l'anarchie et le rétablissement du trône.

Dès que ces nouvelles parvinrent à la convention, la fureur se manifesta dans ses comités et ses assemblées. La ville de Toulon fut déclarée hors la loi ; on expédia des courriers extraordinaires pour enjoindre au général Cartaux de marcher sur cette ville rebelle, et de la détruire par le fer et le feu. Cartaux se hâta d'obéir ; il avoit désarmé Marseille ; il réarma les patriotes, et fit jeter dans les prisons tous ceux dont la foi paroissoit suspecte. Un congrès de deux cent cinquante sociétés populaires se réunit dans la ville pour délibérer sur les moyens de réduire Toulon. Barras parvint en un mois à lever treize mille hommes dans le seul département du Var ; les autres départemens s'associèrent à cette sorte de croisade, et l'on se mit en marche avec trente mille hommes. Jamais circonstance n'avoit été plus favorable pour les officiers qui se trouvoient sans emploi. Salicetti prenoit un vif intérêt à la famille de Buonaparte ; il présenta Napoléon à Barras, lui répondit de sa fidélité, et le fit entrer dans l'arme de l'artillerie. M. Chauvet, commissaire ordonnateur, se chargea de Joseph, l'employa dans ses bureaux, et le fit bientôt après nommer commissaire des guerres (1). Joseph avoit été

―――――――

(1) M. Chauvet avoit rêvé la fortune de Buonaparte ;

élevé avec soin chez un de ses oncles, chanoine en Toscane (1); il étoit filleul de Paoli, et avoit rempli en Corse les fonctions de secrétaire général du département. Il avoit de l'esprit et de l'aménité, et ne partageoit nullement la fougue révolutionnaire de ses frères Napoléon et Lucien. Celui-ci, simple garde-magasin à Saint-Maximin, occupoit tous les jours la tribune de la société populaire, et ne cessoit d'entretenir par ses discours le feu de la révolution; Louis étoit simple sous-lieutenant dans un régiment corse. Un jour que Lucien avoit prêché avec ardeur sur l'égalité, l'aubergiste chez lequel il logeoit, et qui ne manquoit jamais d'aller l'admirer, lui dit, dans le langage propre à ce temps : « Tu as démontré à merveille l'égalité; » mais, puisque nous sommes tous égaux, » pourquoi n'épouses-tu pas ma fille ? tu lui

---

il en parloit en enthousiaste et comme un homme inspiré. Il prétendoit qu'il deviendroit un jour le chef de l'état, et faisoit ces prédictions dans un temps où il paroissoit bien difficile qu'elles s'accomplissent jamais.

(1) Cet oncle étoit un bon dévot, fort attaché à l'église romaine. Lorsque Napoléon fut devenu général en chef de l'armée d'Italie, il lui écrivit pour l'engager à solliciter du pape la canonisation d'un vertueux prêtre de la famille, qui étoit mort long-temps auparavant en odeur de sainteté.

» fais la cour, et tu lui fais tort : si tu es un
» honnête homme, tu ne dois pas hésiter ».

Ce discours, tenu devant un grand nombre de patriotes, étourdit Lucien ; mais il falloit soutenir sa réputation et prêcher d'exemple. Il prit la main du bon aubergiste, et la serrant vivement : Eh bien ! lui dit-il, j'épouse ta fille. C'est elle que l'on a vue, à Paris, faire les honneurs de la maison de Lucien, lorsqu'il étoit ministre. Napoléon et Joseph furent d'abord désolés de ce mariage ; mais Lucien, devenu commissaire des guerres, s'occupa de l'éducation de sa femme, et, en peu de temps, elle fut en état de se montrer convenablement. Il restoit à pourvoir l'oncle Fesch ; celui-ci, beaucoup plus jeune que sa sœur, venoit d'achever ses études. Il avoit été élevé jusqu'à treize ans en Corse, et ensuite envoyé au séminaire d'Aix, où il étoit encore en 1792. Il n'avoit guère alors que vingt-six ans ; il étoit comme ses neveux, Napoléon et Lucien, grand partisan de la révolution, et fort peu disposé à suivre la carrière ecclésiastique. On l'employa dans les vivres, où il obtint une place de garde-magasin (1). Ainsi, à l'exception de madame Buo-

---

(1) On a dit qu'il avoit été capucin ; on lui impute des actes révolutionnaires, indécens et tout-à-fait indignes

naparte mère, de ses filles, et du jeune Jérôme, toute la famille se trouvoit à l'abri du besoin; mais déjà Napoléon, par son importance et son rang, s'élevoit au-dessus de ses frères.

Le quartier général de l'armée française venoit de se porter au Beausset; elle avoit tous les jours des affaires avec l'armée espagnole. Il n'y avoit point de général d'artillerie; on attendoit le général du Theil qui n'arrivoit point. Le général Dommartin commandoit par intérim : c'étoit un officier brave et intelligent. Dans une affaire importante aux gorges d'Ollioules, il reçut à l'épaule un coup de feu, dont il eut beaucoup de peine à se rétablir.

Cet événement, et l'absence du général du Theil, décidèrent de la fortune de Napoléon. Il se trouvoit le plus ancien officier d'artillerie. Barras et Fréron lui en conférèrent le commandement, et il déploya aussitôt, pour justifier leur choix, tout ce qu'il avoit de talent et d'ardeur; il se voyoit sur le chemin de la fortune et de la gloire, et vouloit en profiter. Le général du Theil servoit à regret une cause dont il

---

d'un ecclésiastique. Nous pouvons assurer qu'il n'a jamais appartenu à aucun ordre religieux. Les actes qu'on lui attribue ne sont fondés que sur des bruits vagues et plus que douteux.

désavouoit les principes et les excès. Il fut charmé de trouver un officier qui consentoit à se charger de toutes les iniquités et de toutes les vengeances de la convention ; il parut un instant au quartier général, promut Napoléon au grade de chef de bataillon, et se retira. Le nouveau commandant, dévoré d'ambition, passoit les jours et les nuits à méditer des plans d'attaque pour réduire Toulon.

Cette ville présentoit, par sa position, de grandes difficultés à vaincre. Le port et les deux rades étoient occupés par les flottes combinées d'Angleterre et d'Espagne. Elle est, du côté de la terre, adossée à de hautes montagnes, liées entre elles par un système de travaux établis depuis un siècle et perfectionnés par toutes les ressources de l'art. Le prince Eugène, qui l'avoit attaquée en 1707, lorsqu'elle étoit réduite à ses fortifications ordinaires, s'étoit vu contraint de lever le siége. Les forts étoient au pouvoir de l'ennemi, et la mer mettoit les assiégés à l'abri de la famine.

Ces obstacles n'effrayèrent point l'armée française. Le général Cartaux enleva les gorges d'Ollioules, força l'ennemi à la retraite, et se disposoit à attaquer les forts, lorsqu'il se vit tout à coup destitué, et mis en arrestation par les représentans du peuple. Ce général étoit brave, mais d'une capacité médiocre. Buonaparte ne cessoit de le harceler, d'en faire l'objet de ses satires, de sa dérision et de ses plaintes : ce fut lui qui contribua le plus particulièrement à le perdre. On donna pour successeur à Cartaux le général Doppet, médecin de campagne, encore moins capable de commander que lui. Ce docteur fut bientôt chassé, et remplacé par l'habile et courageux général Dugommier (1).

On forma deux corps d'armée ; la droite, commandée par le général en chef, embrassoit tout le front des défenses extérieures ; la gauche, aux ordres du général Lapoype, comprenoit toute la partie de l'est. On s'appliqua à resserrer l'ennemi, qui n'avoit point de troupes en état de tenir la campagne et de couvrir la ville ; on s'approcha des forts La Malgue et Marguerite qui protègent la grande rade ; on repoussa l'ennemi dans les sorties qu'il tenta, et l'on faillit entrer avec lui dans le fort Malbosquet. Ce fut là que Buonaparte se distingua par son intelligence et son audace. Il s'étoit aperçu que les généraux avoient fait de mauvaises dispositions ; il eut le courage de le dire,

---

(1) Dugommier valoit mieux que sa réputation. Marat lui faisoit l'injure de le protéger, et de l'appeler son élève : il ne méritoit pas cet affront.

et d'en indiquer de meilleures. On rit d'abord de sa folle présomption ; mais on reconnut ensuite qu'il avoit raison, et l'on suivit le plan qu'il proposoit.

L'affaire de Malbosquet avoit été fort vive ; le général Dugommier avoit reçu deux coups de feu, et le général anglais Ohara avoit été fait prisonnier ; mais les Français, vainqueurs, recevoient tous les jours de nouveaux renforts. On comptoit à l'armée les généraux Cervoni, Murat, Lapoype, La Harpe, Victor, Marescot, et beaucoup d'autres dont les noms sont devenus depuis célèbres. Le 26 décembre, Dugommier, après avoir tenu un conseil ; auquel on avoit appelé le jeune Napoléon, visita les camps, harangua ses soldats, et se disposa à une attaque générale. Il avoit sous ses ordres une armée fanatique. La pluie tomboit à torrens ; le terrain étoit à peine praticable ; les remparts des ennemis étoient hérissés de palissades, défendues par des redoutes et des batteries qui sembloient inexpugnables ; les Anglais eux-mêmes en étoient si convaincus, qu'ils avoient appelé une de ces redoutes leur *petit Gibraltar*. Rien n'arrêta l'ardeur des soldats républicains ; ils arrachoient les palissades ; ils se précipitoient en aveugles sur les redoutes ; ils attendoient le recul du canon pour se jeter dans les embrasures. Élevés les uns sur les autres, ils parvenoient à force de bras jusque sur les remparts. L'ennemi en faisoit un carnage horrible ; mais d'autres rangs succédoient aux rang abattus ; et telle fut la fureur des soldats sur tous les points, qu'avant la fin de la nuit, l'armée française se vit maîtresse de tous les forts. Il seroit difficile de peindre ici la terreur, le désordre, la confusion qui se répandirent dans la ville. Les escadres ennemies, à découvert de tous côtés, se hâtoient de quitter les rades ; l'armée de terre, exposée aux mêmes dangers, se précipitoit sur les vaisseaux ; les habitans, au désespoir, fuyoient de tous côtés, cherchant vers le rivage un asile contre la vengeance du vainqueur ; l'air retentissoit de cris, de gémissemens, de sanglots. La mer se chargeoit à chaque instant de barques, de chaloupes et de frêles bâtimens, qui portoient sur les flots les familles fugitives. Des femmes, des enfans, des vieillards, périssoient en voulant s'embarquer ; une partie des bâtimens couloient bas sous le poids des passagers ; d'autres, atteints du canon qui commençoit à tirer du rivage, s'engloutissoient dans les vagues. Cette ville infortunée offroit le spectacle le plus lamentable.

Les Anglais seuls donnoient des ordres avec un sang-froid digne de souvenir. Sir Sidney

Smith fut chargé d'incendier la flotte, les magasins, les chantiers et les arsenaux; il s'en acquitta avec une si funeste célérité, qu'en un instant la flamme dévora quinze vaisseaux de ligne, un grand nombre de frégates et de bâtimens d'un rang inférieur, et une immense quantité de munitions navales et de bois de construction. La ville ne présentoit plus qu'un océan de feu. Dans cette malheureuse circonstance, la marine française essuya un échec irréparable, et ses pertes eussent été bien plus grandes si, quelque temps auparavant, on n'eût point dépêché pour Brest plusieurs bâtimens, dans l'espoir d'opérer un mouvement semblable à celui de Toulon (1).

---

(1) L'état de nos pertes fut soigneusement dissimulé par la convention; mais publié avec ostentation par les Anglais. Voici ce qu'on lit à ce sujet dans l'*Annual Register*:

LISTE DES VAISSEAUX QUI SE TROUVOIENT DANS LA RADE DE TOULON, A L'ARRIVÉE DES ANGLAIS.

Vaisseaux de ligne emmenés par la flotte anglaise.

Le Commerce de Marseille. . 120 canons.
Le Pompée 74

Brûlés à Toulon.

Le Tonnant . . . . 80 canons.

Dix à douze mille habitans se sauvèrent ; les autres attendirent le sort qui les menaçoit ; quelques patriotes se hâtèrent d'ouvrir une

---

L'Heureux	74 canons.
Le Centaure.	74
Le Commerce de Bordeaux.	74
Le Destin.	74
Le Lis.	74
Le Héros.	74
Le Thémistocle. . . .	74
Le Duguay-Trouin. . .	74

Envoyés dans les ports français de l'Atlantique, avec les matelots français.

Le Patriote.	74 canons.
L'Apollon.	74
L'Orient.	74
L'Entreprenant. . . .	74

Brûlé à Livourne.

Le Scipion	74 canons.

Resté à Toulon.

Le Généreux	74 canons.

Frégates emmenées par la flotte anglaise.

La Perle.	74 canons.
L'Aréthuse	74

porte à l'armée française, et alors tous les fléaux se répandirent comme un torrent dans cette malheureuse ville.

Détruite par les Anglais.

L'Aurore. . . . . 32 canons.

Envoyée en commission par l'ordre du lord Hood.

La Topaze. . . . . . . 32 canons.

Restée au pouvoir du roi de Sardaigne.

L'Alceste. . . . . . . 32 canons.

Sloops emmenés par les Anglais.

La Poulette. . . . . . 26 canons.
Le Tarlesten. 14

Brûlés à Toulon.

La Caroline. . . . . . 20 canons.
L'Angnate 20

Équipés par les Anglais.

La Belette . . . . . . 26 canons.
La Prosélyte. 24
La Sincère. 20
Le Mulet. 20
La Moselle. 20

Le désordre fut tel que les représentans du peuple eux-mêmes purent à peine trouver un asile, et furent obligés de se tenir renfermés

---

Équipés par les Napolitains.

L'Embroye. . . . . . .   20 canons.

Mis en service par les Espagnols.

La Petite Aurore. . . . .   18 canons.

Envoyé à Bordeaux.

Le Pluvier. . . . . . .   20 canons.

Vaisseaux de ligne prêts à être équipés, lorsque la flotte anglaise entra à Toulon.

Le Triomphant. . . . .   80 canons.
Le Suffisant.   74

Emmené par la flotte anglaise.

Le Puissant. . . . . .   74 canons.

Resté à Toulon.

Le Dauphin-Royal. . . . .   120 canons.

Frégate brûlée à Toulon.

La Sérieuse. . . . . .   32 canons.

Bâtimens dans le port, en réparation.

La Couronne . . . . .   80 canons.

dans la maison commune. Les soldats se disséminèrent dans tous les quartiers, dont le pillage et la destruction leur avoient été

Le Mercure. . . . . . . 74 canons.
Le Conquérant. 74
Le Dictateur. 74

Restés à Toulon.

Le Languedoc. . . . . 80 canons.
Le Censeur. 74
Le Guerrier. 74
Le Souverain. 74

Hors de service.

L'Alcide. . . . . . . 74 canons.

Frégates brûlées à Toulon.

La Courageuse. . . . . 32 canons.
L'Iphigénie. 32
L'Alerte. 16

Frégates chargées de magasins de poudre, brûlées à Toulon.

L'Iris. . . . . 32 canons.
Le Mont-Réal. 32

Titted out by the English as a Bourg-Keth.

La Lutine. . . . . . . 32 canons.

Restée à Toulon.

La Bretonne. . . . . . 18 canons.

promis; les galériens brisèrent leurs chaînes, et se joignirent à l'armée, qui les accueillit en frères. Les patriotes, qu'on avoit enfermés sur *le Thémistocle*, se mêlèrent aux galériens, et Toulon devint la proie de ces hordes de brigands. Les chantiers, les arsenaux brûloient; mais le soldat ne songeoit qu'à se gorger d'or et de liqueur; enfin, on pensa aux bâtimens que les Anglais n'avoient pu ni incendier ni emmener; on eut le bonheur d'en sauver quelques-uns, et ce ne fut pas un médiocre sujet de triomphe et de joie pour les terroristes, d'avoir pu conserver le *Sans-Culotte*, de 130 pièces de canons.

Le général Dugommier ne put s'empêcher de gémir de sa victoire, et de se montrer infidèle aux leçons de l'inflexible Marat. Il essaya en vain de calmer le courroux des représentans du peuple : que pouvoit-il attendre de Barras, de Roberspierre jeune et de Fréron? Celui-ci osa même lui imposer silence, en lui disant que son partage étoit d'obéir et non de donner des conseils.

Lorsque la nouvelle de la prise de Toulon arriva à la convention nationale, elle se livra aux transports d'une joie folle et puérile. Elle décréta que cet événement seroit célébré dans toute la république par une fête nationale;

que la ville rebelle seroit détruite, que ses décombres porteroient le nom de *Port-la-Montagne ;* et qu'on chanteroit sur tous les théâtres des hymnes patriotiques en mémoire de cette grande victoire (1); elle autorisa ses représentans à prendre toutes les mesures nécessaires pour apaiser les mânes des patriotes, et satisfaire la vengeance nationale.

Ils n'avoient point attendu ses ordres. Six jours avant qu'elle rendît ses décrets, ils lui écrivoient :

« La vengeance nationale se déploie, l'on
» fusille à force. Déjà tous les officiers de la
» marine sont exterminés (2). Nous avons dé-
» livré Beauvais de son cachot; il est mécon-
» noissable ; nous l'avons fait transférer dans
» une maison commode (3) ; il nous a embras-
» sés avec attendrissement. Des canots ennemis
» s'étoient avancés jusque dans le port, quand

___

(1) On ne se contenta point de célébrer la prise de Toulon par des hymnes; on commanda des pièces de théâtre, et deux de nos auteurs se virent condamnés à mettre le siége de Toulon en opéra-comique.

(2) Leurs corps restèrent plusieurs jours sur la place, sans sépulture.

(3) Le représentant Beauvais s'étoit condamné volontairement à une sorte de détention, pour ne pas pa-

» nous étions déjà dans Toulon ; deux pièces
» de campagne, placées sur le quai, les ont
» écartés ; déjà les frégates brûloient, quand
» les galériens, qui sont les plus honnêtes gens
» qu'il y eût à Toulon, ont coupé les cables et
» éteint le feu ». Cette lettre étoit signée de
Salicetti, Ricord, Roberspierre jeune, Fréron et Barras. Elle n'étoit que le prélude de
plus grandes horreurs. Fréron et ses collègues
trouvoient les formes judiciaires trop lentes.
Les Anglais avoient détruit l'instrument des
vengeances républicaines ; ils eurent recours à
un moyen plus expéditif.

Une proclamation ordonne à tous ceux qui
n'avoient pas fui, de se transporter au Champ-de-Mars, sous peine d'être traités comme mauvais citoyens. Huit mille personnes se rendent
paisiblement au lieu désigné, et se présentent
devant leurs vainqueurs. Fréron et ses collègues étoient à cheval, entourés de canons, de

---

roître prendre part à l'insurrection des Toulonais. On
eut pour lui les plus grands égards, et jamais il ne fut
tenu au cachot, comme l'écrivirent les députés de la convention. Il mourut quelque temps après d'une maladie
très-ordinaire ; ce qui n'empêcha pas qu'on ne demandât
pour lui les honneurs du Panthéon, ainsi que pour son
collègue Gasparin, mort d'indigestion.

soldats, de patriotes et de galériens. Il est étonné lui-même du nombre des victimes; il hésite; Barras propose l'institution du jury; Fréron adopte cette idée, qui présente une apparence de justice, et il confie ce redoutable ministère aux trois cents prisonniers que les Anglais avoient retenus sur le *Thémistocle*. Alors toutes les passions se déploient sans mesure et sans frein. On fait passer les infortunés Toulonais à travers une haie de cannibales, qui tenoient dans leurs mains de petits drapeaux, sur lesquels étoient inscrits ces mots: *Patriote opprimé*. On devine de quelle manière ils jugèrent; ils ne firent grâce qu'à leurs amis; tout le reste fut immolé à la haine, à la vengeance, aux ressentimens et aux rivalités particulières.

Cependant Fréron donne le signal; l'airain tonne, et la terre s'abreuve du sang des victimes. Mais tous ne sont pas morts; l'air retentit des cris des mourans, les blessés se roulent sur les cadavres. En ce moment une voix s'écrie: *Que ceux que le canon a épargnés se lèvent; la république généreuse leur pardonne*. Les infortunés! ils croient encore aux promesses de la république! Ils s'agitent, ils se redressent péniblement sur leurs jambes défaillantes; mais, au moment où leur âme s'ouvre à quelques lueurs d'espérance, le canon tonne de nouveau, et ils sont de nouveau foudroyés ; ceux qui échappent encore, sont achevés par les forçats, à qui l'on avoit promis leurs dépouilles (1).

---

(1) Il seroit impossible de décrire toutes les scènes de carnage et de désolation dont la ville de Toulon devint le théâtre. La correspondance de Fréron, publiée par un membre du comité de salut public, atteste qu'on y célébra une fête solennelle en mémoire du supplice des vingt-deux députés du parti de la Gironde. Un vieillard de quatre-vingt-quatorze ans fut porté dans une chaise à bras jusque sur l'échafaud ; une jeune femme, qui venoit d'accoucher, fut exécutée sans pitié. Les députés de la convention se faisoient un jeu de ces forfaits. Fréron écrivoit à ses amis :

« Les fusillades sont ici à l'ordre du jour ; en voici plus
» de six cents qui ne porteront plus les armes contre la
» république. La mortalité est parmi les sujets de
» Louis XVII. Aujourd'hui tous les sergens, adjudans et
» soldats de la marine y ont passé avec la municipalité,
» qui s'étoit affublée de l'écharpe blanche pendant le
» règne du marmot. Trois prêtres ont fermé le bal....
» Nous avons fait enlever toute l'argenterie des églises :
» c'est une ribambelle de saints qui n'en finit pas....
» L'accusateur public du département du Var, le scélé-
» rat Bague, a dansé la carmagnole ; le greffier du tri-
» bunal populaire aussi... Demain et jours suivans, nous
» allons procéder au rasement, fusillades, jusqu'à ce
» qu'il n'y ait plus de traîtres. Nous avons donné ordre à

Quel fut le tigre dont la voix infernale osa se souiller de cette exécrable perfidie? Les uns

» toutes les communes du Var d'arrêter les coquins de
» Toulonais qui se sont évadés la nuit de l'envahisse-
» ment ».

Ces ordres ne furent que trop fidèlement exécutés. Les Anglais n'ayant pu garder sur la flotte tous les Toulonais qu'ils avoient reçus à bord, en débarquèrent une partie sur les îles d'Hières. Ces malheureux, hommes et femmes, furent arrêtés, conduits à Toulon et fusillés au nombre de plus de deux cents. On livroit les Toulonais aux bourreaux partout où l'on pouvoit les découvrir; l'auteur de cet article a vu à Sens partir ainsi pour la mort M. l'abbé Millet de Mureau (frère du général de ce nom), dont il partageoit la captivité. Son acte d'accusation ne portoit que ces mots : *Toulonais, noble et prêtre.* Un auteur, qui a dressé avec exactitude le tableau des désastres de la France pendant les sept premières années de la révolution, porte à quatorze mille trois cent vingt-cinq le nombre des victimes égorgées, noyées, fusillées, mortes en prison, pendant et après le siége de Toulon. L'insurrection et la prise de Lyon avoient coûté la vie à trente et un mille individus; Marseille, Bordeaux, avoient fait des pertes proportionnées à leur population; la Vendée étoit devenue un monceau de ruines; les colonies étoient dévastées, de sorte que dans l'espace de moins de deux lustres la France perdit plus de deux millions d'individus, pour l'amour de la liberté et de l'égalité. Nous verrons par la suite ce qu'elle a perdu pour l'amour de Napoléon.

accusent Fréron, les autres Buonaparte. L'amitié, la crainte, la foiblesse, et une infinité de considérations ont jusqu'à ce jour caché le nom du vrai coupable. Mais si Buonaparte ne fut point l'auteur de cette indigne trahison, peut-on l'absoudre de s'en être rendu le complice? c'étoit lui qui commandoit l'artillerie; devoit-il prêter son ministère à un pareil attentat? Il obéissoit, dit-on; mais le général du Theil étoit comme lui tenu à l'obéissance, et cependant il ne partagea point les fureurs des représentans; il aima mieux renoncer aux honneurs du commandement que de les souiller du sang des citoyens.

Buonaparte, au contraire, ne voulut point reculer devant un crime qui pouvoit lui être utile; et, si l'on en croit une lettre insérée dans un ouvrage anglais publié en 1805, il ne rougit pas de s'en glorifier (1). Habitué d'ailleurs

———————————————

(1) Cet ouvrage est intitulé : *Rise, progress and fall of Buonaparte*. Il est de M. Barré, émigré français : c'est un recueil d'anecdotes et de pièces, dont l'auteur garantit l'authenticité. Voici la lettre dont il est question; elle est fort connue, et M. Malte-Brun l'a publiée le premier dans ses *Variétés historiques, littéraires et critiques* :

» Citoyens représentans,

» C'est du champ de gloire, marchant dans le sang

à vivre au milieu des plus fanatiques républicains, il étoit lui-même possédé de la fièvre ardente qui sembloit les dévorer. Sa société la plus intime étoit celle de Fréron et de Roberspierre jeune ; ils ne se nourissoient ensemble que d'idées farouches et de projets sanguinaires. On assure qu'un jour qu'il dînoit avec Roberspierre jeune, la conversation s'étant établie sur l'ambition et la tyrannie, Buonaparte se

---

» des traîtres, que je vous annonce avec joie que vos
» ordres sont exécutés, et que la France est vengée. Ni
» l'âge ni le sexe n'ont été épargnés. Ceux qui avoient
» été seulement blessés par le canon républicain, ont été
» dépêchés par le glaive de la liberté et par la baïonnette
» de l'égalité. Salut et admiration !

» *Signé* Brutus Buonaparte,
» Citoyen sans-culotte.

» *Aux représentans du peuple Roberspierre jeune*
» *et Fréron* ».

Quelle est la date de cette lettre ? On ne la donne point; mais il est évident qu'elle se rapporte aux massacres de Toulon. Or Fréron et Roberspierre étoient présens; il est donc difficile de concevoir que Buonaparte leur écrive pour leur apprendre ce qu'ils savoient comme lui. Ainsi l'authenticité de cette lettre est fort douteuse. Cependant le témoignage de M. Barré paroît digne de considération ; car il ne s'est pas contenté de la publier

leva de table, et, saisissant un couteau : « Les
» tyrans! s'écria-t-il ; si j'en connoissois un,
» je lui plongerois ce fer dans le cœur ».

C'étoit par ces explosions de patriotisme
qu'il méritoit de plus en plus la confiance de la
convention nationale. De quel prix n'étoit pas
un homme prêt à exécuter aveuglément tous
les ordres qu'il recevroit!

Le général Dugommier le recommanda

---

comme authentique, il a poussé la précaution jusqu'à la faire calquer, afin qu'on pût s'assurer qu'elle étoit véritablement de l'écriture de Buonaparte.

Ce seroit ici peut-être le lieu d'examiner un autre fait. Il passoit pour certain à l'armée du midi, lorsque Buonaparte y fut admis, qu'il avoit émigré avec le général Darçon; que le général n'ayant pas été bien reçu à Coblentz, et Napoléon n'ayant pas même été remarqué, ils prirent l'un et l'autre le parti de revenir. Mais à quelle époque ce dernier seroit-il allé à Coblentz? Dès le commencement de la révolution, il en avoit embrassé les principes avec ardeur. Il ne quittoit guère le district des Cordeliers, où il se faisoit remarquer par les trépignemens et les vociférations avec lesquels il applaudissoit les motions de Danton et des autres démagogues. Il partit de France en 1790, avec Paoli; et ce ne fut guère qu'en 1791 que Coblentz devint le rendez-vous général des émigrés. En toute chose, il est fort difficile d'arriver à des résultats exacts et constans.

à la convention nationale, dans son rapport sur le siége de Toulon. Les représentans Barras, Salicetti, Roberspierre jeune, Fréron, lui accordèrent une protection spéciale; et Poultier, envoyé en Provence quelque temps après, le chargea de la défense des côtes de la Méditerranée, et se loua beaucoup de son intelligence et de son économie. Napoléon épargna des sommes considérables à la république, en supprimant les batteries dans tous les lieux où il jugea qu'il étoit impossible que les ennemis tentassent une descente; il indiqua des travaux à faire, et proposa même le rétablissement du fort Saint-Nicolas à Marseille. Ce fort avoit été autrefois une espèce de Bastille. Le patriotisme du républicain Granet, député de Marseille, en fut alarmé; il dénonça le fait à la convention, et demanda que le général Lapoype, auquel il l'attribuoit, fût amené à la barre.

Ce général parut, produisit les lettres de Maignet, alors en mission à Marseille, et nomma le véritable auteur du projet. La dénonciation n'eut pas d'autre suite

Cependant l'armée d'Italie, à laquelle Napoléon étoit attaché, ne répondit pas au succès des autres armées françaises. Depuis la campagne de 1792, on s'étoit borné à la prise d'Onéilles, à celle du Col-de-Tende, et à quelques incursions dans le Piémont. Les armées s'affoiblissoient, la guerre des montagnes étoit ruineuse pour la France, décourageante pour le soldat. Buonaparte ne dissimuloit pas le dépit qu'il éprouvoit. Il blâmoit hautement le système adopté par les généraux. Le sien étoit d'abandonner les affaires de postes, et de fondre comme un torrent dans le Piémont. Il étoit à Nice, déclamant sans cesse dans les clubs, et à l'armée, attaquant l'autorité civile, l'autorité militaire; se faisant chaque jour de nouveaux ennemis; graduant son patriotisme sur la marche de la révolution, et bravant la haine des généraux, parce qu'il la regardoit comme un moyen de recommandation et de succès (1).

Mais un événement imprévu, un événement terrible pour lui, déconcerta tous ses calculs; Roberspierre tomba, et sa chute entraîna celle de ses fanatiques zélateurs. Buona-

---

(1) On a prétendu que, pour ne laisser aucun doute sur son dévouement à la révolution, il avoit poussé la frénésie jusqu'à souiller indignement les vases sacrés d'une église de Toulon. D'autres, ainsi qu'on l'a déjà vu, imputent cette action sacrilége à l'un de ses parens, et l'on cite Gênes comme le théâtre de cette infamie. J'avoue de nouveau que je n'ai rien découvert qui puisse justifier cette honteuse accusation.

parte ne put apprendre cette nouvelle sans en prévoir les conséquences : il voyoit toutes ses espérances détruites. Roberspierre jeune, son protecteur et son ami, venoit de porter sa tête sur le même échafaud que son frère. La face des choses changeoit entièrement, et Buonaparte s'étoit trop avancé pour se jeter dans le parti qui triomphoit. Il affecta un calme philosophique ; et, en donnant quelques regrets à la perte de ses amis, il se para extérieurement d'un patriotisme inaltérable. On a conservé de lui une lettre, qui peut donner une idée de ses sentimens : elle est adressée au S^r. Tilly, alors employé à Gênes :

« Nice, 20 thermidor an 2.

» *Le général commandant l'artillerie de l'armée*
» *d'Italie, au citoyen Tilly.*

» Tu auras appris la conspiration et la mort
» de Roberspierre, Couthon, Saint-Just, etc.
» Il avoit pour lui les jacobins, la municipa-
» lité de Paris, l'état-major de la garde natio-
» nale ; mais, après un moment de vacillation,
» le peuple s'est rallié à la convention.

» Barrère, Carnot, Prieur, Billaud-Varen-
» nes, etc., sont toujours au comité de salut
» public ; cela n'apporte aucun changement

» aux affaires. Ricord, après avoir été chargé
» par le comité de salut public de la notification
» de la conspiration, a été rappelé dans le sein
» de la convention. Salicetti est dans ce mo-
» ment-ci représentant à l'armée d'Italie. Nos
» opérations militaires seront, je crois, un peu
» contrariées, peut-être même absolument
» changées.

» L'artillerie étoit en avant, et le tyran
» sarde alloit recevoir un grand coup; mais
» j'espère que cela ne sera que retardé..... J'ai
» été un peu affecté de la catastrophe de Ro-
» berspierre le jeune, que j'aimois, et que je
» croyois pur. Mais, fût-il mon père, je l'eusse
» moi-même poignardé, s'il aspiroit à la ty-
» rannie.

» BUONAPARTE ».

Cette lettre est d'une authenticité irrécusable, et l'on ne sait pas ce que Buonaparte auroit pu répondre, si l'on eût osé la lui produire, lorsqu'il ordonnoit l'assassinat du duc d'Enghien, et qu'il faisoit poursuivre, comme conspirateurs, Aréna, Georges, Pichegru, Moreau, et tant d'autres.

La mort de Roberspierre n'avoit point abattu le parti des terroristes. Il se soutenoit encore sous la protection de Billaud, de Collot, de

Barère; mais lorsque les soixante-treize députés détenus au Luxembourg, furent rentrés dans le sein de la convention; lorsqu'entraînés par les événemens, les chefs et les agens de la terreur se virent eux-mêmes proscrits, de proscripteurs qu'ils étoient; lorsque la convention se fut décidée à envoyer des commissaires dans les départemens, pour y éteindre les restes du jacobinisme; alors Buonaparte vit s'écrouler tout l'édifice de sa fortune. Le député Beffroi le suspendit de ses fonctions, et le fit arrêter. L'effroi se répandit dans sa famille. Le jeune Louis, simple lieutenant dans un régiment corse, témoignoit sa douleur par ses larmes; mais Joseph, qui avoit depuis long-temps prévu la chute du parti terroriste, s'étoit ménagé des amis. Salicetti conservoit encore quelque crédit; Buonaparte obtint la révocation de l'arrêté du représentant Beffroi, et recouvra la liberté. Il commença dès lors à connoître les rigueurs de l'indigence, et, dans sa prison, il lui arriva souvent de partager le dîner d'un agent d'affaires, nommé Fouquet, détenu comme lui, mais beaucoup plus riche (1).

---

(1) Le député Beffroi étoit frère du Cousin-Jacques. Celui-ci a fait tous ses efforts, dans son Dictionnaire Néologique des Hommes et des Choses, publié en 1800, pour justifier son frère le député de ce prétendu délit. Il sou-

Depuis quelques mois, la marche de la révolution amenoit tous les jours de nouveaux changemens. Aubry, ancien capitaine d'artillerie, et l'un des soixante-treize députés remis en liberté, étoit alors membre du comité de salut public, et président du comité militaire. Il professoit une haine irréconciliable contre les jacobins; il les poursuivoit partout; il vouloit, disoit-il, purger l'armée des terroristes et des ignorans; c'étoit presque vouloir la renouveler en entier : il destitua dix à douze mille officiers, dont un grand nombre ne savoit pas lire. Buo-

---

tient que Buonaparte fut arrêté par ordre d'Albitte et Salicetti; que cet ordre fut exécuté par Vievein, chef de brigade de gendarmerie; que le général Aréna commandoit la force armée; et que ce fut M. le commissaire ordonnateur Dennié qui apposa les scellés sur ses papiers. Il assure que cette expédition eut lieu quinze mois avant l'arrivée de Beffroi à l'armée d'Italie; mais il est évident qu'il se trompe. Le décret qui envoya Beffroi en Italie est du 15 janvier 1795. Ce député arriva à Nice au mois de mars suivant, et l'on a de lui une lettre datée du même mois, par laquelle il annonce que le peuple de Nice est dans les meilleures dispositions, et qu'il a reçu avec enthousiasme le décret du 1er. germinal précédent. Ce décret étoit relatif à la constitution de l'an 3, dont on commençoit à s'occuper : c'étoit précisément l'époque où les terroristes étoient proscrits sur tous les points de la France.

naparte se trouva compris dans la réforme, et fut au désespoir (1). Toutes ses spéculations se trouvoient détruites pour la seconde fois.

Il avoit eu le projet de se rendre maître de la Corse en supplantant Paoli, et la Corse

---

(1) L'auteur de la *Correspondance secrète du cabinet de Saint-Cloud* prétend que Buonaparte fut destitué à Nice par Aubry. « Son régiment, dit-il, fut envoyé à Nice,
» Ce fut là qu'il fit connoissance avec ce Murat, qui est
» devenu son beau-frère. La conduite de ces deux misé-
» rables obligea Aubry, proconsul à Nice, de les casser.
» On leur arracha leurs épaulettes à la tête du régiment;
» Buonaparte fut emprisonné, et reçut ordre ensuite de
» quitter la ville ».

Il n'y a pas une ligne dans ce passage qui ne contienne un mensonge ou une erreur. Aubry n'alla jamais à Nice. Dès qu'il fut sorti des prisons du Luxembourg, où il étoit détenu avec les soixante-treize députés, les comités de gouvernement s'empressèrent de se l'attacher. C'étoit non-seulement un officier habile, mais un homme d'une instruction très-étendue; et ce fut comme président du comité militaire qu'il relégua Buonaparte dans l'infanterie. On ne cassa ni Murat ni son beau-frère Napoléon; on ne leur arracha point leurs épaulettes. On pouvoit les considérer comme des jacobins fanatiques; mais ils n'étoient coupables d'aucun délit qui pût les exposer à une dégradation infamante. Il n'y a presque pas une accusation dans cette correspondance qui ne soit une calomnie.

l'avoit frappé d'un décret de bannissement ; il s'étoit flatté de commander en chef l'armée d'Italie, et à peine pouvoit-il espérer le commandement d'une brigade d'infanterie. Il obtint de Poultier un congé de deux mois pour se rendre à Paris, et détruire, s'il étoit possible, les préventions élevées contre lui. L'entreprise étoit hardie, car sa réputation étoit très-mauvaise, et il avoit à se défendre devant un homme d'un caractère sévère et souvent inflexible.

Buonaparte descendit à Paris, rue des Fossés-Montmartre, dans un hôtel garni, tenu alors par le sieur Grégoire, qui occupe aujourd'hui l'hôtel de Richelieu, vis-à-vis la rue d'Antin. Une partie de ses protecteurs étoient comme lui tombés dans la disgrâce; mais il lui restoit Fréron, qui, après la journée du 9 thermidor, avoit abandonné le parti de la Montagne, et s'en étoit déclaré l'un des plus ardens adversaires. Barras avoit su également se rallier au parti vainqueur; mais Aubry détestoit Barras, et la recommandation de ce dernier eût été moins utile que dangereuse. L'esprit de réaction commençoit à se faire sentir, et personne n'osoit protéger un jacobin.

Buonaparte sentoit vivement toute la difficulté de sa situation. Il étoit venu à Paris avec des assignats, et les assignats subissoient alors une baisse rapide et effrayante. Il ne tarda pas à éprouver de nouveau les atteintes du besoin : il occupoit d'abord un appartement au premier; l'état de ses finances le força bientôt d'en prendre un au second, puis au troisième, enfin au quatrième, s'élevant ainsi, d'étage en étage, à mesure que sa fortune descendoit. Son ami Tilly lui prêta vingt-cinq louis; M. Fauvelet de Bourienne, son ancien camarade à l'école de Brienne, et M. Patraud, son ancien professeur de mathématiques, à la même école, lui donnèrent aussi des marques d'attachement et de libéralité : mais Aubry continuoit d'être inaccessible. L'ex-général assiégeoit inutilement sa porte, l'accès de son cabinet lui étoit invinciblement interdit (1).

---

(1) Un jour qu'Aubry recevoit le commandant et quelques officiers de la légion germanique, Buonaparte profita de l'occasion, et, se mêlant avec eux au moment où ils entroient, il parvint jusqu'à M. Gau (aujourd'hui conseiller d'état), qui travailloit avec Aubry, et il commençoit à l'entretenir, lorsque celui-ci l'aperçut, lui reprocha avec aigreur l'indiscrétion qu'il venoit de commettre, et l'obligea de sortir.

Aubry étoit un homme d'un caractère noble et généreux, mais passionné. Il se repentoit vivement d'avoir voté la mort du roi, quoique avec restriction, et sa haine pour les jacobins étoit telle, qu'au risque même de sa vie,

Dans cette extrémité, il sollicita la permission de quitter le service de France, et de passer à l'étranger. La Sublime Porte s'occupoit alors d'un armement contre l'Autriche, et cherchoit à s'attacher des officiers français, surtout dans l'arme de l'artillerie; Buonaparte entrevit dans cette circonstance un nouvel avenir pour lui, et pressa vivement le comité de salut pu-

---

il étoit décidé à tout faire pour détruire leur secte. Il vivoit dans la plus intime amitié avec un député du département de l'Yonne, nommé Chastelain, homme plein de courage et d'honneur, qui aima mieux s'exposer à perdre la vie, et faire le sacrifice de toute sa fortune, que de voter la mort du roi. L'auteur de cet article voyoit beaucoup les députés Chastelain et Aubry, et n'a jamais douté qu'Aubry ne fût entré volontiers dans le projet de rétablir la maison de Bourbon, quelque périlleuse que dût être pour lui cette entreprise. Après avoir été proscrit au 13 vendémiaire et au 18 fructidor, il est mort non pas à Sinamary, comme on l'a dit, mais à Demerary. Il s'étoit échappé de la Guyane, sur une pirogue, avec Pichegru, et quelques autres de ses compagnons d'infortune. Avant l'invasion des armées alliées, son ami Chastelain vivoit sous une simple chaumière, avec 400 francs de revenu, et supportoit l'indigence avec une vertu admirable. Depuis ce temps, les Cosaques ont détruit sa cabane, et il est réduit à loger chez un tuilier qui lui a offert un asile. Il est malheureux parce qu'il est homme de bien!

blic de lui accorder la faveur qu'il sollicitoit. Mais Jean-Debry s'y opposa fortement, représentant que l'armée française manquoit de bons officiers d'artillerie; Fréron joignit ses efforts à ceux de Jean-Debry, et réussit à faire donner à Napoléon le commandement de l'artillerie en Hollande. Le héros se disposoit à partir, lorsque de nouveaux événemens lui ouvrirent une nouvelle carrière, et l'appelèrent à de plus hautes destinées (1).

(1) Quand la fortune eut par la suite élevé Buonaparte au consulat, Fréron disoit à M. le docteur M...., son ami : « Tu sais ce que j'ai fait pour lui. Je couvrois de mes ailes » cette famille Buonaparte ; *elle étoit sans cesse dans mes* » *poches*, et pourtant ce n'est qu'avec une peine extrê- » me que j'ai pu obtenir une préfecture en Amérique ».

Le malheureux y est mort; et peut-être n'est-il pas hors de propos de faire connoître que Tilly, l'ami et le bienfaiteur de Buonaparte, a terminé ses jours dans l'exil, à cinquante lieues de Paris.

CHAPITRE QUATRIÈME.

Journée du 13 vendémiaire; promotion de Buonaparte au grade de général en chef de l'armée de l'intérieur.

Depuis la mémorable journée du 9 thermidor (1), la convention nationale se trouvoit entraînée dans un ordre de choses contre lequel elle s'efforçoit en vain de lutter.

En frappant Roberspierre, les conjurés avoient moins songé au salut de la France, qu'à leur propre sûreté; la plupart d'entre eux étoient coupables de tous les excès de la révolution. Le seul nom de monarchie les faisoit frémir, ils

---

(1) Nous aurons souvent besoin de désigner les événemens par les époques et les dates du calendrier républicain. L'usage les a tellement identifiés avec ces époques, qu'il est presque impossible de les en séparer. On ne nous entendroit pas si, au lieu de dire le 13 vendémiaire et le 9 thermidor, nous disions le 5 octobre et le 27 juillet : c'est ainsi que sous le gouvernement républicain, on n'avoit, pour désigner les époques les plus désastreuses de la révolution, d'autres termes que ceux du 10 août, du 2 septembre, etc.

vouloient donc la république; ils auroient voulu la terreur, s'il eût été en leur pouvoir de la perpétuer.

Mais Roberspierre, en mourant, avoit laissé un grand nombre de vengeurs; la Montagne n'étoit point entièrement abattue, et ceux qui l'attaquoient, avoient travaillé avec une telle ardeur à son élévation, qu'il étoit hors de leur pouvoir de faire passer dans l'opinion publique la révolution qu'ils avoient opérée dans le sein de l'assemblée nationale.

Le parti terroriste, qu'on appeloit la *queue de Roberspierre* (car la révolution avoit tout avili, les sentimens, les pensées et les mots), se composoit des membres de la société des jacobins (dont un grand nombre siégeoit dans la convention), de tous les chefs des comités révolutionnaires, et de cette foule d'obscurs proscripteurs qui, dans chaque province, chaque ville, chaque bourgade, s'étoient faits les agens aveugles de la tyrannie.

Il falloit, pour les combattre avec avantage, leur opposer un parti puissant, nombreux, énergique, et les députés thermidoriens ne voyoient que le parti royaliste. Ils se hâtèrent donc d'ouvrir les maisons d'arrêt, de fermer les clubs, d'abjurer les principes de la Montagne, et d'appeler à leur secours les soixante-treize députés détenus dans les prisons de Paris. Tallien et Fréron se mirent à la tête du mouvement. Le dernier se créa une armée qui portoit son nom; c'étoit une coalition de jeunes gens exaltés par le sentiment de la vengeance, qui poursuivoient partout les dénonciateurs et les assassins de leurs parens. Ils marchoient en chantant le *réveil du peuple*, brisant les bustes de Marat, dont ils avoient précipité les restes dans un égout, et dissipant partout les attroupemens de jacobins. Ils portoient, pour signe de ralliement, des collets noirs, des cravates vertes, et des cheveux relevés en cadenettes.

L'impulsion, donnée à Paris, s'étoit communiquée rapidement dans les provinces ; on ne voyoit partout que cravates vertes et cadenettes. Les terroristes attaqués avec leurs propres armes, et frappés à leur tour d'épouvante, n'osoient plus se montrer, et dans quelques lieux, plusieurs d'entre eux payèrent de leur sang les crimes dont ils s'étoient rendus coupables.

La convention souffroit ces désordres, parce qu'elle en avoit besoin ; mais elle ne les voyoit pas sans alarmes ; la Vendée étoit loin d'être soumise ; une flotte anglaise, chargée d'émigrés, menaçoit la Bretagne, et le gouvernement républicain étoit devenu si odieux, que la France toute entière aspiroit au retour de la monarchie. Jamais situation n'avoit été plus embarassante ; de quelque côté qu'elle se jetât, la convention ne voyoit que des ennemis. Les terroristes la frappoient d'épouvante ; les royalistes ne combattoient les terroristes que pour combattre ensuite la convention.

Si dans cette extrémité les hommes d'un caractère sage et vertueux, qui siégeoient dans cette assemblée, eussent été doués de quelque audace, ils pouvoient sauver la France. Il suffisoit d'écouter son vœu et de lui donner le gouvernement qu'elle réclamoit (1). Mais ils trem-

---

(1) A cette époque, M. Delacroix, jurisconsulte fort connu par ses ouvrages sur les constitutions, l'histoire et la jurisprudence, fit une proposition qui effraya singulièrement la représentation nationale ; il vouloit que l'on convoquât les assemblées primaires pour les faire délibérer sur la forme du gouvernement. Elles se seroient décidées librement entre la république et la monarchie. Le gouvernement devoit tenir tout prêt un nombre déterminé de bâtimens de transport. Dans le cas où le peuple auroit adopté la monarchie, l'auteur vouloit qu'on embarquât la convention, et qu'on la transférât à Botany-Bay, où elle pourroit, à son gré, établir la liberté et l'égalité. La convention accueillit très-mal l'avis du jurisconsulte, et le fit transférer lui-même à la Conciergerie, où il subit un jugement criminel, dont il eut pourtant le bonheur de se tirer.

bloient sous le sceptre des thermidoriens, comme ils avoient tremblé sous celui de Roberspierre. Une si noble entreprise étoit au-dessus de leurs forces ; ils aimèrent mieux recevoir le mouvement que de le donner, et crurent remédier à tous les maux de l'État, en lui proposant une nouvelle constitution. Ce ne devoit point être, comme celle de 1793, un ouvrage informe plus propre à bouleverser les lois qu'à les faire respecter.

On comptoit, parmi ceux qui travailloient à la rédiger, des hommes d'un grand mérite ; elle s'éloignoit, par ses formes, de la démagogie, et se rapprochoit de la constitution anglaise. La représentation nationale avoit ses deux chambres ; la liberté, la vie et la fortune des citoyens étoient garanties ; on établissoit un un directoire pourvu de la puissance nécessaire pour maintenir les lois et les faire exécuter. Cet ouvrage étoit loin de répondre encore au vœu national ; mais, après une longue tourmente, tous les ordres de l'état aspiroient au repos, et la nouvelle charte fut acceptée unanimement.

Tous les nuages politiques sembloient devoir se dissiper, lorsque la convention, par un décret imprévu, suscita de nouvelles tempêtes. Elle prétendit se perpétuer, et, sous prétexte de veiller elle-même à la conservation de son ouvrage, elle proposa aux Français de maintenir en fonctions les deux tiers des députés.

Cette prétention parut révoltante ; on rejeta le décret dans la majorité des assemblées primaires; on adressa à la convention elle-même les plus vives réclamations ; on lui disoit : « Vous aspi-
» rez à l'honneur de nous sauver, et vous n'a-
» vez pu vous sauver vous-mêmes ; la repré-
» sentation nationale a été successivement dé-
» cimée par tous les partis qui se sont élevés
» dans son sein. Sous son règne, la France,
» a été désolée par le fer et le feu, couverte
» d'échafauds, de cendres et de décombres.

» Que faisoient-ils, il y a un mois, ces
» soixante-treize députés, occupés aujourd'hui
» à nous donner des lois ; ils gémissoient dans
» les prisons où ils avoient eu l'indigne foiblesse
» de se laisser conduire. Nous ne voyons parmi
» vous que des proscripteurs ou des proscrits,
» c'est-à-dire des hommes lâches ou coupables.
» Et c'est à ces hommes que vous voulez que
» nous confions nos destinées ! Laissez à nos
» assemblées électorales le soin de choisir nos
» mandataires ; nous voulons bien qu'elles
» puissent vous élire, mais non pas qu'elles
» y soient contraintes ».

Ces raisonnemens circuloient dans toute la

France; mais les conventionnels ne se convertissoient point; ils craignoient le ressentiment du peuple. Quelle reconnoissance, quelle considération pouvoient-ils se promettre, rendus dans leurs foyers, au sein de leurs provinces et de leurs familles? La crainte leur inspira du courage et de l'audace; ils cherchèrent des défenseurs, et ne pouvant se maintenir par le droit, ils essayèrent de se conserver par la force.

Les prisons recéloient un grand nombre de patriotes énergiques, détenus pour les excès qu'ils avoient commis; les bagnes même s'étoient enrichis de plusieurs comités révolutionnaires convaincus de brisement de scellés, de rapine et de vol: ce fut vers ces lieux que la convention tourna ses regards. Elle rendit à la liberté ces démagogues fanatiques, ces agens de la terreur qu'elle avoit auparavant désarmés et incarcérés; elle les décora du titre de patriotes de 1789, et les appela au secours de la république.

On vit alors accourir de divers points de la France des hordes de brigands avides de carnage et de sang, les assassins et les incendiaires de la Vendée, les démolisseurs de Lyon, les tueurs du 2 septembre, et une foule d'officiers de tout grade, chassés de l'armée comme des gens ineptes ou des buveurs de sang. La convention les rassembla dans le jardin des Tuileries, au nombre de trois mille, les forma en bataillons, leur distribua des armes, de la poudre et du plomb, et leur donna le nom de *phalange sacrée*. Il ne leur manquoit qu'un chef, et il falloit en trouver un digne d'une pareille armée. On avoit d'abord pensé à Gentili, officier corse, habile et courageux, qui s'étoit distingué à la défense de Bastia; mais il étoit sourd, et l'on craignit qu'il n'entendît pas bien les rapports de ses aides de camp. On s'adressa au général Miranda, qui ne voulut point accepter.

Ce fut alors que Barras, qui commandoit toutes les forces réunies à Paris, songea à Buonaparte. Il dînoit chez Tallien avec Carnot : J'ai, leur dit-il, l'homme qui vous convient ; c'est un petit officier corse qui ne tâtonnera point. Tallien fut de l'avis de Barras, et l'on envoya chercher Napoléon (1). On lui procura un uni-

---

(1) Buonaparte étoit vêtu si modestement que ses amis l'appeloient *la petite culotte de peau*. Ses connoissances les plus intimes étoient Laïs, Dugazon, Michot, Talma, Baptiste cadet. Ils se réunissoient souvent pour dîner ensemble, et se donnoient rendez-vous au Palais-Royal, chez un marchand de cartes géographiques, nommé Piquet. Buonaparte, devenu premier consul,

forme, un cheval, et la phalange sacrée eut un général (1).

Les sections de Paris ne voyoient pas ces préparatifs sans alarmes; mais elles perdoient un temps infini à délibérer. Elles étoient presque toutes présidées par des gens de lettres, ou dirigées par de jeunes orateurs très-habiles à disserter, très-peu propres à agir. Outre sa phalange sacrée, la convention nationale avoit à sa disposition une armée de trente mille hommes, campée sous les murs de Paris; mais ces troupes donnoient peu d'inquiétude : on étoit persuadé qu'elles ne se décideroient jamais à tirer sur les citoyens. On leur envoyoit des orateurs pour fraterniser, et l'on se flattoit de les

---

continua de voir Dugazon. Un jour qu'il crut s'apercevoir que l'embonpoint de cet acteur augmentoit singulièrement, il lui frappa sur le ventre, en lui disant : *Comme vous vous arrondissez, Dugazon! — Pas autant que vous, petit papa*, reprit l'histrion; *vous vous y entendez mieux que moi*. Le *petit papa* se fâcha, et Dugazon ne reparut plus.

(1) Si l'on en croit la *Correspondance secrète du cabinet de Saint-Cloud*, Barras n'ayant point de cheval à donner à Buonaparte, on se procura un cheval de fiacre, dont on lui fit un cheval de bataille.

vaincre par les simples armes du raisonnement et de l'éloquence (1).

Le seul bataillon des terroristes inspiroit un véritable effroi. Un an s'étoit à peine écoulé depuis le désastre de Lyon, Marseille et Toulon. Le sort de ces villes étoit encore présent à la mémoire ; on craignoit pour Paris les mêmes excès ; car les représentans du peuple eussent exterminé le peuple tout entier, si sa destruction eût pu leur être de quelque utilité.

La tribune de la convention retentissoit chaque jour de menaces et d'imprécations contre les Parisiens. Tallien soutenoit que l'on vouloit faire entrer la Vendée dans Paris, ou Paris dans la Vendée ; il accusoit les chefs des sections, de s'entourer de nobles, de prêtres, de parens d'émigrés, et de préparer ouvertement la contre-révolution. « Déjà, disoit-il, le cri » de *vive le roi* s'est fait entendre dans quelques » parties de la république ; déjà l'on expose » publiquement dans Paris l'effigie du dernier

---

(1) M. De La Harpe, grand adversaire des jacobins, depuis que les jacobins l'avoient fait arrêter, alloit pérorer au camp comme il péroroit au lycée ; les sections admiroient son courage, et quand il leur rendoit compte des triomphes de son éloquence, elles croyoient déjà la convention vaincue.

» de nos rois, et celles de sa famille; déjà les
» rubans sont préparés; les signes de rallie-
» ment, les emblèmes sont prêts, et les fem-
» mes elles-mêmes s'apprêtent à les arborer
» sur leurs coiffures ».

Il dénonçoit ensuite les auteurs de pamphlets et les journalistes; il désignoit surtout à la surveillance de la convention, les rédacteurs du *Courrier universel* (1) et du *Courrier républicain*. Voici, continuoit-il, de quelle manière d'indignes libellistes osent parler de vous :

« Si, le 10 vendémiaire, la convention n'a
» pas terminé sa longue et funeste session, le
» nom de conventionnel doit devenir un titre
» de proscription. Il faut user, contre cette
» coupable assemblée, des moyens qu'elle a
» employés contre les autres, et les mettre hors
» la loi; il faut que les votans pour la mort ne

---

(1) Le *Courrier universel* a été supprimé par Buonaparte. M. de Ladevèze le rédigeoit avec courage, et comptoit un grand nombre d'abonnés, dont le Journal des Débats s'est enrichi. M. de Ladevèze conserve encore sur cette feuille une pension considérable. Le *Courrier républicain* étoit publié par l'abbé Poncelin, devenu célèbre par l'aventure qui lui arriva chez le directeur B. On l'attira au Luxembourg, où il fut indignement offensé.

» meurent point dans leur lit, à moins qu'ils
» ne meurent bientôt; il faut s'armer, contre
» les ennemis du peuple, de sabres et de pis-
» tolets, les exterminer, les tuer : c'est le seul
» moyen d'en finir ».

Ces déclamations étoient appuyées par tous les députés terroristes. Les symptômes d'une guerre à mort se manifestoient entre Paris et ses législateurs. Les murs de la capitale étoient chaque jour couverts de proclamations, d'adresses, de menaces, d'insultes. On lisoit au peuple, pour le porter à l'insurrection, des écrits incendiaires qu'on attribuoit aux royalistes, et qui sortoient presque toujours des bureaux de la convention (1).

Ainsi les esprits s'aigrissoient de plus en plus : la convention ne vouloit rien relâcher de ses droits ; les sections refusoient de transiger

---

(1) Un des plus remarquables est celui que le député Baudin lut à la tribune de la convention ; il étoit d'une absurdité choquante; mais par cela même plus propre à réussir.

Écoutez, s'écrioit-il, la lecture de cette pièce affichée nuitamment à la porte d'un hospice de Beaugency, et dont on n'a pu découvrir les auteurs :

« Pour assurer la tranquillité en France, il faut un

avec la convention; les rassemblemens se multiplioient au Palais-Royal; les partis en venoient quelquefois aux mains; et, le 1ᵉʳ. vendémiaire, un peloton de jeunes gens avoit tiré contre les grenadiers de la convention. Les mêmes dispositions se manifestoient dans les départemens; la nation étoit lasse d'anarchie, et justement indignée contre une réunion d'hommes dont les uns étoient couverts de sang et de crimes, et les autres s'étoient déshonorés par la plus insigne lâcheté. Le peuple, lui-même, réduit à la dernière misère, sentoit la nécessité de s'allier aux propriétaires, pour ranimer le commerce et l'industrie, uniques sources de la prospérité des nations. Le choix des fonctionnaires publics, dans la majeure partie des assemblées primaires, annonçoit un nouvel ordre de choses.

» roi, et que son trône nage dans le sang de deux mil-
» lions d'hommes; il faut que Paris soit détruit de fond
» en comble; que ses habitans soient passés au fil de
» l'épée, et qu'il n'y reste pas pierre sur pierre; il faut
» que la terreur soit assise, le poignard à la main, à la
» porte du sanctuaire des loix, pour immoler les vils
» tyrans qui depuis trois ans affligent ce bon peuple de
» France; il faut régénérer le culte, épurer ses minis-
» tres, etc. »

Il ne restoit à la convention, pour se soutenir, que la puissance des baïonnettes, et elle se décida à en faire usage. Elle décréta, le 3 vendémiaire, que, dans le cas où la représentation nationale seroit attaquée à Paris, le corps législatif et le directoire se retireroient à Châlons-sur-Marne, et que des colonnes républicaines partiroient de toutes-les armées pour réduire les révoltés, et délivrer la représentation nationale. On déclara traîtres à la patrie les présidens et secrétaires des sections où l'on s'occuperoit d'autre chose que d'élections.

On chargea les comités du gouvernement de faire exécuter les lois contre les abus de la presse, et de présenter un projet de décret contre les journalistes qui provoquoient l'anéantissement de la convention et le retour de la royauté (1).

De leur côté, les sections s'attribuoient la portion de souveraineté qu'elles croyoient nécessaire pour leur conservation. On arrêtoit les anarchistes, les perturbateurs du repos pu-

---

(1) Dans la séance du 5 vendémiaire, le député Talot, en parlant des rassemblemens du Palais-Royal, prétendit qu'ils étoient, pour la plupart, composés d'émigrés et de chouans; il demanda qu'on les livrât à des commissions militaires, et qu'on les fusillât au Palais-Royal même.

blic, et tous les hommes qui s'étoient particulièrement signalés dans les sanglantes orgies de la révolution ; on envoyoit des commissaires dans les départemens voisins; on attaquoit dans les journaux les actes de la convention ; on l'accusoit de tromper la nation sur l'état véritable des votes émis dans les assemblées primaires ; des députations se rendoient jusque dans le sein de ses séances, pour attaquer ses calculs et lui prouver sa mauvaise foi : deux ou trois sections seulement, et notamment celle des Quinze-Vingts, avoient refusé de prendre part à ces mouvemens; mais les autres s'affermissoient de plus en plus dans leurs résolutions.

La convention avoit fixé au 20 du mois la réunion des assemblées électorales, et défendu, sous des peines sévères, de les tenir avant cette époque. La section du Théâtre-Français brava le décret, et se réunit le onze. On envoya des commissaires pour lui signifier les ordres du gouvernement; elle répondit que le peuple étoit souverain, et refusa de les écouter. Ce fut le premier signal de la guerre.

Les sections les plus belliqueuses étoient celles de Le Pelletier, de la Butte-des-Moulins, du Théâtre-Français. Dans la nuit du 12 vendémiaire, la convention fit cerner, par la troupe de ligne, la section Le Pelletier; la force armée étoit commandée par le général Menou, sous la surveillance du représentant Laporte. Il somma les membres de la section de se retirer, ne leur donnant que dix minutes pour faire leur réponse; ils déclarèrent qu'ils ne se sépareroient que quand l'armée cesseroit de les assiéger. Le général Menou, disposé à épargner le sang, consentit à cette proposition, et l'on entrevit alors quelque moyen d'accommodement.

Mais cet espoir ne fut pas de longue durée. La convention, accoutumée depuis long-temps à des mesures violentes, encore fière des victoires sanglantes qu'elle avoit remportées sur Lyon, Marseille, Toulon, témoigna une vive indignation contre la conduite du général Menou, et lui retira le commandement, pour le donner à Barras. En même temps, elle défendit aux membres de ses comités de gouvernement, de paroître à la tribune, avant que les chefs des révoltés fussent arrêtés, et les rebelles désarmés.

Les sections n'avoient pour appui que des bataillons de la garde nationale; mais ces bataillons étoient sans chef et sans artillerie. On se décida à confier le commandement de toutes les forces parisiennes au général Danican, officier connu par sa haine pour les anarchistes, et son attachement à la cause royale. Les jeunes soldats de l'armée parisienne étoient pleins d'ardeur; mais ils avoient plus de zèle que de discernement, de discipline et d'expérience. Les principaux postes étoient occupés par la troupe de ligne. Les ponts étoient garnis d'artillerie; toutes les approches des Tuileries avaient été rendues presque inaccessibles. Le bataillon sacré, commandé par Buonaparte, étoit rangé en bataille sur la terrasse devant le château; une pièce de quatre et une de huit défendoient la rue du Dauphin, et menaçoient le portail de Saint-Roch. Un corps de réserve considérable avec des pièces de position, garantissoient la place Louis xv, et assuroit, en cas d'échec, la retraite de l'armée sur les hauteurs de Saint-Cloud. On avoit fait tirer de la gendarmerie et du bataillon sacré, des canonniers pour le service des pièces; les magasins de Meudon et de Marly fournissoient les cartouches.

Ces dispositions ne pouvoient échapper au général Danican: il s'en falloit bien que l'armée parisienne eût les mêmes avantages. Elle n'avoit pour toute arme que des fusils de divers calibres. Ses chefs s'entendoient peu; chaque officier se croyoit général, et chaque soldat se croyoit officier. Les sections n'étoient pas toutes animées du même esprit ni de la même ardeur; quelques-unes montroient de l'incertitude et de la foiblesse; d'autres s'étoient déclarées hautement pour la convention.

Le général sentit la nécessité d'user, dans une pareille entreprise, de beaucoup de ménagemens. Après avoir harangué les sections, assigné les postes, et démontré les dangers d'une attaque de vive force, il essaya les moyens de conciliation; il écrivit au comité de salut public, qu'il ne s'agissoit point d'attaquer la représentation nationale; que les sections n'étoient armées que pour prévenir les desseins des terroristes, et éviter le sort de Marseille et de Toulon; et qu'elles étoient prêtes à rentrer dans l'ordre, si la convention vouloit renoncer à ce bataillon sacré qui inspiroit une si légitime terreur; que le général conjuroit les membres du comité d'épargner le sang français, et de sauver à la patrie les horreurs d'une guerre civile.

Les comités de gouvernement étoient eux-mêmes dans une extrême agitation. On délibéra long-temps. Quelques membres proposèrent d'entendre le général Danican; d'autres s'y opposèrent. Le parti montagnard vouloit du sang; les terroristes brûloient de se venger des affronts qu'ils avoient essuyés depuis le 9 thermidor; ils sentoient la nécessité d'une victoire pour reconquérir l'ascendant qu'ils avoient perdu. Barras aspiroit à la dignité de directeur; Buonaparte au commandement des armées: ils vouloient l'un et l'autre mériter cette faveur par un service éclatant.

Cependant on affecta des dispositions pacifiques; et, dans l'espérance de gagner du temps, on répondit au général de l'armée parisienne que vingt-quatre membres de la convention alloient se rendre dans les sections pour y porter des paroles de paix et rassurer les esprits; qu'on s'en rapportoit à la loyauté de leur chef, et que tout seroit oublié, si les sections consentoient à se retirer.

Cette réponse n'avoit rien d'officiel; on prévenoit même le général qu'il étoit impossible de lui en donner une de ce genre; mais que, dans une circonstance aussi pressante, il falloit de part et d'autre traiter de bonne foi et agir de même.

Le général Danican est brave sur le champ de bataille; mais peut-être manqua-t-il alors de ce coup d'œil rapide qui juge les hommes et les événemens; il avoit prouvé par sa conduite dans la Vendée qu'il redoutoit les mesures violentes et les formes *acerbes*, si chéries de la convention (1).

Il eut la foiblesse de croire à la bonne foi de la convention, et le cœur plein des plus heureuses espérances, il courut aux assemblées des sections, les inviter au calme et à la modération, et disposa tout pour une retraite générale. Cette faute perdit tout ; les sections étoient

---

(1) Le général Auguste Danican a servi dans la Vendée en 1794, et n'a pas médiocrement contribué à sauver la ville d'Angers. Il s'y est constamment distingué par une conduite humaine et généreuse ; ce qui lui mérita une destitution. Il écrivoit à la convention, au mois d'octobre 1794 :

« Je prouverai qu'on a massacré des vieillards dans leurs
» lits ; qu'on a égorgé des enfans sur le sein de leurs
» mères ; qu'on a guillottiné des femmes enceintes ; qu'à
» Laval on en a fait ainsi périr une le lendemain de ses
» couches. Je dirai que j'ai vu brûler des magasins de
» toute espèce, en quel lieu, à quelle heure et par quels
» ordres. On ne s'est pas contenté de noyer à Nantes ;
» ce genre de supplice étoit encore en usage à trente
» lieues en remontant la Loire. Je démontrerai que les gens
» qui font actuellement les philantropes étoient alors des
» égorgeurs ».

Au mois d'avril de l'année suivante, il rétablit l'ordre à Rouen, sans employer d'autres mesures que celles dont il avoit fait usage dans la Vendée ; il donna des subsis-

pleines d'ardeur, et brûloient de se mesurer avec les terroristes. Elles avoient formé un comité central à la section Le Pelletier; elles avoient occupé la trésorerie, s'étoient emparées du dépôt des chevaux, avoient intercepté les envois d'armes à la section des Quinze-vingts, qui tenoit obstinément au parti de la convention; elles avoient arrêté et gardé

---

tances à cette ville, et détermina la garnison à faire le sacrifice d'une partie de sa ration en faveur des malheureux.

Il écrivoit encore de Rouen : « Le nommé Grignon,
» marchand de bœufs, et général de brigade dans la Ven-
» dée, vient, dit-on, d'être mis en liberté. Mon cœur
» bondit au souvenir de toutes les horreurs que cet
» homme a commises. Je me rappelle qu'immédiate-
» ment après le siége d'Angers, Rossignol lui dit devant
» moi : *Ah ça! Grignon, te v'la général de brigade;*
» *tu vas passer la Loire ; tue tout ce que tu rencontreras:*
» *c'est comme ça qu'on fait une révolution.* Grignon a si
» bien profité de sa leçon, qu'après avoir égorgé impi-
» toyablement hommes, femmes, enfans; qu'après avoir
» pillé l'argenterie des églises, et fait filer dans ses mé-
» tairies les troupeaux de ses victimes, il a couronné sa
» carrière révolutionnaire en donnant son avis pour faire
» fusiller son beau-père. Il existe mille témoins de ces
» faits.

» Bouland, adjudant général à Ernée, auroit donc
» aussi recouvré sa liberté, si l'on n'eût éclairé fort à pro-

en otages plusieurs députés qui étoient sortis du sein de l'assemblée pour prendre quelques rafraîchissemens; enfin elles s'étoient publiquement déclarées indépendantes de l'autorité de la convention.

Les dispositions du général Danican jetèrent de l'incertitude et de l'irrésolution dans l'armée parisienne, et rompirent cette unité de volon-

---

» pos le comité de sûreté générale. Ce Bouland donnoit
» aux soldats 20 francs par paire d'oreilles humaines,
» qu'il s'amusoit à clouer dans sa chambre. Il osa pré-
» senter à un député un mémoire de 800 francs à ordon-
» nancer, pour le paiement de quarante paires d'oreilles.
» Cette pièce a été entre les mains de Laignelot ».

Après la malheureuse issue de la journée de vendémiaire, Danican déroba sa tête à la commission militaire, qui le condamna à mort par contumace, et il se retira en Allemagne. Il étoit à Hambourg à l'époque de la prétendue conspiration de M. de la Villeheurnois. Il témoigna hautement son mécontentement de la précipitation avec laquelle les royalistes avoient agi à Paris, et se retira à Blackembourg. Au mois de juillet 1798, il passa à Rastadt, sous le nom d'Auguste, pour servir la cause des princes. Après l'assassinat des plénipotentiaires français, quelques feuilles publiques l'accusèrent de ce crime; mais il s'en justifia en prouvant l'*alibi*, et continua de vivre en Allemagne. Il est aujourd'hui de retour à Paris, prêt, sans doute, à purger sa contumace.

té et d'action, si nécessaire dans une pareille entreprise. Elles détachèrent de la cause des sections l'armée de ligne, qui campoit à la plaine des Sablons, et paroissoit peu décidée à servir les vengeances de la convention (1). Enfin, elles servirent merveilleusement cette assemblée, qui, dans toutes les circonstances, savoit également employer la ruse ou la force. On lui fournit, sans le vouloir, les moyens de prendre ses avantages, et de commencer l'attaque au moment le plus favorable à ses desseins.

Ce fut aussi ce qui arriva. Tandis que le général Danican, toujours plein de confiance et de sécurité, parcouroit les postes, on entendit partir quelques coups de feu, du côté de Saint-Roch. Le général s'y porta rapidement, et apprit que des hommes cachés venoient de faire feu sur le portail de l'église : c'étoit là que commandoit Buonaparte. La foule, rassemblée sur les degrés de Saint-Roch, se composoit du bataillon de la Butte-des-Moulins, et d'une foule d'hommes, de femmes, d'enfans amenés par la

---

(1) Les généraux Debar et Desperrières aimèrent mieux subir une destitution, que de verser le sang de leurs concitoyens. Le général Duhoux se rendit avec le général Danican sous les drapeaux de l'armée parisienne.

curiosité et le bruit d'une pacification prochaine. Un grand nombre de ces malheureux périrent ou furent cruellement blessés. Le bataillon de la Butte-des-Moulins riposta au feu de l'ennemi avec un extrême courage; mais il n'avoit point d'artillerie (1), et Buonaparte, soutenu de deux pièces de canon, faisoit pleuvoir sur lui une grêle de mitraille, qui causoit un effroyable ravage dans ses rangs. On résista près d'une heure. Plusieurs citoyens se battirent avec une rare intrépidité, et se précipitèrent sur les canons pour les enlever; mais il fallut céder à la supériorité des armes, et se replier.

En même temps, le combat s'étoit engagé dans la rue de l'Échelle. L'armée parisienne, exposée au feu d'une artillerie formidable, se voyoit prise en flanc des deux côtés, et dans la position la plus périlleuse. Il fallut alors se retirer dans les rues latérales. Le désordre et la

---

(1) Les sections de Paris s'étoient emparées, à Belleville, de deux petites pièces, qui ne pouvoient leur rendre que fort peu de service. Si l'attaque eût été retardée, elles auroient eu à leur disposition le peu d'artillerie qui se trouvoit à Choisy et à Saint-Germain-en-Laye; mais l'affaire étoit terminée lorsque ce foible secours leur arriva.

confusion devinrent extrêmes ; le général Dani_ can se trouvoit lui-même sans autre moyen de refuge que l'église de Saint-Roch, où il se jeta, au milieu du feu ennemi et de la mitraille. Il courut à la section de Le Pelletier, où les orateurs continuoient à pérorer. Les cris de trahison retentissoient de tous côtés ; on l'accusoit d'avoir traité secrètement avec la convention ; on lui faisoit un crime des paroles de paix qu'il avoit portées ; on demandoit pourquoi il avoit ordonné la retraite.

Le danger étoit trop pressant pour qu'il s'amusât à répondre ; car Buonaparte, à la tête de ses cohortes, faisoit des progrès effrayans, et rompoit tous les obstacles à coups de canon. On assure qu'en cet instant une obus tomba sur la section Le Pelletier, dans la salle même des délibérations, et y jeta le plus grand désordre. Danican, au milieu des reproches et des invectives, proposa de voler au secours des bataillons du faubourg Saint-Germain, commandés par M. Lafond de Sorclé, ancien officier de la maison du roi. Il se mit à la tête de la colonne, la fit ranger en bataille sur le quai de l'Ecole, et lui proposa de marcher sur les batteries du Pont-Royal, tandis que les bataillons postés sur l'autre rive inquiéteroient les troupes de la convention par les rues voisines. Le Pont-Neuf étoit occupé par les troupes de deux sections restées fidèles à la convention nationale ; mais elles ne faisoient aucune démonstration hostile. Avec de la résolution, il étoit possible d'arriver jusqu'aux Tuileries. Cette résolution manqua aux troupes parisiennes ; Danican n'avoit plus leur confiance. Le canon ennemi faisoit à chaque instant de nouveaux ravages ; la section de Henri IV déclara nettement qu'elle ne se battroit pas ; une foule d'officiers et de soldats, qui se croyoient trahis, abandonnoient les rangs, d'autres périssoient sans aucun profit pour la cause publique. La défection devint bientôt générale, et l'intérieur de Paris n'offrit plus que le spectacle de la terreur, de la dévastation et de la mort. Les rues étoient inondées de sang et couvertes de cadavres ; la phalange sacrée faisoit retentir l'air de hurlemens sauvages, et s'avançoit au cri de *vive la république*. Elle poussa la lâcheté jusqu'à tirer sur des hommes sans armes. La bataille avoit commencé à cinq heures du soir ; à six heures elle étoit perdue, et la convention n'avoit plus un seul ennemi. Elle auroit pu user noblement de la victoire : elle en usa sans grandeur et sans générosité. Ses généraux se firen un cruel plaisir de perpétuer l'effroi pendant la nuit, et, dans l'ivresse de la victoire, on vit

Buonaparte pointer ses pièces contre des murailles qui ne pouvoient lui répondre. Le général Danican chercha son salut dans la fuite, et parvint à se soustraire aux recherches de ses ennemis. M. Lafond de Sorclé fut moins heureux ; il tomba dans un parti de terroristes, et paya de sa tête son courage et son dévouement.

Ainsi finit cette journée, qui fonda dans le sang la constitution de l'an 3, comme toutes celles qui l'avoient précédée (1). Elle coûta aux Parisiens plus de deux mille hommes tués dans l'intérieur de la ville, ou morts sur l'échafaud, et prépara la longue tyrannie sous laquelle la France a gémi. On remarqua que le 13 vendémiaire répondoit au 5 octobre, jour anniversaire de la fameuse journée du mois d'octobre 1789.

---

(1) On peut, sans aucune superstition, faire observer que la constitution de 91 a été fondée dans le sang de MM. Foulon, Berthier, de Launay, de Flesselles, et dans celui de toutes les victimes égorgées sur toute la surface de la France pendant deux ans ; que la constitution de 1793 est née au milieu des échafauds et des assassinats, et des massacres perpétuels, par les ordres et sous les yeux des représentans de la nation ; et que l'empire de Buonaparte s'est élevé sur les cadavres du duc d'Enghien, du général Pichegru, d'Aréna, de Georges, de Moreau, et de tant d'autres immolés à la sûreté du tyran.

La convention entendit avec une joie insultante le récit de ce malheureux événement. Le député M......, chargé d'en faire le rapport, eut recours à toutes les formules de l'éloquence révolutionnaire. Il parla beaucoup de crime et de vertu. Le crime suivant lui, étoit dans les sections de Paris ; la vertu, dans la convention et le bataillon sacré. Il représenta les chefs des sections comme un assemblage de chouans et d'émigrés, qu'il qualifioit de brigands, quoique les bureaux de ces sections fussent presque tous composés d'hommes de lettres, de fonctionnaires publics fort connus à Paris. Il appela la vengeance de la convention sur les sections Le Pelletier et Poissonnière, sur celles de la Butte-des-Moulins, du Contrat-Social, du Théâtre-Français, du Temple, du Luxembourg, de Brutus (car alors Brutus et Le Pelletier étoient encore en honneur). Il accusa l'armée parisienne d'une perfidie dont il étoit constant qu'elle ne s'étoit point déshonorée. Il assura que les premiers rangs des bataillons parisiens, qui occupoient la rue de l'Échelle, s'étoient avancés avec des dehors pacifiques, le fusil sous le bras, les chapeaux en l'air, le drapeau baissé, prononçant le doux nom de paix et de fraternité ; que leur chef s'étoit présenté pour embrasser le commandant du poste, et qu'au même instant deux décharges de mousqueterie, parties derrière eux, avoient abattu vingt-trois des braves défenseurs de la convention. Il appuyoit ce récit par deux éloquentes exclamations : *O crime ! ô scélératesse!*

Il ajoutoit qu'à la rue de la Convention (cul-de-sac Dauphin), les canonniers avoient laissé tuer trois de leurs camarades, avant de riposter. Il donnoit ensuite les plus grands éloges au bataillon sacré : c'étoit, suivant lui, l'élite des républicains et des héros, puisqu'il renfermoit dans son sein les Marseillais du 10 août, et cette foule d'officiers patriotes que le royaliste Aubry avoit indignement destitués comme terroristes. Il proposa de décréter que les grenadiers de la convention, les troupes du camp sous Paris, les canonniers, la légion de police, les Invalides, le bataillon des Quinze-Vingts, les gendarmes licenciés, les patriotes de 1789, réunis spontanément pour défendre la convention, avoient bien mérité de la patrie.

De son côté, Barras vint recommander le général corse : « J'appellerai, dit-il, l'atten» tion de la convention sur le général Buona» parte. C'est à lui, c'est à ses dispositions sa» vantes et promptes, qu'on doit la défense de

» cette enceinte, autour de laquelle il avoit
» distribué des postes avec beaucoup d'habi-
» leté.... Je demande que la convention con-
» firme la nomination de Buonaparté à la
» place de général en second de l'armée de
» l'intérieur ».

La proposition fut acceptée au milieu des acclamations; et Buonaparte, couvert du sang de ses concitoyens, ne pensa plus qu'à poursuivre ses nouvelles destinées.

CHAPITRE V.

*... la journée du 13 vendémiaire. Ma-
... ge de Buonaparte. Sa nomination au
commandement en chef de l'armée d'Italie.*

Une heure de combat avoit suffi pour changer la face entière de la France, et la replonger dans toutes les horreurs de la tyrannie révolutionnaire. La soif du sang et l'ardeur de la vengeance se manifestoient par les symptômes les plus effrayans. Tout reprit l'aspect de la terreur dans le sein de la convention; on se crut de nouveau transporté aux époques désastreuses de 1793 et 1794 : c'étoit le même esprit, le même langage, les mêmes fureurs; les patriotes de 1789, les Marseillais, et les furies de guillotine occupoient les tribunes, et menaçoient de leurs gestes et de leurs clameurs les députés fidèles à la raison et à leurs devoirs. Les scènes les plus tumultueuses se renouveloient tous les jours; les thermidoriens, réunis aux montagnards, luttoient de violences et d'emportemens ; on voyoit se signaler à leur tête Barras, Fréron, Louvet, Chénier, le boucher Legendre, Tallien, et quelques autres d'une renommée moins éclatante, tels que Pons de Verdun, Villetard, Garrau, Quirot, Talot, etc.

Les vengeances commencèrent à s'exercer sur les membres même de l'assemblée. A peine le canon eut-il cessé de se faire entendre, que l'on frappa d'un décret d'arrestation les députés Aubry, Rovère, Saladin, Lhomond, qui avoient refusé de s'associer à la convention contre les sections de Paris; on les accusoit de liaisons avec les royalistes, et de projets de contre-révolution; mais, dans la vérité, c'étoit à Barras et au parti des terroristes qu'on les immoloit. On délibéra sur leur sort, dans la nuit même du 13 vendémiaire, et, si l'on en croit l'auteur d'un écrit publié à Hambourg, sous le titre de *Manuel des Assemblées primaires*, il fut question de les égorger sur-le-champ; et peut-être cette horrible résolution eût-elle été exécutée, si Chiappe, député d'Ajaccio, n'eût, par sa courageuse résistance, sauvé ce nouvel attentat à la représentation nationale. Ainsi, tandis qu'un général corse faisoit couler le sang des Français, un autre Corse avoit la gloire d'en arrêter l'effusion (1).

---

(1) On décréta aussi d'arrestation le général Miranda

Les comités de salut public et de sûreté générale furent bientôt remplis de têtes fanatiques et incendiaires.

On décréta la suppression de l'état-major de la garde parisienne, celle des compagnies de chasseurs et de grenadiers; on désarma les sections de Le Pelletier et du Théâtre-Français; on créa, au mépris de la constitution, trois conseils militaires pour juger les rebelles, et par un raffinement de vengeance, on voulut qu'ils siégeassent à la section Le Pelletier, au Palais-Royal, au Théâtre Français, afin, disoit-on, de punir le crime dans le lieu même où il avoit été commis (1).

---

et le général Menou qui avoient refusé de commander la phalange sacrée. M. Gau, secrétaire du comité de la guerre, ami particulier du député Aubry, fut compris dans la même proscription.

(1) Le Palais-Royal étoit l'objet particulier du ressentiment de la convention. Le député Lakanal proposa de le démolir, et d'élever sur ses décombres la statue de la liberté. Il trouvoit aussi Paris trop populeux, et désiroit qu'on le purgeât du superflu de ses habitans, attendu, disoit-il, que les philosophes ne sauroient méditer librement au milieu du tumulte, et que *les dieux rendoient jadis leurs oracles dans les forêts*. Il vouloit encore que *l'on ouvrît les entrailles du taureau d'airain*, pour y con-

Il restoit un grand nombre de députés détenus dans les prisons pour être livrés aux tribunaux ; on les mit en liberté. Les cachots recéloient une foule de proscripteurs subalternes, qui s'étoient signalés par leurs excès dans les comités, les administrations, les municipalités révolutionnaires ; on défendit à tous les juges de les poursuivre et de prononcer contre eux aucune peine.

On provoqua des adresses ; on admit à la barre des députations qui toutes venoient féliciter la convention de ses triomphes, et demander vengeance pour le sang des patriotes immolés par les royalistes (1). Le chant de l'hymne marseillaise retentissoit partout, et

---

sumer les traîtres qui appeloient la royauté ; il protestoit d'ailleurs de sa douceur et de son humanité : *Point de sang ; mais la république toute entière.* Un autre député (Luchet) demanda que les émigrés fussent tenus de se mettre dans vingt-quatre heures entre les mains de la convention, *afin qu'on leur coupât la tête.*

(1) Les royalistes n'avoient immolé que très-peu de patriotes. Le général Berruyer avoit eu un cheval tué sous lui. Les ex-généraux Vachot et Huard, deux des plus farouches terroristes dont Aubry eût purgé l'armée, étoient sortis du combat sans blessures. Le seul Favier, commandant des Marseillais, avait eu la cuisse cassée.

promettoit de nouveaux assassinats (1); il ne manquoit que des échafauds pour rappeler les époques les plus funestes de la république (2).

Mais les échafauds furent bientôt dressés. Les commissions commencèrent leurs opérations

---

(1) On ordonna de chanter l'hymne marseillaise dans toutes les fêtes publiques, sur tous les théâtres, et jusque dans l'intérieur des maisons d'éducation. Dès que le directoire eut été installé, il veilla soigneusement au maintien de cette mesure; mais ce ne fut pas sans quelque peine. Lorsque l'acteur, chargé de chanter les couplets, arrivoit au vers, *Tremblez, tyrans*, on crut s'apercevoir qu'il tenoit le poing fermé, et le dirigeoit du côté du Luxembourg; le directoire enjoignit à l'acteur de chanter la main ouverte : le traître obéit, mais s'avisa d'ouvrir les cinq doigts, de manière à désigner les cinq directeurs. Autre ordonnance qui lui enjoignit de tenir les doigts serrés; il obéit encore, mais en affectant de tenir les doigts tellement serrés, que le public ne pouvoit s'empêcher d'éclater de rire.

(2) Pour exciter le peuple contre les sections, on fit circuler des écrits, afficher des placards où l'on accusoit les présidens de ces sections d'avoir envoyé des commissaires dans les départemens, pour enlever les grains et affamer le peuple; on ajoutoit qu'ils s'étoient même pourvus de poisons pour faire périr les députés qui étoient alors en mission. On assuroit que les Anglais étoient dans la confidence des mouvemens de Paris, et qu'un grand nombre de leurs bâtimens s'étoient montrés

le 20. Cent et quelques individus avoient été traduits en jugement ; elles en condamnèrent quarante-six à la peine de mort ; on distinguoit parmi eux le général Danican, MM. Lafond de Soubé, commandant un bataillon de la garde

sur les côtes de Normandie, à l'embouchure de la rivière d'Orne. Mais rien n'est peut-être plus remarquable qu'une lettre envoyée à la convention par le député Gilles Porcher : c'est un chef-d'œuvre d'atroces absurdités ; on la suppose écrite au nom des présidens des sections, et l'on y dit : « Le projet de se défaire de la convention par le fer, le feu ou le poison, est toujours à l'ordre du jour. La populace ne s'occupe plus de révolution, et ne voit que sa misère qu'il faut encore augmenter, en faisant disparoître les subsistances, n'importe à quel prix. Entretenez toujours l'esprit de désunion ; tenez toujours ferme pour le renouvellement complet des membres de la convention ; nous n'avons que ce moyen pour les renvoyer d'abord chez eux, et ensuite à la potence. Vous savez que la guerre civile nous est nécessaire ; tenez toujours votre jeunesse en haleine.... surtout que les blés disparoissent ; rassasiez la cupidité des fermiers par le numéraire, la banqueroute est certaine, il faut la hâter ; il faut répandre ce bruit pour discréditer encore le papier. Vos jeunes gens, que font-ils ? Ayez soin de mettre à leur tête des hommes exagérés, de grands parleurs. Quant à nos journaux, faites-les circuler avec profusion, etc. ».

Le reste de la lettre est un tissu de sottises pareilles.

nationale; Lebois, président du tribunal criminel; Quatremère, président de la section de la Fontaine Grenelle; Cadet de Gassicourt, président de l'assemblée primaire du Mont-Blanc; de Langeac, secrétaire; Duchosal, président de la section des Amis de la Patrie; Castellane, président de la commission militaire établie par la section Le Pelletier; Dutrosne, médecin, secrétaire de la section du Théâtre Français; de Salverte, président de la section du Mont-Blanc; de Vaublanc, président de la section Poissonnière; de Ladevèse, rédacteur du *Courrier Universel*; Poncelin et Durand, rédacteurs du *Courrier Républicain* (1).

---

(1) Les autres étoient MM. Chapotin, vice-président de la section Le Pelletier; Gauthier fils, président par intérim de la section de l'Arsenal; Hocmelle, vice-secrétaire de la même section; Daumagé, président de la section de la Fraternité; Coqueret, vice-président; Dernedelle, secrétaire; Le Roux, président de la section de l'Unité; Duménil, secrétaire; Taillepied de Bondi, commandant de bataillon; Chaumont, chef de brigade; Patel, chef de bataillon; Chéret, président par intérim de la section de Bonne-Nouvelle; Daureville, secrétaire-adjoint de la section du Mont-Blanc; Périgny, secrétaire de la section Poissonnière; Budant, président par intérim de la section du Mail; Saucède, secrétaire de la section de la Fontaine

Deux seulement payèrent de leur sang le courage qu'ils avoient déployé contre la tyrannie de la convention. M. Lebois, surpris dans sa retraite, se frappa de plusieurs coups de poignard ; mais ses plaies n'étant point mortelles, il fut mené à l'échafaud, couvert de blessures ; M. Lafond de Soubé l'avoit précédé à la place de Grève deux jours auparavant.

Cependant l'objet le plus important restoit encore à accomplir ; il s'agissoit de nommer le directoire, et les chefs de la convention n'é-

---

Grenelle ; Jadin et Dubreuil, commandans provisoires de la force armée de Paris ; de Saint-Julien ; Delaloy, vice-président de la section Le Pelletier ; Bouché-René, président de la section de l'Ouest ; Charpentier, président de la section de l'Arsenal ; Archambaud, vice-président de la section du Théâtre Français ; Sandrin, secrétaire ; Nourry, président ; Framboisier, vice-président ; Ségalia, secrétaire de l'assemblée primaire de Choisy ; Juneau, commandant provisoire de la force armée ; Saint-Didier, président de la section de la place Vendôme ; d'Aubry, secrétaire de la section des Amis de la Patrie ; Saint-Venant, président de la section de la Halle au Blé ; Buisson, président de la section des Marchés.

Tous ces accusés étoient absens, et purgèrent ensuite leur contumace. Le général Menou, traduit devant les mêmes tribunaux, fut acquitté ; d'autres, tels que MM. Souriguière, Riboutet, etc., échappèrent par la fuite.

toient point d'accord entre eux. Avant la journée du 13 vendémiaire, l'opinion publique et le vœu de la saine partie de la convention désignoient le général Pichegru, l'amiral Villaret-Joyeuse, M. l'ambassadeur Barthélemi, les députés Boissy-d'Anglas et Lanjuinais ; mais ce choix ne pouvoit convenir au parti de la montagne. Ces restes de la faction de Roberspierre vouloient à la tête du gouvernement des hommes complices de leurs crimes ; ils nommèrent Sieyes, Barras, Rewbell, La Réveillère-Lépeaux et le Tourneur de la Manche. Sieyes, toujours enveloppé dans les ombres du mystère, s'étoit acquis, par sa vie silencieuse et taciturne, plus de réputation que tous ses collègues par leur éloquence. L'épée de Barras dégouttoit encore du sang des citoyens ; Rewbel s'étoit, depuis le commencement de la révolution, signalé par la dureté de son cœur et l'inflexibilité de son caractère ; les amis de La Réveillère-Lépeaux disoient qu'il étoit républicain comme Caton et vertueux comme lui ; mais sous les apparences de la douceur il cachoit une âme intolérante, et professoit surtout une haine insurmontable pour les prêtres. La négligence de sa personne ajoutoit encore aux désavantages de sa taille courte et contrefaite. On disoit que, forcé de fuir après le 31 mai, il n'avoit pas trouvé de déguisement qui lui convînt mieux que celui de chiffonnier. Il avoit, comme ses collègues, voté la mort du roi; et, dans le cours de son règne directorial, personne ne signa autant de déportations que lui, tant son zèle pour la théophilantropie le rendoit aveugle et fanatique (1). Le Tourneur de la Manche étoit un homme médiocre, et n'avoit auprès de ses collègues d'autres titres de préférence que quelques notions très-superficielles sur la marine.

Le gouvernement se croyoit constitué, lorsqu'il fallut procéder à une nouvelle nomination. Sieyes écrivit à la convention, qu'après un mûr examen de sa conscience, il ne s'étoit pas trouvé digne des fonctions de directeur.

---

(1) Il étoit né à Montaigu en 1753, avoit fait ses études à Angers, et s'étoit d'abord destiné à la carrière du barreau. Pendant cinq ans on l'avoit vu à Paris promener sa robe dans les salles du Palais, sans pouvoir s'y faire la moindre réputation. Désespéré de ce contre-temps, il prit le parti de retourner dans la Vendée, et quitta l'étude des lois pour celle des simples; il forma un jardin botanique à Angers, et s'en fit le fondateur et le professeur. Peu de temps avant la révolution, il s'étoit fait connoître dans sa province par quelques écrits plus révolutionnaires que philosophiques. Il fut nommé aux états-généraux par le bailliage d'Angers, et se montra constamment fidèle

Un nouveau scrutin lui donna Carnot pour successeur.

Ces nominations assuroient un protecteur à Buonaparte, et lui ouvroient de nouvelles chances de fortune. Il n'étoit que commandant en second de l'armée de l'intérieur ; il se trouva commandant en chef par la démission de Barras.

Il voyoit ses ennemis à ses pieds, et l'inexorable Aubry lui-même, frappé d'un mandat d'arrêt, étoit réduit à cacher sa défaite dans un asile secret.

Napoléon connoissoit trop le prix du temps pour s'endormir sur la roue de la fortune ; un premier succès n'étoit pour lui que le gage d'un succès plus grand, et quel que fût l'espace

---

au parti le plus acharné contre la monarchie. Devenu, après l'assemblée constituante, administrateur du département de Maine-et-Loire, il y déploya les mêmes principes, le même fanatisme pour les idées républicaines. Il annonça dès lors son goût particulier pour les missions. Plusieurs communes de sa province, lasses des excès des patriotes, s'étant mises en insurrection, il y envoya des apôtres, et institua des prédications pour ramener le peuple par la voie de la persuasion, et pour le convaincre des avantages de la liberté et de la fraternité ; mais le peuple chassa les missionnaires, et le prince des apôtres lui-même courut risque d'être crucifié.

qu'il eût parcouru, son âme ardente voyoit toujours au-delà ; sa pauvreté l'importunoit, et l'impuissance de satisfaire ses désirs ne faisoit qu'irriter davantage la soif dont il étoit dévoré.

Le palais des directeurs lui étoit ouvert ; la richesse et le pouvoir se montroient à lui avec toutes leurs séductions ; il trouvoit à la table de Barras et de Tallien une somptuosité et une délicatesse dont il n'avoit pas encore eu l'idée. Il avoit déjà quitté son humble domicile pour prendre un logement plus décent dans la rue d'Antin (1). Son costume étoit moins négligé, sa société mieux choisie; le cheval de fiacre qu'on lui avoit donné le 13 vendémiaire pour cheval de bataille, avoit été échangé contre un cheval d'une encolure plus élégante, acheté chez le sieur Follie (2); mais ce changement lui pa-

---

(1) L'auteur de l'*Histoire secrète du cabinet de Saint-Cloud* prétend que Buonaparte couchoit par terre, au Palais-Royal, dans l'antichambre de Barras, qui logeoit au troisième chez le restaurateur Véry. C'est une impertinence qui ne mérite pas d'être réfutée. Buonaparte, général en chef de l'armée de l'intérieur, étoit en état d'avoir un lit, et en avoit un en effet dans un appartement simple, mais commode.

(2) Lorsqu'il fut devenu général en chef de l'armée

roissoit encore loin de l'état de grandeur et d'opulence auquel il aspiroit.

De tous les directeurs, Barras étoit celui qui soutenoit sa nouvelle dignité avec le plus d'appareil et de faste. Son palais étoit le rendez-vous d'un grand nombre de femmes célèbres par leur beauté, leur esprit ou leur goût pour le plaisir; on y voyoit, dans tout l'éclat de leurs charmes, mesdames Tallien, de Beauharnais, de F......, H. melin., etc., et beaucoup d'autres d'une réputation moins brillante. Les fêtes les plus voluptueuses s'y succédoient tous les jours, et l'on oublioit dans les jouissances du luxe et de la grandeur les douloureux naufrages de la révolution.

Madame de Beauharnais avoit perdu son mari sur l'échafaud, quatre jours avant la révolution du 9 thermidor. Née à la Martinique, d'une famille riche et considérée, elle étoit venue fort jeune en France et y avoit épousé le vicomte Alexandre de Beauharnais, officier d'infanterie. En 1789, le vicomte avoit été député aux états-généraux, s'y étoit déclaré

---

d'Italie, ce fut chez le même Follie, boulevart de Bondy, qu'il acheta ses chevaux d'équipage. Il choisit même un cheval de bataille d'un très-haut prix, qu'il ne paya qu'après ses victoires d'Italie.

pour le parti populaire, et avoit présidé l'assemblée nationale à l'époque où le roi, cherchant un asile contre les attentats des patriotes, fut arrêté à Sainte-Menéhould. Ce fut Alexandre Beauharnais qui eut le malheur de féliciter le maître de poste Drouet, et de lui promettre, au nom de l'assemblée nationale, une récompense pour avoir arrêté son souverain.

Les événemens de 1792 ne le détachèrent point de la cause qu'il avoit embrassée; il obtint le commandement de l'armée du Rhin, mais s'y conduisit avec une modération qui le rendit bientôt suspect, et l'exposa aux plus absurdes dénonciations. Il donna sa démission pour conjurer l'orage, ne gagna rien par cette condescendance, et alla sur l'échafaud expier son dévouement pour la liberté et l'égalité.

Madame de Beauharnais, renfermée elle-même dans les prisons, n'avoit échappé qu'avec peine aux fureurs révolutionnaires. Elle devoit à Barras la liberté dont elle jouissoit, et à Tallien des secours d'argent pendant sa captivité.

Ils étoient l'un et l'autre les protecteurs de Buonaparte; ils songèrent à lui faire épouser la tendre Joséphine. Buonaparte n'avoit que vingt-six ans, et madame de Beauharnais étoit plus âgée que lui (1) ; mais elle apportoit en dot l'armée d'Italie et des espérances de fortune. Ses possessions étoient, à la vérité, en Amérique ; la mer n'étoit pas libre ; les

---

(1) L'impératrice Joséphine se disoit née au mois de juin 1768 ; mais son fils Eugène étoit né le 7 septembre 1780. Il faudroit, pour concilier ces dates, supposer que madame de Beauharnais eût été mariée à onze ans.

Nous avons vu (page 67) qu'elle étoit née au mois de juin 1767. Elle étoit fille de M. Tascher de la Pagerie, et avoit pour tante une dame Renaudin, dont le mari administroit assez mal une très-belle habitation de MM. de Beauharnais. Madame Renaudin étoit une femme d'une imagination vive et entreprenante ; elle vint en France tenir la maison du marquis de Beauharnais, père d'Alexandre. Le marquis avoit deux fils et deux nièces, et l'on étoit convenu dans la famille que les deux cousins épouseroient leurs cousines. Déjà un de ces projets s'étoit réalisé. Madame Renaudin résolut de traverser l'autre ; la gestion de son mari l'inquiétoit ; elle redoutoit l'heure où il faudroit rendre des comptes. Elle conçut qu'en mariant une de ses nièces au vicomte, elle aplaniroit beaucoup de difficultés. Elle en fit d'abord venir une qui mourut en débarquant en France ; elle en demanda une autre qu'on lui envoya : c'étoit Joséphine, jeune personne d'environ douze ans, d'un caractère doux, d'une physionomie ordinaire, mais d'une taille très-élégante. Alexandre en devint amoureux ; Joséphine ne le vit point non plus avec indifférence. Il passoit pour

Anglais étoient maîtres de nos colonies. Mais la Martinique, plus heureuse que Saint-Domingue, n'avoit point souffert des orages de la

---

l'homme le mieux fait et le plus brillant de la cour. Le mariage eut lieu, et cette alliance jeta le trouble dans la famille. On ne trouvoit point le sang des Tascher assez illustre ; mais madame Renaudin répondit que ses aïeux étoient gentilshommes, et tiroient leur origine d'une famille noble de la Suisse. On auroit pu répliquer que toutes les branches de cette famille n'étoient pas également recommandables, puisqu'on trouve un pâtissier suisse du nom de Tascher établi dans une ville de Bourgogne. Ces discussions entretenoient de vives animosités ; les époux eux-mêmes ne tardèrent pas à se brouiller, et plaidèrent en séparation. On les réconcilia ; ils parurent à la cour, et la reine témoigna beaucoup de bonté pour la jeune vicomtesse. Cet état de choses dura jusqu'à la révolution : alors, plus de cour, plus de fêtes, plus de spectacles, plus d'avenir.

On a beaucoup parlé d'une prédiction faite à Joséphine lorsqu'elle étoit encore à la Martinique. Son horoscope portoit qu'elle seroit reine de France, et qu'elle mourroit ensuite malheureusement. Elle en parloit elle-même quelquefois ; et la première partie de la prophétie s'étant réalisée, elle n'étoit pas sans inquiétude sur la seconde. Si cette anecdote est vraie, il faut avouer que le hasard avoit bien servi la diseuse de bonne aventure.

révolution ; aucun commissaire de la convention ne l'avoit dévastée au nom de la liberté et de la fraternité ; on pouvoit espérer d'y rentrer, et le cabinet anglais ne se montroit point trop éloigné de la paix.

Buonaparte délibéra quelque temps avec ses amis; son avancement rapide lui promettoit un avenir glorieux ; il pouvoit, s'il obtenoit le commandement d'une armée, aspirer un jour aux plus brillans partis ; mais, pour obtenir cette armée, il falloit conserver la faveur du directeur Barras, et le mariage qu'on lui proposoit en paroissoit la condition nécessaire (1).

---

(1) La vie du directeur Barras pourroit faire le texte d'un roman assez curieux :

Il est né en 1755, à Foxemphoux en Provence, d'une des plus anciennes familles de la province. On disoit des maisons les plus distinguées, qu'elles étoient nobles comme les Barras ; et des Barras, qu'ils étoient vieux comme les rochers de Provence. Barras entra, en 1775, dans le régiment de Pondichéry; en 1776, il s'embarqua sur le vaisseau *le Duc de Duras*. Ce bâtiment, surpris par la tempête, fit naufrage près des îles Maldives ; on périssoit, lorsque Barras proposa de construire un radeau, mit le premier la main à l'ouvrage, fit embarquer les passagers, y monta ensuite, et arriva avec sa petite colonie dans une île sauvage. Ils y souffrirent les plus cruelles privations, réduits à vivre de quelques modiques

Il se soumit, obtint le commandement qu'il désiroit, et pour gage de sa reconnoissance, donna sa main à Joséphine. Nous avons rapporté son acte de mariage ; on voit qu'il a été si-

---

provisions de riz gâté, obligés de se défendre contre les naturels, qui les menaçoient tous les jours. Ils passèrent un mois dans cet état de détresse. Barras arriva à la côte de Coromandel, sans chaussure et presque sans vêtement. Le général Belcombe le chargea des expéditions les plus périlleuses. Il se battit avec beaucoup de courage à Pondichéry, et sauva par sa présence d'esprit et son intrépidité le parlementaire *le Sartine*. Il s'embarqua sur l'escadre du général Suffren, et y déploya le même caractère. A son retour en France, il eut des démêlés fort vifs avec M. de Castries, et porta dans la discussion beaucoup de hauteur et d'indépendance. Cette querelle détermina vraisemblablement sa conduite dans la révolution. En 1789, il écrivit contre la cour et les courtisans ; il attaqua la Bastille le 14 juillet, fut nommé administrateur du département du Var, puis juge de la haute cour d'Orléans ; contribua personnellement à l'insurrection du 10 août, fut élu à la convention, y vota la mort du roi, fut envoyé à Marseille et au siége de Toulon, monta à l'assaut du fort Faron, et se signala par la vengeance qu'il exerça sur cette ville. Il revint à Paris avant le 9 thermidor, prit une part active à cette journée mémorable, et fit sortir des prisons des milliers de victimes. Sa haine pour le parti de la montagne lui avoit réconcilié tous les esprits, lorsqu'il se les aliéna de nouveau par la journée du 13 vendémiaire.

gné par Barras, Tallien, l'aide-de-camp Le Marrois, et l'avocat Calmelet. Joséphine ne jouit pas long-temps des douceurs de l'hymen; son époux, pressé de se signaler à la tête d'une grande armée, partit trois jours après pour se rendre à son poste, et fut remplacé par le général Hatry. En partant, il laissoit à sa femme un titre honorable(1), tel que la république pouvoit le donner; un séjour agréable à la Malmaison, que le directeur Barras lui avoit fait obtenir comme indemnité d'une partie des biens de son premier mari. Napoléon avoit quitté Marseille en proscrit, au mois d'avril 1795; il y revint triomphant et glorieux, au mois d'avril 1796. Après avoir embrassé sa famille, et passé en revue la garnison, il partit pour Nice. Le général Leclerc, commandant de la place, le suivit, et fut remplacé par le général Grillon.

---

(1) Il passoit pour constant que le galant directeur avoit joint à ce présent une somme de 500,000 fr. pour servir de dot à Joséphine.

CHAPITRE VI.

Premières campagnes d'Italie.

Cinq mois s'étoient écoulés depuis la funeste journée de vendémiaire, jusqu'au départ de Napoléon. Il n'avoit point perdu ce temps dans la dissipation et les plaisirs. Dévoré des feux de l'ambition plus que des feux de l'amour, il vivoit loin de la société, et employoit une partie de ses loisirs à étendre ses connoissances ; sa lecture habituelle étoit celle des meilleurs ouvrages de tactique, il étudioit la marche des armées sur le terrain, et, l'œil fixé sur une carte géographique, il se rendoit compte à lui-même de leurs succès et de leurs revers. Il est impossible, pour peu qu'on ait réfléchi sur ses opérations militaires, de ne pas reconnoître qu'il avoit puisé la meilleure partie de sa science dans Polybe, Arrien, Quinte-Curce, et surtout dans les Commentaires de César.

Il méloit à ces occupations l'étude du théâtre anglais et français, recherchoit la société des poëtes et des acteurs tragiques, et surtout celle de Chénier et de Talma, pour lesquels il avoit un attachement particulier.

Ceux qui l'observoient prévoyoient facilement qu'avec de semblables dispositions, il ne pouvoit manquer de se signaler un jour par de grands succès (1); lui-même il ne dissimuloit pas ses espérances, et dans la joie qu'il éprouva, lorsqu'il apprit sa nomination à l'armée d'Italie, on l'entendit s'écrier : *J'y perdrai la tête, ou l'on me reverra plus haut qu'on ne s'y attend.*

Il étoit parti pour Nice, vers le milieu du mois de mars, ayant pour aides-de-camp son frère Louis, M⁰˙ de Marmont, Junot, Le Marrois, etc.; et pour secrétaire, son professeur de mathématiques, M. Patraud, homme d'un esprit fin et étendu. L'armée d'Italie comptoit alors parmi ses généraux des hommes déjà célèbres par leur courage et leur habileté (2). Dès 1793, le général Dumerbion s'étoit distingué par de grands succès. En 1794, le général Masséna avoit annoncé aux villes du Piémont son entrée dans les états du roi de Sardaigne :

---

(1) *Avancez-le,* disoit un général au directoire, *ou il s'avancera sans vous !*

(2) C'étoient les généraux Cervoni, Augereau, Joubert, Masséna, Rampon, Berthier, La Harpe, etc. Le général Kellermann commandoit l'armée des Alpes; le général Serrurier étoit à la tête de l'armée d'observation.

« Les invincibles armées françaises sont à
» vos portes ; elles ne connoissent d'ennemis
» que ceux de la liberté. Elles vous invitent à
» secouer le joug de votre perfide tyran, et
» vous serez traités comme des frères ; autre-
» ment, nous vous regarderons comme de vils
» esclaves. J'attends votre réponse ».

Mais à cette époque il étoit plus facile de faire des menaces que de les réaliser. La France, désolée elle-même par les factions qui déchiroient les provinces du midi, étoit obligée d'employer ses forces dans l'intérieur de son territoire ; deux armées essayoient inutilement d'effrayer l'Italie. Plusieurs généraux, qui s'y étoient succédés, avoient obtenu des avantages ; mais ils n'avoient pu rien entreprendre de décisif. Lorsque Buonaparte se rendit à Nice, le général Kellermann commandoit l'armée des Alpes ; le général Schérer avoit eu sous ses ordres celle d'Italie, et s'y étoit conduit d'une manière honorable ; mais cette armée manquoit de tentes, d'habits, d'argent ; le discrédit des assignats étoit à son comble, et le gouvernement, réduit à un misérable papier, dont il ne pouvoit plus dissimuler la nullité, se trouvoit dans l'impossibilité de subvenir à ses dépenses et de nourrir ses défenseurs. Le soldat, sans pain, sans habits, et presque sans armes, murmuroit hautement.

Il falloit, dans une semblable circonstance, un homme d'un caractère décidé, capable d'exalter les esprits et de franchir tous les obstacles. Personne n'étoit plus propre à jouer ce rôle, que Buonaparte : « Braves soldats, dit-il, en
» montrant les plaines d'Italie, vous man-
» quez de tout au milieu de ces rochers ; je-
» tez un regard sur ces riches contrées : elles
» vous appartiennent ; c'est là que vous trou-
» verez tout ce dont vous avez besoin ».

Son armée avoit reçu des renforts considérables de celle des Pyrénées ; elle étoit pleine d'ardeur et animée de cette fièvre républicaine qui a opéré tant de prodiges dans les plus désastreuses années de la révolution. Elle voyoit à sa tête un général fanatique comme elle ; l'intérieur de la France étoit pacifié ; elle couroit au combat, non pour l'honneur seulement, mais pour abattre des trônes, et s'en partager les débris.

L'armée ennemie, composée d'Autrichiens, de Sardes et d'un petit nombre de Napolitains, ne s'élevoit guère à plus de soixante mille hommes (1). Elle étoit commandée par le gé-

---

(1) On a osé dire quelque part qu'elle étoit de deux cent quatre-vingt mille hommes, en y comprenant toutes les forces que devoit fournir la coalition du midi. Le fait

néral Beaulieu, capitaine habile et déjà connu par des succès éclatans.

Buonaparte entre en campagne sans effets de campement, sans équipages, sans magasins, sans hôpitaux, et se met, par cette manière expéditive, et presque sauvage, en état de faire des marches rapides et de devancer partout son ennemi.

Le 30 mars, l'armée française occupoit les positions de Voltri et de Montenotte. Le général Beaulieu n'avoit point encore quitté ses quartiers d'hiver; il apprend que les Français se proposent de faire une diversion vers Alexandrie, tandis que le reste de l'armée se portera vers *les langues de Monferrat*. On l'instruit en même temps que le poste de Montenotte doit recevoir, le 9 du mois suivant, des renforts considérables; il donne ordre aussitôt au comte d'Argenteau de se concerter avec le général Roccavina, et d'attaquer Montenotte le 6; lui-même se met à la tête de six mille hommes, et se porte sur Voltri. Cette marche imprévue déconcerte le général français Cervoni, qui se replie à la hâte. Si le comte d'Argenteau eût exécuté ponctuellement les instructions qu'il

---

est que l'armée du général Beaulieu ne s'élevoit qu'à cinquante-huit mille hommes.

avoit reçues, il est probable qu'il auroit obtenu à Montenotte les mêmes succès que le général Beaulieu à Voltri ; mais il perdit du temps, n'attaqua Montenotte que le 10, et fut arrêté devant une redoute par la brave défense du général Rampon ; en même temps Masséna tournoit les Autrichiens, et portoit le désordre dans leurs rangs. Le comte d'Argenteau, effrayé de sa position, prit le parti de renoncer à l'attaque de Montenotte, et de battre en retraite ; il laissa entre les mains des Français un grand nombre de prisonniers.

Cette affaire étoit de la plus haute importance pour la réputation de Buonaparte, et le succès de l'armée d'Italie. Aussi le général en chef ne manqua-t-il point d'employer toutes les formules de l'exagération pour célébrer son triomphe : c'étoit une bataille mémorable ; Beaulieu y commandoit en personne ; les généraux Roccavina et d'Argenteau avoient été blessés ; l'ennemi avoit perdu trois à quatre mille hommes. Le général autrichien et le général Laharpe s'étoient chargés avec fureur ; Masséna avoit porté partout l'épouvante et la mort, etc. La vérité étoit que le général Beaulieu ne s'étoit point trouvé à Montenotte ; que le général d'Argenteau n'avoit pas eu la plus légère blessure ; que Laharpe n'avoit pu charger un ennemi qui n'étoit point sur le champ de bataille, et que le succès de cette journée étoit plutôt dû aux fautes des Autrichiens, qu'aux savantes conceptions du héros français; on soupçonna même que le général ennemi n'avoit point été à l'abri de toute corruption. Mais il falloit inspirer de la confiance au soldat, et justifier par un début glorieux le choix d'un général en chef de vingt-six ans; on fit bien peut-être d'user alors d'un peu d'emphase, et l'on pardonneroit volontiers à Napoléon ces premières hyperboles, s'il n'en eût pas fait la base d'un système de mensonge, de forfanterie et de charlatanisme, qu'il n'a abandonné qu'avec le sceptre.

Ce premier avantage étoit le prélude d'une seconde victoire. Le 24 germinal (13 avril), le général Augereau, à la tête de sa division, force les gorges de Millesimo ; le général Joubert et le général Mesnard chassent l'ennemi de toutes ses positions, enveloppent un corps de quinze cents Autrichiens, commandé par le lieutenant général Provera, et l'obligent de se retrancher dans les ruines d'un vieux château sur la cime d'une montagne. Cette journée fut également brillante pour les Français et pour l'ennemi. On vit le général Provera braver, avec sa petite troupe, tous les efforts de notre armée. Le général Joubert, à la tête de sa colonne, est renversé et laissé pour mort; Brunel est tué à la tête de la sienne; Querin périt en s'avançant avec la troisième. Le combat devient sanglant et se prolonge jusqu'à la nuit. On craint que le brave Provera ne profite des ténèbres pour se faire jour l'épée à la main; on le cerne étroitement. Le lendemain le combat recommence, et Provera ne perd rien de sa constance et de son audace; enfin, obligé de céder à la nécessité, il se rend après une capitulation honorable, emportant avec lui l'estime et l'admiration de l'armée victorieuse. Il avoit espéré que le général Colli, qui commandoit la petite armée sarde, viendroit à son secours; mais Colli étoit tenu en échec par l'armée du général Serrurier, et ne pouvoit tenter un mouvement sans se compromettre. Buonaparte venoit de remporter deux victoires en quatre jours. Ses mesures avoient été prises habilement, mais il devoit surtout son triomphe à la rare intelligence, à l'admirable intrépidité de ses généraux. Il ne crut pas néanmoins devoir négliger les ressources de la fiction, et, dans son rapport au directoire, il présenta l'affaire de Millesimo comme une victoire mémorable, où son génie avoit triomphé des plus grands obstacles : il parla d'une armée austro-sarde qui n'existoit pas, de plusieurs régimens qui avoient vainement essayé d'entamer son centre, et qui n'existoient pas plus que l'armée austro-sarde ; il exagéra le nombre des prisonniers et des morts, celui des canons et des drapeaux ; il vouloit produire de l'effet, et il savoit que la vérité et la modestie sont de mauvais moyens pour y réussir.

Ce fut dans cette circonstance que l'on vit le général Lannes reparoître dans les camps. Il avoit déjà servi dans l'armée des Pyrénées, et s'étoit élevé, du rang de simple sergent, au grade de colonel ; mais, destitué par l'impitoyable Aubry, il étoit venu chercher un asile à l'armée d'Italie, et y servoit comme volontaire. Buonaparte ne pouvoit l'oublier ; ils avoient l'un et l'autre souffert pour la même cause ; Lannes étoit d'ailleurs d'un courage éprouvé. Après le combat de Millesimo, Napoléon le fit chef de brigade sur le champ de bataille.

L'aile gauche de l'armée ennemie, appuyée sur le village de Dego, étoit encore entière ; elle s'y étoit fortement retranchée ; mais elle avoit affaire à un ennemi actif, qui laissoit rarement au vaincu le temps de respirer. Dego fut rapidement tourné par le général Masséna, Laharpe passa la Bormida, et déborda le flanc droit de l'ennemi ; et tandis que le général Cervoni marchoit droit au centre, le général Boyer parvint à couper toute communication entre le corps d'Argenteau et celui de Beaulieu. Ainsi l'armée austro-sarde se trouvoit enveloppée de toutes parts; Dego fut attaqué avec intrépidité et défendu de même. Un bataillon ennemi, envoyé au secours de ce poste, après s'être signalé par un courage extraordinaire, céda à la supériorité du nombre; Dego fut emporté de vive force, et le général d'Argenteau, qui fit mine de le secourir, ne parut que pour être témoin de la victoire des Français. Ce général arrivoit toujours trop tard. On prit à l'ennemi trois ou quatre mille hommes, et on lui en tua douze ou quinze cents; mais Buonaparte, fidèle à son système, annonça sept à huit mille hommes pris et trois à quatre mille tués; il parla d'un lieutenant général, de trente colonels, quoi qu'il n'y eût point de lieutenant général, et que le cadre de l'armée ennemie ne comportât que dix chefs de corps.

Le vainqueur jouissoit paisiblement de son triomphe, et le soldat oublioit dans le sommeil et la bonne chère les fatigues de la journée, lorsqu'un accident imprévu faillit lui enlever le fruit de ses combats. Un détachement de troupes françaises s'étoit posté au village de Spigno, sur la route d'Acqui. La nuit étoit

avancée, l'ennemi ne se montroit nulle part ; aucune apparence de danger, l'armée n'étoit point sur ses gardes. En ce moment, le régiment de Wokazowich, ignorant ce qui s'étoit passé, s'avançoit pour renforcer la garnison de Dego. Un paysan rencontre ce corps, et s'adressant à un officier : « Qu'allez-vous faire à
» Dego ? l'ennemi l'occupe depuis hier : vous
» voyez ce village au pied de la colline, c'est
» Spigno, mon lieu natal ; j'en suis sorti il y a
» à peine une heure ; les habitans ont eu or-
» dre de fournir du pain, de la viande, du vin
» et du riz. Les Français ont bu et mangé à
» discrétion, et dorment en ce moment sur
» la place et dans les rues; quel heureux coup
» si vous vouliez vous en rapporter à moi ! je
» vous conduirois par des chemins couverts
» et détournés, et vous tomberiez sur eux à
» l'improviste ».

L'officier délibéra avec son colonel ; on résolut de suivre le conseil du paysan : le régiment marcha dans le plus grand silence, surprit les Français, en tua un grand nombre, et mit le désordre dans le reste de la troupe ; elle se replia sur Dego, portant l'épouvante dont elle étoit saisie. On crut à Dego avoir affaire à toutes les forces ennemies ; la terreur panique se communiqua dans tous les rangs, et le régiment de Wokazowich s'empara de la position sans coup férir. Mais on se reconnut bientôt, et le général français, voyant qu'il n'avoit affaire qu'à si peu de monde, fit investir Dego avec une force imposante ; le commandant ennemi se défendit avec vaillance, et ne songea à la retraite que lorsqu'il se vit accablé par le nombre. « Braves soldats, dit-il à sa troupe, » il ne nous reste qu'un moyen de nous sau- » ver ; c'est de nous ouvrir le chemin d'Acqui » à travers l'ennemi, le fer à la main. Nous » nous sommes couverts d'honneur ; ne per- » dons pas le fruit de tant de gloire, et mar- » chons ».

Le soldat ne répondit que par un cri d'enthousiasme ; les braves Croates descendirent des hauteurs de Dego, se jetèrent avec fureur sur les Français, rompirent les rangs, et se firent jour à travers les bataillons les plus épais. Alors le combat devient terrible ; on s'attaque à l'arme blanche, corps à corps ; plus le danger augmente, plus l'ardeur du soldat redouble. Enfin la retraite est opérée ; la petite armée autrichienne arrive à Acqui au milieu des acclamations ; elle avoit perdu beaucoup de monde, mais elle s'étoit acquis une gloire ineffaçable.

L'armée française reprit la position de Dego,

et s'empressa de faire part au directoire de ce nouvel avantage. Nous avions perdu quatre généraux, Causse, Rondeau, Bonnel et Dupuis. Le général en chef donna de grands éloges à son aide de camp Murat ; Lannes fut promu au grade de général de brigade.

La plupart des faits qu'on vient de lire ne se trouvent ni dans nos pièces officielles qui mentent toujours, ni dans nos historiens qui flattent sans cesse; mais ils n'en sont pas moins certains. Ils sont consignés dans un ouvrage estimable publié par un témoin oculaire, sous le titre d'*Examen des campagnes de Buonaparte en Italie* (1).

Ces succès rapides combloient de joie le directoire. Les triomphes du général révolutionnaire sembloient ceux de la révolution elle-même ; l'armée française s'avançoit aux cris de *vive la république* ; on plantoit partout l'arbre de la liberté ; c'étoit 1793 transporté en Italie.

On se hâta d'écrire au général en chef pour le féliciter de ses victoires. Le directoire déploya dans cette occasion toute son éloquence ; mais

---

(1) Ces mémoires ont été publiés chez le Normant, en 1814.

il faut avouer qu'elle ressembloit peu à celle de Périclès :

« Le directoire exécutif a reçu avec la plus
» vive satisfaction, citoyen général, la nou-
» velle de la victoire remportée en Italie sur
» les Autrichiens. Il est satisfaisant pour lui de
» voir justifier par les lauriers que vous venez
» de cueillir, le choix qu'il a fait de vous pour
» conduire l'armée d'Italie à la victoire. Rece-
» vez aujourd'hui, citoyen général, le tribut
» de la reconnoissance nationale. Méritez-la
» de plus en plus, et prouvez à l'Europe que
» Beaulieu, pour avoir changé de champ de
» bataille, n'a pas changé d'ennemi ; que,
» battu au nord, il le sera constamment par
» la brave armée d'Italie, et qu'avec de tels
» défenseurs, la liberté triomphera des efforts
» puissans des ennemis de la république ».

On voit bien que l'art de la louange n'étoit point alors aussi avancé que de nos jours, et nous avons entendu depuis des éloges plus délicats, donnés avec plus d'élégance et de finesse (1).

---

(1) Le directoire, qui se trouvoit alors en disposition favorable et bienveillante, écrivit aussi au commissaire civil Salicetti, au général La Harpe, au général Masséna,

Cependant les Autrichiens, battus quatre fois de suite, avoient abandonné Acqui et les positions de Voltri et de la Bocchetta. Un corps piémontais de huit mille hommes occupoit un camp retranché à Céva; le général Augereau les attaque; Joubert et Bayran, à la tête de leurs colonnes, enlèvent la plupart des redoutes; l'ennemi étonné évacue le camp pendant la nuit, et le lendemain matin le général Serrurier investit la citadelle de Céva défendue par une garnison de sept à huit cents hommes. Cette garnison avoit à sa tête un vieil officier qui avoit appris son métier sous le roi Charles Emmanuel III; il résolut ou de sauver la place ou de la faire sauter, et de s'ensevelir sous ses ruines. La citadelle tint, et ne fut remise aux Français qu'en vertu de l'armistice qui eut lieu bientôt après.

L'armée sarde, rejetée du poste de Céva, en avoit pris un autre au confluent du Tanaro et de la petite rivière de Cursaglia; il étoit

---

au général Cervoni, etc., et l'on croit même aussi au tambour major. On trouve dans la lettre au commissaire Salicetti cette phrase remarquable pour sa construction :
« *Des ennemis à* vaincre, et *à* forcer *à* consentir *à* une
» paix désirable qui leur est offerte, *sont des motifs*
» *assez puissans pour guider un vrai républicain* ».

difficile de l'y forcer. Les deux rivières étoient rapides et profondes ; l'ennemi avoit coupé les ponts, et avoit garni tous les points vulnérables de fortes batteries. Mais l'armée française ne s'effrayoit d'aucun obstacle ; elle passa un jour entier à faire ses dispositions. A deux heures du matin, le général Masséna passe le Tanaro; les généraux Guieu et Fiorella s'emparent du pont de la Torra, et se disposent à marcher sur Mondovi. Le général piémontais, effrayé de ce mouvement, et voulant prévenir les Français, se met lui-même en marche pour la même ville. A peine le jour commençoit-il à paroître que les deux armées s'aperçoivent. Le combat s'engage; le général Fiorella, et le général d'artillerie Dommartin (celui auquel Buonaparte avoit succédé à Toulon), enlèvent la redoute qui couvre le centre de l'armée piémontaise et la mettent en déroute. Le soir même les Français entrèrent à Mondovi.

Il étoit difficile aux soldats sardes de résister ; ils n'avoient ni l'expérience des Français, ni leur activité, ni leur audace. Buonaparte déconcertoit tous les projets de son ennemi par des mouvemens imprévus, par des marches rapides et hasardées ; il savoit mieux que personne estimer la valeur des jambes, et les employoit dans ses campagnes avec autant de succès que les baïonnettes. Le général Colli n'avoit avec lui qu'une partie de l'armée; le reste étoit sous les ordres du duc d'Aost (aujourd'hui le roi de Sardaigne). Il se vit contraint de céder à la nécessité, et se retira entre Coni et Cherasco. Cette dernière place étoit entourée de fortifications, et protégée par des travaux importans et bien entendus. Masséna s'y présente, et l'ennemi se retire précipitamment. Le général Serrurier obtint le même succès à Fossano, où se trouvoit le quartier général de Colli.

Tant de disgrâces portèrent l'épouvante à Turin. Buonaparte, par la rapidité de ses mouvemens, avoit irrévocablement séparé l'armée autrichienne de l'armée piémontaise : celle-ci se trouvoit sans ressources, hors d'état de soutenir seule une lutte aussi redoutable. Le roi de Sardaigne, menacé jusque dans sa capitale, se vit réduit à humilier son sceptre devant les faisceaux de la république, et fit demander un armistice.

La réponse du général français fut hautaine et sévère; il consentit à l'armistice, pourvu qu'on remît entre ses mains trois forteresses : Céva, Coni et Tortone, ou Alexandrie à la place de Tortone. Il fallut obéir; les forteresses furent livrées, et le roi de Sardaigne se trouva à la merci du directoire. Le général Beaulieu étoit dans une position périlleuse ; il résolut de s'en tirer par un coup de parti, et donna des ordres secrets à quelques officiers de son armée de s'emparer sur-le-champ d'Alexandrie, de Tortone et de Valenza avant que ces places ne tombassent entre les mains de l'ennemi. C'étoit une opération décisive qui pouvoit sauver l'Italie et le roi de Sardaigne lui-même ; mais elle échoua complètement. Les commandans piémontais, instruits des desseins du général autrichien, refusèrent de lui livrer les places, et il se vit obligé de se retirer au-delà du Pô avec toute son armée.

On avoit commencé les hostilités le 10 avril, on signoit l'armistice le 28 ; ainsi, en dix-huit jours, six combats avoient été livrés, le Piémont conquis, l'alliance de deux armées dissoute, et l'un des plus habiles généraux autrichiens, un vieux capitaine d'une haute réputation, forcé d'abandonner la victoire à un jeune soldat de vingt-six ans.

Mais tous ces événemens ne s'étoient point passés sans de grands désastres. L'armée française, en entrant dans le Piémont, étoit sans pain, sans habits, sans souliers, presque sans armes. Elle recéloit dans son sein une foule d'aventuriers obscurs, restes des comités révolutionnaires, qui étoient venus chercher à l'armée un asile contre la haine et les vengeances publiques. Familiarisés avec tous les genres de désordres, ils ne marchoient au combat que pour marcher au pillage; ils versoient le sang avec un plaisir féroce; le viol, l'incendie et le meurtre, étoient leurs jeux ordinaires. Buonaparte sentit le besoin de réprimer ces excès, et, avant d'entrer en Italie, il leur adressa une proclamation :

« Soldats, leur disoit-il, vous avez, en
» quinze jours, remporté six victoires, pris
» vingt et un drapeaux, cinquante-cinq pièces
» de canon, plusieurs places fortes, conquis la
» partie la plus riche du Piémont; vous avez
» fait quinze cents prisonniers, tué ou blessé
» plus de dix mille hommes (1).
» Vous vous étiez jusqu'ici battus pour des
» rochers stériles; dénués de tout, vous avez
» suppléé à tout. Vous avez gagné des batailles
» sans canons, passé des rivières sans ponts,

---

(1) Ce calcul est un peu différent de ceux qu'il avoit donnés dans les bulletins. Il annonçoit après la bataille de Montenotte quinze cents hommes tués, deux mille prisonniers; après celle de Mondovi, deux mille cinq cents tués, sept à neuf mille prisonniers, quarante pièces de canon, quinze drapeaux; à Dego, six cents tués, qua-

» fait des marches forcées sans souliers, bi-
» vouaqué sans eau-de-vie et souvent sans pain.
» Les phalanges républicaines, les soldats de
» la liberté, étoient seuls capables de souffrir
» ce que vous avez souffert. Grâces vous soient
» rendues, soldats; la patrie reconnoissante
» vous devra en partie sa prospérité, et si,
» vainqueurs de Toulon, vous présageâtes l'im-
» mortelle campagne de 1793 (1), vos victoires

---

torze cents prisonniers; à Mondovi, quatre cents tués, quinze cents prisonniers, dix drapeaux enlevés.

Récapitulation:

Tués.	Prisonniers.
1500	2000
2500	9000
600	1400
400	1500
5000	13,900

Total général. 18,900

Canons. . . . 40   Drapeaux. . . . 25

(1) La prise de Toulon eut lieu à la fin de décembre 1793, comment cette victoire pouvoit-elle présager l'immortelle campagne de 1793? elle pouvoit la couronner, mais non pas la présager. Nous aurons lieu de remarquer plus d'une fois que le général ne connoissoit pas toujours bien le sens des mots qu'il employoit.

» actuelles en présagent une plus belle en-
» core.

» Mais, soldats, il ne faut pas le dissimuler,
» vous n'avez rien fait, puisqu'il vous reste en-
» core à faire. Ni Turin, ni Milan ne sont à
» vous. Les cendres des vainqueurs des Tar-
» quins sont encore foulées par les assassins de
» Basseville (1).

» Vous étiez dénués de tout au commence-
» ment de la campagne ; vous êtes aujourd'hui
» abondamment pourvus. Soldats, la patrie a
» droit d'attendre de vous de grandes choses ;
» justifierez-vous son attente ? Les plus grands

---

(1) Basseville étoit un révolutionnaire très-fougueux, employé à Rome en 1793 comme secrétaire de légation. A la même époque, M. de Makau étoit ministre de la république à Naples. Instruit que les Romains s'opposoient à ce que l'écusson de la république fût substitué aux armes de France, il expédia à Rome M. Deflotte, major du vaisseau *le Languedoc*, avec deux lettres, l'une pour le cardinal Zélada, l'autre pour le consul de France. Cette dernière portoit l'ordre exprès d'arborer, dans les vingt-quatre heures, l'écusson de la république sur la porte de la maison consulaire. Le consul, homme sage et prévoyant, ne crut pas devoir y obéir ; il exposa à M. Deflotte le danger de braver les préjugés du peuple et d'exciter sa haine ; le major insista : c'étoit un homme fort dévoué à la république ; il fit plus, il se rendit chez

» obstacles sont franchis, sans doute ; mais
» vous avez encore des combats à livrer, des
» villes à prendre, des rivières à passer. En
» est-il d'entre vous dont le courage s'amol-
» lisse? en est-il qui préféreroient de retourner
» sur les sommets de l'Apennin et des Alpes?
» Non, il n'en est point parmi les vainqueurs
» de Montenotte, de Millesimo, de Dego et
» de Mondovi. Tous veulent humilier ces rois
» orgueilleux qui osoient méditer de nous
» donner des fers; tous veulent, en rentrant
» dans leurs villages, pouvoir dire avec fierté :
» J'étois de l'armée conquérante d'Italie !

---

le secrétaire de légation, prit la cocarde nationale, la fit prendre à Basseville, à sa femme, à son enfant, à ses gens, et, dans cet équipage, ils montèrent en voiture pour se promener dans les rues de Rome. C'étoit la première fois que les couleurs tricolores se déployoient en public. Le peuple cria : *A bas les cocardes!* assaillit la voiture à coups de pierres, et les républicains français n'eurent que le temps de fuir chez le banquier Moulte. On les y suivit ; le major Deflotte s'échappa par une fenêtre, et Basseville, en se défendant, eut les entrailles percées d'un coup de poignard ou de rasoir. Le gouvernement romain avoit fait tous ses efforts pour prévenir et arrêter ce tumulte ; ce qui n'empêcha pas la convention de l'accuser d'assassinat, afin d'opérer à Rome la révolution qu'elle avoit commencée.

» Amis, je vous la promets cette conquête;
» mais il est une condition qu'il faut que vous
» juriez de remplir; c'est de respecter les peu-
» ples que vous délivrez, c'est de réprimer les
» pillages horribles auxquels se portent des scé-
» lérats suscités par nos ennemis. Sans cela
» vous ne seriez point les libérateurs des peu-
» ples, vous en seriez les fléaux. Vous ne se-
» riez pas l'honneur du peuple français, il vous
» désavoueroit. Quant à moi et aux généraux
» qui ont votre confiance, nous rougirions de
» commander à une armée sans discipline, sans
» frein, qui ne connoîtroit que les lois de la
» force. Mais je saurai faire respecter à ce pe-
» tit nombre d'hommes les lois de l'humanité
» et de l'honneur qu'ils foulent aux pieds; je
» ne souffrirai point que des brigands souil-
» lent vos lauriers; les pillards seront impi-
» toyablement fusillés : déjà plusieurs l'ont
» été. J'ai eu lieu de remarquer avec plaisir
» l'empressement avec lequel les bons soldats
» de l'armée se sont portés pour faire exécuter
» les ordres ».

Telle fut la première harangue du général
en chef à son armée; on conviendra que celles
d'Alexandre et de César étoient plus éloquentes; mais on pouvoit y reconnoître d'avance

et le caractère du héros et la politique du directoire. Ses projets sur Turin annonçoient suffisamment au roi de Sardaigne que ce n'étoit ni par la soumission ni par des traités qu'on pouvoit désarmer les Français, et conjurer les orages de la révolution.

A cette époque, toute l'Italie étoit remplie de missionnaires républicains chargés de préparer les voies dans l'intérieur, et de seconder par leurs mouvemens les mouvemens de l'armée française. Asti, Acqui, Mondovi, Turin, Alexandrie, et les principales villes de l'Italie, avoient leurs jacobins. On avoit assassiné en chaire un prédicateur qui exhortoit les Piémontais à s'armer pour la défense de leur pays. Le roi de Sardaigne voyoit ses propres sujets combattre dans l'armée ennemie. Masséna, Cervoni et plusieurs autres officiers étoient nés dans ses états. L'esprit de révolte et d'insurrection se propageoit avec une rapidité effrayante; l'or du directoire corrompoit ses sujets les plus fidèles, et ses plans de défense étoient connus long-temps avant qu'il pût les mettre à exécution.

Au milieu de tant de périls, il ne restoit à l'Europe d'autres moyens de salut que des résolutions fortes, unanimes, généreuses. Mais la plupart des cabinets séparoient leur cause de la cause commune, s'occupoient uniquement de leur propre salut, et par une politique aveugle, timide et personnelle, ils hâtoient leur propre ruine en préparant l'asservissement général des nations.

Jamais la république française n'avoit eu à la tête de ses armées un général plus propre à servir ses desseins. Etranger à tout principe de justice, à tout sentiment de pitié, aucune considération ne l'arrêtoit. Le général Colli lui ayant envoyé, en parlementaire, un émigré français nommé Moulin, il le fit arrêter, traduire devant une commission militaire, et fusiller. « C'étoit, disoit-il, une violation du » droit des gens que de revêtir du titre d'am- » bassadeur un fugitif traître à sa patrie ».

Sa justice dans l'intérieur de son camp n'étoit ni moins expéditive ni moins cruelle. Une distribution de pain avoit manqué; il fit saisir un garde-magasin prévenu de quelques dilapidations, et l'envoya à la mort, en disant à ceux qui lui faisoient quelques observations sur cette injustice, *qu'il falloit bien persuader au soldat qu'on s'occupoit de lui*. Ce malheureux avoit été cependant acquitté par un conseil de guerre.

Ces actes d'autorité augmentoient la crainte que son nom commençoit à inspirer, et imposoient également aux ennemis et à ses propres troupes.

Depuis la défaite de Mondovi, le général Beaulieu avoit fait sa retraite par Valenza et Pavie ; les restes de son armée se montoient à peine à vingt-quatre mille hommes ; il ne pouvoit compter ni sur la Toscane, ni sur Parme, ni sur Rome, car les succès de l'armée républicaine avoient porté la terreur partout, et ces puissances, naturellement timides, étoient plus disposées à s'humilier devant Napoléon qu'à le combattre. Venise, par un incompréhensible aveuglement, avoit refusé d'entrer dans la ligue générale, et regardoit comme un acte d'une haute sagesse une neutralité qui devoit la perdre.

Dans cette périlleuse situation, le général autrichien, abandonné de tout le monde, se contenta de laisser un corps de six mille hommes pour défendre le passage du Pô, et arrêter quelque temps l'impétuosité française. Le reste de son armée se fortifia entre le Tesin et la Sesia, dans l'intention de couvrir le Milanais. Il s'étoit persuadé que les Français tenteroient le passage du fleuve près de Valenza qu'ils venoient d'occuper ; mais il avoit affaire à un général qui se plaisoit à déconcerter la tactique ancienne et à surprendre son ennemi par des combinaisons nouvelles et inattendues. Buonaparte feignit en effet de passer le fleuve à Valenza ; mais tandis qu'il occupoit les Autrichiens sur ce point, une partie de son armée s'avançoit à marches forcées vers Plaisance. La rive opposée n'étoit gardée que par deux bataillons de hussards.

Le général Lannes s'élance avec sa brigade sur des barques, des radeaux, des ponts volans ; arrive de l'autre côté, et dissipe en un instant la cavalerie ennemie. Le reste de l'armée française suit son exemple, et, avant la fin du jour, toutes les forces républicaines se trouvent au-delà du fleuve.

On a cherché à justifier, en cette occasion, la conduite du général Beaulieu ; mais tout annonce que son expérience et son habileté furent mises en défaut par l'adresse et l'activité de son jeune adversaire.

Dès qu'il fut instruit du mouvement des Français vers Plaisance, il s'avança à la hâte sur les rives du fleuve, dans l'intention d'en disputer le passage ; il étoit trop tard, et Buonaparte mieux servi étoit déjà en marche pour le combattre ; l'action s'engagea à Fombio ; les Autrichiens s'y étoient retranchés avec vingt pièces d'artillerie ; mais quel obstacle pouvoit arrêter l'impétuosité française ? ils furent débusqués de leur position, et forcés de se replier à la hâte, avec une perte considérable.

Un autre corps, venu à leur secours, ne fut pas plus heureux; le général La Harpe l'attaqua et le dispersa en un instant; mais, au milieu de la mêlée, ce général, frappé d'un coup de feu, resta mort sur le champ de bataille. C'étoit un des plus intrépides soldats de Buonaparte. Il n'étoit point né en France, mais il avoit toute la chaleur d'un Français. Son nom étoit *Yens des Uttins*; il avoit pris celui de La Harpe en entrant au service de France en 1792. Sa famille, noble, occupoit un rang honorable dans le pays de Vaud, et lui avoit donné une éducation solide et distinguée; il s'étoit de très-bonne heure attaché au service de Hollande, dans un régiment bernois, commandé par M. de Constant; étoit rentré quelque temps après dans sa patrie, et se livroit aux paisibles travaux de l'agriculture, lorsque la révolution française vint ranimer toutes ses idées guerrières et républicaines. Il voulut aussi faire à sa patrie présent de la liberté et de l'égalité. Dans une fête anniversaire du 14 juillet, il fit promener en triomphe le bonnet de la liberté, proclama l'affranchissement du pays de Vaud, et proposa la convocation des états, d'après la constitution du pays. La Suisse, alarmée de ces mouvemens séditieux, s'empressa d'en étouffer le germe. Cinq mille hommes, et une inquisition d'état, entrèrent dans le pays de Vaud; on instruisit le procès de La Harpe, et il fut condamné à perdre la tête.

Près d'être arrêté, il se sauva sur le territoire français, fut accueilli comme un martyr de la liberté, et obtint le commandement d'un bataillon de volontaires. Il fit avec succès plusieurs campagnes, se signalant également par son audace et son dévouement à la république. Sa mort ne fut point l'ouvrage de l'ennemi; en rentrant au camp, les Français, trompés par l'obscurité, et prenant pour des hulans les hussards qui l'accompagnoient, firent une décharge générale, qui l'étendit mort. C'étoit un républicain ardent et fanatique. Après le 9 thermidor, l'inexorable Aubry l'avoit destitué comme terroriste; mais il avoit trouvé bientôt un asile et du service dans l'armée d'Italie, refuge de tous les hommes que la fièvre politique avoit emportés au-delà des bornes de la raison et de l'humanité.

Le passage du Pô, et la victoire que l'armée française venoit de remporter, étoient des événemens d'une trop haute importance pour que Buonaparte ne s'empressât pas d'en faire part au directoire.

Son rapport est remarquable. Après s'être vanté d'avoir mis en défaut la science du maréchal de Beaulieu, par différentes marches et différens mouvemens *diplomatiques*, il se félicite de son heureux stratagème, et ajoute ensuite avec emphase : « Beaulieu s'aper- » çut bientôt que les républicains français » *n'étoient pas si ineptes que François Pre-* » *mier* ».

Ceux qui, en lisant, se permettent quelquefois de réfléchir, auront quelque peine à deviner ce que peuvent signifier les *mouvemens diplomatiques* dont parle le général; il leur semblera que la diplomatie ne doit être pour rien dans des opérations purement militaires. Mais alors Napoléon n'étoit pas versé dans la politique comme aujourd'hui, et nous avons fait observer qu'il se servoit quelquefois de mots qu'il n'entendoit pas bien, mais qu'il croyoit propres à produire de l'effet.

On voyoit encore avec quelque surprise François Ier. figurer dans le récit du général en chef. On se demandoit ce que pouvoit avoir de commun ce prince et Napoléon, la bataille de Pavie et le passage des républicains à Plaisance? Mais ces sortes d'outrages adressés aux rois avoient toujours un grand succès; ils entretenoient la faveur populaire, et flattoient l'orgueil des patriotes, fiers de se trouver supérieurs aux rois.

A mesure que l'armée française faisoit de nouveaux progrès, la terreur s'accroissoit dans toute l'Italie; les souverains, effrayés sur leur trône, couraient au-devant du joug qu'on venoit leur apporter. L'infant, duc de Parme, sollicita et obtint un armistice; les conditions en furent rigoureuses, il se soumit à payer, dans l'espace de dix jours, une contribution militaire de deux millions, à laisser choisir dans ses états vingt tableaux des plus grands maîtres, à fournir dix-sept cents chevaux de trait ou de main, deux mille bœufs, dix mille quintaux de blé, cinq mille d'avoine, etc. C'étoit de cette manière que Napoléon formoit ses magasins, entretenoit son armée, et commençoit sa propre fortune.

L'ardeur de ses soldats augmentoit de jour en jour; ils voyoient les remparts de Milan, ils n'en étoient plus séparés que par un fleuve, et brûloient de le franchir. Buonaparte satisfit bientôt leur impatience.

L'armée autrichienne avoit passé l'Adda, évacué Lodi, et occupoit au-delà du fleuve une position formidable que protégeoient trente pièces de canon. On ne pouvoit arriver à elle que par un pont étroit, dont le passage paroissoit impraticable. Buonaparte ne s'effraya point de cette difficulté. Il forme son armée en colonne serrée, place en avant toute son artillerie, et, affrontant celle des ennemis, il s'avance au pas de charge et au cri de *vive la république*. Le carnage fut d'abord horrible ; l'artillerie autrichienne renversoit des rangs entiers ; le soldat effrayé plioit de toutes parts, et la victoire sembloit perdue. Dans ce moment critique, les généraux Berthier, Masséna, Cervoni, Dallemagne, Lannes, se mettent à la tête de la colonne, franchissent le pont, enlèvent les batteries de l'ennemi, et portent la terreur dans ses rangs.

Les Autrichiens, frappés d'étonnement, voulurent répondre à tant d'audace par une audace égale, et firent des prodiges de valeur ; le combat devint terrible ; les deux armées se battoient avec acharnement, et la victoire flottoit encore incertaine, lorsque le général Augereau, à la tête de sa division, vint fixer le destin et achever la déroute de l'ennemi. Les Autrichiens, forcés dans toutes leurs positions, abandonnèrent une partie de leur artillerie, et perdirent près de trois mille hommes tués, blessés ou prisonniers ; des deux côtés la perte fut considérable; mais le maréchal de Beaulieu sauva l'honneur de ses armes par une retraite effectuée avec un ordre, un sang-froid, une prévoyance dignes des plus grands éloges.

Le général Berthier s'étoit montré dans cette journée soldat aussi intrépide qu'habile capitaine. Nombre d'officiers se signalèrent par des traits d'héroïsme. Le rapport du général en chef fit une mention particulière des aides-de-camp Marmont et Le Marrois. Le commissaire Salicetti partagea tous les dangers de l'armée. Cependant cette action, si mémorable par ses circonstances, si importante par ses résultats, n'eut point le suffrage des hommes de l'art. On reprochoit à Napoléon d'avoir inutilement sacrifié un grand nombre de braves, pour enlever de vive force une position dont il pouvoit se rendre maître par des moyens moins brillans, mais plus sages et plus sûrs. On porte à douze mille hommes la perte de l'armée française; ce qui n'empêcha pas Napoléon d'écrire au directoire : *Nous n'avons perdu que peu de monde.* Un retard de vingt-quatre heures eût conservé peut-être plus des deux tiers de ces victimes ; mais Napoléon ne comptoit pas.

C'étoit sur cette même rivière de l'Adda que le duc de Vendôme avoit su, en 1705, arrêter le prince Eugène. Comme Beaulieu, il occupoit une position en face de l'ennemi ; comme lui il avoit disposé ses batteries en feux croisés ; mais Eugène ne fit point comme Napoléon ; il eût pu, en sacrifiant les braves de son armée, s'acquérir une gloire égale à celle du passage du pont de Lodi ; mais il aima mieux sauver des hommes que de gagner une position.

De son côté, le maréchal de Beaulieu ne paroissoit pas à l'abri de tout reproche. On s'étonnoit qu'il eût évacué Lodi avec tant de précipitation, en ne laissant dans cette place que deux escadrons et un bataillon. On se disoit que, si cette ville eût été mieux défendue, il auroit eu le temps de couper le pont, et d'arrêter la marche de l'armée française ; mais une terreur panique avoit entraîné toutes ses troupes, et cet habile général n'avoit plus été le maître de ses opérations. Les plus habiles officiers convenoient qu'il avoit fait avec sa petite armée tout ce qu'on pouvoit attendre de son expérience et de son courage. Après le passage du Pô, il avoit défendu le terrain pied à pied, sans que les Français, quoique trois fois plus nombreux, eussent pu l'entamer ; il avoit, de position en position, effectué sa retraite en bon ordre, après leur avoir fait essuyer une perte considérable.

On citoit à cette époque une lettre de lui à l'empereur d'Allemagne :

« Sire,

» Je vous avois demandé un général, et vous
» m'avez envoyé le comte d'Argenteau. Je sais
» que c'est un grand seigneur, et qu'en récom-
» pense des arrêts auxquels je l'ai condamné,
» il obtiendra le grade de feld-maréchal de
» l'empire. Je n'ai plus que vingt mille hom-
» mes; les Français en ont soixante mille. Je
» fuirai demain, après demain, tous les jours,
» et jusqu'en Sibérie, s'ils m'y poursuivent.
» Mon âge me donne droit de tout dire; que
» V. M. se hâte de faire la paix à quelque prix
» que ce soit : c'est le seul parti qui nous reste
» dans l'état où nous sommes ».

L'empereur étoit bien loin de s'attendre à de si tristes confidences. Ses courtisans le trompoient tous les jours sur la véritable situation des affaires, et tandis que ses troupes abandonnoient toutes leurs positions en Italie, on ne parloit à Vienne que de victoires; on chantoit partout des *Te Deum;* mais lorsqu'enfin la vérité fut parvenue à la cour, on passa tout à coup de la plus profonde sécurité aux plus vives inquiétudes. On donna ordre à un corps de trente mille hommes de marcher au secours de Beaulieu, et à l'armée de Condé d'entrer dans le Tyrol.

Mais ces mesures ne pouvoient plus sauver l'Italie ; Buonaparte poursuivoit avec ardeur le cours de ses victoires. Crémone et Pizzighittone étoient tombés entre ses mains ; Pavie avoit fait sa soumission ; Milan ouvroit ses portes, et laissoit un libre champ aux conquêtes de son ennemi.

Milan est d'origine gauloise : sa fondation remonte jusqu'au règne de Tarquin l'Ancien. Ce n'étoit d'abord qu'un amas de chaumières isolées, telles que les construisoient les Gaulois ; mais ces chaumières formèrent bientôt une ville considérable, et, par une particularité singulière, la prospérité de cette ville s'accrut même au milieu des guerres qui désolèrent l'Italie. Sous l'empire de Valentinien, elle étoit remarquable par la magnificence de ses temples, de ses bains, de ses portiques, de ses amphithéâtres, et pouvoit, en quelque sorte, rivaliser avec Rome. Mais à ces temps brillans et prospères succéda bientôt une longue suite de désastres et de calamités. Sa situation au pied des Alpes et sa splendeur l'exposoient plus qu'une autre à l'avidité des barbares. Elle devint, au cinquième siècle, la proie du farouche Attila, qui la pilla et en égorgea tous les habitans; Vitigès, à la tête des Goths, la livra aux flammes et à la dévastation; elle fut prise et saccagée par les Lombards, sous Alboin. Charlemagne releva ses murailles, et lui rendit une partie de son premier éclat; mais un de ses successeurs, Frédéric Barberousse, irrité de l'insolence de ses habitans, la rasa de fond en comble, et fit passer la charrue sur ses ruines. Elle sortit de nouveau de ses cendres, et reprit quelque prospérité sous le même empereur, qui, après l'avoir détruite, crut devoir lui accorder sa protection.

Depuis ce temps la fortune sembla l'épargner; ses édifices se relevèrent, sa population s'accrut, et de nouveaux monumens rappelèrent les beaux jours de sa gloire. Ces heureux changemens furent l'ouvrage du zèle et de la puissance de ses évêques, qui, comme ceux de Rome, après avoir été les amis et les bienfaiteurs des peuples, en devinrent les maîtres. Un d'entre eux, du nom de Visconti, transmit l'autorité souveraine à son neveu, dont les descendans régnèrent avec honneur et distinction sur une longue suite de générations.

Le plus célèbre est Galeas Visconti, qui, par l'éclat de ses talens militaires et par ses utiles institutions, mérita peut-être la souveraineté que ses aïeux avoient usurpée. La cathédrale de Milan, les ponts, les aquéducs, les canaux qui coupent et fertilisent le territoire de Milan, sont des monumens de son patriotisme, et des présens de sa munificence. Malheureusement les alliances formées par la maison des Visconti avec la dynastie royale de France donnèrent naissance à des guerres longues et sanglantes, qui ne se terminèrent qu'à la bataille de Pavie. Alors Milan passa sous le joug de l'Espagne, et ensuite sous celui de l'Autriche.

Milan est une ville grande et considérable. Son enceinte est de neuf milles. Elle renferme à peu près cent cinquante mille habitans. Sa cathédrale est le plus magnifique de ses monumens; elle est d'architecture gothique, et ne le cède en étendue qu'à la basilique du Vatican; elle surpasse par la beauté de ses sculptures et de ses statues tout ce qui existe au monde. L'éclat de ses marbres, la multiplicité, l'élégance et la hardiesse de ses piliers, la richesse de ses ornemens, en font un spectacle au milieu même de l'Italie. Mais l'objet le plus digne d'attention parmi les chefs-d'œuvres qui décorent l'intérieur du temple, c'est le tombeau de saint Charles Borromée, dont les cendres reposent dans une chapelle souterraine. C'est à la bienfaisance de ce vénérable prélat que Milan doit ses colléges, ses hôpitaux, et tous ses établissemens de charité. Son corps repose dans une châsse de cristal de roche ; il est revêtu de ses habits pontificaux, avec la crosse et la mitre. Son visage est découvert, mais le temps en a altéré et déformé les traits.

On chercheroit en vain dans la cathédrale de Milan les cendres de saint Ambroise. Elles sont dans une ancienne église qu'on appelle la basilique ambrosienne.

La bibliothéque qui porte le même nom est due au cardinal Frédéric Borromée, neveu du saint et son successeur. Elle contenoit, à l'entrée des Français, plus de quarante mille volumes et près de dix-huit mille manuscrits. Le plus riche étoit le carton de Léonard de Vinci, rempli de dessins et d'esquisses d'un prix inestimable. C'étoit un présent de Galeas Arconati, qui en avoit refusé des sommes considérables, et l'avoit déposé à la bibliothéque pour la conserver à l'Italie (1). A la suite de ce monument littéraire étoit une vaste galerie enrichie de tableaux, de sculptures, d'antiques, de médailles, et d'autres objets d'une extrême ra-

---

(1) Le réfectoire du couvent des Dominicains possédoit un chef-d'œuvre du même peintre, connu sous le nom de *la dernière céne*. Ce monastère ayant été supprimé, et transformé en caserne d'artillerie, les soldats

reté. Ces admirables collections, fruit de plusieurs siècles de soins et de recherches, devoient être bientôt le fruit de la victoire, et décorer le Muséum français.

---

français employèrent ce tableau à leurs exercices, les têtes des apôtres leur servant de cercle pour tirer : ainsi ce magnifique ouvrage, qui étoit déjà dégradé, le fut bientôt entièrement.

CHAPITRE VII.

Entrée de Buonaparte à Milan; soumission de Rome, de Naples, de Venise; insurrections; victoires, conquêtes nouvelles.

LES premiers succès de l'armée française en Italie, avoient porté la consternation à Milan. Cette ville, comme toutes celles de l'Italie, renfermoit un petit nombre de démagogues ardens et fanatiques entretenus par l'or du directoire, et prêts à lever l'étendard de la révolte, dès qu'ils se croiroient soutenus par des forces suffisantes; mais le reste du peuple étoit attaché à son gouvernement, à ses lois, à sa religion, et ne voyoit qu'avec horreur une armée qui, semblable aux Titans, paroissoit menacer également le ciel et la terre. A son approche, les habitans des campagnes abandonnoient leurs maisons pour fuir dans les bois; ailleurs le tocsin sonnoit, et tous les hommes prenoient les armes pour repousser le funeste présent de la liberté et de l'égalité. Dans le Mantouan, les paysans, au nombre de dix-huit mille, quittèrent leurs femmes et leurs enfans pour aller se réunir à l'armée autrichienne.

Dans le Tyrol, toute la population se leva en masse; quatre-vingt mille hommes s'inscrivirent comme soldats, et jurèrent de périr ou d'ensevelir les Français sous les débris de leurs rochers.

Depuis près d'un mois on faisoit des prières publiques dans l'église métropolitaine de Milan, et dans toutes les paroisses de la ville et des campagnes. Les riches apportoient des aumônes pour les veuves et les enfans des soldats morts sur le champ de bataille. Les prédicateurs en chaire, les pasteurs dans les églises, exhortoient le peuple à défendre courageusement le trône et les autels. Dès qu'on apprit le passage du Pô, la consternation et le désordre se répandirent dans toute la ville. Les particuliers les plus riches s'empressèrent d'enlever leurs effets les plus précieux; les émigrations devinrent si nombreuses qu'il n'étoit plus possible de se procurer des chevaux.

Le 14 mai, le gouvernement autrichien quitta la capitale pour se rendre à Mantoue; les jeunes princes étoient sous la conduite du bailli Valente de Gonzague, leur gouverneur. L'archiduc et l'archiduchesse versèrent des larmes. La foule répandue dans les rues et sur les places publiques, gardoit un profond silence; mais la noblesse et le clergé étoient dans les plus vives alarmes. Alors les républicains commencèrent à se montrer ; ils parurent, la cocarde tricolore au chapeau, faisant retentir l'air des cris de *vivent les Français ! vive la liberté !* On arracha les armes impériales, on afficha sur les portes du palais ce placard insolent : *Maison à louer.* Les nobles effrayés firent enlever leurs armoiries et déposer la livrée à leurs valets. Cependant la garde civique parvint à maintenir la tranquillité et le bon ordre.

En ce moment les Français étoient en marche pour prendre possession de la ville. La veille trois d'entr'eux, suivis d'un détachement de hussards, s'étoient présentés aux portes de Pavie. Cette ville, sans garnison, n'avoit pour défense que la garde bourgeoise. La municipalité se hâta d'aller au-devant d'eux ; l'évêque et le marquis Bestiori les haranguèrent. Un des officiers assura le prélat que les Français étoient d'excellens catholiques, et qu'ils ne donneroient à l'église que des sujets d'édification. Après avoir pris les mesures nécessaires pour l'entrée des troupes, ils continuèrent leur marche.

Le général Masséna étoit attendu d'un moment à l'autre à Milan ; on avoit envoyé au-devant de lui une députation. Le 14, à onze heures du matin, il arriva par la porte Romaine, et se rendit à l'hôtel qu'on lui avoit préparé, au milieu des acclamations des patriotes. On planta l'arbre de la liberté, et l'on se disposa à recevoir le général en chef d'une manière digne de lui.

Il fit son entrée plutôt en roi qu'en républicain. Il étoit précédé d'un gros détachement d'infanterie, entouré d'une garde de hussards, et suivi d'un nombreux appareil de voitures et d'équipages militaires. La noblesse et la ville, dans leurs plus riches voitures, lui servoient de cortége; des musiciens français et italiens exécutoient des marches et des hymnes patriotiques. Il avança dans cet ordre jusqu'au palais de l'archiduc, où il trouva un magnifique banquet préparé pour deux cents convives.

Étrange vicissitude de la fortune ! Quelques mois auparavant elle lui avoit à peine accordé un humble réduit à Paris ! maintenant elle lui ouvroit le séjour des rois ! La journée finit par un bal brillant, où les dames milanaises affectèrent de paroître avec les couleurs de la révolution française.

Le jour suivant se passa encore en fêtes et en réjouissances. Le général en chef reçut la visite des principaux citoyens ; on donna au théâtre un concert de musique instrumental et vocal, et toute la ville fut illuminée.

Mais déjà Napoléon songeoit à user de la victoire. A peine les derniers sons des instrumens cessoient de se faire entendre, qu'il donnoit l'ordre d'apposer les scellés sur les caisses de l'archiduc et sur celles de la ville : on s'empara de cinq mille fusils; une partie de la garde nationale fut désarmée; la ville de Milan fut tenue de fournir à l'entretien de quinze mille Français, pour cerner la citadelle qui avoit refusé de se rendre. Cette forteresse étoit défendue par une garnison de quinze cents Autrichiens et de deux mille cinq cents Napolitains, et, par une des conditions de la capitulation, elle ne devoit point tirer sur la ville.

Toutes ces mesures étoient déguisées sous les apparences de la bienveillance et de l'amitié. Une proclamation de Napoléon annonçoit « que la nation française, regardant les peu- » ples de la Lombardie comme ses frères, elle » avoit droit d'attendre d'eux des témoignages » d'une amitié réciproque; et qu'en consé- » quence elle jugeoit à propos de leur imposer » une contribution de vingt millions, qui se- » roit également répartie entre les divers dis- » tricts de la contrée; que cette somme étoit » nécessaire pour les besoins de l'armée fran- » çaise, et que c'étoit bien peu pour un pays » aussi riche et aussi fertile ».

En même temps on organisa des sociétés populaires; on nomma des orateurs pour éclairer le peuple, et l'initier dans les voies de la liberté et de l'égalité ; on envoya dans les campagnes des missionnaires prêcher les mystères de la régénération politique, et annoncer partout l'évangile républicain. Les démagogues de Milan élurent entre eux des députés, et les chargèrent d'aller, au nom de toute la Lombardie, solliciter, auprès du directoire, la grâce de former une république, sous la protection de la France.

Buonaparte goûtoit avec ivresse les douceurs de tant de succès. La fortune sembloit le combler de toutes ses faveurs. Il avoit déjà envoyé au directoire vingt-un drapeaux pris sur l'armée austro-sarde ; ses deux aides-de-camp, Junot et Murat, avoient été chargés de les présenter, et le directoire les avoit reçus, dans une séance publique, au milieu des cris de *vive la république*. On apprit à Paris l'entrée de Buonaparte à Milan, le jour même où les plénipotentiaires du roi de Sardaigne signoient un traité de paix.

Les triomphes de l'armée d'Italie avoient un tel éclat qu'ils éblouissoient également les hommes de tous les partis ; les éloges de Buonaparte retentissoient partout.

En se créant un calendrier particulier, le gouvernement républicain avoit substitué aux fêtes de l'église des fêtes patriotiques ; c'étoit à la fin du mois de mai que devoit se célébrer celle de la Reconnoissance. Le directoire, apprenant les nouveaux triomphes de son général chéri, ordonna qu'on y joindroit la fête des Victoires.

Elle fut célébrée au champ de Mars avec un appareil extraordinaire. On avoit décoré cette vaste enceinte de statues et de trophées militaires ; les autorités constituées étoient placées sur un tertre élevé au milieu de la plaine, et entouré de corps nombreux de cavalerie et d'infanterie ; la foule des spectateurs étoit immense ; le directoire s'avança au son des instrumens et d'une musique guerrière. Après un profond silence, le président prononça l'éloge des armées françaises, auquel le peuple répondit par ses acclamations. Des décharges d'artillerie, le chant des hymnes, et des bals champêtres terminèrent la solennité.

Peu s'en étoit fallu que la présentation des drapeaux n'eût été troublée par une querelle particulière. Les deux aides-de-camp Murat et Junot assistoient au théâtre Feydeau à la représentation d'une pièce nouvelle. Soit que le spectacle leur offrît peu d'intérêt, soit qu'ils fussent ce jour-là plus disposés à parler qu'à écouter, des jeunes gens leur crièrent plusieurs fois de faire silence. Les deux officiers ayant continué, et les injonctions étant devenues plus impératives, il en résulta une altercation très-vive, à la suite de laquelle les parties belligérantes s'appelèrent au bois de Boulogne. Les journaux démagogiques se hâtèrent de rendre compte de ce fait et de le travestir; c'étoit, suivant eux, une insulte faite à dessein, un outrage prémédité contre la gloire des armées françaises (1). Mais ce bruit cessa bientôt par l'explication qu'en donnèrent eux-mêmes les envoyés de Buonaparte. Ils écrivirent que cette querelle leur étoit tout-à-fait personnelle, et qu'elle n'avoit rien qui dût occuper le public ou le gouvernement; qu'ils avoient eu affaire à des hommes d'honneur, dont ils ne pouvoient que louer la conduite.

---

(1) Ce fut le *Journal des Patriotes* de 1789 qui déploya le plus de zèle dans cette circonstance. Il étoit rédigé par M. R...l, et tout à fait dévoué à Napoléon, qui lui-même y inséroit quelquefois des articles. Lorsque le général partit pour l'armée d'Italie, en faisant ses adieux au rédacteur qu'il tutoyoit, suivant l'usage de ces temps glorieux, il lui dit : « *Songes-y bien ; moi, toujours moi, jamais que moi* ». Le rédacteur tint parole, et fut élevé, sous le gouvernement de Napoléon, au rang de conseiller d'état, avec le titre de comte.

Depuis l'établissement du directoire et le renouvellement d'une partie de la convention, les mœurs françaises commençoient à recouvrer quelque décence ; les solennités publiques avoient plus de dignité ; on promenoit encore dans les processions républicaines l'image de la liberté, mais on avoit proscrit les honteuses saturnales de 1793; on ne montroit plus en spectacles ces femmes effrontées, restes de la plus vile prostitution, qu'on avoit décorées du nom de déesses de la raison ; personne n'osoit plus s'honorer du nom de sans-culottes; on ne plantoit plus d'arbres de la liberté ; le théâtre n'étoit plus souillé de ces farces insultantes et grossières, où la religion, le trône et les mœurs étoient indignement outragés. On y chantoit encore des hymnes patriotiques ; mais le public les écoutoit avec si peu de respect qu'il étoit facile de pressentir qu'on seroit bientôt forcé d'y renoncer.

Il n'en étoit pas de même en Italie. Les Français y portoient la révolution avec tous ses désordres. Leurs décrets, leurs fêtes, leurs discours rappeloient les plus désastreuses époques de la terreur. On promenoit dans les villes, sur des chars de triomphe, les courtisanes les plus dissolues; on leur prodiguoit l'encens et les hommages, sous le titre de *déesses de la liberté , déesses de la nature*, et pour qu'elles représentassent la nature avec plus de vérité, elles étoient à peine couvertes de quelques voiles diaphanes, non moins indécens qu'une absolue nudité.

Le théâtre de Milan comptoit parmi ses artistes un maître de ballets nommé L. P.... C'étoit un homme habile dans son art, qui n'avoit jamais cherché à se distinguer que par le goût et l'élégance de ses compositions. Buonaparte, pour entretenir le feu du patriotisme et égayer ses républicains, lui donna ordre de composer un ballet dont il fournit lui-même le sujet et les détails. On y voyoit le pape, des cardinaux, des évêques, danser en habits pontificaux, et se livrer à des indécences, qu'on auroit à peine permises à la plus vile populace. Ces jeux grossiers étoient le prélude d'événemens plus sérieux.

Un décret du général en chef déclara les biens du clergé acquis à la nation. On enleva l'argenterie et les trésors des églises ; on ouvrit les couvens ; les moines devinrent partout l'objet de la dérision, et les religieuses, fugitives et tremblantes, furent réduites à chercher, loin de leurs monastères, un asile contre les bienfaits de leurs libérateurs. Les citoyens, frappés d'effroi, s'empressoient de désarmer le vainqueur par la soumission la plus prompte et les plus riches offrandes. Palais, voitures, ameublemens, vaisselle, diamans, bijoux, tout étoit à la disposition des Français. On n'attendoit point leurs demandes, on se hâtoit de les prévenir; les peintures les plus précieuses, ces objets si chers aux Italiens, passoient tous les jours entre les mains de ces redoutables conquérans. Ce qui restoit devenoit la proie des agens subalternes; plusieurs, avant de quitter leurs hôtes, furent accusés d'avoir coupé la toile des tableaux dans leurs cadres pour les emporter dans leurs malles.

On ne se borna point à enlever les dépouilles des temples et des maisons religieuses; on mit la main jusque sur les monts-de-piété et les caisses des hôpitaux. En Italie, ces établissemens sont en quelque sorte sacrés; on les regarde comme le patrimoine du pauvre, la ressource du malheur; un grand nombre de particuliers y placent leurs fonds, y déposent toute leur fortune. Dans tous les temps on les avoit respectés comme le dépôt le plus inviolable. Mais nulle considération n'arrêta le général : il falloit de l'or à ses soldats; les réclamations des villes, les plaintes des particuliers, les larmes du pauvre, rien ne put le détourner de son dessein. Les trésors des monts-de-piété passèrent dans ses caisses. Le butin fut immense ; on avoit porté à vingt millions les contributions qui devoient être levées sur toute la Lombardie. Le seul mont-de-piété de Milan en fournit dix-neuf ; la caisse des hôpitaux cinq ; on en tira trois du mobilier de l'archevêque Ferdinand, de la bibliothéque, et des effets précieux des conseillers de conférence, fugitifs. On vendit aux particuliers qui avoient ordre de rentrer à Milan, la permission de rester à la campagne, et l'on tira de cet objet deux millions deux cent mille francs ; les rançons des otages produisirent quinze cent mille livres ; de sorte que, dans le seul ressort de Milan, l'impôt de guerre excéda de dix millions sept cent mille livres la contribution générale.

Ce trésor devoit bientôt s'augmenter des sommes exigées du duc de Modène. A l'approche de l'armée française, ce prince avoit fui à Venise, emportant avec lui une partie de ses richesses. Mais la terreur l'avoit suivi jusque dans son asile ; résolu de fléchir le vainqueur, il envoya au général en chef son frère le commandeur d'Est, pour obtenir un armistice. Buonaparte consentit à l'accorder, et en signa les conditions le 20 mai. Le duc se soumettoit à payer à la république sept millions, dans l'intervalle d'un mois ; à fournir pour deux millions cinq cent mille livres de munitions de guerre, et à livrer vingt tableaux de ses galeries ou de ses états, au choix des commissaires français. Ces tableaux furent envoyés au directoire avec ceux qu'on avoit précédemment enlevés au duc de Parme : c'étoient des chefs-d'œuvres de Rubens, de Léonard de Vinci, du Titien, de Raphaël, de Paul Véronèse, du Corrège (1). On y joignit aussi un manuscrit sur papyrus d'Égypte, un Virgile avec des notes de Pétrarque, et plusieurs autres ouvrages non moins précieux. Mais ce qui dut rendre l'envoi plus agréable au directoire, ce fut une somme de deux millions que Buonaparte mettoit à sa disposition, en lui annonçant qu'il acquitteroit dorénavant les lettres de change qu'on tireroit sur lui.

Après ce traité, Buonaparte songea à de nouvelles victoires. Le général Beaulieu s'étoit retiré derrière Mantoue, attendant les secours que devoit lui envoyer l'Autriche. Le général

---

(1) Buonaparte, en envoyant un saint Jérôme du même peintre, avoit ajouté cette phrase, digne des gentillesses de 1793 : *Je suis fâché que ce saint prenne si mal son temps pour voyager ; mais j'espère que vous lui accorderez les honneurs du Muséum.*

français Cervoni étoit à Plaisance, Augereau occupoit Crémone, et déjà quinze mille hommes bloquoient la forteresse de Mantoue; celle de Milan n'avoit point encore capitulé, mais elle ne pouvoit tenir long-temps, et ne donnoit aucune inquiétude au général en chef.

Cependant les esprits fermentoient sourdement, et, sous l'apparence du calme, les vaincus méditoient un coup terrible, qui devoit au même jour, à la même heure, affranchir toute l'Italie : c'étoit la répétition des vêpres siciliennes. La conspiration n'étoit point renfermée dans Milan, elle s'étendoit à Pavie et dans tous les lieux occupés par l'armée française; c'étoit néanmoins de Milan que devoit partir le signal; on étoit convenu de sonner le tocsin à la tour de l'une des églises de cette ville. Par une circonstance imprévue qui devoit favoriser les conjurés, Buonaparte étoit parti pour Lodi, et n'avoit laissé à Milan que le corps d'armée occupé à bloquer la citadelle. Le jour étoit venu, l'heure approchoit; le secret avoit été gardé avec une rare fidélité, lorsqu'une seule indiscrétion sauva l'armée française.

Un prêtre corse étoit attaché comme chapelain à l'église d'où le signal devoit partir. Un des conjurés crut pouvoir sans danger le faire entrer dans sa confidence. Le prêtre, soit attachement pour son compatriote, soit dans l'espoir d'une haute récompense, se hâte de monter dans la tour, coupe les cordes et retire les échelles (1). A l'heure convenue, les conjurés arrivent pour sonner le tocsin : quelle est leur terreur, lorsqu'ils reconnoissent ce qui vient de se passer! ils ne doutent plus que leur projet ne soit découvert; il l'étoit en effet; déjà les troupes parcouroient la ville d'un air menaçant, et le général Despinoy, gouverneur de la ville, avoit envoyé un courrier à Lodi pour prévenir Napoléon de tout ce qui se passoit. Instruit de ce mouvement, le général en chef se hâta de revenir sur Milan avec trois cents chevaux et un bataillon de grenadiers.

La ville étoit dans le plus grand désordre. Le tocsin n'avoit point sonné à Milan, mais il avoit sonné à Pavie et dans toutes les campagnes voisines; le peuple armé se réunissoit de toutes parts, arrachoit les drapeaux tricolores, renversoit les arbres de la liberté, fouloit aux

---

(1) Quelques personnes ont cru que ce prêtre étoit l'oncle du premier consul; c'est une erreur : il étoit alors employé dans les vivres de l'armée, et avoit, lui cinquième ou sixième, une riche part dans l'entreprise Colaud; on estima cet intérêt à 600,000 francs.

pieds la cocarde française. Le général Despinoy, à la tête de quelques patrouilles, s'efforçoit en vain de dissiper la multitude; elle ne se montroit que plus audacieuse, et la porte de Pavie étoit occupée par les rebelles qui attendoient les conjurés de la campagne pour les y introduire.

On a écrit dans les rapports officiels, et quelques historiens français ont répété que les prêtres et les moines, le poignard et le crucifix à la main, excitoient le peuple à la révolte, et provoquoient à l'assassinat : c'est une calomnie. Jamais les prêtres et les religieux ne déployèrent un plus noble caractère que dans cette circonstance, et ce fut à leur ministère de paix autant qu'à la force des armes que les Français durent leur salut. Pendant trois jours on se livra des combats meurtriers. Les insurgés paroissoient décidés à vaincre ou à mourir; les partis se multiplioient sur tous les points; partout les Français trouvoient des ennemis furieux et désespérés. Buonaparte effrayé résolut d'employer des moyens plus puissans que le fer et la flamme; il vole chez l'archevêque de Milan, le supplie de monter dans sa voiture, et protégé de cette égide sacrée, il parcourt la route de Pavie. Partout où il rencontre des hommes armés, il fait arrêter le carrosse, et invite le vertueux prélat à parler au peuple ; la vue de ce vénérable vieillard, ses discours touchans font rentrer le calme dans tous les cœurs; il promet, au nom du général en chef, que les plaintes seront écoutées, les injustices réformées. Buonaparte en prend l'engagement solennel, et tout rentre dans le devoir.

Mais Pavie paroissoit moins disposée à écouter des propositions de paix. On avoit cerné la citadelle et forcé la garnison de capituler. Un officier parlementaire pénètre au milieu des bastions, annonce que l'archevêque et le géral en chef sont au pied des remparts, qu'ils viennent faire des propositions amicales. Vaines tentatives! les habitans de Pavie répondent que leur ville a des murailles, et que tant qu'elles ne seront pas en poudre ils ne se rendront point. Le général les menace de son courroux; ils refusent d'entendre ses proclamations. L'artillerie culbute les postes avancés ; ils se replient sous les remparts, et se défendent avec intrépidité. Deux pièces de huit, commandées par le général Dommartin, et suivies d'un bataillon de grenadiers, la hache à la main, brisent les portes de la ville ; mais on se bat dans les rues, sur les places publiques ; des grêles de pierres et de tuiles se précipitent du haut des maisons, et le massacre devient horrible; enfin le vénérable archevêque se montre de nouveau, les habitans consentent à une capitulation, et les Français entrent dans la ville.

Cette malheureuse cité fut livrée au pillage pendant vingt-quatre heures. Rien ne fut épargné ; palais des nobles, églises, monastères, magasins des marchands, boutiques des artisans, tout fut abandonné à la rapacité du soldat. C'étoit le général Rusca qui présidoit à cette déplorable et terrible exécution ; elle ne se borna pas à la ville de Pavie, elle s'étendit sur les bourgs et les villages voisins. Sept à huit cents paysans avoient paru vouloir se défendre à Binasco. Le général Lannes les chargea, en tua une centaine, et réduisit le village en cendre. Les hommes pris les armes à la main, les officiers municipaux de ces malheureuses communes, furent impitoyablement fusillés ; six cents victimes furent égorgées à Milan. Après cette sanglante expédition, la Lombardie ne présenta plus que des monceaux de ruines.

Le général en chef écrivit au directoire : « J'ai fait mettre le feu aux villages. Ce spec- » tacle, quoique nécessaire, n'en étoit pas » moins horrible. J'en ai été douloureusement » affecté ».

Mais tandis qu'il s'exprimoit ainsi, il publioit une proclamation, dont les termes peuvent donner une idée de ses heureuses dispositions à la sensibilité :

« Les nobles, les prêtres, les agens de l'auto-
» rité, égarent les peuples de cette belle con-
» trée. L'armée, généreuse, aussi généreuse
» que forte, traitera avec fraternité les habitans
» paisibles et tranquilles. Elle sera terrible
» comme le feu du ciel pour les rebelles et les
» villes qui les protégeroient ; les généraux fe-
» ront marcher contre les villages les forces
» nécessaires pour les réprimer, y mettre le feu,
» et faire fusiller tous ceux qu'ils trouveront
» les armes à la main. Tous les prêtres et les
» nobles qui seront arrêtés dans les communes
» rebelles, seront arrêtés comme otages et en-
» voyés en France.

» Tous les villages où l'on sonnera le tocsin
» seront sur-le-champ brûlés ; tout homme
» trouvé avec un fusil ou des munitions de
» guerre, sera fusillé de suite. Toute maison
» où l'on trouvera un fusil, sera brûlée, à
» moins que le propriétaire ne dise à qui il
» appartient. Les nobles, les riches, qui seront
» convaincus d'avoir excité le peuple à la révol-
» te, soit par des propos contre les Français, soit
» en congédiant leurs domestiques, seront
» transférés en France, comme otages, et la
» moitié de leurs revenus confisquée ».

La proclamation du général en chef fut suivie d'une adresse du général Despinoy aux habitans de Milan. Il leur reprochoit leur insensibilité pour les bienfaits dont les Français vouloient les combler, et pour les punir de leur aveuglement, il leur ordonnoit, sous peine de mort, de déposer, dans le délai de vingt-quatre heures, les armes et toutes les munitions de guerre qu'ils avoient à leur disposition. Il enjoignoit à tous les étrangers de sortir de Milan, dans le jour même, et défendoit à toute personne de l'arrondissement de leur donner asile. Il prescrivoit la clôture de tous les clubs, de toutes les réunions de quelque nature qu'elles fussent ; il rendoit responsables de l'exécution de ses ordres, les municipalités, les tribunaux, le clergé, la noblesse.

Le commissaire Salicetti voulut encore renchérir sur le général, et dans une affiche répandue avec profusion, il promit des vengeances terribles, le ravage et la mort. C'étoit la législation et le langage de 1793 ; c'étoit la répétition des désastres de Lyon, de Toulon, de la Vendée.

Les massacres et le pillage de Milan, de Pise, de Lodi, de Binasco et des villages insurgés, avoient duré cinq jours. Après ces terribles exemples, Buonaparte parut au spectacle, le front calme et serein. On donnoit l'opéra de *Caton*, de Métastase. Les spectateurs, encore glacés d'effroi, encore frissonnant d'horreur au souvenir du sang qu'on avoit répandu, cherchèrent à fléchir, par la soumission et la flatterie, le courroux d'un homme dont rien n'égaloit le pouvoir, que l'amour du sang et de la vengeance. On applaudit avec transport une foule de vers dont on luit fit l'application, et, à la fin du spectacle, on vint lui poser une couronne de laurier sur la tête. Le général reçut cet hommage froidement, et l'immobilité de sa figure ne laissa rien deviner de ce qui se passoit dans l'intérieur de son âme.

Cependant il étoit occupé de nouveaux desseins, et bientôt Rome et Naples apprirent que c'étoit sur elles que devoit tomber la foudre révolutionnaire. Mais la république de Venise devoit auparavant voir flotter l'étendard national sur les tours de ses villes.

CHAPITRE VIII.

*Passage du Mincio ; Entrée des Français à
Vérone ; Louis XVIII obligé de quitter cette
ville ; Détails sur ce Prince.*

LA république de Venise étoit loin de voir
une amie dans la république française ; car les
Français poursuivoient avec un égal fanatisme
l'aristocratie et la royauté, et Venise aristo-
crate n'avoit rien de fraternel à attendre de
sa sœur démocrate. Incertaine sur le parti
qu'elle devoit prendre, redoutant également et
les victoires et les défaites de notre armée,
elle avoit cru trouver son salut dans une prudente neutralité, et paroissoit disposée à tout
sacrifier pour conjurer l'orage qui grondoit sur
ses frontières.

Le roi de France habitoit alors Vérone, et
attendoit, dans le silence de la vie privée, l'heure
marquée pour remonter sur le trône de ses
aïeux. Rien n'étoit plus pacifique que la vie de
ce prince. Il se levoit tous les jours de bonne
heure, étoit habillé, et décoré de ses ordres à
huit heures du matin. Il passoit une partie de
la matinée à écrire, et n'étoit visible que pour

son chancelier. Sa table étoit modeste et frugale. Après le dîner, il donnoit quelques audiences, et s'enfermoit ensuite dans son appartement ; le soir, il recevoit quelques-uns de ses courtisans, causoit ou lisoit avec eux. Il sortoit rarement de son palais, et ne rendoit de visite à personne, ni à Vérone, ni aux environs. Il lisoit assidûment le Moniteur et les autres papiers français qui arrivoient par Milan. Sa cour étoit peu nombreuse ; la plupart des seigneurs qui s'étoient attachés à lui, voyageoient pour ses intérêts : MM. de Damas, d'Hautefort, de Montagnac étoient dans la Vendée; M. d'Avaray était partout, veilloit à tout. Il ne restoit guère auprès de la personne du roi, que MM. de Jaucourt, de Précy et son chancelier M. de Flachslanden.

Le roi ne portoit que le titre de comte de Lille. C'étoit celui sous lequel il étoit parti de France. Ses revenus étoient fort modiques. L'Espagne lui faisoit une pension de 120,000 l. La reine en recevoit autant. La cour de Sardaigne n'avoit plus rien à offrir; celle de Vienne avoit ouvert un crédit de 200,000 fr. C'étoit le seul acte de libéralité qu'elle eût fait.

Depuis son départ de Paris, la vie de Louis XVIII avoit été extrêmement agitée, et son cœur déchiré par les plus violens chagrins.

Ce prince aimoit tendrement Louis XVI, et n'avoit jamais voulu s'en séparer. Au mois de février 1791, le bruit s'étant répandu qu'il devoit quitter la France, une foule immense se rassembla et se porta au Luxembourg; c'étoient particulièrement des femmes et quelques-uns de ces hommes qui, dans les temps de trouble, se trouvent dans tous les rassemblemens pour exciter et diriger la multitude. La garde voulut d'abord opposer quelque résistance, mais le prince, ayant donné des ordres à M. le comte Charles de Damas, en l'absence de son capitaine des gardes, la foule fut introduite. La grâce avec laquelle Monsieur parla, le calme qui régnoit dans toute sa personne, apaisa bientôt le tumulte. S. A. R. promit de ne jamais quitter le roi (1), et se rendit ensuite aux Tuileries, au milieu d'un peuple immense et de nombreux détachemens de la garde natio-

―――――――――――――――――――――

(1). Une de ces femmes lui dit : « Mais si le roi nous
» quittoit, vous nous resteriez, n'est-ce pas ? » La question étoit embarrassante; le prince s'en tira très-habilement : « Pour une femme d'esprit, lui dit-il, en
» la regardant fixement et en souriant, vous me faites une
» question bien bête ». Les éclats de rire partirent aussitôt de toutes parts; les autres femmes demandèrent à Monsieur la permission de l'embrasser, et se retirèrent.

nale qui s'étoient ralliés autour de lui pour contenir les séditieux et veiller à la sûreté du prince.

A cette époque, une partie des puissances de l'Europe paroissoit disposée à s'occuper sérieusement des affaires de la France. Le jeune empereur Léopold venoit de recueillir la succession de son frère. M. le comte d'Artois et les émigrés français le sollicitoient vivement en faveur de Louis xvi, et le pressoient de conjurer l'orage qui menaçoit tous les trônes. Léopold étoit frère de la reine de France; quand la voix du sang n'auroit pas parlé, son intérêt seul suffisoit pour l'éclairer sur les dangers de sa position. M. le comte d'Artois venoit de quitter Turin, et de fixer son séjour à Coblentz, auprès de l'électeur de Trèves, son oncle; car l'archevêque de Trèves étoit frère de la dauphine, mère de Louis xvi. Un nombre considérable de gentilshommes émigrés s'étoit réuni autour de lui. On y comptoit presque tous les officiers de l'armée, que des soldats séditieux avoient chassés de leurs rangs. Le prince de Condé, le maréchal de Broglie étoient à Worms, mais ils n'avoient pas encore d'armée. Chaque jour les nouvelles de Paris devenoient plus inquiétantes. Les usurpations de l'assemblée n'avoient plus de mesures, ni de bornes.

Le roi étoit prisonnier aux Tuileries ; la constitution qu'on se hâtoit d'achever, sembloit plutôt destinée pour une république démocratique, que pour une monarchie. Les esprits sages présageoient la chute prochaine du trône. Il étoit urgent de le soutenir. Mais la cour de Coblentz ne comptoit qu'un petit nombre d'hommes capables de conduire une pareille entreprise. M. de Calonne, par son esprit, et la rare facilité avec laquelle il traitoit les affaires, parut seul en état de sauver la monarchie. On l'appela à Coblentz, et il devint bientôt l'âme de tous les conseils.

Coblentz étoit la résidence habituelle de l'électeur de Trèves son souverain. C'est une ville peu considérable, mais située avantageusement au confluent du Rhin et de la Meuse ; ses rues sont belles, ses places vastes, sa citadelle est susceptible de défense. L'électeur y avoit sa cour, sa chancellerie, ses ministres, sa police, sa garde et une partie de ses troupes. M. de Calonne conçut qu'une armée française, qui se rassembleroit à Coblentz, seroit essentiellement gênée dans ses opérations, si le prince, qui devoit la commander, étoit obligé lui-même d'obéir à une autorité étrangère. Il eut l'adresse d'obtenir de l'électeur une portion de pouvoir dans l'électorat de Trèves. On accorda la haute police de Coblentz au comte d'Artois. M. de

Calonne en prit la direction, et confia une partie de sa puissance à deux hommes d'un talent et d'une profession différente. L'un, appelé *Prioran*, avoit été prévôt de maréchaussée des chasses du roi; il fut chargé de la partie militaire. L'autre, nommé *Rey*, étoit un ancien lieutenant de police de Lyon; la partie civile lui fut déférée.

M. de Calonne n'étoit pas homme à s'oublier. Il se fit donner la promesse d'être élevé au rang de Pair de France, quand la contre-révolution seroit opérée. M. le comte d'Artois le choisit pour son premier ministre, et lui remit le soin de ses finances. M. le maréchal de Broglie eut le ministère de la guerre. On institua une espèce de sénat souverain sous le nom de conseil du prince.

Il ne restoit plus que l'armée à créer, et c'étoit le point le plus difficile. Le nombre des émigrés étoit considérable, mais leurs prétentions presque impossibles à concilier. Quelques-uns, fidèles au principes de la monarchie, craignoient de s'engager dans des résolutions qui n'avoient point l'assentiment du roi. Ils voyoient le trône près de tomber, mais ils craignoient d'en accélérer la chûte. Le prince étoit sous le poignard de ses ennemis; s'armer en son nom, c'étoit en quelque sorte le rendre complice de cette mesure ; c'étoit le mettre en guerre ouverte avec le parti populaire, et l'exposer à toutes les fureurs d'une multitude égarée et fanatique ; s'armer contre ses intentions et sa volonté, c'étoit méconnoître son autorité, et le déclarer en quelque sorte déchu du trône. Jamais souverain ne s'étoit trouvé dans une situation plus difficile. Ses amis et ses ennemis le mettoient dans un égal danger.

Cet excellent monarque étoit prêt à tout sacrifier pour le bonheur de ses sujets. Leur ingratitude n'avoit pu altérer ses sentimens d'amour, ses pensées de bienfaisance. Il avoit employé tout ce que la vertu peut inspirer de plus noble, de plus désintéressé pour conjurer les maux qui désoloient son empire, pour arrêter le torrent de calamités qui se répandoit sur la France. Inutiles efforts ! La fatalité, qui pesoit sur sa tête, l'entraînoit malgré lui, et sembloit lui faire un crime de ses vertus.

Dans cette déplorable situation, Louis XVI, pour éviter de plus grands malheurs, prit le parti d'émigrer, et quitta le château des Tuileries le 21 juin 1791, à deux heures du matin. C'étoit la nuit la plus courte de l'année, et, par conséquent, le temps le moins propre à un voyage secret. Mais le danger étoit pressant, et le roi n'avoit pas le choix. La famille royale sortit à deux heures du matin, sans que personne s'en aperçût, et prit la route de Châlons-sur-Marne. Mais la fortune qui n'avoit cessé jusqu'alors de trahir le roi, le trahit encore, et l'on sait comment ce vertueux et infortuné monarque fut arrêté à Varennes.

Monsieur, qui avoit promis de ne jamais se séparer du roi, avoit été plus heureux. Soit que ses équipages fussent moins nombreux, soit que ses traits fussent moins connus, il arriva heureusement à Bruxelles par la route de Maubeuge. Il avoit avec lui M. le comte d'Avaray, dont l'intelligence, le dévoûment et le sang-froid lui furent d'une grande utilité. Comme ce seigneur parloit avec une extrême facilité la langue anglaise, il se fit passer pour un voyageur anglais. Madame, qui étoit partie en même temps que Monsieur, mais par une route différente, eut également le bonheur de gagner les frontières sans accident. Monsieur devoit rejoindre le roi à Longwi. Quelle fut sa douleur, lorsqu'il apprit la funeste issue de cette malheureuse tentative ! Il se hâta de se rendre à Coblentz auprès de M. le comte d'Artois, et ils occupèrent l'un et l'autre le château de Schœnburnsht.

Les affaires étoient encore loin de se présenter sous un jour favorable. Le régiment de Berwick venoit d'émigrer. Monsieur essaya vainement de le faire entrer au service du prince de Newied ; il ne put obtenir cette faveur. La Prusse et l'Autriche n'avoient encore rien fait de décisif ; mais on attendoit la réunion des deux souverains de ces états, à Pilnitz. Elle eut lieu au mois d'août suivant ; M. le comte d'Artois et M. de Calonne s'y rendirent, et obtinrent enfin une déclaration solennelle. L'empereur et le roi de Prusse reconnoissoient :

« Que la situation du roi de France étoit
» d'un intérêt commun à tous les souverains
» de l'Europe ; ils promettoient d'employer
» les moyens les plus efficaces pour mettre
» Sa Majesté en état d'affermir, dans la plus par-
» faite liberté, les bases d'un gouvernement mo-
» narchique également convenables aux droits
» des souverains et au bien-être de la nation
» française ; alors, et dans ce cas, leursdites
» Majestés, l'empereur et le roi de Prusse,
» étoient résolues d'agir promptement, d'un
» mutuel accord, avec des forces suffisantes pour
» obtenir le but proposé et commun ; en at-
» tendant, elles donneroient à leurs troupes
» les ordres nécessaires pour accélérer l'exécu-
» tion de leurs desseins ».

Cette déclaration releva toutes les espérances du parti royaliste, les émigrés eurent peine à connir leur joie. On se figuroit la contre-révolution opérée dans quelques mois ; on voyoit les fers du roi brisés, le trône rendu à sa première splendeur. Mais déjà la situation de Louis XVI n'étoit plus la même ; l'extrême bonté de ce prince avoit désarmé ses ennemis les plus opiniâtres. On avoit apporté quelques modifications à l'acte constitutionnel ; on paroissoit même disposé à faire de nouveaux sacrifices à la prérogative royale. Le monarque, toujours animé de la pensée du bien public, se disposoit à accepter la constitution ; la nation sembloit réconciliée avec son souverain. Les cris de *vive le Roi!* commençoient à se faire entendre ; on ne parloit plus que de concorde et de paix ; les cœurs s'ouvroient à l'espoir d'un heureux avenir.

Les circonstances paroissoient donc peu propres à former une ligue. Mais les princes ne se faisoient point illusion sur cette fugitive espérance de réconciliation et de repos. Ils lisoient plus avant que le roi dans la disposition des esprits, et y découvroient les présages de nouveaux troubles. Le trône n'avoit plus de défenseurs, et se trouvoit isolé au milieu de tous les élémens des tempêtes. Ils résolurent de profiter du secours de deux grands monarques pour le raffermir.

Monsieur adressa au roi un manifeste, dans lequel il lui rendoit compte de ses desseins : cette pièce est d'une grande importance; elle prouve, comme nous l'avons déjà dit, que ce vertueux monarque ne portoit dans son cœur que des sentimens d'amour, de justice et de bienveillance.

« Sire,

» Lorsque l'assemblée, qui vous doit l'exis-
» tence et qui ne l'a fait servir qu'à la destruc-
» tion de votre pouvoir, se croit au moment
» de consommer sa coupable entreprise; lors-
» qu'elle ose vous présenter l'option, ou de
» souscrire à des décrets qui feroient le malheur
» de vos peuples, ou de cesser d'être roi, nous
» nous empressons d'apprendre à votre Majesté
» que les puissances, dont nous avons réclamé
» pour elle le secours, sont déterminées à y
» employer leurs forces, et que l'empereur et
» le roi de Prusse viennent d'en contracter l'en-
» gagement mutuel. Le sage Léopold a signé
» cet engagement à Pilnitz, le 27 du mois der-
» nier, conjointement avec le digne successeur
» du grand Frédéric.

» Les autres cours sont dans les mêmes dis-
» positions. Les princes et les états de l'em-
» pire ont déjà protesté dans des actes authen-
» tiques. Vous ne sauriez douter, Sire, de

» l'intérêt des rois de la maison de Bourbon.
» Les généreux sentimens du roi de Sardaigne,
» notre beau-père, ne peuvent pas être incer-
» tains. Vous avez droit de compter sur ceux
» des Suisses, les bons et anciens amis de la
» France. Jusque dans le fond du Nord, un roi
» magnanime veut aussi contribuer à rétablir
» votre autorité, et l'immortelle Catherine, à
» qui aucun genre de gloire n'est étranger, ne
» laissera pas échapper celle de défendre la
» cause de tous les souverains. Ainsi, dans vos
» malheurs, Sire, vous avez la consolation de
» voir toutes les puissances conspirer à les faire
» cesser; et votre famille, dans le moment cri-
» tique où vous êtes, aura, pour appui, l'Eu-
» rope toute entière.

» Ceux qui savent qu'on n'ébranle vos réso-
» lutions qu'en attaquant votre sensibilité, vou-
» dront sans doute vous faire envisager l'aide
» des puissances étrangères, comme pouvant
» devenir funeste à vos sujets; mais, Sire, les
» intentions des souverains qui vous donneront
» des secours, sont aussi droites, aussi pures que
» le zèle qui nous les a fait solliciter. Elles n'ont
» rien d'effrayant, ni pour l'état, ni pour vos
» peuples. Ce n'est point les attaquer, c'est leur
» rendre le plus signalé des services, que de les
» arracher au despotisme des démagogues et aux

» calamités de l'anarchie ; c'est venger la liberté,
» que de réprimer la licence ; c'est affranchir la
» nation, que de rétablir la force publique.

» Le but des puissances confédérées n'est que
» de soutenir la partie saine de la nation, contre
» la partie délirante, et d'éteindre, au sein du
» royaume, le volcan de fanatisme, dont les
» éruptions propagées menacent tous les em-
» pires.

» L'ivresse, Sire, n'a qu'un temps ; les succès
» du crime ont des bornes ; on se lasse bientôt
» des succès, quand on en devient soi-même
» victime. Bientôt l'on se demandera pourquoi
» l'on se bat ? et l'on verra que c'est pour servir
» l'ambition d'une troupe de factieux qu'on mé-
» prise, contre un roi qui s'est toujours montré
» juste et humain : pourquoi l'on se ruine ? et
» l'on verra que c'est pour assouvir la cupidité
» de ceux qui se sont emparés de toutes les ri-
» chesses de l'état, qui en font le plus détestable
» usage, et qui, chargés de restaurer les finances
» publiques, les ont précipitées dans un abîme
» épouvantable : pourquoi l'on viole les devoirs
» les plus sacrés ? et l'on verra que c'est pour de-
» venir plus pauvres, plus souffrans, plus vexés,
» plus imposés qu'on ne l'avoit jamais été : pour-
» quoi on bouleverse l'ancien gouvernement ?
» et l'on verra que c'est dans le vain espoir d'en

» introduire un, qui, s'il étoit praticable, se-
» roit mille fois plus abusif; mais dont l'exécu-
» tion est absolument impossible.

» Ne jugez pas, Sire, de la disposition du
» plus grand nombre par les mouvemens des plus
» turbulens. Ce qu'on vous cache, et ce qui dé-
» note bien mieux le changement qui se fait
» de jour en jour dans l'opinion publique, ce
» sont les marques de mécontentement qui per-
» cent dans toutes les provinces, et qui n'atten-
» dent qu'un appui pour éclater.

» Ne croyez pas, Sire, aux exagérations des
» dangers par lesquels on s'efforce de vous ef-
» frayer. Depuis trop long-temps on abuse de cet
» artifice, et le moment est venu de rejeter sur les
» factieux, l'arme de la terreur, qui, jusqu'ici,
» a fait toute leur force. Les grands forfaits ne
» sont point à craindre, lorsqu'il n'y a aucun
» intérêt à les commettre, ni aucun moyen d'é-
» viter, en les commettant, une punition ter-
» rible. Tout Paris sait, tout Paris doit savoir
» que si une scélératesse fanatique ou soudoyée
» osoit attenter à vos jours, ou à ceux de la
» reine, des armées nombreuses chassant de-
» vant-elle une milice foible par indiscipline, et
» découragée par le remords, viendroit aussitôt
» fondre sur la ville impie qui auroit attiré sur

» elle la vengeance du ciel et l'indignation de
» l'univers.

» Mais si la plus aveugle fureur armoit un
» bras parricide, vous verriez, Sire, des mil-
» liers de citoyens fidèles se précipiter au-
» tour de la famille royale ; vous couvrir, s'il le
» falloit, de leurs corps, et verser tout leur sang
» pour défendre le vôtre (1)..... Eh! pourquoi
» cesseriez-vous de compter sur l'affection d'un
» peuple dont vous n'avez pas cessé de vouloir
» un seul instant le bonheur? Si le Français se
» laisse facilement égarer, il rentre aussi faci-
» lement dans la route du devoir. Ses mœurs
» sont trop douces, pour qu'il soit long-temps
» féroce ; son amour pour ses rois trop enra-
» ciné dans son cœur, pour qu'une illusion fu-
» neste ait pu l'en arracher entièrement.

---

(1) L'événement a démenti ces promesses. Un crime plus grand que l'assassinat a été commis envers Louis XVI, et pas un bras ne s'est armé pour renverser l'échafaud sur ceux qui l'avaient élevé. C'est que dans tous les temps, et surtout dans les temps de troubles, la destinée des hommes est que le plus grand nombre soit subjugué par le plus petit, c'est que, quelle que soit la puissance qui commande, ses ordres sont toujours exécutés quand elle peut disposer des baïonnettes et des écus.

Note de l'auteur.

» L'assemblée vous a présenté, le 3 de ce
» mois, le résumé de son acte constitutionnel.
» Quel seroit donc le danger auquel votre Ma-
» jesté s'exposeroit, si elle refusoit de l'accep-
» ter? Au dire même de vos plus cruels op-
» presseurs, vous n'en auriez d'autre à crain-
» dre que d'être destitué de la royauté.

» Mais qu'importe, Sire, que vous cessiez
» d'être roi aux yeux des factieux, lorsque vous
» le seriez plus solidement, plus glorieusement
» aux yeux de toute l'Europe et dans le cœur de
» tous vos sujets fidèles? Qu'importe que, par
» une entreprise insensée, on osât vous décla-
» rer déchu du trône de vos ancêtres, lorsque
» les forces combinées de toutes les puissances,
» sont préparées pour vous y maintenir et pu-
» nir les vils usurpateurs qui en auroient souillé
» l'éclat? Le danger seroit bien plus grand, si,
» vous résignant à n'avoir plus que le vain titre
» d'un roi sans pouvoir, vous paroissiez, au ju-
» gement de l'univers, abdiquer la couronne
» dont chacun sait que la conservation exige
» celle des droits inaliénables qui y sont essen-
» tiellement inhérens.

» Le plus sacré des devoirs, Sire, ainsi que
» le plus vif attachement, nous portent à mettre
» sous vos yeux toutes ces conséquences dan-
» gereuses, en même temps que nous vous pré-

» sentons la masse des forces imposantes qui
» doit être la sauvegarde de votre fermeté.
» Mais si des motifs que nous ne pouvons aper-
» cevoir, et qui ne pourroient avoir pour prin-
» cipe que l'excès de la violence, forçoient votre
» main de souscrire une acceptation que votre
» cœur rejette, que l'intérêt de vos peuples re-
» pousse et que votre devoir de roi vous inter-
» dit expressément, nous devons vous annon-
» cer, et même nous jurons à vos pieds que
» nous protesterions à la face de toute la terre,
» et de la manière la plus solennelle, contre cet
» acte illusoire, et tout ce qui pourroit en dé-
» pendre.

» Nous protesterions pour vous et en votre
» nom, et nous exprimerions vos vrais senti-
» mens, tels qu'ils sont consignés au serment
» de votre avènement au trône, tels qu'ils sont
» constatés dans les actions de votre vie entière.
» Car votre volonté n'existe que dans les actes
» où elle respire librement.

» Nous protesterions pour vos peuples, qui
» ne peuvent, en ce moment, apercevoir com-
» bien ce fantôme de constitution nouvelle leur
» deviendroit funeste.

» Nous protesterions pour la religion de nos
» pères, qui est attaquée dans ses dogmes, dans
» son culte et dans ses ministres.

» Nous protesterions pour les maximes fon-
» damentales de la monarchie, dont il ne vous
» est pas permis, Sire, de vous départir. Et
» comment pourriez-vous donner une appro-
» bation sincère et valide à la prétendue consti-
» tution qui a produit tant de maux ?

» Dépositaire usufruitier du trône que vous
» avez hérité de vos aïeux, vous ne pouvez ni
» en aliéner les droits primordiaux, ni détruire
» la base constitutive sur lequel il est assis.

» Défenseur né de la religion de vos états,
» vous ne pouvez pas consentir à ce qui tend à
» sa ruine, ni abandonner ses ministres à l'op-
» probre.

» Débiteur de la justice à vos sujets, vous ne
» pouvez pas renoncer à la fonction essentiel-
» lement royale, de la leur faire rendre par des
» tribunaux légalement constitués, et d'en sur-
» veiller vous-même l'administration.

» Protecteur des droits de tous les ordres et
» des possessions de tous les particuliers, vous
» ne pouvez pas les laisser violer et anéantir par
» la plus arbitraire des oppressions.

» Enfin, père de vos peuples, vous ne pou-
» vez pas les livrer au désordre et à l'anarchie.
» Si le crime qui vous obsède, et la violence
» qui vous lie les mains, ne vous permettent
» pas de remplir ces devoirs sacrés, ils n'en sont

» pas moins gravés dans votre cœur en traits
» ineffaçables, et nous accomplirions votre vo-
» lonté réelle, en suppléant, autant qu'il est
» en nous, à l'impossibilité où vous seriez de
» l'exercer.

» Dussiez-vous même nous le défendre, et
» fussiez-vous forcé de vous dire libre en nous
» le défendant; ces défenses, évidemment con-
» traires à vos sentimens, ne pourroient cer-
» tainement pas nous faire trahir notre devoir,
» sacrifier vos intérêts, et manquer à ce que la
» France auroit droit d'exiger de nous en pa-
» reille circonstance. Nous obéirions, Sire, à
» vos véritables commandemens, en résistant à
» des défenses extorquées, et nous serions sûrs
» de votre approbation, en suivant les lois de
» l'honneur. »

Ce manifeste étoit daté du château de Schœn-
burnst, le 10 septembre. Le prince de Condé,
le duc de Bourbon et le duc d'Enghien exprimèrent le lendemain les mêmes sentimens dans
une lettre qu'ils adressèrent au roi. Et trois jours
après, Louis XVI accepta la constitution.

Il y a des temps où tous les calculs de la sagesse sont en défaut, où l'on diroit qu'il est impossible de prendre une bonne résolution.

On pouvoit regarder comme une extraordinaire imprudence, de rassembler une armée

sur les frontières de la France, au moment même où la révolution sembloit être finie ; de menacer d'un châtiment terrible, une nation fière, tourmentée d'une fièvre ardente, et prête à se porter à tous les excès pour sauver ce qu'elle appeloit sa liberté. C'étoit allumer, sans espoir de succès, tous les feux d'une guerre civile, et pour prévenir la chute du monarque et du trône, les exposer aux derniers dangers.

Mais l'assemblée avoit la première provoqué l'incendie en abolissant la noblesse; en la dépouillant de ses titres, elle l'avoit attaquée dans ce qu'elle avoit de plus cher. On peut supporter la perte de tous les biens, mais on ne supporte pas le mépris. La noblesse se croyoit avilie, et se glorifioit de combattre pour l'honneur. D'antiques et respectables préjugés lui représentoient, la Majesté Royale, comme un dépôt sacré confié à sa loyauté et à sa bravoure. Elle se demandoit si elle devoit laisser périr tranquillement la monarchie, rester spectatrice d'une aussi grande catastrophe, et voir tomber le roi sans essayer de lui prêter une main secourable ? Elle ne voyoit dans l'agitation des esprits, que l'action de quelques factieux qui vouloient tout renverser pour s'emparer de tout, et créer de nouvelles institutions pour s'en approprier tous les bienfaits.

Mais elle s'aveugloit sur les véritables dispositions du peuple ; elle ne voyoit pas que les factieux n'ont de puissance, que parce qu'ils caressent l'opinion publique. Les nobles ne parloient que de pouvoir absolu, dans un temps où toutes les volontés étoient liguées contre le pouvoir absolu ; ils ne s'occupoient que de la conservation de leurs priviléges à une époque où les priviléges étoient devenus l'objet d'une jalousie, d'une haine irréconciliable.

Il est presque impossible que la vérité parvienne aux rois et aux grands ; ils sont placés trop haut pour bien discerner les objets ; ils sont séparés par trop d'obstacles pour bien juger le peuple. On ne dit point la vérité aux rois, parce qu'on met son intérêt avant celui du prince, et qu'il est plus facile d'avancer par la flatterie, que par la franchise. On ne dit point la vérité aux rois, parce qu'on est souvent soi-même hors d'état de la connoître ; parce qu'on se fait un système de vision conforme à ses intérêts, à ses préjugés ; parce qu'on aime mieux se peindre les objets d'après son imagination, que d'après la vérité ; parce qu'on aime mieux voir les choses comme on désire qu'elles soient, que comme elles sont réellement. Il est, dans toute nation, deux sortes d'aveugles ou de vues foibles, les grands et les petits. Les grands qui ne voient pas au-dessous de la sphère où ils sont élevés; les petits qui ne voient pas au-dessus du cercle étroit où la nature les a enfermés. Les seuls juges, éclairés de l'opinion publique, se trouvent dans la classe moyenne de la société, qui, placée entre les grands et le peuple, également rapprochée de tous les ordres, atteint avec une égale facilité tous les objets. Elle occupe le centre; les autres n'occupent que les extrémités.

On peut donc croire que le conseil de Coblentz se trompa. Mais cette erreur avoit sa source dans des sentimens nobles et généreux. On s'occupa, dès ce moment, de former une armée intéressée elle-même dans la grande cause qu'il s'agissoit de défendre. On avoit précédemment adressé une lettre circulaire à tous les anciens gardes-du-corps, pour les engager à se réunir autour des princes. On décréta le rétablissement des mousquetaires, des chevau-légers, des gardes de la porte, des gendarmes de la garde qui avoient été supprimés ou réduits en 1775. On rappela la gendarmerie réformée en 1789; on recomposa les maisons militaires de Monsieur, et de M. le comte d'Artois; on créa de nouveaux corps de cavalerie, sous le nom de chevaliers de la couronne; on décréta la levée d'une foule d'autres corps de cavalerie et d'infanterie, sous la dénomination de compagnies des provinces. Chaque province eut les siennes. Et telle étoit l'émigration de la province du Poitou, qu'elle seule en eut sept.

On assigna quarante-cinq francs de solde par mois à chaque fantassin, soixante-quinze à chaque cavalier ; on porta à quatre-vingts francs celle des gardes du roi, des gardes de Monsieur et des gardes d'Artois. Tous devoient être habillés, équipés, montés, armés aux frais des princes. Ces brillans avantages attirèrent une foule considérable de guerriers de tout âge, de tout rang. Jamais l'esprit de chevalerie ne s'étoit montré avec plus d'éclat. La bourgeoisie elle-même voulut prendre part à cette ligue glorieuse ; une multitude de jeunes gens, sortis des gardes nationales, vinrent offrir de se former en milices royales. L'ambition, le besoin, la cupidité amenoient encore tous les jours de nouveaux défenseurs.

Rien n'étoit en apparence plus propre que cette armée à remplir les grands desseins que l'on se proposoit ; tous étoient animés des mêmes sentimens, des mêmes intérêts ; tous brûloient d'entrer en campagne et de venger la cause du trône et la leur propre ; on se promettoit les triomphes les plus éclatans et les plus rapides; on ne regardoit la campagne de Coblentz à Paris que comme une simple promenade. La jeune noblesse, surtout, manifestoit une confiance sans bornes; elle se figuroit ce titre de gentilhomme comme une espèce de talisman qui devoit frapper d'effroi ses ennemis, et dissiper leurs bataillons roturiers; elle ne voyoit dans l'armée des patriotes qu'une multitude révoltée, qui n'oseroit tenir devant leurs anciens chefs; elle auroit imité volontiers ce peuple célèbre, qui dans une guerre d'esclaves, ne voulut s'armer que de fouets.

Mais en examinant de sang-froid les élémens de cette illustre croisade, ses prétentions et ses espérances, on n'y voyoit que de brillantes illusions. Comment plier à la discipline et à l'obéissance des soldats qui se croyoient tous faits pour commander? pouvoit-on se flatter que des hommes accoutumés à toutes les délicatesses de la vie supporteroient les fatigues de la guerre, la faim, la soif, et toutes les rigueurs des saisons? Les jalousies, les rivalités, la brigue ne devoient elle pas s'introduire dans les rangs et y porter la mésintelligence?

Les germes de division se manifestoient dans l'armée; des hommes médiocres en talens, mais habiles en intrigue, étoient parvenus à usurper les emplois dus à la capacité et au mérite. On voyoit à la tête des nouveaux corps, des colonels, des lieutenans-colonels, des majors dont plusieurs n'avoient jamais servi, et qui étoient réduits à prendre en secret des leçons pour commander les plus simples manœuvres ; ces inconvéniens sont de tous les temps, de tous les états, de toutes les entreprises.

L'armée de la révolution étoit organisée sur un plan bien opposé. Le soldat, devenu libre de se choisir ses chefs, ne consultoit ni la naissance, ni la richesse, ni l'éducation ; il donnoit la préférence au plus brave, au plus audacieux, souvent au plus téméraire ; la mesure du patriotisme étoit la mesure de sa faveur ; tous étoient vêtus d'étoffes communes, tous s'accommodoient d'une nourriture simple et grossière ; tous également robustes savoient dormir sur la terre et braver l'inclémence des saisons. Le fanastime de la liberté remplaçoit, chez la plupart, l'instruction et la discipline.

Ces contrastes n'avoient point échappé à l'esprit sage et judicieux de Louis XVI ; ce n'étoit point par foiblesse, mais par prudence, que cet excellent prince avoit accepté la constitution. Après le fatal événement de Varennes, il ne voyoit plus de salut pour le trône que dans cette mesure, et quelques sacrifices qu'elle lui imposât, il étoit prêt à les subir tous pourvu qu'ils contribuassent au repos de la France et au bonheur de ses sujets ; il ne voyoit qu'avec la plus vive inquiétude les préparatifs de guerre qu'on faisoit au dehors ; son âme se remplissoit chaque jour de funestes présages. Effrayé de l'avenir, il conjura ses frères et tous les princes de sa maison de se réunir à lui. Il écrivit à Monsieur :

« Votre absence est un prétexte pour tous
» les malveillans, une sorte d'excuse pour tous
» les Français trompés, qui croyent me servir
» en tenant la France dans une agitation et une
» inquiétude qui fait le tourment de ma vie.
» Croyez moi, mon frère, repoussez les doutes
» qu'on voudroit vous donner sur ma liberté ;
» je vais prouver, par un acte bien solennel,
» et qui vous intéresse (1), que je puis agir li-
» brement. Prouvez-moi que vous êtes mon
» frère et Français, en cédant à mes instances :
» votre véritable place est auprès de moi ; votre
» intérêt, vos sentimens vous conseillent éga-
» lement de venir la reprendre ».

Ses autres lettres n'étoient ni moins tendres, ni moins pressantes ; mais alors les idées de

---

(1) Le roi vouloit parler du *véto* qu'il se disposoit à opposer au décret de l'assemblée contre les émigrés.

guerre exaltoient tous les esprits; on se flattoit d'une conquête si prochaine, le roi paroissoit si peu libre dans les actes qui émanoient de lui, et la nouvelle assemblée législative manifestoit des projets si audacieux et si coupables; que Monsieur et tous les princes crurent de leur devoir de poursuivre la noble entreprise dont ils s'occupoient. Qui de nous oseroit les blâmer? Monsieur répondit au roi :

Sire,

« Le comte de Vergennes m'a remis une
» lettre de votre Majesté, je l'ai lue avec res-
» pect; mais l'ordre qu'elle contient de me
» rendre auprès de votre Majesté n'est pas l'ex-
» pression libre de sa volonté; et mon hon-
» neur, mon devoir, ma tendresse même me
» défendent également d'y obéir ».

Dès ce moment, tout espoir de conciliation fut perdu; l'assemblée avoit rendu un décret par lequel elle requéroit les princes de rentrer en France; celui qui regardoit Monsieur étoit ainsi conçu :

« Louis-Joseph-Stanislas-Xavier, prince
» français, l'assemblée nationale vous requiert,
» en vertu de la constitution française, titre
» III, chapitre II, section III, article II, de

» rentrer dans le royaume dans le délai de
» deux mois, à compter de ce jour; faute de
» quoi, et après l'expiration dudit délai, vous
» perdrez votre droit éventuel à la régence ».

La hauteur et la rudesse de cette formule révoltèrent tout le monde.

La jeune noblesse de Coblentz s'amusa à la parodier de cette manière :

« Gens de l'assemblée française, se disant
» nationale, la raison vous requiert, en vertu
» du titre 1, chapitre 1, section 1, article 1, des
» lois imprescriptibles du sens commun, de
» rentrer en vous-mêmes, dans le délai de deux
» mois, à compter de ce jour; faute de quoi,
» et après l'expiration dudit délai, vous serez
» censés avoir abdiqué votre droit à la qualité
» d'êtres raisonnables, et ne serez plus consi-
» dérés que comme des fous enragés dignes
» des petites-maisons ».

De son côté, l'assemblée prenoit tous les jours une attitude plus menaçante et ne dissimuloit plus ses intentions; on s'étoit flatté de l'intimider par des préparatifs de guerre, on ne fit qu'accroître le fanatisme révolutionnaire; elle renfermoit dans son sein une foule d'hommes passionnés et violens, que le génie de la destruction sembloit avoir déchaînés pour le malheur de la France. Déjà l'on y remarquoit avec effroi les Couthon, les Bazire, les Albite, les Lequinio, les Lacroix, les Chabot, les Chondieu, les Cambon, et cette multitude de frénétiques qui acquirent depuis une si funeste renommée. La salle des jacobins retentissoit tous les jours de harangues incendiaires et séditieuses; les faubourgs soulevés par les factieux, inondoient l'assemblée de leurs députations, et par l'audace de leurs discours, frappoient de terreur les âmes timides, toujours les plus nombreuses dans les grandes réunions (1).

---

(1) Voici de quel manière s'exprimoient alors les Démosthènes du faubourg Saint-Antoine : il s'agissoit d'une pétition présentée à l'assemblée par les membres du directoire du département de Paris, pour être autorisés à payer la pension des ecclésiastiques, sans exiger d'eux une prestation de serment.

« Les membres du directoire du département de Paris
» ont appelé la guerre civile; mais le peuple tient prête
» la foudre qui doit les frapper. Des prêtres, jadis de
» toute couleur, abusoient de la crédulité publique pour
» exciter des troubles; on favorise ce reste impur de
» fanatisme dont la philosophie auroit dû depuis long-
» temps purger l'empire. Monstres (*on applaudit*), le
» dieu au nom duquel vous effrayez les âmes foibles et
» crédules est le dieu des passions; et le nôtre est celui
» de la clémence; et vous traîtres, que la constitution

On rendit des décrets d'accusation contre les princes français et les chefs de l'émigration, et l'on prononça la confiscation de leurs biens. Le roi, lui-même, s'empressa de désavouer les rassemblemens qui se faisoient en son nom, et ouvrit des négociations avec les souverains d'Allemagne pour les faire cesser; mais ni la pureté de ses sentimens, ni la loyauté de ses démarches ne pouvoient le préserver des attaques des factieux. Chaque jour voyoit naître

---

» a nommés princes français, qui préférez la qualité
» honteuse de chef de brigands, vous voulez apporter le
» fer et le feu dans votre patrie; nous brûlerons nos pro-
» priétés, nos femmes, nos enfans, notre dernier soupir
» sera pour la liberté, vous régnerez sur des monceaux
» de cadavres, et vous boirez sur les ruines de votre propre
» patrie, le sang des citoyens.

» Vous, législateurs, la nation vous reproche votre
» clémence : parlez et deux millions de bras se leveront
» pour exterminer les révoltés; les Catilina ne sont pas
» tous au bord du Rhin, ils sont dans la capitale, ils
» siégent dans l'administration; mais les citoyens des
» faubourgs ont encore les bras, les canons, les piques
» qui ont fait disparaître la bastille. Cette vérité nous a
» valu le nom honorable de séditieux; mais nous le ju-
» rons, sans l'assemblée nationale et la liberté, il n'y a
» plus de patrie pour nous, nous mourrons s'il le faut
» pour les défendre; tel est le dernier cri des citoyens
» du faubourg Saint-Antoine ».

de nouvelles calomnies contre lui, et de nouvelles entreprises contre son autorité; les députés de la Gironde exerçoient sur l'assemblée une autorité absolue, et régnoient encore plus par la terreur que par l'ascendant de l'esprit et du talent.

Les préparatifs des puissances alliées ne se faisoient qu'avec lenteur et timidité; l'armée des émigrés se consumoit insensiblement, la désunion régnoit parmi ses chefs; on y comptoit deux partis, celui de M. de Calonne, qui soutenoit l'autorité absolue, et celui de M. de Breteuil qui tenoit pour une constitution libre. Monsieur protégeoit ouvertement M. de Breteuil.

La pénurie des finances commençoit également à se faire sentir; la solde de l'armée étoit arriérée, ceux à qui il restoit encore quelques ressources personnelles consentirent facilement à en faire l'abandon; les autres se réduisirent héroïquement au laitage et aux pommes de terre pour toute nourriture; ce trait de sobriété, digne des Fabricius et des Cincinnatus, reçut de grands éloges. Mais le mal alloit toujours croissant; le soupçon et la défiance sont enfans du malheur. M. le prince de Condé avoit failli être assassiné à Worms, par le frère même d'un des gentilshommes de l'armée des princes; les inquiétudes produisoient les délations; la police de Coblentz devint ombrageuse, et souvent les plus légers motifs lui suffirent pour la porter à des mesures arbitraires. En peu de temps, la citadelle de Coblentz se trouva transformée en prison d'état; les esprits s'aigrissoient, d'anciennes haines se réveillèrent, il en naquit de nouvelles, et cet esprit d'amour et de concorde, si nécessaire pour le succès des entreprises, fut exilé de Coblentz.

M. de Calonne vouloit soutenir son opinion par l'opinion publique. Il fit venir à Coblentz le journaliste Sulleau, et le chargea de la rédaction d'une feuille périodique sous le nom *du Journal des Princes;* mais ce n'étoit, en effet, que le journal de M. de Calonne; le peu de mesure avec lequel il étoit écrit força bientôt le ministre à en changer le titre, puis à l'abandonner. Sulleau avoit été récompensé magnifiquement; il avoit reçu, le lendemain de son arrivée, un présent de deux mille écus; les divers corps de l'armée lui avoient fait des visites, et quoique né dans l'ordre des plébéiens, on l'avoit admis dans les chevau-légers, compagnie composée de gentilshommes.

Mais le journal avoit produit l'effet demandé; l'exaltation étoit à son comble, on ne parloit plus que de pouvoir absolu, de royauté absolue; il falloit renverser nos vieilles constitutions jusque dans leurs fondemens, anéantir les états généraux; jamais il n'en étoit sorti que des malheurs. Il falloit tirer une vengeance éclatante des insultes faites au trône et à la noblesse; détruire de fond en comble la coupable ville de Paris; il falloit, si l'armée républicaine présentoit aux émigrés leurs femmes et leurs enfans pour s'en faire un rempart, il falloit imiter le courage et l'héroïsme des anciens Celtes, et frapper sans regarder. C'étoit l'âme et l'esprit de Marat transportés dans le camp des royalistes.

On poussa la folie jusqu'à répandre en Allemagne les oracles d'une vieille sibylle de de Lausanne, qui, en mourant, avoit prédit que, vingt ans après la mort de Louis xv, le sceptre des Bourbons recouvreroit tout son éclat et toute sa puissance. Or, Louis xv étoit mort en 1774, on touchoit à l'année 1792, on n'avoit donc plus que deux ans à attendre.

En même temps, on écrivoit de tous les côtés aux gentilshommes restés en France, pour les inviter à seconder de tout leur pouvoir l'accomplissement de ces heureuses prophéties. D'une extrémité de la France à l'autre, les routes de Coblentz étoient couvertes de chevaliers errans, qui parcouroient tous les points du royaume pour remplir leur glorieuse mission; cette agitation puérile, ces mouvemens irréfléchis devinrent bientôt un sujet public de dérision (1).

Il falloit toute la frivolité de M. de Calonne, pour se flatter d'opérer une contre-révolution avec de semblables ressources; mais il ne désespéroit de rien. Au mois de janvier 1792, il annonça une conquête certaine ; c'étoient son adresse, son génie qui l'avoient préparée : Strasbourg étoit près d'ouvrir ses portes, il y avoit ménagé des intelligences, les magistrats et l'armée étoient gagnés, il ne s'agissoit que de se présenter. M. le prince de Condé avoit à Worms 1800 hommes, on les lui demanda pour entrer dans la place, et S. A. se mit en marche. On ne pouvoit à cette époque compter sur le secours d'aucune puissance étrangère; l'armée des frères du roi n'étoit point organisée; c'étoit donc avec 1800 hommes que l'on alloit essayer de s'emparer d'une des places les plus fortes du royaume.

―――――――――――――――――――

(1) Ce fut à cette époque qu'on inventa le jeu de *l'émigré*, espèce de petite roulette suspendue à un fil, laquelle monte et descend, va et revient suivant le mouvement qu'on lui imprime.

Monsieur, qui n'avoit pu arrêter ce mouvement, voulut au moins en prévenir les suites funestes. Il chargea M. de Jaucourt de s'informer des véritables dispositions de la ville et d'en instruire le prince de Condé. On s'assura bientôt que M. de Calonne s'était abandonné aux rêves brillans de son imagination (1); que ja-

---

(1) Toutes les espérances de M. de Calonne étoient fondées sur une rixe qui avoit eu lieu, plus de deux mois auparavant, au théâtre de Strasbourg. On y jouoit l'opéra de *Richard-Cœur-de-Lion*. Un grand nombre d'officiers et de sous-officiers assistoient au spectacle. Lorsque l'acteur commença l'air si connu : *O Richard, ô mon Roi*, la salle retentit d'applaudissemens; deux patriotes se fâchèrent, on les réduisit au silence par des moyens très-énergiques, et le spectacle continua au milieu des plus vives acclamations. Il paraissoit constant que beaucoup d'officiers de l'armée de l'intérieur entretenoient des correspondances avec les officiers émigrés; ils étoient, pour la plupart, parens, amis, et croyoient défendre la même cause. La forteresse de Bitche étoit à peu près sans défense, et n'auroit peut-être pas tenu contre un coup de main; mais la petite armée du prince de Condé étoit hors d'état de l'entreprendre, et quand même elle auroit réussi, elle se seroit trouvée dans l'impossibilité de garder sa conquête. La rixe élevée au théâtre de Strasbourg, loin de servir M. de Calonne, n'avoit fait, au contraire, qu'éveiller la surveillance de l'assemblée, qui avoit pris toutes les mesures nécessaires pour s'assurer des places fortes.

mais Strasbourg n'avoit rien offert ; que ni ses corps administratifs, ni sa garnison ne songeoient à se rendre; que tous tenoient plus que jamais à la nouvelle constitution, et que la place étoit dans le meilleur état de défense. L'armée française rétrograda et alla se cantonner à Bingen près de Mayence.

Après une aussi fausse démarche, tout autre que M. de Calonne auroit été déconcerté; il n'en devint que plus entreprenant ; toujours plein d'espérances, toujours riche en promesses, il s'occupa de recruter de nouvelles forces pour l'armée des princes. Le conseil décréta la levée ou l'augmentation d'une foule de corps militaires; on avoit besoin d'argent, on vendit les emplois. Les officiers des gardes françaises payèrent 600,000 francs le droit de se recréer sous le nom de gendarmerie à pied. On ordonna la formation de six régimens illyriens et d'un régiment impérial russe. Les compagnies furent déclarées héréditaires, et la concurrence devint telle qu'on les paya jusqu'à 30,000 francs. En même temps, le ministre convoqua la noblesse par provinces pour la faire délibérer sur un plan de finances. Il s'agissait de consentir à l'aliénation des revenus de l'état jusqu'à la concurrence de quarante millions, et de donner ses propres biens en garantie. La province de Normandie, qui délibéra la première, asquiesça sans difficulté à cette proposition. Celle de Poitou mit plus de lenteur et de réflexion dans ses délibérations, et, après un mûr examen, rejeta le projet; son exemple entraîna les autres provinces.

On devait peut-être s'étonner de voir ainsi un petit nombre d'hommes exilés de leur patrie, sans puissance et sans forces, disposer arbitrairement des ressources du royaume, et gouverner en souverains comme s'ils eussent été les maîtres au sein de la capitale; mais il y a des temps où il ne faut pas demander aux hommes raison de leur conduite.

Malgré la célèbre déclaration de Pilnitz, l'empereur Léopold n'avoit point encore songé à lever une armée (1). Ce prince, naturel-

---

(1) Quelques historiens d'une imagination un peu romanesque ont supposé que Léopold II avoit des intentions très-belliqueuses, et qu'il se disposoit à déployer des forces immenses pour seconder les émigrés et secourir Louis XVI. Dans un mémoire cité par M. Bertrand de Molleville, on lui fait dire qu'il est prêt à marcher sur Paris avec cent mille hommes; que l'Europe toute entière se réunit à lui, et qu'il compte déjà sous ses drapeaux vingt mille Espagnols, quinze mille Suisses, quinze mille Impériaux, quinze mille Piémontais, etc. Léopold étoit trop modeste

lement sage, humain, pacifique, craignoit d'allumer une guerre qu'on ne pourroit plus éteindre, et de perdre Louis XVI en voulant le sauver. Il avoit poussé la prudence jusqu'à refuser aux émigrés la permission de former des rassemblemens dans ses états. Son frère, l'électeur de Cologne, animé des mêmes sentimens, suivoit la même politique. Les émigrés se plaignoient avec hauteur de cette défection; ils accusoient publiquement le cabinet de Vienne d'indifférence et de timidité, lorsque la mort imprévue de l'empereur vint de nouveau changer la face des affaires.

François II, qui lui succédoit, étoit loin de pouvoir s'occuper des détails d'une coalition; trop d'embarras l'assiégeoient à son avénement au trône. Il vouloit avant tout assurer

---

pour se livrer à de pareilles forfanteries; et l'homme le plus ignorant en politique savoit alors que ni la Suisse, ni l'Espagne, ni le Piémont, ni l'Empire, n'avoient fait sortir un seul soldat de sa garnison. C'étoit à Coblentz qu'on fabriquoit ces sortes de manifestes. On prétendoit effrayer le parti populaire; on ne faisoit qu'exciter ses alarmes, éveiller sa sollicitude. Les chefs de ce parti profitoient de ces vaines menaces pour échauffer les esprits, exagérer les dangers de l'état, et porter le gouvernement à des mesures violentes. Ainsi l'on servoit la révolution en voulant la détruire.

sur son front la couronne impériale, et, pour y réussir, il avoit besoin de ménager le roi de Prusse. Ce fut donc à ce prince qu'il déféra l'honneur de conduire une entreprise qui devoit avoir pour l'Europe les plus hautes conséquences.

M. de Calonne profita de cette occasion pour répandre, sous le nom de M. de Courvoisier, un écrit où il démontroit avec raison la nécessité de remettre aux princes le commandement des armées de la confédération; en même temps il proposa de rassembler un petit nombre de pairs et de membres des parlemens, épars en Allemagne, pour délibérer sur la situation de la France, lui donner un gouvernement, et conférer la régence à Monsieur : c'étoit supposer que Louis XVI ne régnoit plus. Monsieur fut le premier à repousser ce projet, et l'on cessa de s'en occuper.

Cependant Louis XVI, seul au milieu de tous les orages, également alarmé et des préparatifs des émigrés et des fureurs des patriotes, prit un parti qui sembloit désespéré, mais le seul peut-être que la sagesse conseillât dans une circonstance aussi difficile : il déclara la guerre à son neveu le roi de Bohême et de Hongrie; il se flattoit, par cette démarche, de satisfaire la faction populaire, d'occuper les esprits, d'arrêter l'effervescence des émigrés, et de les séparer de l'Autriche ; car comment se persuader que des Français, attachés à leur roi, osassent joindre leurs armes à celles d'une puissance que le roi déclaroit son ennemie ?

Aucune de ces espérances ne se réalisa. Les patriotes ne virent dans cette déclaration que de nouveaux moyens d'accusation contre le prince; les émigrés, qu'une nouvelle preuve de sa foiblesse et de sa captivité; et des deux côtés on s'apprêta à une guerre terrible et sanglante.

Au mois de juin, le duc de Brunswick se rendit à Coblentz à la tête de l'armée prussienne, et avec le titre de généralissime de la confédération. Ce prince jouissoit d'une grande réputation militaire ; il se distinguoit par des mœurs simples et un extérieur très-modeste ; mais au fond courtisan habile et consommé, plus expert encore dans la science des cours que dans les ruses de la guerre, il devoit une partie de sa renommée autant à son adresse qu'à l'élévation et à l'étendue réelle de ses talens. Les émigrés eussent désiré le prince Henri; mais Frédéric-Guillaume craignoit d'être éclipsé.

Ce monarque arriva à Coblentz huit jours après le duc de Brunswick, et occupa le château de Schœnburnhst. Les princes étoient au milieu de l'armée française à Bingen. Les forces prussiennes étoient de trente mille hommes. M. de Calonne produisit ses plans de gouvernement et de campagne, et proposa le maréchal Broglie pour chef de l'armée émigrée.

C'étoit un officier recommandable par de grandes vertus ; régulier dans ses mœurs, attaché à la religion, et d'un caractère généreux et bienfaisant ; mais le temps lui avoit enlevé deux grandes ressources, la vigueur de l'âge et les conseils de son frère, mort quelques années auparavant ; réduit à ses propres moyens, il s'éclipsa tout à coup. Ses vues étoient courtes et son esprit peu étendu ; on disoit que toute sa politique se réduisoit à ces deux mots, *autorité absolue, obéissance passive*. Il voyoit le prince comme un général, et les sujets comme des soldats.

C'est à Coblentz que M. de Calonne rédigea, et que le roi de Prusse et le duc de Brunswick adoptèrent la fameuse déclaration adressée aux habitans de Paris ; on n'y parloit que de vengeance et de destruction.

« Les gardes nationales sont sommées de
» veiller provisoirement à la tranquillité des
» villes et des campagnes, à la sûreté des per-
» sonnes et des biens de tous les Français,
» jusqu'à ce qu'il en soit autrement ordonné,

» sous peine d'en être personnellement res-
» ponsables. Ceux des gardes nationales qui
» auront combattu contre les troupes des deux
» cours alliées, seront traités en ennemis et
» punis comme rebelles à leur roi, et comme
» perturbateurs du repos public.

» Les généraux, officiers, bas officiers et
» soldats des troupes de ligne, sont sommés
» de revenir à leur ancienne fidélité, et de se
» soumettre sur-le-champ au roi leur légitime
» souverain.

» Les habitans des villes, bourgs et villages,
» qui oseroient se défendre contre les troupes
» de LL. MM. II. et RR., seront punis sur-
» le-champ suivant la rigueur du droit de la
» guerre, et leurs maisons démolies ou brû-
» lées.

» LL. MM. II. et RR. rendent personnelle-
» ment responsables de tous les événemens,
» sur leurs têtes, pour être punis militaire-
» ment, sans espoir de pardon, tous les mem-
» bres de l'assemblée nationale, du départe-
» ment, de la municipalité, la garde natio-
» nale, les juges de paix ou tous autres qu'il
» appartiendra.

» Déclarent en outre leursdites majestés, sur
» leur foi et parole d'empereur et roi, que si
» le château des Tuileries est forcé et insulté,

» que s'il est fait la moindre violence, le
» moindre outrage au roi, à la reine ou à la
» famille royale, elles en tireront une ven-
» geance exemplaire et à jamais mémorable,
» en livrant la ville de Paris à une exécution
» militaire et à une subversion totale, et les
» révoltés, coupables d'attentats, aux supplices
» qu'ils auront mérités ».

Jamais on ne s'étoit exprimé avec tant de hauteur; il falloit se croire bien sûr du succès pour parler de cette manière à une nation de vingt-cinq millions d'hommes, armée presque toute entière et dont une partie étoit exaltée par le fanatisme le plus ardent.

Le manifeste du duc de Brunswick révolta tous les esprits, et acheva de porter le désordre et la confusion au sein de la capitale. On parloit au nom du roi, les factieux parlèrent au nom du peuple; on menaçoit l'assemblée, ils menacèrent le monarque; on faisoit cause commune avec lui, ils firent cause commune contre lui; et le roi, en devenant l'allié des ennemis, devint un ennemi lui-même (1). C'étoit ce que

---

(1) Le roi fit le dernier effort pour conjurer des maux désormais inévitables. Il dénonça le manifeste à l'assemblée nationale et le fit déclarer apocryphe. Mais les im-

demandoient les hommes les plus acharnés contre lui : sa perte étoit résolue; elle fut accélérée. Les brigands, échappés des bagnes de Marseille et de Brest, étoient prêts, les factieux de l'assemblée les déchaînèrent, et la monarchie fut détruite.

Ainsi fut consommée la ruine du meilleur des princes par les moyens même qu'on avoit employés pour le sauver. Le roi de Prusse, réduit à évacuer les plaines de Champagne, humilié de la nécessité où il s'étoit vu de négocier avec Dumouriez, pour obtenir la faculté de rentrer dans ses états, laissa tomber tout le poids de son dépit sur les émigrés (1).

A peine eut-il quitté le territoire français, qu'il devint pour eux le souverain le plus despote; il licencia impérativement toute leur armée, les poursuivit peut-être avec plus d'hu-

---

placables conspirateurs n'en poursuivirent pas moins leurs desseins criminels.

(1) Le roi de Prusse sentoit vivement l'embarras de sa situation. Il se trouvoit engagé dans des routes impraticables; l'armée des princes étoit sans argent et sans pain; il avoit derrière lui de nombreuses places fortes. Les bataillons innombrables accouroient de toutes parts pour l'envelopper : il vit la nécessité de capituler, et traita avec Dumouriez, et rejeta toute la faute sur les émigrés.

meur que de prudence ; et sous prétexte de se préserver du fléau des propagandes, il leur laissa peu de repos.

La petite armée de Condé échappa seule à cette disgrâce ; elle étoit restée dans le Brisgau, et comptoit dans ses rangs les hommes les plus braves et les plus dévoués. L'empereur consentit à la conserver, mais en lui imposant de pénibles sacrifices. On exigea que les gentilshommes qui la composoient se contentassent de la paie de simple soldat, et qu'ils en fissent les fonctions. On leur donna un officier Autrichien pour général en chef. Pendant toute la campagne de 1793, ils furent réduits à coucher presque tous les jours au bivouac ; on les plaçoit le plus souvent aux avant-postes ; ils faisoient journellement le coup de fusil. On donnoit aux soldats allemands des habits, des chemises, des souliers ; les malheureux émigrés ne recevoient rien, et leur armée ressembloit plutôt à des bataillons de sans-culottes que ceux qu'ils combattoient. Souvent leurs hôpitaux étoient mal fournis, leurs malades mal soignés. Pour comble de maux, les gentilshommes de l'armée licenciée trouvoient à peine un asile dans les états d'Allemagne ; ce qui les forçait à s'enrôler sous ces livrées de la misère. On eût dit qu'il existoit une ligue contre la noblesse française, et qu'un mauvais génie en avoit conspiré la dstruction.

La seule impératrice Catherine II déploya dans cette circonstance l'âme et les sentimens d'un grand souverain; elle prodigua les secours à ces restes infortunés et proscrits des premières maisons de France; elle leur offrit des terres et des établissemens dans ses états; elle mit à leur disposition des hommes, des instrumens, de l'argent, et ceux qui eurent le courage de se séparer de leur patrie, qui purent soutenir ce pénible déchirement, ne connurent plus ni la misère ni la persécution.

Déjà Louis XVI n'existoit plus. Que de larmes sa mort fit répandre à sa famille, à ses amis, à ses fidèles sujets! Le deuil des princes fut inexprimable. Monsieur étoit à Ham en Westphalie; il écrivit aux émigrés, pour leur apprendre cet affreux attentat, et leur annoncer son avénement:

« C'est avec les sentimens de la plus vive
» douleur que je vous fais part de la nouvelle
» perte que nous venons de faire du roi mon
» frère, que les tyrans, qui depuis long-temps
» désolent la France, viennent d'immoler à
» leur rage impie. Cet horrible événement
» m'impose de nouveaux devoirs, je vais les
» remplir. J'ai pris le titre de régent du royau-

» me, que le droit de ma naissance me donne
» pendant la minorité du roi Louis XVII mon
» neveu, et j'ai confié au comte d'Artois celui
» de lieutenant général du royaume. Votre
» attachement à la religion de nos pères et au
» souverain que nous pleurons aujourd'hui,
» me dispensent de vous exhorter à redoubler
» de zèle et de fidélité envers notre jeune et
» malheureux monarque, et d'ardeur pour
» venger le sang de son auguste père. Si dans
» un tel malheur, il nous est possible de rece-
» voir quelque consolation, elle nous est of-
» ferte pour venger notre roi, replacer son fils
» sur le trône, et rendre à notre patrie cette
» antique constitution qui seule peut faire son
» bonheur et sa gloire ».

Au moment où Monsieur écrivoit cette lettre, l'avenir se présentoit sous l'aspect le plus effrayant. La ville de Ham, où il avoit établi sa résidence, étoit pour lui plutôt un lieu d'exil qu'une retraite. Il avoit, à la vérité, une garde d'honneur; mais toutes ses démarches étoient l'objet d'une active surveillance. On prétend même que la police ombrageuse de Prusse portoit quelquefois l'oubli de tous les devoirs jusqu'à ouvrir les lettres du prince.

Frédéric, humilié de sa défaite en Champagne, reconnoissoit, mais trop tard, les vices du plan de campagne de M. de Calonne. Cependant ce ministre ne se décourageoit pas; il crut même voir dans la terrible catastrophe qui venoit de terminer les jours de Louis xvi, de nouvelles chances pour le rétablissement du trône (1). Il espéroit que ce meurtre abominable soulèveroit enfin toutes les puissances de l'Europe, et décideroit la majeure partie de la nation à s'armer contre ses tyrans.

L'impératrice de Russie s'empressa de reconnoître l'avénement de Louis xvii et la régence de Monsieur. On célébra à Saint-Pétersbourg, en présence de M. le comte d'Artois, un service funèbre en l'honneur de Louis xvi, avec une pompe et une solennité extraordinaires. Catherine ii paroissoit décidée

---

(1) L'auteur d'un écrit publié en 1795, sous le titre d'*Histoire secrète de Coblentz pendant la révolution française*, ose dire que les partisans de M. de Calonne se réjouissoient publiquement de la mort de Louis xvi, qu'ils couroient au bal et dansoient, prétendant que ce monarque s'étoit attiré son sort, et qu'il n'avoit eu que la récompense de sa foiblesse et de sa popularité; qu'il étoit temps d'avoir un roi qui sût mieux régner. Il est impossible d'attribuer de pareils sentimens à des chevaliers français, et ce n'est pas la seule calomnie que contienne cette brochure, qui, d'ailleurs, n'est pas sans intérêt, et qui n'a pas toujours été sans utilité pour nous.

à relever par la force le trône des Bourbons, et l'empereur d'Autriche à pousser la guerre avec vigueur.

Les princes ouvrirent alors des négociations avec tous les cabinets. M. de Calonne se rendit successivement en Espagne, en Italie, en Russie : rien n'égaloit son activité; la ligue fut promptement formée; l'Angleterre, l'Empire, la Hollande, y prirent part, et, dans l'espace de quelques mois, toute l'Europe se trouva en armes contre la révolution française. Cette résolution eût pu sauver la monarchie française en 1789; elle ne fit que consommer sa ruine en 1792.

Depuis trois ans, la France étoit couverte de bataillons armés. L'assemblée avoit fait passer dans le cœur des soldats le fanatisme dont elle étoit animée. D'innombrables armées sortoient à sa voix des villes et des campagnes, et l'inépuisable fabrique des assignats suffisoit pour les payer. Cette garde nationale, ces régimens de volontaires levés à la hâte et qu'on avoit méprisés (1), s'étoient aguerris dans la campagne dernière; ils avoient à leur tête des hommes nouveaux, sortis des rangs inférieurs, mais fiers de leur élévation, et pleins d'enthousiasme

---

(1) Les royalistes les désignoient sous le nom de *crapauds bleus*, *carmagnoles*, *pousse-cailloux*, etc.

pour une révolution qui leur ouvroit toutes les routes de la gloire et de la fortune.

Les dangers dont l'assemblée se vit menacée ne firent qu'accroître son audace ; l'appareil du supplice que les puissances coalisées affectoient de lui présenter, redoubla ses fureurs, et la porta à des résolutions désespérées (1). En vain les royalistes de l'Ouest, du Nord et du Midi de la France essayèrent-ils de seconder de leurs efforts les efforts des alliés, le sang coula par torrens ; les villes, les bourgs, les châteaux, les chaumières, furent réduits en cendres, mais la république triompha. Les années de 1793 et 1794 furent des années de désastres et de crimes (2); le fer des furieux ne respecta plus rien, et, dans ce massacre général, il ne

---

(1) Ce fut la crainte de l'échafaud qui fit concevoir aux fanatiques de la convention ce système de terreur qui, pendant dix-huit mois, a ensanglanté la France. En votant la mort du roi, disoient ceux qui l'avoient condamné, nous avons prononcé notre propre arrêt ; nous *avons la corde au cou;* il faut que toute la France l'ait comme nous ; qui ne sera pas pour nous sera contre nous ; et, d'après cette belle maxime, on mit la terreur à l'ordre du jour.

(2) Le roi de Prusse quitta l'armée au mois d'octobre 1793, et rentra à Berlin. Quatre mois après, le duc de Brunswick suivit son exemple, et publia un manifeste

resta du sang de nos rois captifs qu'un seul rejeton conservé par le ciel pour nous consoler de de maux.

Les princes ne se contentèrent point d'adresser leur déclaration aux émigrés, ils l'envoyèrent encore dans l'intérieur, aux autorités constituées et aux généraux. Plusieurs la reçurent avec l'intérêt qu'inspirent le malheur et le respect dû aux actes du souverain. Le général d'Harambure, qui commandait à New-Brisack, en requit l'enregistrement sur les registres de la municipalité : c'étoit montrer plus de zèle que de prudence. Les armées étaient alors surveillées par des députés de la convention, qui réunissoient tous les pouvoirs entre leurs mains et disposoient à leur gré des généraux et des

---

dans lequel il dévoila tous les vices du plan de campagne de M. de Calonne. Frédéric-Guillaume ne se contenta point de rentrer à Berlin; il annonça aux puissances confédérées la résolution de renoncer à la ligue générale, et de n'y laisser que son contingent comme électeur de Brandebourg. Son armée passa à la solde de la Hollande et de l'Angleterre. Ce fut le premier qui abandonna la cause des rois, et prépara les triomphes de la république. D'autres défections suivirent bientôt la sienne. On soupçonna que dans cette occasion l'or de la France l'avoit servie autant que ses baïonnettes.

soldats; car jamais despotisme n'égala celui des délégués de la république. Le général d'Harambure fut dénoncé à l'assemblée par le député Dentzel, et destitué.

Le système de la terreur ne s'étoit point encore développé avec toute son énergie; mais il commençoit à faire des progrès menaçans. Dans la même séance, on dénonça la demoiselle Montansier, directrice d'un théâtre qui portoit son nom. Elle étoit accusée d'avoir répandu à Bruxelles et envoyé à Paris une médaille contre-révolutionnaire, exécutée en argent et frappée à l'effigie de Louis XVI, avec ces mots : *Louis* XVI, *roi de France et de Navarre, né à Versailles le 23 août 1754, roi le 10 mai 1774, martyrisé le 21 janvier 1793.* La même accusation étoit portée contre une jeune personne qu'on disoit maîtresse de Dumouriez (1); mais ce général avait alors de zélés partisans, qui parlèrent hautement en sa faveur. La demoiselle Montansier ne resta

---

(1) Les portraits de Louis XVI étant devenus l'objet de poursuites très-actives de la part de la police révolutionnaire, les Français trouvèrent le moyen de tromper sa surveillance et de satisfaire leur amour pour cet infortuné monarque. On imagina de petites colonnes semblables aux pièces du jeu d'échecs, et si artistement travaillées au

point non plus sans défenseurs. Le député Duhem représenta qu'elle rendoit tous les jours des services signalés à la république, en faisant jouer des pièces très-révolutionnaires qui convertissoient plus d'aristocrates que les aristocrates ne pervertissoient de patriotes.

Tandis que le roi de Prusse, plus fidèle à son intérêt personnel qu'à la cause du roi, se mettoit à la solde de l'Angleterre et de la Hollande, l'Autriche déployoit les plus grands moyens pour faire à la convention française une guerre active et formidable ; une ardeur belliqueuse se manifestoit dans toutes les parties des états héréditaires ; tous les ordres de citoyens sembloient animés du même enthousiasme. Les dons patriotiques se multiplioient chaque jour ; les plus humbles et les moins riches professions de l'état rivalisoient de zèle et de générosité, et affectoient de présenter leurs offrandes sous une forme qui en relevoit encore le mérite.

Un joaillier envoya un cœur d'or rempli de pièces de même métal. Les bouchers se réu-

---

tour, qu'en les plaçant latéralement au soleil, l'ombre qu'elles projetoient représentoit parfaitement la figure de Louis XVI. On en fit ensuite de pareilles pour la reine, le jeune dauphin et madame royale ; il n'étoit presque personne qui ne se glorifiât de porter ces petites fétiches.

nirent pour offrir un bœuf d'argent garni de ducats. Les cordonniers voulurent donner des souliers doublés de pièces d'or, et pour ne le point céder en esprit aux bouchers, ils y joignirent ce calembourg : *Puissent les Autrichiens marcher à la victoire d'un pas ferme !* Une personne d'une haute considération prit un tour ingénieux pour faire un présent plus considérable : elle adressa à l'empereur une petite caisse avec ces mots :

« Une femme mariée, qui, à la vérité, n'a
» pas le bonheur d'être votre sujette, mais qui
» vous est dévouée de tout son cœur, vous sup-
» plie d'agréer cette petite cassette qui con-
» tient sa contribution aux besoins de l'état ».

La cassette contenoit une toilette de la valeur de 40,000 florins. On cherchoit à deviner qu'elle étoit cette dame, l'empereur dit aussitôt : « Ce ne peut-être que l'impératrice » ; et il avoit rencontré juste.

Il n'entre point dans le plan de cet ouvrage de décrire les campagnes de 1793 et de l'année suivante. La défection du général Dumouriez accrut l'armée des émigrés de quelques régimens ; les hussards de Berchini, du Colonel Général, les dragons de Bourbon, les chasseurs des Cévennes, le vingt-cinquième régiment d'infanterie, les chasseurs braconniers, la compagnie des tirailleurs d'Égron, un escadron de dragons volontaires, un bataillon de volontaires à pied, abandonnèrent la cause de la république pour passer dans le camp des princes.

L'armée de Condé se battit partout avec une rare intrépidité et une constance au-dessus de tout éloge. Le prince lui-même courut plus d'une fois risque de la vie. Tout ce que le sang royal de France avait de plus précieux se trouvoit réuni sous ses drapeaux ; on y voyoit les ducs d'Angoulême et de Berry, le duc de Bourbon, et ce jeune héros dont le nom rappelle tant de courage, de vertus et de malheur. Chaque armée se signala par des traits d'un courage inouï ; et pendant ces deux mémorables, mais funestes années, la France offrit le terrible spectacle des deux partis se combattant avec le fanatisme que souffle l'esprit des guerres civiles.

Au milieu de cette lutte sanglante, la fortune sembla quelquefois se relâcher de ses rigueurs, et offrir aux héritiers du trône de saint Louis quelques espérances fugitives, qui s'évanouirent aussitôt. Une seule chance sembla devoir enfin mettre un terme à tant de calamités, et relever l'antique pavillon des lis. Toulon, en ouvrant ses portes aux flottes d'Espagne et d'Angleterre, avoit arboré le drapeau blanc sur ses forts ; tous ses vœux appeloient le légitime héritier de la couronne : c'étoit au nom de Louis XVII que les armées alliées avoient pris possession de la ville. Les Toulonais étaient pleins de confiance et de dévoûment; ils adressèrent aux commandans anglais et espagnol, au nom de toutes les sections réunies, une délibération par laquelle ils reconnoissoient Monsieur, comte de Provence, pour régent du royaume, et sollicitoient la grâce de lui envoyer une députation, et de le supplier de venir dans Toulon prendre les rênes du gouvernement.

Ils connurent alors quelles étoient les véritables intentions du cabinet de Londres :

« Nous partageons, dirent les commissaires
» anglais, les désirs des Toulonais de voir re-
» naître les sentimens de loyauté et d'attache-
» ment pour le jeune monarque de France,
» et ceux du respect et de la vénération pour
» l'auguste personnage qui est l'objet de nos
» vœux mutuels.

» La régence de France intéresse l'Europe
» entière et surtout les puissances coalisées.
» Une affaire aussi importante, et qui em-
» brasse des relations politiques aussi étendues
» et aussi combinées, ne peut être terminée
» avec avantage par une seule ville. Les mi-

» nistres de S. M. britannique sont incompé-
» tens pour décider sur ces objets, et tout ce
» qu'ils peuvent faire pour seconder le zèle des
» habitans de Toulon, c'est de soumettre sans
» délai cette matière intéressante à la sagesse
» et aux lumières de S. M., et d'attendre ses
» ordres ».

La réponse du général espagnol fut plus noble et plus franche :

« J'ai vu avec le plus grand plaisir et la plus
» parfaite satisfaction les loyaux sentimens que
» manifestent les Toulonais. J'ai instruit S. M.
» catholique de vos louables intentions ; mais
» je crois qu'il est convenable d'attendre la
» volonté royale sur cette matière ; ce qui
» n'empêche pas que vous n'envoyiez une dé-
» putation à Monsieur, pour ne pas retarder
» plus long-temps une preuve de l'amour et
» du zèle dont les Toulonais se sentent animés
» pour la personne sacrée de leur légitime sou-
» verain Louis XVII, et de leur obéissance à
» celui qui doit gouverner pendant sa mino-
» rité ».

Si le vœu des Toulonais eût été accueilli, si Monsieur fût entré à Toulon, qui sait quelle puissante révolution sa présence aurait pu opérer ! Marseille, Lyon, Bordeaux, le Poitou, l'Anjou, la Bretagne, la Normandie, cherchoient en ce moment à s'affranchir de la tyrannie révolutionnaire ; à quels efforts ces villes et ces provinces ne se fussent-elles pas livrées, si elles eussent pu se dire : *Le régent de France est parmi nous !*

Mais la politique anglaise ne vit alors qu'un port à détruire, que des chantiers et des vaisseaux à brûler, qu'une guerre cruelle à faire à la marine française. La correspondance de lord Dundas, la réponse évasive du roi d'Angleterre lui-même, ne permettent aucun doute sur ces tristes conjectures.

Monsieur avoit alors quitté la Westphalie pour se rendre à Vérone ; de là il dirigeoit encore les affaires de France, et correspondoit avec le petit nombre de fidèles Français qui s'occupoient de la restauration de la monarchie. Le jeune prince son pupille, prisonnier à la tour du Temple, livré à la férocité d'un misérable qu'on avoit institué son bourreau plutôt que son gardien, ne pouvoit survivre long-temps aux indignes traitemens dont il étoit l'objet. Cette tendre et innocente victime exhala, le 8 juin 1795, le dernier souffle d'une vie qui s'éteignoit dans les souffrances et l'anéantissement de toutes les facultés morales. On soupçonna que le poison avoit encore abrégé sa triste et malheureuse existence. Il est

certain que le député Chabot avoit dit hautement que c'étoit à l'apothicaire d'en délivrer la France ; qu'un autre député, en terminant le rapport sur le procès de Louis XVI n'avoit pas rougi d'ajouter cette phrase digne de Busiris et de Néron : « Quant au fils du tyran, c'est à la con-
» vention nationale à décider s'il n'est pas des
» circonstances où l'intérêt de la patrie com-
» mande de jeter un voile sur le buste de la
» justice ». Enfin le conventionnel Brival avoit, quelque temps après le 9 thermidor, reproché au comité de salut public d'avoir commis des crimes inutiles, et de laisser subsister les débris d'une race proscrite (1).

---

(1) M. Delille a dit dans son poëme de la Pitié :

Chaque jour dans son sein verse un poison rongeur.
Quelles mains ont hâté son atteinte funeste ?
Le monde apprit sa fin, la tombe sait le reste.

Il est constant qu'à l'époque où il mourut, le comité de salut public venoit de traiter avec les chefs de la Vendée, et de s'engager à leur remettre le jeune héritier du trône. Les commissaires étoient arrivés, glorieux de conserver ces restes précieux du sang de nos rois, lorsqu'ils apprirent qu'il n'existoit plus. Au surplus tel étoit l'état où de longues et douloureuses tortures l'avoient réduit, qu'il conservoit à peine l'usage de la raison et de la parole. (*Voyez* les Mémoires de M. Harmand de la Meuse).

Monsieur ne put apprendre la triste fin du jeune prince son neveu, sans en être vivement ému. C'étoit depuis deux ans la quatrième victime royale immolée aux fureurs de la révolution. Les droits de sa naissance et les lois du royaume l'appeloient au trône ; il fit part de son avénement aux diverses puissances de l'Europe, et adressa aux Français une proclamation pour les rappeler à leurs devoirs, à la fidélité, à l'amour de leur souverain, et leur exposer les principes d'après lesquels il se proposoit de régner.

« Les impénétrables décrets de la Provi-
» dence, disoit-il, en nous appelant au trône
» ont établi une conformité frappante entre
» les commencemens de notre règne et ceux
» de Henri IV, comme s'ils eussent voulu nous
» avertir de prendre ce grand roi pour modèle.
» Nous imiterons donc sa noble franchise, et
» nous commencerons par vous ouvrir tout
» notre cœur. Long-temps et trop long-temps
» nous avons eu à déplorer les fatales circons-
» tances qui nous imposoient un pénible si-
» lence ; mais aujourd'hui qu'il nous est per-
» mis d'élever la voix, écoutez-nous. Notre
» amour pour vous est l'unique sentiment dont
» nous soyons animés ; notre cœur obéit avec
» délices aux conseils de la clémence ; et puis-

» qu'il a plu au ciel de nous réserver comme
» Henri-le-Grand , pour rétablir dans notre
» empire le règne de l'ordre et des lois, comme
» lui nous voulons, avec le secours de nos
» fidèles sujets, remplir cette tâche sacrée, en
» unissant la justice à la bonté.

» N'écoutez pas ces hommes avides et am-
» bitieux, qui pour vous dépouiller de vos
» biens, s'emparer de tous les pouvoirs, vous
» disent que la France n'a point de constitu-
» tion, ou du moins qu'elle n'a qu'une consti-
» tution despotique.

» L'existence de cette constitution est aussi
» ancienne que la monarchie française, et vos
» malheurs inouis sont la preuve de sa haute
» sagesse. Jamais vos ancêtres ont-ils connu
» les maux que vous avez éprouvés depuis que
» d'ignorans et opiniâtres novateurs ont ren-
» versé les lois de l'état ? Elle étoit également
» la sauvegarde de la cabane du pauvre et du
» palais des grands, de la liberté individuelle,
» et de la prospérité publique. Au moment où
» elle a péri, la propriété, la sûreté, la liberté,
» ont péri avec elle ; au moment où l'égide de
» l'autorité royale a cessé de vous protéger,
» vous avez été opprimés par le despotisme,
» vous êtes tombés dans l'esclavage.

» Mais si la main du temps imprime le sceau

» de la sagesse aux institutions des hommes,
» leurs passions ne sont que trop habiles à les
» altérer. Les abus s'introduisent dans les em-
» pires qui atteignent le plus haut degré de
» gloire et de prospérité, parce qu'ils échap-
» pent facilement à la surveillance de ceux qui
» gouvernent. Quelques-uns de ces inconvé-
» niens s'étoient glissés dans le gouvernement
» français; ils pesoient non-seulement sur le
» peuple, mais sur tous les ordres de l'état.
» Le feu roi notre frère et notre souverain les
» avoit reconnus et s'occupoit tout entier à les
» réformer. Dans ses derniers momens, il a
» chargé son successeur d'exécuter les plans
» que sa sagesse avoit conçus pour le bonheur
» de ce peuple qui l'a laissé périr sur un écha-
» faud; en descendant de ce trône, d'où l'ont
» précipité l'impiété et le crime, pour monter
» à celui que le ciel réservoit à ses vertus, il
» nous a indiqué notre devoir dans cet immor-
» tel testament, source inépuisable d'admira-
» tion et de regrets. Roi! martyr! soumis à
» Dieu de qui il tenoit sa couronne, il a suivi
» son exemple sans murmure; en faisant de
» l'instrument de son supplice le trophée de sa
» gloire! Ce que Louis XVI n'a pu faire nous le
» ferons; mais si l'on peut concevoir des plans
» de réforme au milieu de la confusion, on ne

» peut les exécuter que dans le sein de la paix.
» Il faut la paix pour replacer sur ses anciennes
» bases la constitution du royaume, pour lui
» rendre sa première énergie, imprimer le
» mouvement à toutes ses parties, pour réfor-
» mer les abus qui se sont glissés dans l'admi-
» nistration des affaires publiques.

» Les implacables tyrans qui vous tiennent
» sous leur joug, retardent seuls cet heureux
» moment ; ils ne peuvent se dissimuler que
» le temps des illusions est passé, et que vous
» sentez tout le poids de leur ignorance, de
» leurs crimes et de leurs déprédations. Mais à
» ces frauduleuses promesses, dont vous avez
» cessés d'être dupes, ils substituent la crainte
» du châtiment qu'eux seuls ont mérité ; ils
» nous représentent à vos yeux comme un
» homme altéré de vengeance, qui n'aspire
» qu'au plaisir barbare de vous ôter la vie, le
» seul bien qu'ils ne vous aient point enlevé.

» Mais connoissez le cœur de votre souve-
» rain, et laissez-lui le soin de vous préserver
» des machinations de vos ennemis. Non-seu-
» lement il ne transformera point des erreurs
» en crimes, mais il sera toujours prêt à par-
» donner aux crimes qui n'ont leur source
» que dans l'erreur. Tous les Français qui ne
» sont devenus coupables que parce qu'ils se

» sont trompés, loin de trouver en nous un
» juge inflexible, n'y trouveront qu'un père
» plein d'indulgence. Vous êtes Français ; le
» crime de quelques individus ne sauroit pas
» plus flétrir ce titre qu'un énorme attentat
» trop connu ne sauroit souiller la pureté
» du sang de Henri IV, ce titre qui nous a
» toujours été cher nous rend également chers
» tous ceux qui le portent.

» Les excès dont le peuple s'est rendu cou-
» pable sont certainement horribles ; mais
» nous ne saurions nous dissimuler que la séduc-
» tion et la violence n'y aient eu plus de part
» que l'opinion, le penchant ; et nous savons
» que lors même qu'il secondoit les plans révo-
» lutionnaires, son cœur restoit fidèle, et désa-
» vouoit en secret ce que la terreur lui fai-
» sait faire.

» Les triomphes de l'armée prouvent que
» jamais le courage ne s'éteindra dans le
» cœur des Français. Mais cette armée ne sau-
» roit rester plus long-temps l'ennemie de son
» roi ; elle a conservé son antique bravoure,
» elle reprendra sa première vertu ; elle enten-
» dra la voix de l'honneur et du devoir, et sui-
» vra leurs conseils. Non, nous ne saurions en
» douter ; bientôt le cri de *Vive le roi* succè-
» dera à des clameurs séditieuses, et nos fidèles

» soldats viendront autour du trône combattre
» encore pour sa défense, et lire dans nos re-
» gards paternels l'oubli du passé ».

Le reste de cette proclamation étoit d'un ton plus sévère. Elle respire encore la clémence, mais une clémence moins absolue que celle dont Louis XVIII a fait un si noble usage en remontant sur le trône.

La convention n'osa publier ce manifeste dans ses journaux officiels; mais elle n'osa non plus le laisser sans réponse; elle lui opposa un écrit d'une ironie froide et mal adroite, beaucoup plus propre à faire valoir la déclaration du prince qu'à en détruire l'effet. Depuis la chute de Robespierre, la république ne comptoit plus qu'un petit nombre de sectateurs, aveugles ou intéressés; la nation, indignée de la longue oppression qu'elle avoit soufferte, se flattoit de revenir bientôt à ses anciennes lois, et d'étouffer enfin l'hydre de la révolution. Les écrits publics prenoient ouvertement une direction royaliste. Les excès des chefs de la convention, les révélations de tous les attentats commis dans les provinces par les représentans du peuple, les descriptions effrayantes des scènes de meurtre, de brigandage et d'atrocités de tous les genres exécutées dans le Poitou, la Bretagne, l'Anjou, excitoient une haine invincible contre le parti républicain; et si le peuple eût pu s'assembler et délibérer librement, nul doute que la monarchie n'eût été rétablie aux acclamations universelles.

Mais la convention renfermoit encore dans son sein un si grand nombre de députés inquiets de l'avenir; l'armée étoit encore si prévenue en faveur des principes de la liberté et de l'égalité; la plupart des généraux et des officiers étoient tellement intéressés à la conservation de la république, qu'il étoit impossible d'espérer une conversion prompte et subite.

Cependant un homme, célèbre par l'éclat de ses triomphes, la franchise de son caractère et la noble simplicité de ses mœurs, osa tenter cette périlleuse entreprise. Pichegru commandoit l'armée française sur les bords du Rhin; il s'étoit rendu cher à l'ennemi par la générosité de sa conduite; et les émigrés eux-mêmes, qu'il avoit si souvent épargnés, après la victoire, témoignoient une haute estime pour ses vertus (1).

---

(1) Il existe, dans les annales de la convention et de la société des jacobins, deux lettres du général Pichegru, qui donneroient de lui une idée bien différente, si l'on ne savoit qu'à cette époque un grand nombre de gens de bien croyoient, par prudence, devoir prendre le langage

Il étoit impossible qu'un homme doué d'aussi belles qualités, voulût consacrer plus long-temps ses services à la défense et à la gloire d'un gouvernement qui s'étoit attiré l'exécration de tous les peuples.

M. le prince de Condé, qui commandoit l'armée des princes à Mulheim, pressentit les dispositions du général républicain, et témoigna à son conseil le désir d'ouvrir avec lui des négociations. Le comte de Montgaillard étoit alors à Bâle; il se donnoit de grands mouvemens pour acquérir quelque importance,

---

des républicains les plus exagérés, pour gagner leur confiance et se mettre à l'abri des proscriptions. La première de ces lettres est du mois de février 1794, elle porte pour titre : *Le sans-culotte Pichegru à la société populaire des amis de la liberté et de l'égalité, séante aux jacobins de Paris.*

« Je n'attendais, frères et amis, dit le général, que ma
» confirmation au commandement de l'armée du Nord,
» pour venir au milieu de mes frères dans le sanctuaire
» de la liberté, répéter le serment bien gravé dans mon
» cœur de défendre et maintenir la liberté et l'égalité,
» l'unité et l'indivisibilité de la république. Frères et
» amis, je vole au milieu de mes frères d'armes, et je
» jure de ne m'en séparer que quand nous aurons vaincu
» les tyrans coalisés. Continuez, fondateurs des droits de
» l'homme, à propager dans tous les cœurs l'amour de la
» république, tandis que nous combattrons pour elle. Je

affectoit un dévouement sans bornes pour la cause des princes, et se vantoit d'avoir fait remettre à Louis XVI une somme de 96,000 liv. à l'époque où cet infortuné monarque étoit captif au Temple : on lui supposoit beaucoup d'adresse ; son activité étoit extrême : on le chargea de la négociation ; mais il crut qu'elle réussiroit mieux s'il employoit des hommes moins apparens. Il fit part de son projet à un libraire de Bâle, nommé *Fauche-Borel*, et à un Neufchâtelois appelé *Courant*. Fauche était d'un caractère ardent ; Courant, d'un esprit plus sage et plus mûr.

» jure de faire triompher ses armes, d'exterminer les ty-
» rans, ou de mourir en les combattant. Mon dernier
» mot sera toujours : *Vive la république! vive la mon-*
» *tague* »!

La seconde lettre est du mois d'octobre de la même année. Le général annonce un avantage remporté sur l'armée autrichienne :

« Nous avons eu hier une petite affaire entre la Meuse
» et le Waahl, dans laquelle nous avons pris quatre pièces
» de canon et fait six cents prisonniers. Trois cents émi-
» grés ont été taillés en pièces, et soixante-neuf viennent
» d'être amenés au quartier-général ; ils ne tarderont pas
» à subir le sort qui leur est réservé. *Vive la république!*
» *vive la convention* »! Ces émigrés furent en effet amenés au quartier-général, mais le général trouva le moyen de leur sauver la vie.

Le premier se rendit au quartier du général républicain, affecta de se trouver partout où il passoit, et parvint à se faire remarquer.

Pichegru comprit que cet homme cherchoit à lui parler, et, pour lui en procurer l'occasion sans se compromettre, il dit tout haut devant lui : Demain je me rendrai à Huningue. Fauche courut à cette ville. Pichegru, surveillé par quatre commissaires de la convention, parmi lesquels se trouvoit le redoutable Merlin de Thionville, ne put entretenir le libraire de Bâle. Il lui fournit adroitement le moyen de le voir, en annonçant à haute voix qu'il se proposoit de dîner chez madame Salomon. Cette dame passoit pour sa maîtresse. Fauche se rendit chez elle, demanda le général, et parvint à lui parler. Il fut d'abord embarrassé, et ne sachant trop comment entamer la conversation, il lui demanda la permission de lui dédier l'édition d'un ouvrage posthume de J.-J. Rousseau. — Je n'adopte point, dit le général, tous les principes de Rousseau, il faudroit préalablement que je connusse l'ouvrage. N'avez-vous que cela à me dire ? — Je suis, dit Fauche, chargé en outre de vous voir de la part de monseigneur le prince de Condé. — Expliquez-vous ! que désire de moi S. A. S. ? Fauche balbutie encore, et enfin avoue au général, que le prince désiroit travailler avec lui à la restauration du trône. — Retournez auprès de S. A., faites-vous remettre des instructions écrites, et revenez me voir. Fauche partit aussitôt pour Bâle, demanda des instructions à M. de Montgaillard, et se disposa à remplir avec zèle son importante mission.

Le prince hésita d'abord ; cette démarche n'était pas sans inconvénient : enfin l'amour du bien public l'emporta, et il remit à M. de Montgaillard une lettre de sa main. Le général Français la lut, reconnut l'écriture, et la remit à l'envoyé.

M. de Montgaillard avoit les pouvoirs les plus étendus. Il écrivit de son côté, et promit à Pichegru, au nom du roi, le bâton de maréchal de France, le gouvernement de l'Alsace, le cordon rouge, le château de Chambord avec son parc, un hôtel à Paris, la terre d'Arbois, érigée en duché sous le nom de Pichegru, un million d'argent composant 200,000 l. de rentes reversibles par moitié à sa femme, et par quart à ses enfans, mais à perpétuité et jusqu'à extinction de sa race.

On offroit, pour l'armée, la confirmation de tous les officiers dans leurs grades, et pour le peuple amnistie entière et sans réserve. Pichegru demandoit encore pour le général Moreau le bâton de maréchal de France; le roi et le prince de Condé offroient de l'élever au grade de lieutenant-général des armées, et de lui conférer le titre de commandeur grand-croix de l'ordre de St.-Louis. Les conditions convenues, Pichegru organisa ses divisions militaires, descendit le Rhin, donna au prince son plan de campagne, et lui proposa successivement plusieurs points où ils pourroient se réunir. M. le prince de Condé demandoit qu'on lui livrât Huningue, et que Pichegru, le premier, arborât le drapeau blanc et proclamât Louis XVIII. Mais il vouloit que Pichegru vînt le joindre et commençât la révolution de l'autre côté du Rhin. Le général s'y refusa absolument, convaincu que la démarche la plus imprudente qu'il pût faire, étoit de quitter un terrain sur lequel il étoit le maître, pour en occuper un où la fortune pourroit le trahir; il ne vouloit pas, disoit-il, faire le troisième tome de Lafayette et de Dumouriez.

Jusqu'alors le secret avoit été renfermé entre le prince de Condé et le général français. Mais les lenteurs de la négociation, les difficultés qui s'opposoient à l'exécution de divers projets, forcèrent bientôt d'associer les Autrichiens à cette confidence. Des Autrichiens, le secret passa aux Anglais, des Anglais à Paris, et de Paris au directoire. Cette puissance, qui venoit d'être installée, étoit alors trop foible pour donner de l'éclat à cette découverte. Pichegru étoit lui-même trop redoutable. Sa réputation étoit immense, et sa cause seroit devenue celle de tous les généraux. Les directeurs se contentèrent de le rappeler, et de lui offrir l'ambassade de Suède. Pichegru la refusa, et se retira dans sa famille à Arbois, où il vécut modestement, ayant à peine les moyens de subsister.

On venoit de manquer l'occasion la plus belle, la plus heureuse et la plus sûre, qui se fût encore présentée depuis le commencement de la révolution. Aucun des deux partis ne porta dans cette affaire cette résolution, cette fermeté de jugement, cette rapidité d'exécution si nécessaires dans ces sortes d'entreprises. Pendant quelque temps Pichegru dirigea encore les mouvemens de l'armée de Condé; mais il ne pouvoit alors donner que des conseils, la France cessa pour toujours de le voir à la tête de ses armées. M. de Montgaillard lui-même, désolé du rôle infructueux qu'il venoit de jouer, résolut d'abandonner l'Europe à son mauvais sort, et quitta l'armée des princes (1).

---

(1) Tout annonce que M. de Montgaillard étoit alors

C'étoit au mois d'août 1795 que le général Pichegru avoit commencé ses négociations avec les princes. Ce fut au mois d'avril 1796 qu'il fut nommé à l'ambassade de Suède, c'est-à-dire à l'époque où s'ouvroit, sous le commandement de Buonaparte, cette campagne d'Italie qui préparoit au roi de nouveaux malheurs, et au général le sort le plus funeste.

Depuis la sanglante journée du pont de Lodi, le général Beaulieu, réduit à disputer le terrain au vainqueur, et à couvrir l'entrée du Tyrol, s'étoit retiré derrière le Mincio et y occupoit une position excellente; sa droite étoit appuyée au lac Garda, et sa gauche à Mantoue; toute sa ligne étoit couverte par une redoutable artillerie. Le Mincio et le lac de Garda, autrefois le Benacus, sont célèbres dans l'antiquité. C'est sur le bord du fleuve que l'on

---

de bonne foi; qu'il vouloit sincèrement contribuer au rétablissement de la monarchie, et plus vivement encore devenir lui-même un personnage. Depuis ce temps, il a cru devoir suivre une direction fort différente; se mettre d'abord au service des deux partis opposés; puis diffamer encore son nouveau maître; et enfin déclarer qu'il trahissoit ceux qu'il servoit. Tout cela rendroit fort suspects les mémoires qu'il a publiés sur la conduite de Pichegru envers le prince de Condé, si l'on ne savoit de Pichegru lui-même que ces négociations ont en effet existé.

croit encore reconnoître, sous le nom de Pietole, le village d'Andès, patrie de Virgile. A l'extrémité méridionale du lac est la citadelle de Peschiera, et au milieu le promontoire de Sirmio, ancienne et délicieuse résidence de Catulle. Les eaux du *Benacus* sont entretenues par divers ruisseaux qui sortent du pied des Alpes, et particulièrement par la *Sarca*, petite rivière qui a conservé son nom antique; le lac se décharge dans le Mincio, dont les flots abondans et purs coulent au milieu d'une plaine enrichie de mûriers, de champs de blé, de prairies qui offrent à la vue une variété enchanteresse. D'une part, on découvre sur le haut d'une montagne le château de Vallegio, et de l'autre, à l'extrémité de la plaine, le pont fortifié de Borghetto. Cette citadelle est entourée de tous côtés par des remparts flanqués de tours et défendus par trois forts. Buonaparte ne pouvoit poursuivre le cours de ses victoires, sans rompre la ligne de neutralité et entrer sur le territoire Vénitien. Il avoit, pour justifier cette violation, l'exemple des Autrichiens qui s'étoient les premiers emparés de la forteresse de Peschiera. Cependant il crut devoir rendre compte de ses motifs dans une proclamation adressée au sénat de Venise :

« C'est pour délivrer la plus belle contrée de

» l'Europe du joug de fer de l'orgueilleuse mai-
» son d'Autriche, que l'armée française a bravé
» les obstacles les plus difficiles à surmonter.
» Les débris de l'armée ennemie se sont reti-
» rés au-delà du Mincio. L'armée française passe,
» pour les poursuivre, sur le territoire de la
» république de Venise; mais elle n'oubliera
» pas qu'une longue amitié unit les deux répu-
» bliques. La religion, le gouvernement, les
» usages, les propriétés seront respectés; la plus
» sévère discipline sera maintenue; tout ce qui
» sera fourni à l'armée sera exactement payé
» en argent. Fidèle dans le chemin de l'hon-
» neur, comme dans celui de la victoire, le sol-
» dat français n'est terrible que pour les enne-
» mis de sa liberté et de son gouvernement ».

Au moment où il écrivait cette proclamation, son quartier-général étoit établi à Brescia,
sur le territoire vénitien. Quelque avantageuse
que fût la position du comte de Beaulieu, ce
général ne pouvoit guères se flatter de la défendre contre l'impétuosité de l'armée française. Buonaparte avoit choisi, pour passer le
fleuve, le pont de Borghetto; mais il vouloit
tromper son ennemi: il fit ses dispositions comme
s'il eût eu l'intention de tourner l'armée autrichienne par le haut du lac, et lui couper la
retraite sur le Tyrol. Le général Rusca s'em-

para de la position de Salo, sur le lac ; le général Augereau s'avança vers Peschiera ; Castiglione, Monte-Chiaro et Montze, furent occupés par les généraux Kilmaine, Masséna et Serrurier, et tandis que ces mouvemens inquiétoient le général ennemi, le reste de l'armée française se mit en marche dans la nuit, se dirigeant sur Borghetto. Ce point étoit défendu par un corps autrichien de quatre mille hommes d'infanterie et dix-huit cents chevaux. La cavalerie française chargea avec son intrépidité ordinaire, et l'obligea de repasser le pont : l'ennemi s'occupoit de le couper ; les Français s'efforçoient de l'emporter ; le feu des batteries étoit terrible, le combat meurtrier, lorsqu'un acte d'audace de quelques grenadiers français décida la victoire.

Cinquante grenadiers ayant à leur tête le général Gardanne, grenadier par la taille comme par le courage, se jettent dans le fleuve, leurs fusils élevés sur leur tête, ayant de l'eau jusqu'à la gorge, d'autres se disposent à les suivre ; l'ennemi effrayé croit revoir la terrible colonne du pont de Lodi et recule. On rétablit le pont, le Mincio est passé ; le soldat français gravit la montagne que couronne le fort de Vallegio, s'en rend maître, et la victoire est assurée. Les Autrichiens, forcés à la retraite, se rallient et se rangent en bataille à quelque distance de là, entre Vallegio et Villafranca. Buonaparte s'arrête, leur inspire une confiance trompeuse, dans l'intention de les ramener en avant, et de donner à la division du général Augereau le temps de passer le fleuve, de se porter droit sur Peschiera, et de couper aux ennemis les gorges du Tyrol.

Mais le général Beaulieu sentit le danger de sa position; il se replia prudemment et en bon ordre sur la forteresse de Castel-Nuovo, qu'il évacua le lendemain, pour se poster au-delà de l'Adige. Cette journée coûta à l'ennemi quinze cents hommes et cinq cents chevaux. Parmi les prisonniers se trouvait le prince Cato, lieutenant-général des armées du roi de Naples, commandant en chef la cavalerie napolitaine; on prit en outre cinq pièces de canon et quelques caissons. Quelle fut la perte de l'armée française? nos bulletins gardent, à cet égard, comme dans toutes les affaires semblables, le silence le plus profond.

Jamais personne ne sut mieux profiter de la victoire que Buonaparte. Le passage s'étoit effectué le 10 prairial; le 12, nos troupes étoient à Castel-Nuovo, et le 13, le général Masséna entroit à Vérone. Depuis le 25 du mois précédent, le roi de France avoit quitté cette ville, et s'étoit rendu à l'armée du prince de Condé. On l'avoit vu le 26, à Lugano, dans l'incognito le plus sévère, et suivi seulement de M. le comte d'Agoust, d'un autre officier et de deux domestiques : le 28, il étoit arrivé à l'armée du prince de Condé, dont le quartier-général étoit alors à Rhigels ; et dès le soir même il avoit fait mettre à l'ordre du jour, pour le lendemain, la proclamation suivante :

« Des circonstances impérieuses nous te-
» noient depuis trop long-temps éloigné de
» vous, lorsqu'une insulte, aussi imprévue que
» favorable à nos desseins, ne nous laisse plus
» d'asile ; mais on ne peut nous ravir celui de
» l'honneur : le sénat de Venise nous a fait
» signifier de sortir dans le plus court délai des
» états de la république.

« A cette démarche, non moins offensante
» pour l'honneur du nom français, que pour
» nous-mêmes, nous avons répondu : « *Je par-*
» *tirai, mais à deux conditions ; la première,*
» *qu'on me présente le livre d'or où ma famille*
» *est inscrite, pour en rayer le nom de ma*
» *main; la seconde, qu'on me rende l'armure*
» *dont l'amitié de mon aïeul Henri* iv *a fait*
» *présent à la république.*

» Nous venons donc nous rallier au drapeau
» blanc, près du héros qui vous commande et

» que nous chérissons tous. Nous nous livrons
» avec confiance à l'espoir que notre arrivée
» sera pour vous un nouveau titre aux géné-
» reux secours que vous avez déjà reçus de LL.
» MM. impériale et britannique.

» Notre présence contribuera, sans doute,
» autant que votre secours, à hâter la fin des
» malheurs de la France, en montrant à nos
» sujets égarés, encore armés contre nous, la
» différence de leur sort, sous les hommes qui
» les gouvernent, avec celui dont jouissent
» des enfans qui entourent un bon père ».

Si Buonaparte eût eu plus de grandeur d'âme, le malheur de Louis xviii eût été pour lui un objet de respect. C'étoit le frère de son bienfaiteur, c'étoit le descendant de plus de trente rois, l'héritier du sceptre de saint Louis, de Louis xii, de Henri iv, de Louis-le-Grand; il n'avoit jamais été connu que par la bonté de son cœur, l'étendue de ses connoissances, et l'élévation de son esprit; les infortunes de sa famille et les siennes le rendoient sacré. Mais le cœur de Buonaparte étoit incapable de s'ouvrir à ces nobles sentimens; la victoire n'adoucit point son âme cruelle, il écrivit au directoire :

« J'arrive à Vérone pour en partir demain.
» Cette ville est grande et belle. J'y laisse une
» bonne garnison pour me tenir maître des
» trois ponts qui sont ici sur l'Adige.

» Je n'ai pas caché aux habitans que si le roi
» de France n'eût évacué leur ville avant mon
» passage du Pô, j'aurois mis le feu à une ville
» assez audacieuse pour se croire *la capitale*
» *de l'empire français.*

» Les émigrés fuient de l'Italie, plus de
» quinze cents sont partis cinq jours avant no-
» tre arrivée. Ils courent en Allemagne, por-
» ter leurs remords et leur misère.

» Je viens de voir l'amphithéâtre. Ce reste
» du peuple romain est digne de lui. Je n'ai
» pu m'empêcher de me trouver humilié de la
» mesquinerie de notre Champ-de-Mars. Ici
» cent mille spectateurs sont assis, et enten-
» droient facilement l'orateur qui leur parle-
» roit (1) ».

Le passage du Mincio, la retraite des Autrichiens, rendoient Buonaparte maître de l'Italie. Mantoue et la forteresse de Milan restoient
seules à conquérir. Mais l'une de ces places ne
pouvoit manquer de céder bientôt ; l'autre
pouvoit braver long-temps tous les efforts de
l'armée française.

―――――

(1) Buonaparte exagère dans cette occasion comme en
beaucoup d'autres : l'amphithéâtre de Vérone ne contient
que vingt-deux mille personnes.

CHAPITRE IX.

Siège de Mantoue ; entrée des Français à Bologne, Ferrare, Urbin et Livourne.

Tandis que la présence du roi de France à l'armée des princes excitoit un enthousiasme général, et relevoit toutes les espérances des légions émigrées (1), Venise, effrayée de l'ap-

---

(1) Malheureusement ces espérances ne furent pas de longue durée. Le roi, arrivé à l'armée de Condé, prit l'uniforme, et reçut les hommages des différens corps ; il fit ensuite la revue des cantonnemens, et se porta jusque sur les rives du Rhin pour visiter les postes avancés. Beaucoup de soldats républicains s'avancèrent sur la rive opposée, sans armes, mais ayant derrière eux un piquet rangé en bataille et armé.

« Est-il vrai, demandoient-ils, que le roi soit arrivé ? » nous voudrions bien le voir ». Le roi fit mettre pied à » terre aux officiers qui l'accompagnoient, et resta seul à cheval, à portée de recevoir des hommages ou des insultes.

Le duc d'Enghien, qui commandoit l'avant-garde, fit observer au roi que la discipline ne permettoit pas de parler aux troupes de l'autre rive : « Le mouvement de » mon cœur est plus fort que vos règlemens, reprit le » roi. Vous me mettrez aux arrêts demain ; mais il faut

proche des Français, était livrée à la plus vive agitation.

Elle s'étoit montrée fière et indépendante tant que le directoire français ne lui avoit inspiré aucun sujet d'alarme ; elle avoit même déployé d'abord une sorte de grandeur et de dignité envers Louis XVIII. Le ministre des relations extérieures de France ayant témoigné au noble Quirini, ambassadeur vénitien, le déplaisir qu'éprouvoit la république française de voir le Prétendant séjourner à Vérone, le

---

que je leur parle aujourd'hui ». Puis s'adressant aux soldats d'une voix aussi forte que l'exigeoit la distance :

« Vous êtes curieux de voir le roi ; eh bien ! c'est moi
» qui suis le vôtre, ou plutôt votre père. Oui, vous êtes
» tous mes enfans. Je ne suis venu que pour mettre un
» terme aux malheurs de notre patrie commune ; ceux
» qui vous disent le contraire vous trompent ; vos frères
» qui m'entourent partagent le bonheur que j'ai d'être
» avec eux et de me rapprocher de vous ».

Les soldats républicains écoutèrent en silence ; on voyoit qu'ils étoient émus. En ce moment, une voix de l'armée de Condé leur cria : « Puisque vous êtes bien aises
» de le voir, criez *vive le roi* ». — « Non, repartit le
» prince, ne dites rien, vous pourriez vous compro-
» mettre ». Et S. M. se retira. Quelques jours après, elle reçut de l'empereur d'Autriche l'invitation de quitter l'armée.

sénat avoit répondu que la république vénitienne ne refusoit jamais l'hospitalité à personne; que l'ancien comité de salut public lui-même ne s'étoit point offensé de ce séjour, et qu'elle avoit lieu de croire que le directoire ne le céderoit pas en procédés au comité de salut public. Cette réponse avoit paru satisfaire. Mais lorsque Buonaparte eut franchi les rives du Pô, et que la terreur eut remplacé cette noble fierté qu'inspire la conscience d'une bonne action, le sénat perdit tout à coup cette contenance assurée, et ne songea plus qu'à prévenir par la soumission et la déférence les dangers dont il étoit menacé.

La prise de Vérone parut, un instant, lui rendre quelque énergie. M. Foscarini, provéditeur général, qui avoit eu la foiblesse d'y laisser entrer les Français, fut puni de destitution, et envoyé, comme simple représentant, à Bergame. On l'accusoit d'avoir d'abord indisposé les Français par sa hauteur, et compromis ensuite les intérêts de son pays par sa pusillanimité; qualités qui ne se rencontrent que trop souvent chez le même individu. Dans le premier moment d'indignation, le sénat donna ordre à M. Quirini, son ambassadeur à Paris, de demander satisfaction de cet outrage et de se retirer en cas de refus.

On s'occupa en même temps de pourvoir au salut de la patrie ; on s'assembla extraordinairement pendant trois jours ; on proposa la nomination d'un provéditeur qui serait investi de tous les pouvoirs d'un souverain ; on délibéra de mettre sur pied une armée considérable pour faire respecter la neutralité. Les jeunes sénateurs, exaltés par le feu de l'âge et du patriotisme, furent tous de cet avis; mais les hommes d'un âge plus mûr, d'un esprit plus sage et plus modéré, remontrèrent que la république étoit hors d'état de s'engager dans une lutte si dangereuse avec l'armée française ; qu'elle n'avoit ni assez de temps ni assez d'hommes pour s'opposer aux progrès du vainqueur, et faire respecter son territoire par les Autrichiens et les Français tout à la fois. On se contenta donc de quelques mesures de police générale ; on ordonna la levée d'un corps chargé de maintenir la tranquillité intérieure. Les Français demandèrent 130,000 ducats ; on les paya (1).

Jusqu'alors Buonaparte avoit déconcerté

---

(1) Les Français ne se contentoient pas de lever sur les hommes des tributs en argent; ils vouloient assujétir les dames à des contributions personnelles. Les Vénitiens, fiers et

tous les plans de ses ennemis par l'habileté de ses conceptions et l'activité de ses mouvemens ; l'Italie trembloit devant lui, mais l'admiroit ; les plus habiles capitaines étoient forcés de rendre justice à ses talens militaires. On n'avoit aucune faute à lui reprocher ; mais il en commit une dont les suites pouvoient lui ravir tous les fruits de la victoire.

Le général Beaulieu, réduit à quinze mille hommes, cherchoit son salut dans les gorges du Tyrol. Hors d'état de faire face à l'armée victorieuse, il suppléoit au petit nombre de ses soldats par l'avantage des positions. Il se retiroit avec lenteur, mais avec sûreté. Après sa dernière défaite, il s'étoit retranché fortement au-delà du lac de Garda, couvert d'un côté par des montagnes, de l'autre par le fleuve de l'Adige ; mais sa situation n'étoit point encore sans danger. Les Français, par des marches rapides et savantes, pouvoient tourner ses positions, et pénétrer dans le Tyrol avant que le général Wurmser pût venir à son secours. Ces mouvemens paroissoient si naturels, et les alarmes étoient si vives, que

---

jaloux, ne purent sans un violent ressentiment soutenir cet affront, et le stylet fit justice d'un grand nombre de séducteurs.

les ennemis avoient déjà fait passer dans le Tyrol allemand les magasins du Tyrol italien.

La confiance et la présomption de Buonaparte sauvèrent le général autrichien. Enivré de ses succès, Napoléon voulut étonner l'Europe par de nouveaux prodiges, et tenter en même temps la prise de Mantoue, la destruction de l'armée ennemie et la conquête des états romains : c'étoit livrer l'armée à un péril certain, et vouloir combattre à la fois les hommes et les élémens ; car la saison approchoit où les grandes chaleurs rendent mortel le voisinage de Mantoue, et l'on n'avoit à l'armée française rien de ce qu'il falloit pour une entreprise si hardie. Sa marche à travers les montagnes ne lui avoit pas permis de traîner après elle ces grands parcs d'artillerie, si nécessaires pour les siéges des places fortes ; mais Buonaparte commençoit à s'affermir dans l'idée d'une prédestination particulière, et se croyoit appelé par son étoile à opérer des miracles.

Il donna donc l'ordre au général D'Allemagne et au chef de brigade Lannes de se porter avec six cents hommes sur Mantoue. Le 4 mai, ils arrivèrent devant cette place, et, soutenus par le général Serrurier, ils s'emparèrent du faubourg Saint-Georges. Buonaparte occupa de sa personne le château de la Favorite, magnifique résidence des ducs de Mantoue. Le général Augereau, parti de Castiglione à la pointe du jour, s'avança de son côté sur le faubourg Ceriale, enleva les retranchemens, la tour, et força l'ennemi à se jeter dans la place. Déjà, à la vue des remparts, le soldat brûloit de les attaquer; il n'en étoit séparé que par un pont, et s'avançoit intrépidement sur la chaussée, lorsqu'on lui fit remarquer les formidables batteries qui le menaçoient : « *A Lodi,* répondit-» il, *nous en avons bien vu davantage* ». Mais Lodi ne ressembloit point à Mantoue ; on retint son ardeur, et l'armée française se contenta de prendre des positions.

Mantoue, la plus forte place de l'Italie, est la patrie de Virgile. Elle est située au milieu d'un vaste lac formé par les eaux du Mincio ; on n'y arrive que par des ponts étroits qui sont eux-mêmes fortement défendus. Elle avoit alors une garnison de sept mille hommes commandés par un officier brave et expérimenté (1); elle étoit approvisionnée pour plusieurs mois, et pouvoit affronter long-temps les efforts de l'armée française. Malgré ces difficultés, Buona-

---

(1) C'étoit le général Roselmini; l'artillerie étoit dirigée par le général Orlandini.

parte n'en résolut pas moins de poursuivre ses desseins.

Toutes ces opérations se faisoient sans attendre les instructions du directoire ; car Napoléon se conduisoit bien plus en dictateur qu'en général : c'étoit lui qui régloit la marche des armées, imposoit les contributions de guerre, accordoit les armistices, en dictoit les conditions (1). Tous ses soins envers les directeurs se bornoient à leur envoyer de l'argent (2), des bulletins et des drapeaux. D'ailleurs il disposoit en maître des forces de l'état et des trésors de la république; il étoit chéri de ses généraux qu'il enrichissoit, des commissaires avec lesquels il partageoit les fruits de la victoire, et des soldats qui étoient sûrs de trouver dans un riche butin le dédommagement de leurs fatigues et de leurs périls.

---

(1) En voyant l'empressement des princes d'Italie pour obtenir des armistices et les payer, on disoit plaisamment à Paris que le directoire alloit faire afficher le cours des armistices, comme celui des effets publics.

(2) Les convois n'arrivoient pas toujours heureusement ; le charriot, chargé de l'argenterie de la cathédrale de Milan, fut attaqué au col de Tende par des barbets, qui dissipèrent une escorte de cinquante soldats français, et s'emparèrent du trésor.

Après ses brillans succès à Lodi, il s'étoit flatté d'emporter facilement les positions du général Beaulieu. Il savoit bien qu'il pouvoit se dispenser de l'attaquer, et lui couper la retraite en sacrifiant quelques jours à des marches habilement concertées ; mais Buonaparte étoit ennemi de tout délai, et lorsqu'il avoit à choisir, il aimoit mieux sacrifier des hommes que du temps. Un corps de Français essaya de passer l'Adige sur un pont de bateaux, vis-à-vis d'Ala et de Peri, où les Autrichiens étoient fortement retranchés. Ceux-ci parvinrent à rompre le pont, et rendirent le passage impraticable. Les Français ayant alors voulu traverser le fleuve au gué et à la nage, perdirent quatre cents cavaliers avec leurs chevaux, et finirent par renoncer à l'entreprise. Ces combats se renouveloient tous les jours ; les républicains attaquoient avec une opiniâtreté inouie ; les Autrichiens se défendoient de même : les flots de l'Adige rouloient sans cesse les cadavres de nos soldats, et le carnage fut tel que, pendant plusieurs mois, les Véronais ne voulurent plus boire des eaux de l'Adige, ni manger du poisson. Cette lutte sanglante dura plusieurs semaines ; Buonaparte se consumoit en efforts inutiles : il avoit voulu perdre des hommes pour ménager le temps; il perdit du temps et des hommes.

Son nom, si redoutable auparavant, cessa d'inspirer la même terreur. Les Tyroliens revinrent de leur premier effroi; on courut de toutes parts aux armes, et l'arrivée du maréchal Wurmser remplit tous les cœurs d'une nouvelle confiance.

Ce général, né en Alsace, avoit servi plusieurs années en France; il s'étoit attaché ensuite à l'armée impériale, où son mérite l'avoit élevé aux premiers emplois. Il joignoit à des connoissances militaires très-étendues, du courage, de l'activité et une admirable présence d'esprit dans les circonstances les plus difficiles. On l'avoit vu en 1793 commander avec beaucoup d'éclat les troupes autrichiennes sur les bords du Rhin, forcer les fameuses lignes de Weissembourg, enlever Haguenau, et pousser ses légions victorieuses jusque sous les murs de Strasbourg. Il avoit depuis été battu par les généraux Pichegru et Moreau; mais ses échecs n'avoient rien diminué de l'opinion qu'inspiroient ses talens militaires. Il perdoit des batailles, mais il les perdoit suivant les règles de l'art; souvent malheureux, jamais inhabile. Il avoit quatre-vingts ans, il étoit presque sourd, et néanmoins lorsque le général Beaulieu, plus malheureux encore que lui, eut perdu l'Italie, le général Wurmser parut seul en état de la reconquérir.

La fortune sembloit en ce moment disposée à le dédommager de ses rigueurs. En voulant tout entreprendre à la fois, Buonaparte avoit affoibli ses forces. Mantoue se défendoit avec vigueur; les sorties de la garnison inquiétoient sans cesse l'armée française, et lui faisoient perdre beaucoup de monde. Beaulieu tenoit toujours ses positions; l'esprit de révolte et d'agitation commençoit à se manifester dans plusieurs villes. Au milieu de ces embarras, Buonaparte conçut encore le projet de se porter sur Livourne, et de menacer Naples et Rome.

Rome étoit devenue l'asile des princesses tantes du roi; elles avoient d'abord fixé leur séjour à Turin; mais lorsque les désastres de la guerre eurent mis en péril le trône même du roi, elles étoient venues dans la capitale du monde chrétien chercher la paix qui sembloit vouloir s'exiler de la terre. Buonaparte savoit que Rome détestoit les principes et les excès de la révolution; il n'ignoroit pas qu'il étoit lui-même un objet de sarcasmes et d'épigrammes. On citoit dans toute l'Italie le bon mot de Pasquin à Marforio. Marforio disoit à

Pasquin : *Si dice che tutti i Francesi sono ladroni*, et Pasquin répondoit : *Tutti? no ; ma Buonaparte* (1).

Buonaparte avoit donc des injures personnelles à venger. Il donna ordre au général Augereau de se porter avec sa division sur la ville de Bologne. La garnison, qui n'étoit que de quatre cents hommes, et qui ne s'attendoit point à cette visite, capitula sans difficulté, et se constitua prisonnière de guerre. Le fort Urbin en fit autant ; on y trouva cinquante pièces de canon, cinq cents fusils de calibre, des munitions de bouche pour six cents hommes pendant deux mois. La garnison se rendit également prisonnière ; on prit aussi, au mépris du droit des gens, le cardinal légat. Un autre car-

---

(1) On disoit aussi que Buonaparte, dînant un jour dans un couvent avec un bon religieux, qui étoit fort loin d'avoir l'esprit et la malice de Pasquin, lui demanda ce qu'on pensoit des victoires de l'armée française : *Reverendissimo padre, che si dice di questa guerra ?* et que le bon père répondit ingénûment : *Si dice ch' è un flagello d' iddio ; ma lo prendiamo da Buonaparte.* Révérend père, que dit-on de cette guerre ? — On la regarde comme un fléau ; mais nous le prenons en bonne part. Le calembour réside dans le mot *Buonaparte*, qui signifie *bonne part* comme *Buonaparte*.

dinal fut traité de même à Ferrare, où l'armée française trouva quatorze pièces de canon; de sorte que, dans l'espace de quelques jours, elle se vit en possession d'une artillerie formidable, avec laquelle elle fut en état de pousser vivement le siége de Mantoue.

En même temps qu'on dépouilloit les arsenaux, on dépouilloit avec la même avidité les musées publics et les dépôts d'arts. On enleva de la galerie de Bologne cinquante tableaux des plus grands maîtres de l'Italie, parmi lesquels se trouvoit la Sainte-Cécile, magnifique chef-d'œuvre de Raphaël (1).

Au bruit de ces marches imprévues, Rome étoit agitée des plus vives alarmes; mais Florence n'étoit pas non plus sans inquiétude. On savoit qu'une colonne française se portoit sur Reggio, à travers les Apennins, et menaçoit la capitale de la Toscane. On soupçonnoit que Buonaparte, attiré par les richesses accumulées à Livourne, avoit des desseins sur cette ville. Le commissaire Salicetti avoit déjà demandé le passage pour les troupes françaises, et le duc

---

(1) Les commissaires, chargés du choix des objets d'arts, étoient MM. Monge, Berthollet, Barthélemy, Moitte, Thouin, Finet. Nous donnerons par la suite la liste de ces objets rares et précieux.

avoit eu le courage de le lui refuser. La proposition fut renouvelée par Buonaparte, et parut plus sérieuse. Le duc négocia; tout ce qu'il put obtenir, c'est que l'armée française n'entreroit point à Florence; qu'elle passeroit par Pistoie, et se porteroit par Sienne sur la ville de Rome. Le 26 juin, le général Vaubois arriva à Pistoie; le général Murat passa l'Arno; et se détournant brusquement de sa route, au lieu de se diriger sur Sienne, il marcha à grands pas sur Livourne : c'étoit une violation manifeste des traités; mais les traités n'avoient jamais été, aux yeux du gouvernement républicain, qu'un moyen perfide d'inspirer une fausse sécurité à l'ennemi pour le perdre plus sûrement.

Buonaparte crut avoir tout réparé en écrivant au grand-duc une lettre d'une politesse hypocrite et insultante.

« Le pavillon de la république française est
» constamment insulté dans le port de Li-
» vourne. Les propriétés des négocians fran-
» çais y sont violées; le directoire exécutif a
» porté plusieurs fois ses plaintes au ministre
» de V. A. R. à Paris, qui a été obligé d'a-
» vouer l'impossibilité où se trouvoit votre
» altesse de réprimer les Anglais, et de main-
» tenir la neutralité dans le port de Livourne.

» Le directoire a senti alors qu'il étoit de son
» devoir de repousser la force par la force, et
» de faire respecter son commerce. Il m'a or-
» donné de faire marcher une division de l'ar-
» mée que je commande, pour prendre posses-
» sion de Livourne. Le pavillon, la garnison,
» les propriétés de V. A. R., seront scrupu-
» leusement respectés. V. A. R. applaudira
» sans doute aux mesures justes, utiles et né-
» cessaires qu'a prises le directoire ».

Jamais le grand-duc n'avoit reçu de confidence semblable, jamais aucune plainte ne lui avoit été portée. Plein de confiance dans la foi des traités, il croyoit pouvoir désormais se reposer dans une sécurité profonde; il sentit, mais trop tard, qu'il n'y avoit point de paix à attendre d'un ennemi sans bonne foi, sans probité, sans religion.

Peu de villes d'Italie offroient une proie plus riche que Livourne. Buonaparte y entra le jour même où il venoit d'écrire au grand-duc. Il fit apposer les scellés sur tous les magasins; il ordonna des perquisitions chez tous les négocians; on enjoignit aux habitans de la ville et des environs de déclarer tous les effets qui appartenoient à des sujets anglais, russes ou autrichiens; on fit des proclamations pour inviter tous les Français qui se trouvoient sur les lieux, à dénoncer les effets cachés, les ventes simulées, les dépôts confiés aux particuliers. Livourne étoit dans la consternation et l'épouvante. Pour l'accroître encore, Buonaparte fit arrêter et conduire à Florence chargé de fers, le chevalier Spannochi, gouverneur de la ville (1). Il accusoit cet officier d'avoir favorisé la fuite des vaisseaux anglais. Plus de quarante bâtimens anglais s'étoient en effet éloignés à pleines voiles, et Buonaparte avoit eu le déplaisir de voir sa proie lui échapper, emmenant avec elle deux riches navires français.

On trouva à Livourne des richesses immenses. Buonaparte évalua lui-même à dix millions les contributions qu'il leva dans l'intérieur de la ville; il laissa dans la place une forte garnison, en donna le commandement au général Vaubois,

---

(1) Tel étoit l'esprit de servitude et d'abjection où l'on étoit descendu sous le sceptre de Buonaparte, que l'auteur des *Campagnes des Français en Italie*, n'a pas craint de louer, dans cette occasion, la clémence et la grandeur d'âme de Buonaparte. « Il pouvoit, dit-il, faire juger Spannochi » par une commission militaire ; il se contenta de porter » ses plaintes au grand-duc ». Et de quel droit Buonaparte pouvoit-il livrer à une commission militaire un officier qui n'étoit point son sujet, et qu'il enlevoit contre le droit des gens sur une terre amie, dans les états d'un prince souverain ?

et se rendit lui-même à Florence avec le général Berthier et une partie de son état-major. Il y entra en vainqueur, et n'accepta un banquet magnifique, auquel le grand-duc l'invita, que pour achever l'humiliation de ce prince. Au milieu du festin, on vit arriver un courrier qui venoit annoncer la prise du château de Milan : c'étoit une jouissance que Buonaparte s'étoit ménagée. Il se tourna vers le grand-duc, et, avec un sourire insultant : *J'en suis bien aise*, dit-il ; *c'étoit la seule place forte qui restât en Italie à votre frère l'empereur.* Le duc garda le silence, et dévora ce nouvel outrage.

A quel étrange abaissement n'étoit pas descendue la dignité souveraine ! Deux jours après, le conventionnel Salicetti arriva à Florence, et le grand-duc lui décerna les mêmes honneurs, lui adressa la même invitation qu'à Buonaparte. Cependant Salicetti avoit voté la mort de Louis XVI, et le grand-duc, neveu de ce monarque infortuné, avoit épousé une princesse du sang des Bourbons ! Heureusement Salicetti lui sauva cette nouvelle honte en n'acceptant pas.

Le château de Milan, qui venoit de se rendre, est un hexagone régulier, défendu par une muraille terrassée, et entouré d'un bon fossé rempli d'eau. Deux autres fossés et plusieurs ouvrages protégent la partie centrale du château, où est situé l'ancien palais des ducs de Milan. Cette place n'est dominée d'aucun côté ; mais sa position resserrée ne lui permet que peu de moyens de défense. Les Français avoient ouvert la tranchée le 18 juin ; elle offrit de capituler onze jours après. La garnison étoit de deux mille hommes, qui se rendirent prisonniers ; on y trouva cent cinquante bouches à feu, deux cents milliers de poudre, cinq mille fusils, et beaucoup d'ustensiles de siége.

Depuis l'entrée des Français, la ville de Milan étoit devenue toute républicaine ; elle s'étoit fait une constitution, et avoit envoyé, dès le 12 du même mois, une députation au directoire pour lui faire part de ses sentimens, et le féliciter sur les triomphes de l'armée d'Italie (1).

La constitution milanaise étoit conforme aux idées révolutionnaires ; elle étoit renfermée

---

(1) C'étoit le duc Serbelloni qui étoit à la tête de cette ambassade. Les autres étoient MM. Fidelle Sopransi, littérateur ; et charles Nicoli, chef de l'agence économique de Milan. Avant son départ, M. Serbelloni écrivit à la municipalité de Milan :

« Citoyens,

» Je veux me défaire d'un monument qui passoit au-
» trefois pour quelque chose, et que j'ai toujours consi-
» déré comme très-frivole : c'est une clef de chambellan,

en sept articles, presque tous dirigés contre la noblesse.

« 1. La noblesse est abolie pour toujours.

2. Tous les nobles sont tenus, dans l'espace de huit jours, de remettre leurs titres de noblesse à la maison-commune, pour y être brûlés.

3. Tout droit féodal est aboli, ainsi que celui de chasse.

4. Qui que ce soit ne pourra porter des dénominations de noblesse. Chacun sera appelé également du nom de *citoyen*, ou de celui de sa profession ou de sa charge.

5. Toutes les armoiries, toutes les livrées, toute marque distinctive de noblesse, disparaîtront sous huit jours.

6. Toute corporation qui exige des preuves de noblesse, est abolie.

7. Quiconque contreviendra au présent édit, sera réputé tenir au parti de l'aristocratie, et déclaré ennemi du peuple ».

Ces idées n'étoient point celles de la nation

―――――

» que l'on ne peut regarder que comme une marque de
» servitude. Je suis libre, et je veux être libre. Je pars
» pour faire connaître à tout le monde mes sentimens
» qui sont les vôtres, et que vous m'avez chargé de
» rendre publics à Paris ».

italienne, mais d'un petit nombre d'esprits ardens et passionnés, que tourmentoit le besoin, l'ambition ou le fanatisme d'une philosophie mal entendue (1). Ils avoient pour partisans les dernières classes de la société; mais celles qu'élevoient au-dessus des autres la naissance, l'éducation, la fortune, nourrissoient contre la révolution française un ressentiment secret et profond qui n'attendoit qu'une occasion pour éclater. Il éclata d'une manière terrible dans les fiefs impériaux.

Les habitans de ces fiefs, opprimés par les agens des armées françaises, épuisés par les réquisitions, réduits à la misère, prirent le parti de courir aux armes. Les réquisitions épuisoient en effet les villes et les campagnes. Si l'armée avoit besoin d'être habillée, on vidoit les magasins de draps, de toiles, de bas, de souliers, etc. La cavalerie française, l'artillerie, les trains militaires, manquoient-ils de chevaux? on enlevoit, non-seulement ceux des riches, mais ceux du plus pauvre cultivateur, et les terres restoient sans culture. On avoit taxé toutes les communes à une quantité déterminée de fournitures en pain, en vin, en

---

(1) A Turin, on découvrit un projet qui tendoit à assassiner tous les nobles, et à s'emparer de leurs biens.

viande, en riz. Les aubergistes étoient tenus de fournir aux officiers une table abondamment et splendidement servie ; et pour satisfaire à ces dépenses, on ne donnoit aux fournisseurs que des billets payables en France, qui n'étoient presque jamais acquittés qu'à vil prix. Ces mesures portoient la désolation et la ruine dans toute l'Italie.

L'insurrection des fiefs impériaux se manifesta sur plusieurs points, et donna au général français les plus vives inquiétudes; mais il avoit pour ces sortes d'occasions des mesures expéditives qui lui assuroient la tranquillité pour quelque temps.

Le général Lannes reçut l'ordre de marcher sur les fiefs impériaux, et d'y porter le fer et la flamme. Dans la nuit du 15 au 16 juin, les Français, au nombre de douze cents, entrèrent dans le canton d'Arquata, qui appartenoit au marquis de Spinola. Tout ce qu'on y trouva d'hommes armés fut taillé en pièces. Les maisons furent livrées aux flammes, à l'exception de trois qui appartenoient aux Génois ; les prisonniers furent fusillés.

La même exécution eut lieu aux environs de Tortone, et, dans cette funeste journée, les plus belles campagnes furent transformées en déserts, couvertes de cadavres, de cendres et de ruines. Quinze des chefs furent livrés à une commission militaire, et fusillés.

Le marquis de Spinola fut condamné par contumace à être fusillé, comme ayant provoqué l'insurrection des habitans de sa seigneurie. Le jugement portoit qu'il seroit exécuté partout où l'on pourroit le rencontrer : heureusement on ne le rencontra pas.

Les communes qui n'avoient point été incendiées, furent imposées à une contribution extraordinaire, et Buonaparte rendit contre elles ses décrets de terreur accoutumés.

« Toutes les communes des fiefs impériaux enverront trois députés à Tortone, avec leur prestation de serment à la république française; elles fourniront deux otages, garans de leur fidélité.

» Tous les seigneurs possédant fiefs seront tenus de se rendre en personne à Tortone pour prêter le serment d'obéissance à la république, et si, cinq jours après la notification du présent ordre, ils ne l'ont pas fait, leurs biens seront confisqués.

» Vingt-quatre heures après la publication du présent ordre, les communes porteront à Tortone le montant de la contribution militaire, qui sera augmentée d'un dixième par jour de retard.

» Ceux qui, quarante-huit heures après la publication du présent ordre, seront trouvés avec des armes ou munitions, seront fusillés.

» Toutes les cloches qui ont servi à sonner le tocsin, seront descendues du clocher et brisées, vingt-quatre heures après le reçu du présent ordre. Ceux qui ne l'auront pas fait, seront réputés rebelles, et le feu sera mis à leurs villages.

» Les curés et les municipalités sont responsables de l'exécution du présent article ».

Ces sanglantes expéditions répandoient l'effroi dans toute l'Italie. Le Pape et le roi de Naples étoient encore armés; mais quand ils virent les Français maîtres de Bologne, de Ferrare, de Livourne, et de tous les chemins qui conduisoient à leurs capitales, ils songèrent à apaiser l'ennemi commun.

Le roi de Naples avait fait, au commencement de la campagne, des préparatifs immenses, et l'esprit public répondoit parfaitement à ses vues. La seule province de Calabre avoit fourni huit mille cavaliers; la ville de Caserte avoit levé et équipé à ses frais un bataillon de cinq cents hommes. Les volontaires accouroient en foule de toutes les parties de ses états, pour se ranger sous ses drapeaux, et combattre les amis de la liberté. On avoit formé quatre camps sur la frontière, à San-Germano, Soro, Capoue et Fronto. Le roi opposoit aux proclamations de Buonaparte, des proclamations non moins énergiques; elles portoient que quiconque oseroit correspondre avec l'ennemi seroit puni de mort, et ses biens confisqués.

La même peine étoit prononcée contre ceux qui recevroient des lettres, des paquets, des courriers de l'ennemi, sans en avertir le gouvernement.

On défendoit les attroupemens du peuple au-delà de dix personnes. Les prévenus devoient être livrés à des commissions militaires, jugés et exécutés dans le même jour, sans recours à un tribunal d'appel.

Outre ces mesures, le roi de Naples avoit encore ordonné la formation d'un corps de cavalerie de nobles volontaires, composé de seize escadrons, commandés par le prince royal héréditaire. Son armée étoit pleine d'ardeur et ne respiroit que les combats.

De son côté, le Saint-Père avoit fait tous les efforts que lui permettoient sa situation et la nature de son gouvernement.

Il avoit invité, par une résolution pontificale, toute la noblesse de l'état ecclésiastique à faire le sacrifice de son argenterie, en s'obligeant envers les porteurs à leur tenir compte de cinq pour cent au-dessus de la valeur intrinsèque des objets.

On fit sortir du territoire romain tous les gens sans aveu ; on ordonna des prières publiques dans toutes les églises ; on enjoignit à tous les couvens, à toutes les confréries, à tous les monts-de-piété, de donner en cinq jours l'état des richesses qu'ils possédoient. On n'excepta que les objets absolument nécessaires au service du culte.

Mais ni les prières publiques, ni les discours des prédicateurs, ni les dons patriotiques, n'empêchoient l'armée française d'avancer. Alors la terreur fut générale. Mesdames, tantes du roi, avaient quitté Turin pour se réfugier à Rome ; elles se disposoient à quitter Rome pour se réfugier à Messine. Le cardinal Mauri, effrayé du voisinage des démocrates, sollicita et obtint la permission de passer en Russie avec le titre de nonce du Pape. Plusieurs des premières familles de Rome partirent pour Naples, chargées de leurs effets les plus précieux.

Enfin pour écarter l'orage qui menaçoit la capitale du monde chrétien, on invoqua la médiation de M. le chevalier Azzara auprès du général français, et le Saint-Père nomma une députation qui se rendit au camp avec lui. Admis à l'audience de Buonaparte, les envoyés du Pape firent un mouvement pour se jeter à ses pieds ; il les releva et les fit asseoir (1).

L'armistice fut signé à Milan. Les conditions en étoient rigoureuses : le Pape cédoit les légations de Bologne et de Ferrare, remettoit la ville et la citadelle d'Ancône, se soumettoit à payer vingt millions, abandonnoit cent objets d'art choisis dans les musées de

---

(1) Buonaparte étoit à Bologne, au moment où le chevalier Azzara se rendoit à son camp pour les intérêts du Pape ; le majordome Manfredini s'y rendoit pour les intérêts du grand-duc de Toscane. Le premier conjuroit le général français, au nom de S. M. catholique, de ne pas marcher sur Rome, et de respecter la vieillesse du Saint-Père ; l'autre le supplioit de ne point passer à Livourne comme le bruit en couroit. Buonaparte les écoute l'un et l'autre ; il assure au chevalier Azzara qu'il ne pense point à la ville de Rome, que son unique dessein est de tomber sur Livourne et d'enlever les marchandises anglaises. Il donne sa parole d'honneur au majordome qu'il ne songe point à Livourne ; qu'il n'a d'autre projet que de s'acheminer sur Rome. Les deux ambassadeurs se retirent également satisfaits. Peu d'heures après, ils se rencontrent et se communiquent le résultat de leurs conférences. Le majordome prétend que le chevalier se trompe ; le chevalier soutient que c'est le majordome ; enfin ils comprennent que Napoléon s'est moqué de l'un et de l'autre : *Sapiamo ben*, dit alors Manfredini, *che sia il barone fot....; mà chi sarà il cogl....?* Ce fut lui Manfredini,

Rome, et cinq cents manuscrits de la bibliothéque du Vatican.

Telle était la terreur répandue à Rome, que cette nouvelle, toute fâcheuse qu'elle étoit, y fut reçue avec enthousiasme. Depuis le départ des députés, le peuple étoit dans une agitation extraordinaire; il se portoit hors de la ville, sur les routes, attendant avec inquiétude le sort qui lui étoit réservé.

Lorsque le courrier, porteur de l'armistice, arriva, la sécurité et la joie succédèrent tout-à-coup à la terreur. Pie VI fit afficher dans tous les quartiers de la ville les heureuses nouvelles qu'il venoit de recevoir; on se porta en foule dans les églises pour remercier Dieu, et cet heureux événement fut célébré par des prières publiques et des *Te Deum*.

En peu de jours, on parvint à acquitter le premier terme de la contribution. Le prince Doria envoya au trésor toute son argenterie, évaluée un demi-million. Les principaux seigneurs rivalisèrent de zèle et de générosité. Pour acquitter les autres termes, on enjoignit à tous les habitans, sous peine d'amende et de peines afflictives, de faire la déclaration des matières d'or et d'argent qu'ils pourroient posséder. On envoya un banquier à Gênes pour y négocier un emprunt, avec ordre de se rendre à Venise si les négociations de Gênes ne réussissoient pas. Deux ministres plénipotentiaires partirent pour aller à Paris demander la paix au directoire.

On attendoit à Rome le commissaire du gouvernement français. Le 23 juin, un courrier espagnol vint annoncer à M. le chevalier Azzara que M. Miot, ministre de la république française en Toscane, se disposoit à entrer à Rome. M. le chevalier Azzara partit aussitôt pour aller à sa rencontre, et le souverain pontife envoya à Montrosi un piquet de cavalerie pour servir d'escorte à l'envoyé. Le temps n'étoit plus où les rois marchoient à pied devant les légats du Saint-Père, s'honorant de tenir la bride de leur cheval.

L'entrée de M. Miot se fit avec beaucoup de pompe ; il étoit accompagné du ministre espagnol, entouré d'un corps de troupe nombreux, et précédé d'un courrier portant la cocarde tricolore ; il fut reçu avec la plus grande distinction par le Pape, et eut avec lui un long entretien. On fit enlever à Rome, et dans tous les états romains, les armoiries de la maison de France pour y substituer les emblêmes de la république.

Les cardinaux rendirent des visites à M. Miot, qui partit quelques jours après, et laissa à sa place M. Cacault, agent de la république en Italie. Rome fit un nouvel effort pour payer un nouvel à-compte sur la contribution. Le Saint-Père lui-même envoya à la monnaie toute son argenterie, quoiqu'elle fût richement travaillée ; on expédia de la trésorerie pontificale une somme de onze cent mille écus. Ce riche convoi fut escorté par des troupes jusqu'à Imola, lieu où cessoit la responsabilité du gouvernement romain.

Le roi de Naples, quoique plus puissant que le Pape, se décida à suivre son exemple. Il l'avoit imité au moment où l'on se disposoit à la guerre ; il l'imita encore lorsque la mauvaise fortune le contraignit à demander la paix. Il obtint comme le Pape un armistice, et envoya aussi des ambassadeurs au directoire pour obtenir un traité de paix. Ainsi toute l'Italie trembloit devant la redoutable puissance de l'armée républicaine ; et Buonaparte contemploit, avec orgueil, les souverains humiliés à ses pieds.

Mais cette soumission n'étoit qu'un vain effet de la terreur. Buonaparte ne savoit point user noblement de la victoire. Sa hauteur, sa dureté, ses déprédations, entretenoient dans les cœurs un ressentiment profond que le temps et la dissimulation ne faisoient qu'accroître et fortifier. A peine Rome étoit-elle soumise, qu'une insurrection dangereuse éclata dans la Romagne. Malgré l'armistice, l'armée française continuoit de traiter en ennemis les états du Saint-Père. On y levoit des contributions avec une rigueur excessive, les réquisitions de tous genres fatiguoient et épuisoient le peuple. Ces exactions produisirent enfin une détermination subite et terrible. Les chefs des insurgés se rassemblèrent à Lugo, bourg considérable de la légation de Ferrare. Mais, avant de commencer les hostilités, ils firent au peuple une adresse pleine de patriotisme et d'énergie.

« Souffrirez-vous plus long-temps qu'on
» vous enlève vos subsistances? Les campagnes
» sont épuisées; la misère et la faim désolent
» vos familles; vos femmes sont en butte à tous
» les outrages; tous les genres d'oppression
» pèsent sur vous. Eh! quoi n'avons-nous plus
» ni courage dans le cœur, ni force dans les
» bras? Armons-nous pour le salut commun de
» la patrie, pour la défense de notre souverain
» et l'honneur de notre religion ».

Le peuple répondit à cet appel; le tocsin sonna dans toutes les communes voisines; les campagnes se couvrirent d'hommes armés; prêts à venger les outrages qu'ils avoient reçus.

Dès que le général Augereau fut instruit de cette insurrection, il se hâta de l'étouffer; et marcha à la tête de sa division. Il somma les insurgés de déposer leurs armes dans trois heures, les menaçant, en cas de refus, de porter le fer et la flamme dans leurs habitations.

Les insurgés méprisèrent cette menace, et se disposèrent à une défense courageuse et obstinée. Ils attendirent, dans une embuscade, un corps de cavalerie qu'on leur envoyoit, le surprirent, le mirent en déroute, tuèrent quelques cavaliers, portèrent leurs têtes au bout des piques, et les exposèrent à la porte de leur hôtel-de-ville.

Le baron Capelleti, chargé d'affaires d'Espagne, s'efforça en vain de ramener les esprits et de faire poser les armes aux insurgés; toute idée de conciliation fut repoussée, et l'armée italienne marcha au devant de l'armée française, résolue de vaincre ou de périr. Le combat fut sanglant et opiniâtre. Les Français avoient des forces imposantes en infanterie et en cavalerie; leur artillerie étoit bien servie et bien pourvue. Après trois heures d'une lutte acharnée et terrible, le désordre se mit dans les bataillons insurgés, une partie fut taillée en pièces, l'autre chercha son salut dans la fuite. Les Italiens avoient perdu près de douze cents hommes; les Français en laissèrent deux cents sur le champ de bataille. La ville fut cernée, prise d'assaut, livrée au pillage et à toutes les horreurs de la guerre ; tout ce qu'on trouva d'hommes en état de porter les armes fut impitoyablement massacré : à peine épargna-t-on les femmes et les enfans. Les effets pillés furent vendus à l'encan.

Cette expédition achevée, le général Augereau retourna au quartier-général de Bologne, et y fit une proclamation ; elle portoit :

« Toute personne qui dans vingt-quatre heures n'aura pas déposé ses armes, sera fusillée ;

« Toute ville ou village où l'on trouvera un français assassiné, sera livrée aux flammes ;

« Tout habitant convaincu d'avoir tiré sur un français, sera fusillé, et sa maison brûlée.

« On brûlera également tout village qui s'armera ; enfin tout chef d'attroupement sera puni de mort ».

Ces horribles vengeances ne servaient qu'à rendre de plus en plus odieux le nom des Français. Buonaparte, en racontant ce cruel événement, en dénatura presque toutes les circonstances. Il calomnia les prêtres (1), les nobles,

---

(1) Je n'ai point rapporté une anecdote dont Buonaparte a embelli une de ses lettres au directoire. En rendant compte de ses premières opérations contre Mantoue, il annonce que ses soldats ont eu le bonheur de sauver une jeune et déplorable victime du fanatisme religieux :

les moines, les aristocrates. C'étoient eux qui, par leurs prédications incendiaires, leurs écrits séditieux, leurs déclamations fanatiques, avoient provoqué la révolte. Il accusa les insurgés d'avoir attiré un officier parlementaire dans une embuscade, et de l'avoir lâchement assassiné. Il ne parla ni de la proclamation du général Au-

---

« Lorsque le faubourg Saint-Georges fut au pouvoir
» des Français, dit-il, des soldats entrèrent dans un cou-
» vent de religieuses, qui s'étoient sauvées parce que
» leur maison étoit exposée aux coups de canon. A peine
» entrés, ils entendirent des cris ; ils accoururent dans
» une basse-cour, enfoncèrent une méchante cellule, et
» trouvèrent une jeune personne assise sur une mauvaise
» chaise, les mains garottées par des chaînes de fer. Sa
» physionomie annonçoit vingt-deux ans ; elle étoit de-
» puis quatre ans dans cette triste situation, pour avoir
» voulu s'échapper, et obéir à l'impulsion de la nature et
» à celle de son cœur, à l'âge et dans le pays de l'amour.
» Les grenadiers en prirent un soin particulier ; elle
» montra beaucoup d'intérêt pour les Français. Elle avoit
» été belle, et joignoit à la vivacité du climat la mélanco-
» lie du malheur, qui la rendoit intéressante. Toutes les
» fois qu'il entroit quelqu'un, elle paroissoit inquiète. On
» apprit bientôt qu'elle craignoit le retour de celles qui
» avoient violé en elle les plus sacrés des droits. Elle de-
» manda en grâce à respirer l'air pur ; comme on lui ob-
» serva que la mitraille pleuvoit autour de la maison :
» Ah ! dit-elle, mourir c'est rester ici » !

géreau, ni des massacres opérés dans la Romagne. C'étoit à ses yeux une simple correction qui avoit produit l'effet le plus salutaire et rétabli partout l'ordre et la tranquillité.

Le directoire célébroit à Paris ces déplorables et sanguinaires dévastations comme autant de victoires et de triomphes. On se glorifioit de ces

---

Tout ce récit ne paroît qu'une fable ajoutée à un bulletin assez insignifiant, pour lui donner quelque intérêt. Buonaparte connoissoit mieux qu'un autre l'art d'entretenir la crédulité du peuple, et d'en profiter. L'aventure de la religieuse devoit exciter une vive indignation contre les couvens; et comme il s'agissoit de les piller et de les détruire, rien n'étoit plus à propos que de disposer les esprits aux violences qu'on se préparoit à exercer. C'étoit une idée assez répandue dans le peuple que l'intérieur de chaque couvent recéloit une prison souterraine, dans laquelle on enterroit tout vifs les religieux ou les religieuses dont on étoit mécontent. On appeloit ces tombeaux des *vade in pace*, et l'on supposoit qu'on n'y laissoit aux victimes pour toute ressource qu'un pain et un peu d'eau, avec lesquels ils soutenoient encore leur vie pendant quelques jours; après quoi ils mouroient. La révolution a ouvert tous les couvens; les officiers municipaux de toutes les communes, les patriotes de toutes les sectes, les ont parcourus, examinés à loisir. Il n'en est pas un seul dans lequel on ait trouvé ces prétendus *vade in pace*.

Mais pour Buonaparte il ne s'agissoit pas de dire la vérité, il s'agissoit de faire impression.

horribles attentats ; et lorsque l'ex-bénédictin Poultier, qui rédigeoit un journal intitulé l'*Ami des Lois*, qu'on auroit bien plus justement appelé l'*Ami de l'Anarchie*, apprit que les Français étoient entrés à Vérone, il écrivit, avec un fanatisme révolutionnaire : *La terreur est à l'ordre du jour, depuis les Alpes jusqu'au mont Aventin.*

Elle l'étoit également dans l'intérieur de la France. Les jacobins conspiroient en faveur de la démocratie ; les royalistes conspiroient en faveur de la monarchie ; et le directoire conspiroit contre tout le monde. Haï de tous les partis, fatigué des attaques qu'on lui livroit tous les jours, il s'abandonnoit à des actes de tyrannie, et la signaloit surtout contre les émigrés et les prêtres ; on ne se contentoit pas d'assassiner, on demandoit leur extradition aux puissances voisines, pour les faire fusiller ou décapiter. A Toulouse, deux femmes disputèrent au bourreau et obtinrent l'atroce jouissance de guillotiner un de ces malheureux gentilshommes.

Tant de cruautés rendoient les Français insensibles aux triomphes de leurs armées, et l'on faisoit peut-être plus de vœux pour les Autrichiens que pour la république.

CHAPITRE X.

Revers des Français; Prise de Vérone, de Brescia; siége de Peschiera, par les Autrichiens; Mouvemens en Italie; Inquiétudes du Directoire; Levée du siége de Mantoue; Bataille de Castiglione; Victoire des Français.

LE maréchal Wurmser venoit de rassembler, dans le Tyrol, des forces considérables. Son armée, l'élite de l'armée du Rhin, réunie à celle du général Beaulieu, formoit un corps de près de cinquante mille hommes. L'armée française, étendue sur une ligne immense, s'étoit encore affoiblie par une suite de combats meurtriers. Les gazettes ennemies évaluoient à vingt-six mille hommes les pertes qu'elle avoit éprouvées depuis le 28 mai jusqu'au 7 du mois de juin. On supposoit également que les tentatives qu'elle avoit faites sur l'Adige lui coûtoient quinze mille hommes. Ces calculs étoient évidemment exagérés; mais en les réduisant à moitié, ces pertes étoient encore énormes. On étoit obligé d'entretenir des garnisons à Livourne, à Ferrare, à Urbin, à Vérone, enfin dans toutes les places fortes dont on s'étoit emparé : le siége de Mantoue occupoit une partie de nos forces.

L'Italie, gémissant sous un joug de fer, jetoit les yeux sur le maréchal Wurmser, comme sur un libérateur, et n'attendoit qu'un moment favorable pour repousser la tyrannie de la liberté. Ce général, blanchi dans les travaux de Mars, montroit, dans un corps vieilli par les ans, toute l'ardeur d'une âme jeune et forte, aidée de soixante ans d'expérience.

Il commença par établir des lignes fortifiées avec beaucoup de soin entre la tête du lac de Garda et l'Adige, et se disposa ensuite à prendre l'offensive. Les Français, accoutumés à la victoire, vinrent l'y attaquer et obtinrent d'abord quelques succès. Un détachement d'infanterie, commandé par le chef de bataillon Marchand, le tourna par sa droite, escalada les hauteurs, parvint à lui tuer une centaine d'hommes, lui fit deux cents prisonniers, et lui enleva des bagages.

Un autre chef de bataillon eut le même succès à la gauche; les Autrichiens surpris abandonnèrent une partie de leurs retranchemens, et se concentrèrent sur des positions plus fortes.

Avant cette attaque, Buonaparte avoit adressé aux Tyroliens une proclamation insidieuse, dans laquelle il annonçoit qu'il ne marchoit que pour forcer la cour de Vienne à la paix ; que c'étoit la cause même des Tyroliens qu'il venoit défendre ; que, si la nation française aimoit et respectoit tous les peuples, elle aimoit plus particulièrement encore les habitans simples et vertueux des montagnes. Il promettoit, de la part de l'armée, la discipline la plus sévère, l'amitié la plus fraternelle. Mais il annonçoit en même temps que, si les habitans du Tyrol étoient assez peu éclairés sur leurs intérêts pour prendre part à cette guerre, les Français seroient terribles comme le feu du ciel ; qu'ils brûleroient les maisons, dévasteroient les campagnes, couvriroient le pays de cendres et de ruines.

Cette proclamation artificieuse et menaçante ne produisit aucun effet. C'étoit une arme qui commençoit à s'user ; et les Tyroliens, peuple fidèle et franc, savoient d'avance ce que c'étoit que l'amour et le respect de Buonaparté pour les *habitans simples et vertueux des montagnes*. L'exemple de la Suisse et celui de l'Italie parloient assez haut. Ils restèrent attachés à leur souverain, et coururent aux armes pour repousser l'ennemi commun.

Soutenu de la volonté de ces peuples belliqueux, Wurmser se présenta brusquement devant la ligne française, et l'attaqua sur tous les points; les positions étoient défendues par de nombreuses batteries qui les rendoient formidables. L'aassaut fut terrible, la défense ne le fut pas moins; des deux côtés, l'artillerie causoit d'horribles ravages. Pendant plusieurs heures, la victoire parut indécise; enfin le général autrichien l'emporta. Les retranchemens furent forcés; l'armée républicaine fit des prodiges de valeur; on se battit corps à corps, à l'arme blanche; le carnage fut horrible. Pour la première fois la fortune trahit les bataillons qu'elle avoit toujours protégés. Les Français, rompus sur tous les points, furent réduits à la retraite. On estima notre perte à près de quinze mille hommes tués ou faits prisonniers; presque tous les canons des batteries tombèrent entre les mains de l'ennemi. En même temps, une flotille autrichienne, venue de Trente par le lac de Garda, attaqua Salo; un détachement d'environ trois mille hommes se porta sur Brescia; les deux places se rendirent, et les garnisons restèrent prisonnières de guerre. Déjà des partis de hulans débordoient toutes nos positions, et poussoient leurs courses jusques aux portes de Milan. Vérone, Porto-Legnano, Ferrare, etc., avoient été abandonnés précipitamment. Toute l'armée française étoit en déroute; et les Autrichiens la poursuivoient vivement.

Buonaparte vit le danger de sa position, en mesura toute l'étendue, et ne se laissa point abattre. Un seul jour pouvoit lui ravir le fruit de trois mois de victoires. La renommée, qui sème avec la même activité les bonnes et les mauvaises nouvelles, portoit partout le bruit de ses défaites. L'Italie s'agitoit de toutes parts ; Paris étoit dans l'attente ; le directoire, abhorré de tous les partis, frémissoit, et les hommes fidèles à la monarchie commençoient à reprendre de l'espérance.

Dans cette extrémité, Buonaparte sauva l'armée par par un coup de génie. Il lève subitement le siége de Mantoue, abandonne devant la place toute son artillerie, et donne à ses généraux l'ordre de venir le joindre à la hâte.

Il étudie la position et les mouvemens de l'ennemi ; il voit les forces autrichiennes séparées par un assez grand intervalle, forme le projet de les attaquer séparément, se jette d'abord sur Brescia, emporte cette place, revient sur le maréchal Wurmser, qui croyoit le poursuivre, et lui présente la bataille.

Le général Masséna étoit au centre, le général Guieux commandoit la gauche, le général Augereau la droite. Wurmser prévient l'armée française, et se précipite sur l'avant-garde de Masséna, l'enveloppe, enlève trois pièces de canon, fait prisonnier l'officier qui commande ce corps, et étend sa ligne pour cerner les Français. Buonaparte saisit cette occasion, forme la dix-huitième demi-brigade en colonne serrée, attaque à son tour, enfonce l'ennemi, disperse ses rangs, reprend son artillerie et le général d'avant-garde. Les Autrichiens veulent opérer leur retraite sur le Mincio; Buonaparte prévoit leur dessein, dépêche son aide-de-camp Junot, à la tête de la compagnie des guides, pour gagner l'ennemi de vitesse, et le forcer à se jeter sur Salo. Junot rencontre le colonel Bender avec une partie de son régiment de hulans; il le dépasse, et l'attaque en front; lui-même, en se jetant avec trop d'ardeur au milieu des ennemis, se trouve enveloppé; il se défend avec une bravoure héroïque, abat à ses pieds six cavaliers, reçoit six coups de sabre, et tombe dans un fossé; mais le reste des hulans est battu par les guides, et se retire sur Salo. Déjà cette place étoit occupée par les Français. La division autrichienne se trouve sans ressource, et se précipite dans les montagnes.

En même temps le général Augereau s'avance sur Castiglione, s'empare de cette position, livre et soutient des combats opiniâtres, et triomphe partout. Rien ne tient contre l'invincible ardeur des légions françaises.

L'ennemi avoit déjà perdu vingt pièces de canon, deux mille hommes tués ou blessés, trois ou quatre mille prisonniers; mais la victoire de l'armée républicaine n'étoit pas encore assurée. Elle avoit elle-même éprouvé des pertes considérables. Trois chefs de brigade étoient restés sur le champ de bataille. Le général Dallemagne, après de brillans succès, avoit été enveloppé de toutes parts et réduit à se faire jour à travers les rangs autrichiens.

L'activité de Buonaparte suffisoit à peine contre la constance et l'habileté du maréchal Wurmser. C'étoit un spectacle curieux de voir un vieux capitaine octogénaire lasser en quelque sorte l'infatigable jeunesse d'un guerrier de vingt-huit ans.

Il rassemble un corps de vingt-cinq mille hommes, une cavalerie nombreuse, et se dispose à tenter encore le destin. De son côté, Buonaparte réunit toutes ses colonnes, et fait un mouvement rétrograde pour attirer les Autrichiens à lui, et faciliter au général Serrurier le moyen de tourner la gauche du maréchal Wurmser. Ce mouvement réussit au-delà de ses espérances. L'ennemi avoit une ligne formidable et beaucoup d'artillerie; il hésite s'il attaquera. Le général français fixe bientôt son irrésolution. L'aîle droite, la cavalerie, et dix-huit pièces d'artillerie légère attaquent la gauche des Autrichiens; le centre et la gauche de l'armée française marchent sur un déploiement de plus d'une lieue : les avant-postes de l'ennemi sont culbutés; la colonne du général Serrurier se montre derrière l'aile gauche autrichienne; le maréchal Wurmser, se voyant pris à revers, ordonne la retraite; on le poursuit jusqu'au Mincio; on lui fait huit cents prisonniers, on lui enlève quinze pièces de canon et cent vingt caissons de munitions. L'armée française passe le fleuve et fait lever le siége de Peschiera.

Ce triomphe n'avoit pas été obtenu sans fatigue et sans danger. Pendant huit jours toute la cavalerie, généraux, officiers et soldats, avoit été sur pied. Les hommes et les chevaux étoient excédés; mais l'amour de la gloire et la nécessité de vaincre soutenoient leur courage.

Ce fut au milieu de ces mouvemens que Buonaparte se signala par un de ces traits de présence d'esprit et d'audace, dont l'histoire n'offre qu'un petit nombre d'exemples. Il s'étoit porté de sa personne à Lonado pour surveiller l'attaque d'une division ennemie postée à Salo. Tout à coup un parlementaire se présente, et déclare que la gauche de l'armée française est cernée;

qu'il vient la sommer de se rendre. Buonaparte réfléchit un instant; éclairé par un trait de lumière, il conçoit qu'il ne peut être attaqué à Lonado que par la division qui avoit été coupée et forcée de se jeter dans les montagnes; il prend son parti aussitôt, et faisant débander les yeux au parlementaire : « Allez annoncer, lui » dit-il, à ceux qui vous envoient, que vous » avez vu le général en chef au milieu de l'ar- » mée française. C'est vous qui êtes prisonniers, » et si votre corps ne se rend dans huit minutes, » et s'il brûle une seule amorce, je fais tout fu- » siller ». Le parlementaire étonné peut à peine croire ce qu'il voit, et retourne à son corps. Le chef de la colonne ennemie demande à être entendu; il propose une capitulation. —Non, répond Buonaparte, et il fait sur-le-champ avancer ses grenadiers; le général ennemi effrayé se rend. En huit minutes, quatre mille hommes rangés en bataille, avec quatre pièces de canon et trois drapeaux, déposent les armes, et se livrent entre les mains des Français.

Ce combat de Castiglione est peut-être de tous les faits d'armes de Buonaparte celui qui l'honore davantage : courage, présence d'esprit, activité, génie militaire, il déploya tout dans cette grande et mémorable circonstance. La moindre hésitation, la faute la plus légère, perdoit l'armée française : le talent d'un seul homme la sauva.

Il est vrai que le courage, l'habileté et le dévouement de ses officiers généraux, le secondoient puissamment. Augereau, Masséna, Marmont, Dallemagne, etc., se distinguèrent par des traits d'héroïsme, dont aucune autre armée ne donnoit d'exemple. C'étoit une pépinière d'habiles et audacieux capitaines. Le général Berthier servoit du bras et du conseil, et le général Serrurier, qui commandoit le corps de réserve, arriva si à propos sur les derniers rangs de l'ennemi, qu'il mit le désordre et l'effroi dans toute l'armée.

Wurmser étoit loin de trouver les mêmes ressources dans ses généraux. Le baron de Liptay avoit reçu ordre de s'emparer de Castiglione. Mal instruit par ses coureurs, il se mit en marche de grand matin, ignorant que le général Augereau étoit entré la veille dans cette place.

Une partie des Français occupoit la ville, l'autre s'étoit rangée à quelque distance, dans une plaine où elle sembloit attendre l'heure du combat. Le général avoit enjoint à ses soldats de ne laisser sortir aucun des habitans, de se tenir eux-mêmes cachés, et de ne se montrer que quand les Autrichiens seroient entrés.

Ses ordres furent ponctuellement exécutés ;

le baron de Liptay marchoit dans une sécurité profonde. Un espion lui rapporte que les Français ont évacué Castiglione pendant la nuit, dans la crainte d'y être attaqués, et qu'il n'en reste pas un seul dans la ville ; le général autrichien, sans autre information, entre dans la place, et n'y rencontre pas un seul ennemi. Les habitans paroissoient ensevelis dans un profond sommeil ; mais à peine ses troupes ont-elles pénétré dans l'intérieur des rues, que les Français postés sur les toits, et embusqués dans des lieux couverts, font de toutes parts sur eux un feu terrible et meurtrier ; les Autrichiens veulent fuir, se rallier et se venger ; la mort les suit partout ; chaque rue offre les mêmes dangers, et recèle les mêmes ennemis.

Le massacre dura plus d'une heure, et peut-être ne seroit-il pas échappé un seul des ennemis, si le reste de la colonne française eût pu arriver à temps pour les achever.

Cette défaite décida du sort de la campagne. Le maréchal Wumser venoit de perdre tous ses avantages aussi rapidement qu'il les avoit obtenus. Cinq jours de combat lui coûtoient douze mille hommes (1).

---

(1) Le rapport de Buonaparte fait monter la perte des Autrichiens à quinze mille prisonniers, six mille hommes

Dans cette détresse, il prit le parti de jeter des renforts considérables dans Mantoue, et de gagner les gorges du Tyrol. Cependant ses disgrâces n'étoient pas sans consolations. Il avoit pris aux Français toute leur artillerie de siége, et mis la forteresse de Mantoue en état de se défendre pendant plusieurs mois.

Le fruit de la victoire de Castiglione fut pour les Français la reprise de toutes les places qu'ils avaient abandonnées. Le général Masséna avoit fait lever le siége de Peschiera; le général Serrurier marcha sur Vérone, et y arriva au mo-

tués ou blessés, soixante-dix pièces de canon de campagne, tous les caissons, etc. Ce rapport est évidemment exagéré. Les forces du maréchal Wurmser ne s'élevoient pas à plus de cinquante mille hommes. Il auroit fallu, pour justifier les calculs du général français, qu'il eût perdu près de la moitié de son armée. Les opérations qu'il exécuta ensuite démontrent le contraire. On a remarqué aussi qu'en rendant compte du combat de Castiglione, Buonaparte avoit affecté de faire observer que les troupes du maréchal Wurmser étoient les mêmes qui, sur les bords du Rhin, s'étoient mesurées avec le général Moreau, et avoient plus d'une fois balancé la victoire. Dès lors, les trophées de ce grand homme commençoient à l'importuner. Il étoit bien aise de trouver l'occasion de rabaisser la gloire de son rival, pour élever la sienne propre.

ment même où l'arrière-garde autrichienne se disposoit à évacuer la ville. Le provéditeur demanda quelque temps pour ouvrir les portes ; Buonaparte les fit enfoncer à coups de canon, prit des bagages, et fit quelques prisonniers.

Il avoit besoin de ces nouveaux triomphes pour dissiper les orages qui commençoient à se former contre lui. On voyoit avec inquiétude s'élever dans les rangs des jacobins un homme dont les talens et le caractère pouvoient menacer un jour la liberté publique ; on ne trouvoit point dans ses actions cette grandeur d'âme, cette générosité, cette modestie, qui distinguent éminemment les hommes nés pour la gloire et le bonheur de leurs semblables. Ses rapines, ses cruautés, la prodigalité avec laquelle il versoit le sang humain, inspiroient de justes alarmes.

On n'osoit point encore l'attaquer de front ; mais on lui portoit quelques coups détournés, qui tendoient à miner sourdement l'édifice de sa réputation. On lui adressa, dans un papier public, sous le nom de Montesquieu, l'avis suivant :

Montesquieu à Buonaparte.

« Les conquêtes sont aisées à faire, parce
» qu'on les fait avec toutes ses forces. Elles

» sont difficiles à conserver, parce qu'on ne les
» défend qu'avec une partie de ses forces.

» Dans les conquêtes, il ne suffit pas de
» laisser à la nation vaincue ses lois; il est peut-
» être plus nécessaire de lui laisser ses mœurs,
» parce qu'un peuple connoît, aime et défend
» toujours plus ses mœurs que ses lois.

» Les Français ont été chassés neuf fois de
» l'Italie, à cause, disent les historiens, de leur
» insolence envers les femmes et les filles. C'est
» trop pour une nation d'avoir à souffrir la
» fierté du vainqueur, et encore son inconti-
» nence, et encore son indiscrétion sans doute
» plus fâcheuse, parce qu'elle multiplie à l'in-
» fini les outrages » (1).

---

(1) On publia aussi dans le *Journal de Paris* quelques articles qui méritoient de fixer l'attention ; l'un étoit intitulé : *D'un grand changement survenu dans les rapports du gouvernement avec les généraux et les commissaires qui les suivent.*

L'auteur demandoit pourquoi les trois généraux français qui avoient voulu faire marcher leurs troupes contre ce qu'ils regardoient comme une faction dans le gouvernement, avoient été abandonnés par elles, quelque attachées qu'elles leur fussent par l'estime, la confiance et la communauté des périls et de la gloire ; et il répondoit :

« C'est parce que pendant tout le règne du papier-
» monnaie, les gouvernans étoient assis non-seulement

Bientôt des reproches plus graves, des accusations plus sérieuses, éclatèrent contre le vainqueur d'Italie. On parloit hautement de ses projets d'indépendance, des trésors énormes qu'il accumuloit, de la fortune scandaleuse du commissaire Salicetti, des dilapidations de tous les genres sous lesquelles gémissoient les peuples vaincus; on s'entretenoit ouvertement d'une conjuration dont Buona-

---

» sur le coffre-fort, mais sur le puits d'où se tiroient
» tous les moyens de dépenses. Ils avoient, outre la fa-
» cilité de résister aux plus violentes attaques, le moyen
» d'exercer la plus complète oppression. D'amples
» effusions d'assignats ont suffi pour débander le Calva-
» dos et désorganiser le Midi insurgés. Il suffit aux trou-
» pes de ligne de voir d'où vient leur solde pour qu'elles
» se disent : *Nous ne marcherons pas contre le gouver-*
» *nement.* Ça donc été une grande folie à ces trois géné-
» raux de vouloir imiter Sylla, Marius, César, et fran-
» chir le Rubicon.

» Pourquoi Marius, César, Sylla, ont-ils réussi à faire
» marcher leurs troupes contre Rome ? La réponse à
» cette question nous ramène à des circonstances fort
» semblables à celles où nous nous trouvons : c'est que
» leurs troupes occupoient des pays envahis ; c'est qu'ils
» étoient enrichis des dépouilles qu'ils avoient arrachées ;
» c'est que l'argent, au lieu d'aller du sénat aux armées,
» venoit des armées au sénat ; c'est que les généraux et
» les questeurs, par les mains de qui il passoit, étoient

parte devoit être le chef, et dans laquelle devoient entrer Sieyes, Barras, Tallien, Fréron, Legendre, et l'on assuroit que le but de ce complot étoit de renverser le directoire, et d'appeler sur le trône un prince de la maison de Bourbon. On citoit à ce sujet une lettre de madame de S..., aujourd'hui madame de G..., dans laquelle elle reconnoissoit que l'héritier légitime de la couronne étoit à la vérité Louis XVIII; mais

---

» les maîtres de s'en servir contre Rome ; c'est que les
» généraux avoient tout, le gouvernement rien ; qu'ils
» nourrissoient les soldats, et que les soldats et les géné-
» raux disoient : Nous nourrissons le gouvernement.

» Revenons maintenant sur nous-mêmes. Nous n'a-
» vons plus de ressources dans le papier-monnaie ; nous
» n'avons point encore de contributions régulières. Tou-
» tes nos finances sont dans les fruits de la guerre, dans
» les impôts levés sur les vaincus; nos généraux sont les
» trésoriers de la nation, et leurs coffres la trésorerie na-
» tionale. Voilà un gouvernement dans le cas de dire :
» *Envoyez-moi de l'argent*, au lieu de dire : *Je vous en-*
» *voye, ou je vous refuse de l'argent.* »

» La présence d'un commissaire civil près chaque ar-
» mée ne suffiroit pas pour prévenir les abus, si le géné-
» ral étoit capable d'en commettre. Un général peut si
» facilement faire de son surveillant son conseil ou sa vic-
» time ! Ce sujet s'étend beaucoup quand on le consi-
» dère de près.... ». C'étoit M. Rœderer qui osoit faire ces observations.

en insinuant adroitement qu'un autre prince avoit par ses qualités et ses talens bien des droits à l'intérêt des Français (1). Ce prince étoit à Altona ; ses frères gémissoient encore dans les prisons de Marseille ; le directoire les fit embarquer pour Philadelphie, et invita le frère aîné à suivre cet exemple. Le prince obéit, et fit constater son embarquement à Hambourg.

Ces actes indiquoient suffisamment les inquiétudes du gouvernement. Il ne voyoit pas sans effroi à la tête d'une armée puissante et victorieuse un jeune guerrier plein d'ambition et d'audace, entouré de jeunes guerriers comme lui, qui pouvoient, quand ils voudroient, se partager l'empire ; mais cet effroi même rendoit ses démarches timides et incertaines. Il craignoit également de laisser le pouvoir à Buonaparte, et n'osoit le lui retirer. Enfin,

---

(1) On entreprit néanmoins de justifier les intentions de madame de G. ; on faisoit observer qu'en louant les nobles qualités de son élève, elle lui refusoit celles qui sont nécessaires à un *prince* qui veut jouer le rôle difficile d'*usurpateur* ; elle alléguoit à son ambition toutes les raisons capables de l'étouffer, à son patriotisme tous les motifs propres à le nourrir. Mais des interprètes moins bienveillans ne voyoient dans ce langage que des vues plus adroites, une dissimulation plus profonde.

après de longues irrésolutions, on convint de le rappeler, et de lui substituer le général Hoche. Ce général venoit de pacifier la Vendée ; il étoit aimé de l'armée, et passoit pour très-attaché à la république ; mais au moment où le directoire pensoit à lui, les revers de l'armée d'Italie venoient d'être réparés avec un éclat qui ajoutoit encore à la gloire de Buonaparte. Il envoyoit à Paris des drapeaux, des coursiers magnifiques, et surtout des sommes considérables, fruits précieux de la victoire. L'enthousiasme des soldats pour lui étoit à son comble. Le directoire prit le parti de dissimuler, reçut les présens avec l'appareil accoutumé, parla des victoires de Buonaparte, de ses talens et de sa fidélité, sans laisser apercevoir le moindre soupçon, et chercha à couvrir des ombres du secret la délibération qu'il venoit de prendre.

Mais Buonaparte avoit trop d'affidés à Paris pour n'être pas instruit de tout ce qui s'y faisoit, et les journaux, attachés à sa cause, parlèrent de son rappel comme d'une trahison et d'une calamité publique ; il se plaignit hautement et accusa de sa disgrâce les amis de l'Autriche. Le directoire, effrayé, se hâta d'apaiser son général, et de calmer l'inquiétude de l'armée par un désaveu formel.

« Général, lui écrivit-il, le directoire n'a
» qu'à se louer de l'infatigable activité avec la-
» quelle vous combattez les ennemis de la li-
» berté. Il partage avec tous les vrais amis de
» leur patrie l'admiration qu'inspirent les
» grands talens militaires que vous déployez;
» il voit avec indignation la perfidie avec la-
» quelle des folliculaires coalisés se sont permis
» d'attaquer la loyauté, la constante fidélité
» de vos services. Il se doit à lui-même le dé-
» menti formel qu'il donne aux absurdes ca-
» lomnies que leur a fait hasarder le besoin
» d'entretenir la malignité par quelques récits
» qui puissent l'aiguillonner, et faire lire leurs
» productions.

» Non, citoyen général, jamais les amis de
» l'Autriche n'ont pu prévenir le directoire
» contre vous, parce que les amis de l'Autri-
» che n'ont ni accès ni influence au direc-
» toire; parce que le directoire connoît vos
» principes et votre attachement inviolable à
» la république. Non, jamais il n'a été ques-
» tion de votre rappel; jamais le directoire,
» jamais aucun de ses membres n'a pu penser
» donner un successeur à celui qui conduit
» si glorieusement les républicains à la vic-
» toire.

» Le folliculaire, qui voulant avoir l'air de

» vous défendre, ose dire qu'il avoit connois-
» sance de l'intrigue ourdie contre vous, et
» dont une affaire d'argent n'étoit que le pré-
» texte, ce folliculaire en impose, il trompe
» le public, et il est évidemment indigne de
» sa confiance. S'il a connoissance d'une in-
» trigue, qu'il la découvre, qu'il la fasse con-
» noître au directoire. Vous avez, citoyen
» général, la confiance du directoire. Les
» sommes considérables que la république doit
» à vos victoires, prouvent que vous vous oc-
» cupez tout à la fois de la gloire et des inté-
» rêts de votre patrie. Tous les bons citoyens
» sont d'accord sur cet objet. Vous n'aurez pas
» de peine à abandonner les jactances, les ca-
» lomnies des autres au mépris qu'elles mé-
» ritent par elles-mêmes, et plus encore par
» l'esprit qui les dirige ».

Après avoir écrit cette lettre, le directoire ne se crut pas encore en sûreté ; il appela à son secours le général Hoche, et obtint de lui un acte public pour lui servir de garantie. On imprima dans tous les papiers publics une lettre du général au ministre de la police :

« Des hommes qui, cachés ou ignorés pen-
» dant les premières années de la fondation de
» la république, n'y pensent aujourd'hui que
» pour trouver les moyens de la détruire, et

» n'en parlent que pour calomnier ses plus
» fermes appuis, répandent depuis quelques
» jours les bruits les plus injurieux à l'armée
» et les plus absurdes contre un des officiers
» généraux qui la commandent. Ne leur est-il
» donc pas suffisant, pour parvenir à leur but,
» de correspondre ouvertement avec la horde
» conspiratrice résidant à Hambourg ? Faut-il,
» pour obtenir la protection des maîtres qu'ils
» veulent donner à la France, qu'ils avilissent
» les chefs des armées, les meilleurs amis du
» gouvernement ?

» Pourquoi donc Buonaparte se trouve-t-il
» l'objet de la fureur de ces messieurs ? Est-ce
» parce qu'il a abattu leurs amis et eux-mêmes
» en vendémiaire ? Est-ce parce qu'il dissout
» les armées des rois, et qu'il fournit à la ré-
« publique des moyens de terminer cette hono-
» rable guerre ? Ah ! brave jeune homme, quel
» est le militaire républicain qui ne brûle du
» désir de t'imiter ? Courage ! courage ! Buo-
» naparte ! Conduis à Naples, à Vienne, nos
» armées victorieuses ; réponds à tes ennemis
» personnels en humiliant les rois, en don-
» nant à nos armes un lustre nouveau ; laisse-
» nous le soin de ta gloire, et compte sur
» notre reconnoissance.

» J'ai ri de pitié en voyant un homme, qui,

» d'ailleurs, a beaucoup d'esprit, annoncer
» des inquiétudes, qu'il n'a pas, sur tous les
» pouvoirs accordés aux généraux français.
» Vous les connoissez à peu près tous, citoyen
» ministre. Quel est donc celui qui, en admet-
» tant même qu'il ait assez de pouvoir sur son
» armée pour la faire marcher contre le gou-
» vernement, quel est celui, dis-je, qui ja-
» mais entreprendroit de le faire sans être sur-
» le-champ accablé par ses compagnons ? A
» peine les généraux se connoissent-ils ; à peine
» correspondent-ils ensemble ; leur nombre
» doit rassurer sur les desseins qu'on prête
» gratuitement à l'un d'eux ; ignore-t-on ce
» que peuvent sur les hommes, l'envie, l'am-
» bition, la haine : je puis ajouter, je pense,
» l'amour de la patrie et l'honneur ? Rassurez-
» vous donc, républicains modernes.

» Quelques journalistes ont poussé l'absur-
» dité au point de me faire aller en Italie pour
» arrêter l'homme que j'estime, et dont le
» gouvernement a le plus à se louer ; on peut
» assurer qu'au temps où nous vivons, peu
» d'officiers généraux se chargeroient de rem-
» plir les fonctions d'un gendarme ; bien que
» beaucoup soient disposés à combattre les fac-
» tions et les factieux, quel que soit au surplus
» le motif apparent de la révolte.

» Il me semble qu'un parti audacieux, mais
» sans moyens, voudroit renverser le gouverne-
» ment actuel, pour y substituer l'anarchie;
» qu'un second, plus dangereux, plus adroit,
» tente le même bouleversement pour redon-
» ner à la France la constitution boiteuse
» de 1791 ; qu'un troisième enfin, s'il sait
» prendre l'empire que lui donnent les lois,
» vaincra les deux autres, parce qu'il est com-
» posé de républicains vrais, laborieux et
» probes, dont les moyens sont les vertus et
» les talens, et qu'il compte au nombre de ses
» partisans tous les bons citoyens et les ar-
» mées qui n'auroient sans doute pas vaincu
» depuis cinq ans pour laisser asservir la pa-
» trie ».

Ces deux lettres étoient très-propres à désarmer le ressentiment du héros d'Italie. Mais, aux yeux des hommes éclairés, ce n'étoit que le manifeste humiliant de la foiblesse et de la pusillanimité du directoire ; on se demandoit comment le gouvernement français pouvoit perdre le sentiment de sa dignité, jusqu'à descendre dans l'arène avec les journalistes, et s'engager dans une sorte de pugilat en faveur d'un de ses généraux; on s'étonnoit de le voir employer les formules de la crainte et de l'adulation, au lieu du langage modéré, mais ferme d'une autorité bienveillante. L'intervention du général Hoche ne paroissoit pas moins déplacée, et loin de dissiper les bruits qu'on avoit répandus à son sujet, elle ne faisoit que les fortifier.

Ses menaces, ses invectives, le ton de hauteur qui régnoit dans sa lettre, étoient un sujet de scandale pour tous ceux qui croyoient qu'un général étoit tout à l'armée et rien dans l'état ; on tiroit de fâcheux présages pour l'avenir, de la timidité d'un gouvernement, qui, quelques mois après son institution, trembloit déjà devant ses généraux, et les mettoit dans la confidence de sa foiblesse, en les appelant à son secours.

Buonaparte étoit trop habile pour ne pas sentir tout l'avantage de sa position. Ses victoires sur les armées autrichiennes avoient commencé sa puissance ; mais l'abaissement du directoire achevoit son triomphe. Dès ce jour, il put se regarder comme l'arbitre des destinées de la France ; et s'il ne disposa pas pour lui-même des faisceaux républicains, c'est que la soumission et la conquête de l'Italie exigeoient encore quelques combats.

A peine la nouvelle des succès de l'armée autrichienne s'étoit-elle répandue, que déjà toute l'Italie étoit dans l'agitation. On se flattoit qu'enfin le ciel alloit mettre un terme aux maux qui désoloient la plus belle contrée de l'Europe. Des écrits patriotiques excitoient le peuple à seconder les vues du ciel, à reconquérir sa liberté, et à se venger de ses oppresseurs.

A Crémone, à Casal-Maggiore, et dans quelques autres lieux, on foula aux pieds la cocarde nationale. On poursuivit avec fureur les nouveaux apôtres de la liberté et de l'égalité; on les chassa jusque sur les rives du Pô, où ils furent contraints de s'embarquer pour se dérober à la vengeance publique : le commandant de Casal-Maggiore, fier républicain, s'y noya.

A Crémone, on proposa de conserver l'arbre de la liberté pour y pendre les patriotes. A Rome, dès qu'on apprit les revers de l'armée française, le Pape expédia le cardinal Mattei pour reprendre possession de Ferrare.

Mais déjà les idées républicaines avoient commencé à germer dans cette ville, et dans quelques autres. Elles se flattoient de recouvrer leur ancienne indépendance, et Bologne avoit envoyé auprès de Buonaparte le poëte Savioli, pour lui demander des lois et sa protection.

Quand on vit arriver le légat à Ferrare, on ne s'opposa point à son entrée. Le peuple parut soumis, quoique mécontent; mais quand il vit renverser les faisceaux de la république pour rétablir les armes pontificales, alors l'agitation commença à se manifester. La garde nationale se réunit, la municipalité marcha à sa tête, et les emblèmes de la puissance romaine disparurent de nouveau. Bientôt le bruit des victoires de l'armée française vint donner une nouvelle confiance aux républicains, et le légat effrayé se hâta de reprendre la route de Rome.

Cette ville étoit en proie à de bien plus vives agitations; trois commissaires français, étant sortis pour se promener dans le jardin de Médicis, une foule immense les entoura, et quelques hommes du peuple les insultèrent par des huées et des menaces. Deux autres commissaires, qui s'étoient arrêtés sur la place pour examiner la colonne Antonine, furent tout à coup assaillis par les cris des enfans et une grêle de pierres, qui les forcèrent à chercher une retraite. Le danger croissoit de rue en rue; on crioit : *Tuez, tuez, ce sont des commissaires français.*

Ces commissaires étoient singulièrement odieux au peuple. L'Italie ne voyoit qu'avec douleur les plus beaux monumens des arts passer entre les mains du vainqueur : c'étoit non-seulement sa gloire, mais sa richesse; c'étoit un fonds inépuisable de revenus. Ces statues, chefs-d'œuvres du génie, étoient comme autant de divinités protectrices dout elle ne pouvoit consentir à se séparer. Elle pleuroit la perte de ces hôtes antiques, que la main d'un vainqueur avide arrachoit de son sol natal pour les exiler sur un sol étranger (1). Plusieurs fois

---

(1) L'Italie osoit à peine faire ses réclamations. Les Français les firent pour elle. On publia dans le *Journal de Paris* des réflexions qui produisirent beaucoup d'effet.

« Est-il bien de l'intérêt de la France d'enlever à l'Ita-
» lie ses plus beaux monumens? Vous croyez que c'est
» servir les arts que de rassembler tant de modèles dans
» un seul muséum : c'est étouffer ces modèles ; c'est en
» anéantir les trois quarts pour l'honneur des autres:
» Quand cet Apollon, arraché du lieu où il existe depuis
» des siècles, sera apporté, voituré à Paris, sera-t-il en-
» core un dieu pour nos artistes? ne sera-ce pas un sim-
» ple meuble? Le ciel de l'Italie n'ajoute-t-il pas quelque
» chose à l'illusion? Est-ce bien mettre en sûreté l'inté-
» rêt des arts que de rassembler toutes leurs richesses
» dans une même enceinte? Les lois de la guerre auto-
» risent à prendre au peuple envahi tout ce qui est né-
» cessaire pour les subsistances de l'armée victorieuse,
» des contributions en argent, en nature, etc., mais non
» à lui ravir sa gloire et sa considération. Les monumens
» de l'Italie sont plus que sa gloire, ils constituent le
» fonds de sa richesse; ils rapportent autant que ses
» terres : ne gardant pas le territoire, pourquoi donc
» prendre les monumens? Sommes-nous sages, grands
» et généreux, quand nous désolons des peuples qu'il fal-

les envoyés français coururent risque de la vie ; enfin, le lieutenant Dandini, instruit de leur détresse, courut à leur secours, dissipa la foule, et parvint à les conduire au palais du gouverneur. Un autre Français fut sauvé par le courage d'un simple particulier, qui rassem-

---

» loit attirer à nos intérêts pour les enlever à ceux de
» l'Autriche ? ».

Ces réflexions étoient de la même main qui avoit fixé l'attention du gouvernement sur ses généraux ; elles furent vivement appuyées et reproduites par un grand nombre d'artistes français, qui présentèrent à ce sujet une pétition au directoire exécutif.

Citoyens directeurs,

« L'amour des arts, le désir de conserver leurs chefs-
» d'œuvres à l'admiration de tous les peuples, un intérêt
» commun à cette grande famille des artistes répandus
» sur le globe, nous amènent aujourd'hui devant vous.
» Nous craignons que cet enthousiasme qui vous pas-
» sionne pour toutes les productions du génie n'égare
» sur leurs véritables intérêts même leurs amis les plus
» ardens.

» Nous venons vous prier de peser avec maturité cette
» importante question, de savoir s'il est avantageux à la
» France et aux artistes en général, de déplacer de Rome
» les monumens d'antiquité et les chefs-d'œuvres de
» peinture et de sculpture qui composent les galeries et
» les musées de cette capitale des arts ; nous ne nous

bla quelques soldats, et le fit escorter jusqu'à l'hôtel où il logeoit.

Le gouvernement romain, effrayé de ces désordres, prit les mesures les plus promptes et les plus efficaces pour ramener la tranquillité. On ordonna des patrouilles dans toutes les rues, on arrêta un grand nombre de mutins, et l'un des chefs de l'insurrection fut condamné au dernier supplice.

Dans le même temps, Gênes éprouvoit des agitations semblables; on prétendoit depuis quelque temps que la Vierge avoit fait des miracles; on avoit vu pleurer ses images; dans quelques églises elles s'étoient spontanément transportées d'un lieu à un autre. Les esprits superstitieux interprétoient ces prodiges en faveur de l'Italie; c'étoit le présage de la défaite

» permettrons aucune réflexion sur ce sujet déjà soumis
» à l'opinion publique par de savantes discussions. Nous
» nous bornerons à demander qu'avant de rien déplacer
» de Rome, une commission soit nommée par l'Institut
» national, et formée partie dans son sein, partie en
» dehors, d'artistes et de gens de lettres, pour vous faire
» un rapport général sur cet objet ».

» C'est d'après ce rapport, où toutes les considérations
» seront discutées et pesées avec cette masse de réflexions
» et de lumières que comporte le développement d'un

des Français. Le courroux du ciel était apaisé; l'armée républicaine n'avoit été entre les mains de Dieu qu'un fléau dont il s'étoit servi pour châtier ses enfans rebelles. Il falloit maintenant seconder les vues du Très-Haut, en s'armant contre les ennemis de son culte et de ses ministres.

Au milieu de ces dispositions, si la ville de Milan se fût déclarée contre les Français, la situation de notre armée pouvoit devenir fort périlleuse. Cette ville étoit divisée en deux par-

---

» sujet si grand et si digne de vous, que vous prononce-
» rez sur le sort des beaux-arts dans les générations fu-
» tures.

» Oui, l'arrêté que vous prendrez va fixer à jamais
» leur destin, n'en doutez pas, et c'est ainsi que pour
» former les couronnes destinées à nos légions triom-
» phantes, vous saurez unir les lauriers d'Apollon aux
» palmes de la victoire et aux rameaux si désirés de l'ar-
» bre de la paix ».

Signés : Valenciennes; Lebarbier l'aîné; Moreau l'aîné; Bataille; David; Dumont, sculpteur; Meynier; Bence; Soufflot le Romain, architecte; Levasseur, graveur; Vien père; Julien; Fortin; Dufourny, architecte; Quatremère-Quincy; Le Sueur, sculpteur; Suvée; Perrou; Boisot, sculpteur; Colas, architecte; Fontaine, architecte; Lange, sculpteur; Vincent; Tassy; Roland, sculpteur; Percier, architecte; Legrand, architecte; Molinos, architecte; Clerisseau; Pajou; Berruer, sculpteur; Desoria; Michallon, sculpteur; Denon, graveur; Cassas; Moreau jeune; Lemonnier; Robert; Girodet.

tis; l'un, démocrate exagéré, ne vouloit que l'anéantissement de tous les ordres privilégiés, la confusion de tous les rangs. C'étoit lui qui avoit dicté les articles de cette constitution qu'on a cités plus haut; l'autre parti, plus sage, vouloit une liberté tempérée par les lois. Ce fut pour ce dernier que le directoire de France se déclara. Des commissaires, chargés de ses ordres, abrogèrent provisoirement la constitution démocratique, et rétablirent ainsi l'ordre dans la ville (1).

Dans le premier moment de nos revers, des symptômes de révolte s'étoient manifestés dans quelques quartiers, et l'on avoit été obligé de mettre la citadelle en défense; mais la municipalité et quelques personnages du premier ordre, qui avoient pris parti pour la révolution française, parvinrent, non-seulement à maintenir la tranquillité, mais déployèrent un zèle et une énergie qui sauvèrent la cause des républicains.

Napoléon sentit vivement le service qu'ils lui avoient rendu, et leur en témoigna sa reconnoissance dans une lettre où se montroit

---

(1) On verra bientôt cette même constitution démocratique rétablie par le directoire, sous des conditions et avec des formes encore plus acerbes qu'auparavant.

trop à découvert cet esprit de mensonge et d'orgueil qui l'a rarement abandonné.

Il les félicitoit d'être restés fidèles à la cause des Français, au moment où ils étoient forcés de battre en retraite ; il nioit les défaites de l'armée française, les victoires des Autrichiens, et soutenoit que cette retraite n'étoit qu'une ruse adroitement combinée pour détruire l'ennemi ; il leur promettoit sa protection, et leur annonçoit de nouvelles victoires ; mais en même temps il ordonnoit des levées dans toute la Lombardie, et fortifioit son armée de tous les hommes en état de servir (1).

---

(1). Ces levées se faisoient avec une extrême rigueur. On enlevoit de force les enfans à leurs parens, les laboureurs à leur charrue, les ouvriers à leurs ateliers ; on les faisoit marcher à la tête des colonnes, suivis de quelques pièces de canon, avec ordre d'y mettre le feu s'ils essayoient de fuir, ou s'ils refusoient d'avancer. C'étoit ainsi qu'on disposoit les esprits en faveur de la république française. Par la suite, Buonaparte imputa ces excès au directoire.

CHAPITRE XI.

Retraite des Autrichiens derrière la ville de Trente; reprise du siége de Mantoue; passage de l'Adige; bataille de Roveredo; prise de Trente; bataille de Bassano; Wurmser se retire dans Mantoue; nouveaux avantages des Français; nouvelle armée autrichienne sous le commandement du général Alvinzi.

Deux armées autrichiennes, commandées par des généraux habiles et expérimentés, venoient d'être détruites dans l'espace de quatre mois. Le maréchal Wurmser conservoit à peine la moitié des troupes amenées des bords du Rhin. Buonaparte, avec des forces supérieures, pouvoit lui enlever ses positions ou les tourner, et lui couper ainsi la retraite dans le Tyrol. Ce général fit dans cette occasion tout ce qu'on pouvoit attendre d'un homme habile et courageux. Après avoir brûlé une partie de la flotille qu'il avoit sur le lac de Garda, il se retira derrière la ville de Trente, et laissa les Français entièrement maîtres du lac.

Le pays qu'il occupoit offroit une infinité

de positions avantageuses ; il s'empara des défilés de San-Marco, réputés inexpugnables, et se fortifia au-delà de l'Adige, dans un camp retranché.

Ces mouvemens laissèrent aux Français le temps de prendre quelque repos, d'organiser leurs forces, et de préparer de nouveaux triomphes. On échangea de part et d'autre les prisonniers ; ceux de l'armée française se montoient à deux mille trois cents hommes, dont elle s'augmenta. Le général Sahuguet et le général D'Allemagne se portèrent sur Mantoue, s'emparèrent du pont de Governolo et de Borgoforte, tuèrent à l'ennemi cinq cents hommes, et le forcèrent de se jeter dans la place. Masséna marcha en avant et passa l'Adige. Augereau quitta Vérone, et gagna les hauteurs qui séparent du Tyrol les états de Venise. La division du général Vaubois se mit en mouvement, et quitta Storo à la gauche du lac de Garda.

Tout étoit prêt pour de nouveaux combats ; avant de les livrer, Buonaparte adressa aux Tyroliens une nouvelle proclamation :

« La supériorité des armes françaises est au-
» jourd'hui constatée. Les ministres de l'em-
» pereur, achetés par l'or de l'Angleterre, le
» trahissent ; nous ne passons sur votre terri-

» toire que pour obliger la cour de Vienne à
» se rendre au vœu de l'Europe désolée, et
» à entendre les cris de ses peuples. Nous ne
» venons pas ici pour nous agrandir; la nature
» a tracé nos limites au Rhin et aux Alpes,
» dans le même temps qu'elle a posé au Tyrol
» les limites de la maison d'Autriche (1).

« Tyroliens, quelle qu'ait été votre conduite
» passée, rentrez dans vos foyers. Quittez les
» drapeaux tant de fois battus, et impuissans
» pour vous défendre. Ce n'est pas quelques
» ennemis de plus que peuvent redouter les
» vainqueurs des Alpes et d'Italie; mais c'est
» quelques victimes de moins que la générosité
» de ma nation m'ordonne de chercher à épar-
» gner. Nous nous sommes rendus redoutables
» dans les combats, mais nous sommes les

---

(1) Peu de temps avant que Buonaparte prît le commandement de l'armée d'Italie, la question des limites de la France avoit vivement agité le gouvernement républicain. On comptoit alors deux partis, qui se traitoient l'un et l'autre de factions; la faction des vieilles limites, et la faction des nouvelles limites. Buonaparte tenoit pour les limites du Rhin. Il composa même à ce sujet un mémoire appuyé sur de fortes considérations de politique et d'art militaire. Buonaparte regardoit alors ces frontières comme les limites naturelles de la France : depuis, il crut que c'étoit le Niémen ou la Newa.

» amis de ceux qui nous reçoivent avec hos-
» pitalité.

« La religion, les habitans, les propriétés
» des communes qui se soumettront, seront
» respectés. Les communes dont les com-
» pagnies de Tyroliens ne seroient pas rentrées
» à notre arrivée seront incendiées. Les ha-
» bitans seront pris en otages, et envoyés en
» France. Lorsqu'une commune sera soumise,
» les syndics seront tenus de donner à l'heure
» même la note de ceux des habitans qui se-
» roient à la solde de l'empereur, et s'ils font
» partie des compagnies tyroliennes, on in-
» cendiera sur-le-champ leurs maisons, et on
» arrêtera leurs parens jusqu'au troisième de-
» gré, lesquels seront envoyés en otage. Tout
» Tyrolien, faisant partie des compagnies fran-
» ches, pris les armes à la main, sera sur-le-
» champ fusillé ».

Au moment même où il publioit cette proclamation, un de ses généraux avoit déjà gagné
les hauteurs de San-Marco; le général Victor
perçoit le grand chemin, le général Vaubois
attaquoit le camp retranché de Mari. La colonne du général Augereau tenoit en échec un
corps ennemi qui se dirigeoit sur Bassano, et
couvroit la droite de la division Masséna. L'ennemi, attaqué à la fois sur tous les points, se

retira à Roveredo. Le général Rampon s'avance entre cette ville et l'Adige; le général Victor pénètre dans l'intérieur de la place, et la parcourt au pas de charge; l'ennemi se replie de nouveau, s'embusque dans les défilés, en défend l'entrée avec bravoure, et se rallie à Calliano pour couvrir Trente et donner au quartier général le temps d'évacuer cette ville. Calliano est situé sur les bords de l'Adige, ce fleuve touche presque à des montagnes à pic, et forme une gorge étroite, fermée par un village et protégée par le château de la Pietra; les Autrichiens y avoient placé toute leur artillerie. Buonaparte et Masséna reconnoissent la position, elle est presque inexpugnable; mais nul obstacle n'arrête l'armée républicaine. Le général d'artillerie Dommartin trouve une position avantageuse et prend la gorge en écharpe; un corps de Français passe sur la droite; trois cents tirailleurs se portent sur les bords de l'Adige, soutenus d'une colonne serrée qui, l'arme au bras et par bataillons, perce le défilé. L'ennemi accablé par le feu de l'artillerie, effrayé de l'intrépidité des républicains, abandonne l'entrée de la gorge; la terreur gagne de rang en rang, et bientôt la fuite devient générale.

Six à sept mille prisonniers, vingt-cinq pièces

de canon, cinquante caissons, sept drapeaux, tels furent les fruits de la bataille de Roveredo, l'une des plus brillantes, des plus heureuses de cette campagne ; les Autrichiens perdirent en outre beaucoup de soldats tués ou blessés. De leur côté, les Français eurent à regretter la perte du général Dubois, qui ayant reçu l'ordre de faire avancer un régiment de hussards, et de poursuivre vivement l'ennemi, voulut diriger lui-même ce mouvement, et reçut trois balles qui le blessèrent mortellement. Le capitaine Le Marois, en voulant gagner la tête d'une colonne ennemie, et l'arrêter, fut lui-même enveloppé, jeté par terre, et blessé de plusieurs coups. Le chef de brigade du premier régiment fut tué.

La bataille avoit eu lieu le 3 septembre ; le lendemain, la ville de Trente ouvrit ses portes, et Buonaparte en prit possession au nom de la république. Tous les étrangers employés dans les fonctions publiques eurent ordre d'évacuer la ville dans les vingt-quatre heures. La même mesure fut appliquée aux chanoines qui n'étoient pas nés dans la ville. Tous les revenus, toutes les caisses furent saisis.

Le général Vaubois, à la tête de sa division, marchoit à la poursuite de l'ennemi, il l'atteignit derrière la rivière de Laricio, fit prisonniers cent hussards, et trois cents hommes d'infanterie. Toutes les divisions rivalisèrent de courage et d'activité; celle du général Augereau se porta sur la route de Bassano; Masséna se rendit au même point par Trente et Levico. L'ennemi s'étoit fortifié à Primolan, entre la Brenta et une suite de rochers; après un combat sanglant, il y est forcé, il se replie sur le château de Covelo; les Français l'y suivent; les braves soldats, dirigés par le général Augereau, gravissent les rochers; l'artillerie française fait un feu terrible, les portes du château sont enfoncées; l'ennemi est forcé de céder, il reprend une position à Cismone, il y est encore forcé; l'armée française n'est plus qu'à dix milles de Bassano; elle a fait quatre mille prisonniers, enlevé dix canons, quinze caissons et neuf drapeaux; elle avoit fait vingt lieues en deux jours.

Buonaparte, par la multiplicité de ses mouvemens, la rapidité de ses marches, étoit enfin parvenu à dérouter le vieux maréchal Wurmser. Ce général s'étoit persuadé que les Français marchoient sur Inspruck; il avoit envoyé une colonne à Vérone, pour menacer cette place, et faire craindre aux Français d'être tournés. Il le fut lui-même, et eut encore la douleur de perdre la bataille de Bassano. Si l'on en croit les Autrichiens, Wurmser fut mal servi par ses officiers, et l'or de Buonaparte lui fit encore plus de mal que le fer des républicains.

Le général autrichien avoit été instruit que Buonaparte avoit reçu du directoire l'ordre de se porter, par Inspruck, dans le Tyrol, pour inquiéter l'armée du prince Charles, et joindre ses opérations à celles du général Moreau. Il conçoit aussitôt le projet de lui faciliter ce passage, et de régler ses positions et ses mouvemens de manière à le tourner et le battre. Il partage son armée en deux corps; les deux tiers de ses forces se portent sur Bassano, l'autre reçoit l'ordre d'occuper Alla, sur la route de Vérone à Trente. Ce corps devoit disputer opiniâtrement le terrain aux Français, se retirer lentement dans le Tyrol, et livrer chaque jour de petits combats, pour fatiguer l'ennemi et retarder sa marche. Arrivée dans le Tyrol allemand, cette division devoit aussitôt faire sa jonction avec un corps de troupes de ligne et de chasseurs tyroliens, et faire face à l'ennemi, tandis que le maréchal Wurmser se porteroit lui-même en arrière de l'armée ennemie, et la mettroit ainsi dans une position périlleuse. Ce plan étoit celui d'un habile capitaine, il fut dérangé tout à coup par ceux du général Buonaparte. La division autrichienne, chargée d'occuper Alla, exécuta cet ordre avec fidélité, et s'établit sur les montagnes dans des positions très-avantageuses, où l'on pouvoit, pendant plusieurs jours, arrêter toute l'armée ennemie. Mais Buonaparte, au lieu de se diriger sur le Tyrol par Inspruck, marcha droit sur Bassano; il est présumable que l'avis donné au général Wurmser étoit une adresse de Napoléon lui-même, et qu'il chercha, par cette ruse, à tromper la prudence du vieux général autrichien.

Le 8 septembre, l'armée française part de Cismone, se rend à Sologna, où elle trouve un corps de troupes ennemies, qui occupoient des gorges à la droite et la gauche de la Brenta; le général Masséna marche sur la rive droite de la rivière, le général Augereau sur la rive gauche; le combat s'engage à sept heures du matin, l'ennemi surpris est bientôt mis en déroute; les hauteurs qu'il occupe sont enlevées, il se retire précipitamment sur Bassano; Augereau y entre par la gauche, Masséna par la droite; le maréchal y étoit tranquille avec sa caisse militaire, peu s'en fallut qu'il ne fût pris : une escouade de la compagnie des guides le poursuivit sans relâche; il ne rejoignit qu'avec la plus grande peine la division de son armée, qui s'étoit portée sur le chemin de Vérone.

Nos bulletins évaluèrent le résultat de cette

journée à six mille prisonniers, cinq drapeaux, vingt pièces de canon de régiment, vingt-cinq de parc, un équipage complet de pontons, deux cents fourgons attelés, et d'immenses magasins à Bassano.

Il est constant que ce fut moins un combat qu'une surprise; Buonaparte avoit à la vérité fait des marches très-rapides, passé les endroits les plus difficiles de la Brenta; mais, malgré tant de célérité, le maréchal Wurmser pouvoit encore être instruit de ses mouvemens. L'officier qui commandoit les postes avancés et les gorges difficiles de la Brenta, se laissa enlever ses positions sans donner aucun avis au général en chef.

Le baron Lauer fut averti de l'arrivée des Français par un gentilhomme de Bassano, que des paysans en avoient informé; mais, soit aveuglement, présomption ou mauvaise foi, il refusa de croire cette nouvelle, et défendit au gentilhomme de pénétrer au quartier-général. Ainsi le maréchal Wurmser ne sut que les Français arrivoient que lorsqu'il étoit près de tomber entre leurs mains. Quelques heures plus tôt, il pouvoit encore opérer sa retraite sur le Frioul; mais surpris comme il l'étoit, il n'eut que le temps de se jeter sur la division qui occupoit la route de Vérone (1).

Buonaparte l'y suivit aussitôt ; le général Augereau marcha à la hâte sur Padoue, pour couper la retraite au maréchal ; le général Mas-

---

(1) L'auteur de l'examen de la campagne de Buonaparte en Italie, n'hésite point à accuser de trahison le général Lauer; il demande pourquoi il repoussa un avis si important, pourquoi il défendit à celui qui le donnoit de pénétrer chez le général en chef. Il croit reconnaître ici une corruption évidente. C'est l'or, dit-il, qui a paralysé les bras des Autrichiens, de ces Autrichiens auparavant si braves, si redoutables, et devenus alors si foibles et si lâches. Il ajoute que c'étoit un mot généralement répandu parmi les officiers de l'armée française, que les pièces d'or étoient, dans les mains de Buonaparte, bien plus terribles que les pièces de canon. Il rapporte à ce sujet une anecdote dont il garantit la vérité.

Un officier français étoit logé chez le marquis de Giustiniani, à Vienne. Un jour qu'il dînoit avec lui, et qu'il s'entretenoit des succès de l'armée française. — Que diriez-vous, M. le marquis, si je vous assurois qu'avec cinq cents de mes soldats j'ai fait prisonniers trois mille Autrichiens? C'est un fait que je vous garantis sur mon honneur.

« Tandis que notre division s'avançoit sur Roveredo,
» le général Masséna m'ordonna de prendre cinq cents
» hommes, et d'aller déloger l'ennemi d'une hauteur
» qui lui donnoit beaucoup d'avantage sur nous. — Mais,
» général, voulez-vous qu'avec si peu de monde.... —

séna se porta entre Padoue et Vicence. Wurmser sentit tout le danger de sa position : il n'avoit que sept mille hommes ; il se trouvoit enfermé entre l'Adige et la Brenta; il lui étoit impossible de franchir cette rivière, dont le

» Obéissez promptement, et je vous réponds du succès.
» A l'instant je me mets en marche ; j'arrive au pied de
» la montagne, je me présente en homme qui veut atta-
» quer. Je ne remarque dans l'ennemi aucune disposi-
» tion de défense ; je crains que ce ne soit un piége qu'il
» me tend pour m'attirer dans une mauvaise affaire. Je
» m'arrête et réfléchis sur le parti que j'ai à prendre.
» Voyant toujours l'ennemi dans l'inaction, je détache
» un officier parlementaire, avec ordre de dire au com-
» mandant autrichien que, s'il aimoit mieux se rendre
» que de se battre, il fît mettre bas les armes à sa
» troupe. Il le fit aussitôt ; et j'eus (le dirai-je ?) la gloire
» de faire, avec si peu de monde, trois mille prison-
» niers qui n'avoient pas tiré un seul coup de fusil ».

On ne sauroit nier que Buonaparte ne fût plus que personne persuadé de cette maxime de Philippe : Qu'il n'est point de place imprenable, quand on peut y faire passer un mulet chargé d'or ; aussi avoit-il toujours des fonds immenses pour son armée et les généraux de l'armée ennemie. Rien ne lui coûtoit pour entretenir sa caisse. Quelques mois après son entrée à Livourne, il exigea de cette ville deux millions pour l'entretien de la garnison qui protégeoit le commerce toscan contre les Anglais.

Peu de temps avant l'expédition du Tyrol, les com-

passage étoit gardé par deux divisions ennemies. Il ne lui restoit d'autre parti que de se jeter dans Mantoue; mais cette ressource même n'étoit pas sans danger. Il falloit gagner de vitesse les Français, filer par des chemins difficiles; il marcha toute la nuit sur les bords de l'Adige, et passa ce fleuve à Porto-Legnano. Le général Masséna le passoit en même temps que lui à.....; Augereau s'avançoit de Padoue sur Porto-Legnano; la division Masséna avoit ordre de prévenir, l'ennemi d'occuper le village de Sanguinetto, et de couper la retraite au ma-

---

missaires Salicetti et Garrau (*) publièrent une proclamation qui enjoignoit à toutes les communautés de la

(*) Le commissaire Garrau avoit acquis une assez fâcheuse célébrité par ses opinions révolutionnaires à la convention et au conseil des Cinq-Cents C'était un avocat de Libourne, député de la Gironde. Il avoit voté la mort du roi, défendu la loi du maximum, et toutes les mesures contre les parens des condamnés et des émigrés. Il disoit au conseil des Cinq-Cents, à l'époque où il s'agissoit de nommer au département de Paris MM. de Talleyrand et Rœderer : « Ne vous » donne-t-on pas évidemment le signal d'une réaction ! Si les répu- » blicains sont persécutés, qu'ils se réfugient dans le sein de la loi ; » mais si la loi est impuissante ! — N'avez-vous pas du fer, des bras » et du courage » ? Ce bouillant avocat fut exclu du conseil après le 18 brumaire, et comme il avait l'âme plus portée aux combats de Mars qu'aux querelles du barreau, on le nomma sous-inspecteur aux revues. On conçoit facilement quel bonheur c'étoit pour les peuples d'être sous la main de semblables commissaires.

réchal Vurmser. Si ce mouvement eût été bien exécuté, c'en étoit fait de l'armée autrichienne, et, suivant toute apparence, elle eût été réduite à poser les armes et à se rendre prisonnière.

Deux chemins conduisent de Ronco à Sanguinetto, l'un plus long, sur les bords de l'Adige et la route de Porto-Legnano à Mantoue, l'autre, tout droit de Ronco à Sanguinetto : les guides indiquèrent le premier, et l'armée française arriva au village de Cereà. Wurmser y arrivoit en même temps : l'attaque commença entre les deux avant-gardes. Il s'agissoit du salut

---

Lombardie d'acquitter, dans le délai de deux décades, ce qui restoit de la contribution de guerre. L'arrêté portoit que, dans le cas où elles n'auroient pas satisfait à l'injonction, dans le délai prescrit, les officiers municipaux et vingt des plus riches habitans seroient mis en arrestation et envoyés en France, leurs biens saisis, et mis en séquestre au profit de la république.

Après l'armistice accordé à Rome, des commissaires français se rendirent à Rimini, ordonnèrent aux habitans de payer sur-le-champ 200,000 francs. Ces malheureux, n'étant pas en état de satifaire à cette demande, envoyèrent une députation au général en chef. On se relâcha sur le montant de la contribution ; mais la ville n'en fut pas moins tenue de payer une somme ruineuse pour elle.

de l'armée autrichienne : elle se battit avec acharnement, culbuta les Français, s'empara de Cerea, et laissa une garnison assez forte à Porto-Legnano. Pendant la nuit, elle fit passer tous ses équipages; elle avoit encore une rivière à traverser. Les Français avoient déjà coupé l'un des ponts, et le général Charton, à la tête de cinq cents hommes, arrivoit pour couper le second. Wurmser l'attaque, l'enveloppe, et fait sa troupe prisonnière; le général périt dans cette affaire, en combattant avec intrépidité. En ce moment, Augereau arrivoit à Porto-Legnano; mais la possession de cette place n'étoit plus d'aucune importance pour les autrichiens. La garnison capitula, et le maréchal Wurmser arriva à Mantoue avec sa cavalerie et quatre à cinq mille hommes d'infanterie, débris de son armée.

Ce succès n'avoit rien d'utile pour la défense de la place. Mantoue avoit une garnison suffisante, et le général Wurmser, en s'y jetant, ne faisoit qu'augmenter la consommation des vivres, et peut-être accélérer la capitulation; mais c'étoit, sous un autre rapport, un coup de parti. Si Wurmser fût tombé entre les mains de Buonaparte, la gloire du général français étoit au comble et la campagne finie. Il auroit, en quelques marches, détruit les restes de l'armée autrichienne épars dans le Frioul et le Tyrol, et Mantoue se seroit rendue.

Ce contre-temps désespéra Napoléon. Il avoit des intelligences dans cette forteresse, et se flattoit de l'enlever facilement. Il en avoit même annoncé deux fois la prise au directoire (1). La présence du maréchal Wurmser déconcertoit tous ses projets; il prévoyoit que l'Autriche feroit les derniers efforts pour sauver cette place importante. Il voyoit de nouveaux combats à livrer, de nouvelles armées à vaincre ; et sa destinée abandonnée encore une foi aux caprices et aux incertitudes de la for-

---

(1) Au mois de juin 1796, on avoit annoncé publiquement à Paris la prise de Mantoue ; on avoit répété cette nouvelle le 20 juillet et le 3 août. On rapporte comme certaine l'anecdote suivante. Buonaparte se trouvoit à Brescia, le 9 juin, dans une abbaye de Bénédictins où il logeoit. Le jour de son départ, les religieux lui servent une magnifique collation, à laquelle assistoient presque tous les nobles de la ville. Buonaparte déjeûne avec beaucoup de gaieté, prend congé de ses convives, et, au moment du départ, leur dit : « Messieurs, je vous invite tous à ve- » nir dimanche prochain à Mantoue ; j'aurai le plaisir de » vous y faire servir une bonne tasse de café ».

Un des convives, plus hardi que les autres, prit la parole : « Nous nous y rendrions bien volontiers, général ; » mais j'ai peur que le café ne soit pas prêt. J'ai vu

lune (1). L'armée ennemie occupoit en avant de Mantoue des positions importantes; il résolut de les lui enlever. Le 14 septembre, le général Masséna se porta sur Due Castelli, dans l'intention d'occuper le faubourg de Saint-Georges. Le combat s'engagea à midi, la cavalerie ennemie étoit nombreuse, elle chargea avec impétuosité, et fit plier l'infanterie française. Le général Sahuguet, après quelques avantages remportés entre la citadelle et le château de la Favorite, fut obligé de faire un mouvement

---

» votre armée, et il me semble qu'elle n'a pas d'artillerie
» de siége. — Qu'importe, dit Buonaparte, une artille-
» rie, pour prendre une place? nous faut-il autre chose
» que le sabre et le courage des Français? Souvenez-vous
» de votre parole, je tiendrai la mienne ».
Cette rodomontade fit beaucoup rire MM. de Brescia. Buonaparte ne fut effectivement en état de tenir sa parole que plus de six mois après.

(1) Les premiers revers du maréchal Wurmser avoient fort exalté la tête des républicains. Poultier, rédacteur de l'*Ami des Lois*, écrivoit : « Le vieux Wurmser a perdu
» sa perruque en fuyant à toutes jambes ; ce vieux hus-
» sard, la tête chauve, sourd et presque aveugle, est ar-
» rivé tout essoufflé à Vienne (Poultier étoit mal ins-
» truit), en jurant que, depuis qu'il existe une monarchie
» autrichienne, on n'avoit pas vu une déroute semblable ».
Ce ton grossier et insolent étoit alors le style républicain par excellence.

rétrograde. Les hulans, les hussards et les cuirassiers autrichiens, fiers de cette réussite, inondèrent la campagne. Mais le lendemain, la face des affaires changea tout à coup. Le général Masséna avait pris dans la nuit une nouvelle position. La division du général Augereau étoit arrivée de Governolo; l'armée française brûloit de se mesurer avec l'ennemi. Les Autrichiens, de leur côté, encouragés par les succès qu'ils avoient obtenus, avoient fait sortir presque toutes leurs forces pour défendre la Favorite et le faubourg Saint-Georges. Le combat s'engagea des deux côtés avec une extrême impétuosité. Les généraux français firent des prodiges de valeur; Masséna culbuta l'ennemi de poste en poste, enleva le faubourg Saint-Georges, prit la tête du pont, et coupa la retraite à tout ce qui n'avoit pas eu le temps de se sauver. Les autres corps d'armée se conduisirent avec la même intrépidité et le même bonheur. L'ennemi rentra à Mantoue dans une déroute complète. Il avoit perdu mille prisonniers, vingt pièces de canon, et la tête du pont de Saint-Georges qui conduit à Mantoue (1).

---

(1) Pour prendre une idée de la véracité de Buonaparte

De son côté, l'armée française avoit eu un grand nombre de braves à regretter. Les généraux Victor, Bertin, Saint-Hilaire, Mayer, Murat, Lannes, l'adjudant général Leclerc et le chef de brigade Tallaud avoient été blessés. Depuis quinze jours l'armée n'avoit cessé de marcher et de se battre. Dans l'espace de moins de deux mois, elle avoit fait trente mille prisonniers, tué ou blessé onze mille hommes, pris cent trente pièces de canon, et plus de deux cents caissons. Mais elle n'étoit point encore aux termes de ses travaux, et la marche du feld-maréchal Alvinzi, avec une nouvelle armée, devoit l'exposer à de nouveaux périls.

---

dans ses bulletins, il faut comparer ses rapports avec ceux du général Berthier :

« Nous avons fait, dit-il, dans la bataille de Saint-
» Georges deux mille prisonniers, parmi lesquels un ré-
» giment entier de cuirassiers, et une division de hu-
» lans. L'ennemi doit avoir au moins deux mille cinq
» hommes tués ou blessés. Nous avons pris vingt-cinq
» pièces de canon avec leurs caissons tout attelés ».

« Le résultat de cette journée, dit le général Berthier,
» a été d'environ mille prisonniers, dont quatre cents
» chevaux de cuirassiers avec le colonel, le lieutenant-
» colonel de ce corps, environ cent-cinquante hussards
» de Wurmser, environ vingt pièces de canon ».

J'ai suivi le récit du général Berthier.

Avant de mesurer ses forces contre ce nouveau rival, Buonaparte voulut donner à ses triomphes un nouvel éclat, en envoyant à Paris les trophées de la victoire. Il avait pris vingt-deux drapeaux aux ennemis ; il les fit présenter au directoire par son aide-de-camp, le chef de brigade d'artillerie Marmont. Les autres généraux n'avoient point recours à ce genre d'ostentation ; ni le général Pichegru, ni le général Moreau, ne faisoient valoir leurs services avec cet appareil ; leurs rapports étoient simples, modestes et vrais. Ceux d'Italie étoient au contraire pleins de faste et d'exagération.

En présentant le jeune guerrier au directoire, le ministre de la guerre annonça que la conquête d'Italie étoit achevée, et que la France ne comptoit plus d'ennemis dans cette riche et magnifique contrée. Il éleva Buonaparte au-dessus de tous les généraux de la république, et sembla invoquer son génie pour ceux qui commandoient sur les bords du Rhin.

« L'armée d'Italie n'a plus de triomphes à
» obtenir ; elle a rempli la plus glorieuse et la
» plus étonnante carrière. Qu'elle renvoie donc
» la victoire aux armées du Rhin, et qu'un
» ennemi trop prompt à s'enorgueillir de quel-
» ques avantages éphémères, apprenne bien-
» tôt que les Français sont partout les mêmes,

» et que, lorsqu'ils combattent pour la liberté,
» rien ne peut résister à leur courage.

» La postérité croira avec peine au témoi-
» gnage de l'histoire, lorsqu'elle apprendra
» que dans le cours d'une seule campagne,
» l'Italie entière a été conquise ; *que trois ar-*
» *mées ont été successivement détruites ; que*
» *plus de cinquante drapeaux sont restés*
» *entre les mains du vainqueur ; que quarante*
» *mille Autrichiens ont déposé les armes;* en-
» fin, que trente mille Français et un guerrier
» de vingt ans ont opéré tous ces prodiges ».

Le jeune aide-de-camp parla à peu près de la même manière, mais avec moins d'ostentation. Il ne parla point des armées du Rhin, et se contenta de rendre compte des dernières victoires d'Italie.

Il ajouta aux drapeaux pris sur les Autrichiens deux drapeaux conquis sur le pape ; mais il avoua que ces trophées n'avoient point coûté de sang à l'armée française, et qu'ils avoient été acquis trop facilement pour qu'elle y attachât quelque prix.

Le directeur La Réveillère-Lépaux lui remit une paire de pistolets richement travaillée, en faisant observer qu'ils n'étoient pas moins nécessaires contre les ennemis de l'intérieur que contre ceux de l'extérieur.

CHAPITRE XII.

Fêtes à Milan et à Gênes pour l'anniversaire de la fondation de la république; reprise de la Corse; traité de Paix entre la France, Naples et Parme; bataille d'Arcole.

C'étoit le 17 fructidor que l'armée française étoit entrée à Trente, c'étoit le 18 qu'elle avoit gagné la bataille de Roveredo; elle avoit emporté le 21 le camp retranché de Primolan et le fort de Covelo; le 22, l'ennemi avoit été battu à Bassano, et le 29 à S.-Georges : il étoit difficile de terminer l'année républicaine avec plus d'éclat.

L'année suivante commença par des fêtes; madame Buonaparte étoit depuis quelque temps en Italie, elle s'étoit montrée successivement à Livourne, à Florence, et étoit revenue à Milan : c'étoit une occasion pour accorder quelques délassemens aux guerriers, et offrir à l'épouse du général en chef des spectacles moins terribles que celui des batailles.

Le 22 septembre, Napoléon se rendit à Milan, pour y célébrer l'anniversaire de la fondation de la république; il vouloit donner aux

Italiens une idée de ces fêtes révolutionnaires si célèbres en 1793 et 1794. Les rues, les places publiques furent décorées de guirlandes et de feuillages. Les autorités constituées se rendirent en grande pompe sur la place principale, précédées de musiciens et de nombreux détachemens d'infanterie et de cavalerie; on planta en cérémonie un nouvel arbre de la liberté, plus vert, plus élevé que le premier; on chanta des hymnes; on prononça des discours; on fit défiler les troupes devant le général en chef et le commissaire Garreau, qui étoient, dit une gazette italienne, les principaux ornemens de cette fête. Madame Buonaparte eut aussi sa part des hommages publics; elles les reçut du haut de la grande loge du *Casino di recreazioni*, d'où elle voyoit toute la fête.

On avoit élevé à la liberté une statue et un temple particulier en face de la cathédrale de Milan; mais on ne se contenta point de ces emblèmes inanimés. Sur un char triomphal, attelé de six chevaux pareils, on vit paroître une Liberté vivante, légèrement vêtue d'une robe grecque, le front couronné de lauriers, agitant à la main le drapeau tricolore. Autour d'elle étoient groupés six jeunes gens qui folâtroient, dit la même gazette, avec la déesse, et portoient divers emblèmes de la liberté et de l'égalité. Sur des banderoles chargées de broderies, se lisoient les noms des armées qui avoient foudroyé les trônes et dissipé la ligue des *tyrans*.

Le char parcourut toute la ville au bruit des acclamations et des cris de *Viva la Republica Francese*, et après s'être arrêté au palais du général en chef (car les généraux républicains ne dédaignoient point les palais), il revint à l'hôtel municipal, tandis que Buonaparte faisoit les honneurs d'un banquet splendide auquel on ne jugea pas à propos d'admettre la déesse (1).

Au festin succédèrent des exercices gymnastiques, des courses de chevaux, des représentations théâtrales, des illuminations, des danses qui ne finirent qu'avec la nuit.

Gênes et beaucoup d'autres villes voulurent se signaler par des fêtes semblables; le sénat et les riches négocians de Gênes étoient peu favorables aux principes de la révolution, mais la multitude les accueilloit avec enthousiasme.

---

(1) Ces divinités étoient pour la plupart des filles publiques ou des filles de théâtre ; dans quelques sections de Paris, et dans plusieurs villes, on les fit paroître nues, c'est-à-dire avec un simple gilet de tricot et un pantalon couleur de chair, qui dessinoient parfaitement les formes.

Le ministre de la république française étoit M. Faypoul : il donna, dans son hôtel, une fête splendide, où les devises et les emblèmes de la liberté et de l'égalité n'étoient pas épargnés. Dans ses jardins s'élevoit, au-dessus de tous les autres arbres, l'arbre de la liberté ; il couvroit de son ombrage la statue et les autels de la déesse. Des orchestres composés des plus habiles musiciens exécutoient successivement des airs patriotiques (1). La soirée se passa, comme à Milan, en festins, en danses champêtres, en bals, en illuminations. L'ambassadeur de Sardaigne n'osa point se dispenser d'assister à cette fête, mais il se retira d'assez bonne heure pour faire croire qu'il sacrifioit plutôt à la crainte qu'à l'amour de la république.

Tandis qu'on dansoit à Gênes et à Milan, tout étoit dans la confusion à Ferrare, à Bologne, à Modène. Au mois de septembre, les

---

(1) Les patriotes d'Italie, pour imiter les patriotes français, avoient composé, à l'instar de l'hymne marseilloise, une hymne républicaine qu'on chantoit dans les fêtes, dans les camps et dans les clubs, et dont le refrain étoit :

Del despotico potere
Ite al favio ivi qui editti ;
Son del uomo primi dritti,
Egualianza e libertà.

habitans de Reggio s'étoient soulevés, avoient pris les armes et chassé les troupes du duc de Modène, leur souverain, et proclamé leur indépendance. Bologne et Ferrare avoient appuyé ce mouvement. La régence de Modène effrayée crut devoir prendre quelques précautions pour la sûreté de la capitale, et s'occupa de relever à la hâte les fortifications. C'étoit ce que Buonaparte attendoit; cet acte de prudence fut regardé comme un crime : il se présenta devant la ville, déclara l'armistice rompu; institua, au nom de la république française, un nouveau gouvernement; fit arrêter les membres du conseil, et les envoya prisonniers à la citadelle de Tortone.

Le premier acte des nouvelles autorités fut l'abolition de la noblesse, la création d'une garde nationale, et la formation d'une commission militaire. Reggio, Bologne, Ferrare et Modène s'unirent par un pacte fédératif, et déclarèrent cette confédération permanente et indissoluble. On arbora sur les citadelles l'étendard tricolore, et la république fut instituée aux cris de *Vive l'armée française, vive Buonaparte.* Mais ces triomphes de la liberté et de l'égalité s'obtenoient rarement sans désordres et sans confusion; le jour même où les Bolonais avoient planté l'arbre de la liberté, la ville étoit devenue le théâtre des plus horribles excès. La populace, libre du frein des lois et de l'autorité, s'étoit portée chez les plus riches citoyens, avoit pillé leurs maisons, et, dans le tumulte général, plusieurs personnes avoient couru risque de la vie.

Quoique ces désordres eussent été provoqués par les émissaires de la république française, Buonaparte crut de son honneur de les blâmer publiquement. Il se rendit à Bologne, et y fit publier une proclamation :

« Bolonais, disoit-il, j'ai vu avec plaisir
» l'enthousiasme qui réunit vos citoyens, et la
» ferme résolution où ils sont de conserver leur
» liberté; mais j'ai été affligé de voir les excès
» auxquels se sont portés quelques hommes
» indignes de vous.

» Je suis l'ennemi des tyrans ; mais encore
» plus l'ennemi des scélérats et des brigands
» qui les commandent. Je ferai fusiller ceux
» qui, renversant l'ordre social, sont nés pour
» l'opprobre et le malheur du monde. Quelles
» que soient ses opinions, nul ne peut être
» arrêté qu'en vertu de la loi. Faites surtout
» que les propriétés soient respectées ».

A la suite de cette proclamation, on arrêta un misérable qui fut condamné aux galères ; ce fut l'unique satisfaction qu'obtint une multitude de citoyens pillés et outragés. D'ailleurs l'esprit révolutionnaire ne perdit rien de son exaltation. L'arbre de la liberté fut déclaré sacré et inviolable, et l'on porta la peine de mort contre quiconque oseroit l'insulter de parole ou d'action ; les religieux étrangers furent chassés des monastères, les autres reçurent l'ordre de présenter sous huit jours l'état de leurs revenus. Ainsi s'accomplissoit partout cette parole prophétique d'un des plus célèbres révolutionnaires de France : *La révolution française fera le tour du monde.*

Cependant l'honneur de ces conquêtes n'appartenoit pas tout entier au général en chef, le directoire pouvoit en réclamer une partie. Ce n'étoit pas assez pour lui de vaincre ses ennemis par la force des armes, il leur opposoit une puissance moins apparente mais plus redoutable ; il cherchoit des alliés jusque dans le sein des états qu'il attaquoit. La révolution avoit introduit dans l'Europe un nouvel ordre de choses, et rompu tous les liens qui unissoient ensemble les nations civilisées. Toutes les idées de droit public étoient confondues et renversées. Jusqu'alors on avoit vu dans les guerres européennes des soldats combattre contre des soldats. Les peuples, tranquilles spectateurs de ces luttes sanglantes, en attendoient paisiblement le résultat, sans y prendre aucune part. La présence d'une armée ennemie n'apportoit aucun changement à l'exercice des lois; et le vainqueur eût regardé comme un délit public de rompre les nœuds qui attachent les sujets au souverain, et de soulever les peuples contre l'autorité légitime. Les progrès de la civilisation avoient introduit un genre de guerre noble et généreux, et uni toutes les nations par les principes communs d'une politique éclairée et libérale.

La république française ne reconnoissoit de lois que son intérêt, et pourvu qu'elle triomphât, tous les moyens lui convenoient également. Outre ses nombreuses armées de cavalerie et d'infanterie elle entretenoit des légions invisibles qui opéroient dans l'ombre, et dont la tactique mystérieuse produisoit souvent des explosions plus redoutables et plus inattendues que les combats les plus sanglans. Ses soldats étoient des émissaires secrets, des poëtes, des artistes et tous ceux que l'enthousiasme de la liberté, l'ambition ou le besoin entraînoient vers les innovations.

Ce fut à ce genre de tactique que le directoire fut en partie redevable du recouvrement de la Corse qui eut lieu à cette époque.

Trois ans s'étoient écoulés depuis qu'un décret flétrissant avoit banni Buonaparte de sa patrie. Il en conservoit un profond ressentiment et n'attendoit qu'une occasion favorable pour se venger de cet outrage, proscrire à son tour ses ennemis et faire revivre dans cette île le génie de la révolution. Paoli avoit fait de vains efforts pour affranchir son pays de la tyrannie républicaine. S'il avoit pu lutter seul contre les forces de la France, il est probable qu'il auroit proclamé l'indépendance de la Corse, et qu'il l'auroit fait jouir enfin des avantages d'un gouvernement libre et modéré. Mais pressé d'un côté par les excès des patriotes, de l'autre par les armées républicaines, il n'avoit vu de salut pour son pays et pour lui que dans le secours et la protection de l'Angleterre. Maître du port d'Ajaccio et de plusieurs places, il les livra aux Anglais, et les reçut comme des libérateurs ; cette révolution fut d'abord accueillie avec enthousiasme. Les Corses se flattoient de jouir bientôt de tous les avantages de la constitution anglaise, et peut-être Paoli, lui-même, ne se refusoit-il pas à l'idée de se voir élevé au titre de vice-roi. Ses espérances et celles de ses compatriotes ne se réalisèrent point. On n'accorda aux nouveaux sujets de l'Angleterre qu'une partie des libertés de la Grande-Bretagne. On ne leur donna qu'une chambre des communes, et la viceroyauté fut conférée à un sujet anglais. Il fallut, pour soumettre l'île, livrer des combats sanglans et multipliés. Bastia se défendit avec opiniâtreté, Calvi fut réduit en cendres; et les Anglais se rendirent si odieux par leurs exactions, leur avarice et la hauteur de leur domination, que les ennemis les plus acharnés de la république française finirent par regretter leurs anciens maîtres.

Du milieu des camps, Buonaparte observoit ces dispositions, et les entretenoit avec tout l'intérêt que peut inspirer le désir ardent de la vengeance.

En s'emparant de Livourne, son dessein n'avoit pas été seulement de s'enrichir des dépouilles des Anglais, mais de se ménager des communications avec son ancienne patrie. On y faisoit passer successivement des instructions, des réfugiés et de l'argent. Le nombre des républicains s'augmentoit tous les jours, on s'armoit dans les campagnes, dans les bois, sur des hauteurs difficiles à aborder. Les Anglais avoient de fréquens engagemens avec les insurgés, et, dans ces petits combats, ils n'étoient pas toujours vainqueurs. Bientôt l'esprit d'insurrection s'accrut au point qu'on refusa de payer les impôts, et de reconnoître l'autorité des

Anglais. Les garnisons, trop foibles pour remédier aux désordres, n'osoient plus sortir de leurs quartiers, et, dans une reconnoissance, le vice-roi lui-même tomba entre les mains des insurgés, et n'obtint sa liberté qu'à condition d'évacuer l'île incessamment.

Paoli, effrayé de ces mouvemens, s'étoit hâté de quitter un pays, où, deux ans auparavant, il étoit tout-puissant, et d'aller pour la seconde fois demander un asile en Angleterre, et vivre en proscrit, après avoir vécu en souverain.

Dès que Buonaparte fut instruit de la résolution des Anglais et de l'embarras où ils se trouvoient, il donna ordre au général Gentili d'envoyer des secours aux insurgés. On chargea de cette expédition le général de Casatta. Le 26 brumaire, une division de gendarmerie s'embarqua à Livourne par un gros temps, et, malgré les croisières anglaises, elle parvint à débarquer le lendemain ; deux jours après, elle étoit devant Bastia avec un renfort considérable de patriotes armés. La garnison s'embarqua précipitamment, et laissa sept à huit cents hommes entre les mains du vainqueur. De Bastia, l'armée républicaine marcha sur Saint-Florent, et s'en empara avec la même facilité.

La présence du général Gentili, qui arriva quelques jours après, acheva la défaite des Anglais. Le vice-roi Elliot, contraint de s'embarquer, se retira avec un petit nombre de troupes à Porto-Ferraio, et dans l'espace de moins de trois semaines, Buonaparte eut le plaisir de pouvoir annoncer au directoire que le drapeau tricolore flottoit de nouveau sur toutes les citadelles de l'île.

Ainsi la fortune sembloit de toutes parts conspirer pour sa gloire et son élévation. Rome, Parme et Naples effrayées trembloient pour leur indépendance; elles avoient obtenu des armistices, elles sollicitèrent un traité de paix. Naples et Parme furent traitées favorablement; on n'exigea du roi des deux Siciles qu'une somme de huit millions; on se rendit mutuellement les prisonniers de guerre; on mit de part et d'autre en liberté tous les hommes détenus pour leurs opinions, ou leur conduite politique.

Le duc de Parme consentit de plus à l'expulsion des émigrés, au passage de l'armée républicaine sur son territoire, et à une diminution des droits d'entrée sur les marchandises françaises.

La cour de Rome négocia moins heureusement. La révolution de France menaçoit les autels encore plus que les trônes. Le directoire comptoit parmi ses membres un homme fanatique et intolérant, qui s'occupoit alors de l'établissement d'une nouvelle religion, et ne vouloit point de rival. On obligea, sous divers prétextes, les envoyés du S. Père à quitter Paris. Pie VI essaya vainement de reprendre les négociations à Bologne : on ne voulut entendre aucune proposition, et le Saint-Siége se trouva de nouveau dans le plus grand danger. Au milieu de ces occupations, Buonaparte ne perdoit point de vue le siége de Mantoue; il le poussoit avec ardeur, et se disposoit en même temps à soutenir la gloire de son nom, en présence du nouveau général autrichien.

Le feld-maréchal Alvinzi n'apportoit ni les mêmes talens, ni la même gloire que le général Wurmser. Il s'étoit distingué comme capitaine de grenadiers dans la guerre de Sept-ans, avoit depuis obtenu divers commandemens, et s'étoit montré dans toutes les circonstances en homme brave et instruit. Mais aucune action d'éclat n'avoit illustré ses armes; et ses talens n'inspiroient qu'une médiocre confiance aux soldats; moins âgé que le général Wurmser, il étoit déjà plus que sexagénaire, et peut-être étoit-ce de sa part une imprudence que de venir se mesurer avec un rival jeune, audacieux, et soutenu par la fortune la plus constante.

Ses premières opérations furent, comme celles du maréchal Wurmser, glorieuses pour le nom autrichien; il enleva en très-peu de temps aux Français, Trente, Roveredo, Bassano, Vicence, et les força de se concentrer sur la ligne de l'Adige.

Le mois d'octobre se passa tout entier en combats sanglans et opiniâtres. Napoléon s'étoit flatté de contenir l'ennemi au-delà de la Piave, et d'emporter Trieste; non-seulement les Autrichiens passèrent le fleuve, mais ils forcèrent les Français à se replier sur Vérone. Les combats de Segonzano, de Saint-Michel, de Caldiero, ne servirent qu'à faire verser inutilement beaucoup de sang de part et d'autre. Buonaparte s'attribuoit l'honneur de la victoire; mais il perdoit tous les jours du terrain, et l'on ne recule pas quand on est victorieux. Il eut bientôt un sujet plus réel de se glorifier.

Le général Alvinzi commandoit une armée brave, aguerrie et supérieure en nombre à l'armée française. Il pouvoit, en concentrant ses forces, attaquer Buonaparte avec avantage et mettre l'armée française dans une situation difficile; mais, fidèle à la tactique autrichienne, il tomba dans la même faute que ses prédécesseurs, il étendit sa ligne, et prépara à son rival un nouveau triomphe.

Nul homme ne savoit mieux que Napoléon profiter des fautes de l'ennemi et prendre ses avantages. Dès qu'il vit l'aile gauche des Autrichiens isolée de l'aile droite, il rassembla la majeure partie de ses forces et marcha à l'ennemi. Il occupoit une position formidable à Arcole. C'est un village situé au milieu de marais et de canaux impraticables. On ne pouvoit y arriver que par une chaussée et un pont très-étroits, dominés par des maisons que les Autrichiens avoient crenelées, d'où ils faisoient un feu terrible de mitraille et de mousquetterie; mais le souvenir de Lodi enflammoit le courage des soldats français. Ils s'avancèrent intrépidement au pas de charge, ayant à leur tête le général Augereau. Toute l'armée avoit les yeux sur eux, et se rappeloit leur ancienne victoire. Pour la première fois, la fortune trahit leurs efforts, et la brave phalange fut forcée de reculer. Ils se rallient et marchent une seconde fois. Les rangs entiers sont écrasés sous le feu des batteries, et, pour la seconde fois, la colonne est obligée de rétrograder. Alors l'élite des généraux s'élance à la tête de la colonne; la plupart périssent ou sont dangereusement blessés. Verdier, Bon, Vernes, Lannes, sont mis hors de combat; le soldat perd son audace et se replie de nouveau. Alors, n'écoutant plus que son dépit, le général Augereau saisit un drapeau tricolore, et traversant le pont avec la rapidité d'un éclair, il va le planter à l'autre extrémité, en criant : *A moi les Patriotes!* Inutile héroïsme, la colonne intimidée reste immobile. Buonaparte, averti de ce désordre, accourt : « Soldats, dit-il, n'êtes-vous donc plus » les vainqueurs de Lodi? l'ennemi est à deux » pas de vous, franchissons ce foible intervalle, » et la victoire est à nous ».

Il met aussitôt pied à terre, s'arme à son tour de l'étendard tricolore, et marche en criant : *Suivez votre général.* La colonne s'ébranle et s'avance avec courage; les Autrichiens font une sortie; le feu terrible des batteries redouble; la mort se promène de rang en rang; le général Lannes, déjà blessé de deux coups de feu, en reçoit un troisième, et reste sur le champ de bataille. Pour la troisième fois, la phalange se rompt et recule en désordre. Buonaparte lui-même, entraîné dans la déroute avec son état-major, tombe dans un marais sous le feu de l'ennemi, et sans le dévouement d'un soldat nègre, qui vole à son secours et le dégage, c'en étoit fait de lui (1).

---

(1) Ce soldat nègre avoit été domestique d'un cardinal romain, et s'étoit engagé dans l'armée française. On y voyoit aussi un capucin qui avoit quitté le froc pour la cuirasse, mais qui avoit conservé sa barbe. Le nègre fut fait capitaine.

Pendant trois jours Arcole fut disputé avec un égal acharnement. Enfin une partie de l'armée française ayant passé l'Adige, et tourné la position ennemie, une autre ayant franchi les marais, l'action devint générale, et l'armée autrichienne, enfoncée de toutes parts, se replia jusqu'à Vicence.

Les généraux républicains déployèrent dans cette circonstance une audace sans exemple; presque tous furent mis hors de combat.

La perte fut immense de part et d'autre; deux aides-de-camp du général en chef (Elliot, neveu du général Clarke, et le jeune capitaine Muiron) restèrent sur le champ de bataille. Buonaparte, en rendant compte de cette sanglante journée au directeur Carnot, écrivoit :

« Je n'ai presque plus de généraux. Les
» officiers de l'état-major ont montré une bra-
» voure sans exemple; pas un d'eux qui n'ait
» ses habits criblés de balles : c'étoit vraiment
» un combat à mort ».

On lui a contesté l'honneur d'avoir répété l'acte héroïque du général Augereau; il est constant qu'il n'en parle point dans son rapport. L'auteur de l'Examen des campagnes de Buonaparte, qui se donne pour témoin oculaire, convient qu'un officier français passa le pont, un drapeau à la main, et qu'il se retira impunément, parce que le général Alvinzi crut qu'il s'avançoit en parlementaire; mais il soutient que ce trait de courage ne fut répété par personne, et que Buonaparte resta constamment à cheval, tandis que la colonne essayoit de forcer le passage (1). Il ajoute que l'ennemi ayant fait une sortie, le désordre se mit dans les rangs des Français; que Napoléon prit la fuite, repassa le pont au grand galop, et que ce fut en fuyant qu'il tomba dans le marais.

De quelques sentimens qu'on soit animé pour Buonaparte, il est fort difficile de persuader qu'il ne donna, dans cette journée, aucune marque de bravoure. Le général Berthier cite formellement le trait du drapeau, et, de l'aveu même des détracteurs de Napoléon, il passa le pont, puisqu'il en revint au galop.

---

(1) L'auteur d'un ouvrage anglais, intitulé *Généalogie de Buonaparte*, convient que Buonaparte passa le pont, un drapeau à la main; mais il dit qu'il ne présenta que le côté blanc du drapeau, et que le général Alvinzi le prit pour un parlementaire. Comment le général Alvinzi se seroit-il trompé deux fois? et quelle confiance mérite l'auteur de l'ouvrage anglais, assez mal informé pour rapporter cette action d'éclat à la fameuse attaque du pont de Lodi?

Il est moins aisé de croire à l'espèce de prodige opéré par le capitaine Hercule. Buonaparte assure qu'il ordonna à cet officier de choisir vingt-cinq hommes de sa compagnie, de tourner les marais, et de tomber ensuite au grand galop sur le dos de l'ennemi en faisant sonner plusieurs trompettes; cette manœuvre, ajoute-t-il, réussit parfaitement. A qui persuadera-t-on que vingt-cinq hommes avec vingt-cinq trompettes aient mis en déroute une armée qui pendant trois jours avoit bravé toutes les forces de Napoléon, et fait souvent chanceler la victoire? En lisant ces sortes d'historiettes, on se croit transporté au temps des fées, où les paladins faisoient tomber les portes des châteaux, au son d'un cor enchanté.

Les fruits de la bataille d'Arcole furent quatre mille prisonniers, quatre drapeaux, dix-huit pièces de canon, et beaucoup d'équipages. L'ennemi laissa sur le champ de bataille trois ou quatre mille morts. Le nombre des blessés ne fut pas moins considérable.

L'obstination de Buonaparte fit répandre beaucoup de sang inutile. Il pouvoit, en tournant la position de l'ennemi, obtenir les mêmes avantages; mais il préféroit les coups d'éclat, et s'occupoit peu de ménager les hommes, pourvu que leur sang servît à sa gloire. L'attaque de front lui enleva une foule de braves guerriers, toujours difficiles à remplacer, et apprit aux Autrichiens, que la fermeté et la constance pouvoient contenir et braver l'impétuosité française.

Il ne faut donc point mettre le combat d'Arcole au nombre de ceux dont Napoléon peut se glorifier; il ne déploya dans cette circonstance qu'un invincible orgueil, une folle et cruelle opiniâtreté, et ce mépris du sang humain qui a fini par le perdre. Il s'exposa, pour la première fois, en soldat et non point en capitaine, et ce dévouement sans objet ravit à l'armée deux jeunes officiers qui pouvoient un jour rendre à leur patrie les plus glorieux services. Il écrivit à leurs parens pour les consoler; mais ce n'est point par une lettre qu'on répare une semblable faute.

CHAPITRE XIII.

Suite des victoires de Buonaparte ; défaite totale du général Alvinzi ; reddition de Mantoue.

L'ARMÉE des Autrichiens étoit battue, mais elle n'étoit pas détruite. En se rapprochant du Tyrol, le général Alvinzi se mettoit à portée de recevoir des secours et de reprendre l'offensive.

Si les Français avoient vaincu à Arcole, le sort des armes ne leur avoit pas été aussi favorable à Rivoli. La division du général Vaubois avoit été battue par le corps du général Davidowich, et forcée d'abandonner ses positions. Cet échec compromettoit le siége de Mantoue. Buonaparte se hâta de faire repasser l'Adige au général Massena; Augereau se mit en marche pour couper la retraite à l'ennemi. Massena et Vaubois, réunis, attaquèrent le général Davidowich, le battirent et reprirent toutes les positions que l'armée française avoit perdues. On se flattoit de faire prisonnier le général autrichien avec toute sa division, mais on ne parvint qu'à lui enlever une partie de son arrière-garde.

Le général Alvinzi s'étoit retiré sur la Brenta, et dans les montagnes du Tyrol où il étoit difficile de le forcer. Un mois s'écoula sans que les armées se trouvassent en présence. Mais Buonaparte n'oublioit ni le soin de sa renommée, ni les moyens de l'accroître encore. Il envoya au directoire les drapeaux pris à Arcole, et s'empara du château de Bergame: cette ville et son territoire appartenoient à Venise. C'étoit donc violer ouvertement la neutralité. Mais Buonaparte se justifioit en assurant que les Bergamasques n'aimoient pas les Français, qu'ils fabriquoient de fausses nouvelles, favorisoient la désertion des prisonniers autrichiens, et qu'on avoit tué, sur leur territoire, plusieurs soldats républicains. Venise fit de vains efforts pour repousser ces accusations; le temps approchoit où elle devoit avoir elle-même des intérêts plus sérieux à discuter.

Les drapeaux d'Arcole furent présentés par l'aide-de-camp du général en chef Le Marois. Il parla beaucoup de la fidélité du général, de celle de l'armée, et du dévouement des soldats pour la constitution de l'an III. Le président du directoire fit un grand éloge de l'armée, mais prononça à peine le nom du général.

Buonaparte devenoit de plus en plus suspect. On ne se dissimuloit plus ses projets d'élévation. Il traitoit, avec les souverains, comme d'égal à égal, et ses rapports avec le gouvernement portoient un caractère d'indépendance qui alarmoit de plus en plus une autorité pusillanime, méprisée et haïe de tous les partis. On parloit hautement d'un projet de conspiration, dans lequel entroient Barras, Sieyes, et plusieurs autres personnages considérables, et qui tendoit à associer Napoléon à la puissance suprême. Il passoit pour constant que l'Autriche lui avoit fait offrir une souveraineté en Italie, et le roi de France l'épée de connétable (1). Ceux qui connoissoient son caractère lui supposoient des vues plus élevées encore. Il est certain que dès lors il aspiroit au pouvoir souverain, et que ses amis commençoient à lui en aplanir les routes.

On affectoit d'exposer partout son portrait. Quelques mois après on en fit une inauguration solennelle dans une des assemblées primaires de la ville de S....., et l'auteur de cet écrit, n'ayant pas voulu fléchir le genou devant la nouvelle idole, courut risque de la vie.

---

(1) Le comte de Mont-Gaillard prétend, dans ses mémoires, qu'il conseilla au Roi une alliance de sa famille avec Buonaparte; mais de quelle autorité peut être le témoignage du comte de Mont-Gaillard?

Aussi l'éclat des victoires de Napoléon ne produisoit-il pas l'effet qu'il en attendoit, ses partisans se plaignoient de l'indifférence publique, lui-même se plaignoit de la calomnie, et attribuoit sa défaveur à l'or et aux intrigues de l'Autriche; mais ni l'or, ni les intrigues de l'Autriche n'avoient empêché qu'on applaudît avec enthousiasme aux victoires de Pichegru et de Moreau. Buonaparte honoroit par ses victoires le nom français; mais il en compromettoit la dignité par ses déprédations, sa mauvaise foi, et tous les défauts d'un caractère inaccessible à la justice et à la pitié (1).

---

(1) Plusieurs hommes de lettres, qui dirigeoient alors les journaux, s'élevoient avec raison contre la foiblesse du directoire, et son excès de complaisance pour le général en chef de l'armée d'Italie. Outre M. Rœderer, qui s'étoit souvent expliqué à ce sujet avec beaucoup de liberté, M. Lacretelle s'étoit aussi distingué par la sagesse et le courage de ses observations. Il avoit blâmé vivement la lettre de consolation du directoire à Buonaparte; il s'élevoit avec la même force contre l'ingratitude et l'adulation : « Les légions romaines, disoit-il, n'auroient
» pas été si dangereuses pour la liberté si l'on n'eût point
» enivré leurs chefs d'éloges et de flatteries excessives.
» Ces grands hommes qu'on élève inconsidérément au-
» dessus de leurs concitoyens, n'ont causé que trop sou-
» vent la ruine de leur patrie ».

La perte de la bataille d'Arcole avoit alarmé, mais non pas découragé la cour d'Autriche. Décidée à faire les derniers efforts pour sauver la forteresse de Mantoue, elle avoit envoyé en poste l'élite de ses troupes, et dégarni une partie de ses frontières, pour secourir le général Alvinzi. La jeunesse de Vienne, exaltée par l'honneur et l'amour du prince, s'étoit associée à ce nouvel élan patriotique, et le feld-maréchal se trouva une seconde fois à la tête d'une armée formidable.

Loin de s'intimider de sa position, Buonaparte ne songea qu'à se couvrir d'une nouvelle gloire; il avoit reçu lui-même des secours puissans. Il en avoit tiré de Milan, de Pavie et de différentes villes qui avoient embrassé le parti républicain.

L'État Romain lui donnoit quelques inquiétudes; il tire de ses différentes divisions quelques troupes, en forme une colonne mobile, marche sur Bologne, et contient les forces pontificales.

Des lettres interceptées du maréchal Wurmser annonçoient l'intention de profiter des mouvemens d'Alvinzi, pour sortir de Mantoue et opérer une diversion utile. Napoléon se rend à Mantoue, fait toutes ses dispositions pour faire échouer ce projet et revient à Vérone observer les mouvemens de l'ennemi.

Déjà toute l'armée autrichienne étoit en mouvement. Massena et Joubert étoient attaqués, le premier à Saint-Michel, le second à la Corona ; une colonne ennemie avoit failli surprendre les postes de la porte Saint-Georges, près de la citadelle de Vérone. Après une résistance opiniâtre, l'avant-garde du général Massena et le corps du général Joubert s'étoient repliés avec perte. Le feld-maréchal, en masquant habilement tous ses mouvemens, laissoit le général français dans l'incertitude sur ses véritables projets.

Dans cet état, Buonaparte se détermine à rester à Vérone pour se porter partout où sa présence seroit nécessaire. Bientôt ses doutes sont fixés ; le maréchal Alvinzi, avec des forces supérieures, s'étoit avancé vers la Corona, avoit obligé le général Joubert à évacuer cette position, et paroissoit décidé à percer par Rivoli. Buonaparte fait marcher la division Massena et le corps du général Ney, les dirige sur Rivoli, part en poste, et se rend sur ce point, avec tout son état-major.

La nuit fut employée à reconnoître la position, et le lendemain le général autrichien se vit tout à coup en présence du général en chef et d'une armée qu'il n'attendoit pas. A la pointe du jour, le général Joubert attaqua l'ennemi en s'avançant sur la Corona, et poussa vivement les Autrichiens. Le centre occupoit une position avantageuse sur des hauteurs. La gauche devoit être renforcée par les troupes du corps de Massena et du général Ney, mais elles se trouvoient un peu en arrière. L'ennemi profita de cet avantage, et força nos troupes de se replier ; l'aile droite, témoin de ce mouvement, n'osa plus se porter en avant, et dans le même moment l'armée se trouva compromise sur deux points principaux. Le centre seul, commandé par le général Berthier, gardoit une contenance assurée.

Le danger croissoit à chaque instant, les Autrichiens se croyoient assurés de la victoire et marchoient en criant *ils sont à nous*, car on étoit assez près pour s'entendre ; mais ce cri seul suffisoit pour rendre à nos soldats toute leur énergie. En ce moment Massena arrive avec de nouvelles troupes ; par sa présence, le désordre qui s'étoit un instant manifesté dans l'armée française, est reporté dans l'armée autrichienne. Ainsi le combat est rétabli à la gauche, et l'ennemi forcé de rétrograder. Il n'en étoit pas de même de la droite, les Autrichiens avoient gagné les hauteurs qui dominoient la position qu'elle occupoit et l'avoient poussée en désordre au-delà de Rivoli. Mais, en s'abandonnant sans discrétion, ils se compromirent à leur tour. Buonaparte, dont l'œil perçant voyoit tout, les fait attaquer par un corps de cavalerie, le centre se joint à ce mouvement. Le général Joubert, jaloux de réparer son échec, s'élance, un fusil à la main, sur le plateau de Rivoli, l'attaque avec fureur, l'enlève, et culbute les Autrichiens; de son côté, Massena, profitant du mouvement rétrograde de l'ennemi, fond sur lui, et lui fait 1800 prisonniers.

Un corps de quatre mille hommes avoit tourné nos positions. Il est attaqué, mis en déroute, et nous laisse trois mille prisonniers. Les avantages étoient si décisifs que la victoire parut assurée.

Napoléon n'avoit point de nouvelles du général Augereau; il craint que la communication entre Vérone et lui ne soit interceptée. Il charge le général Joubert d'attaquer le lendemain; détache quelques troupes pour les faire marcher sur Vérone; part lui-même, et apprend que le général autrichien Provera étoit parvenu à forcer le passage de l'Adige, à couper les communications et à se porter sur Mantoue. Il le suit aussitôt, présumant que le général Augereau en fait autant avec sa division. Ses conjectures se réalisent; l'arrière-garde de Provera est attaquée et perd deux mille hommes ; mais le brave et habile général file de toutes ses forces vers Mantoue, et tombe sur les Français qui ne s'y attendoient pas. Le général Miollis le reçoit avec intrépidité et se maintient courageusement dans le fort Saint-Georges; les généraux Serrurier et Victor s'avancent à la hâte, tournent l'ennemi, contiennent et repoussent la garnison de Mantoue. Le général Miollis fait une sortie; le général Provera se trouve cerné de toutes parts, et met bas les armes avec six mille hommes. Dans ce nombre se trouvoit le corps des volontaires de Vienne.

Le général Joubert avoit obtenu de son côté le succès le plus brillant. Il avoit attaqué l'ennemi avant le jour, l'avoit tourné et chassé de ses positions et mis dans une déroute complète. Des corps entiers étoient restés entre les mains des vainqueurs. Après cette défaite, les débris de l'armée autrichienne se retirent précipitamment dans les montagnes du Tyrol, leur asile accoutumé.

Tel fut le sort de la plus belle et de la plus brave armée que l'Autriche eût encore envoyée en Italie. La victoire de Rivoli couvrit de gloire Buonaparte ; c'étoit la plus importante et la plus périlleuse qu'il eût remportée. On ne peut nier que dans cette circonstance il n'ait déployé des talens, une activité, une présence d'esprit qui le placent au rang des premiers capitaines.

Par la défaite totale du général Alvinzi, il se trouva maître de toute l'Italie, et assuré de la conquête de Mantoue. Le directoire instruit, et peut-être effrayé de ce nouveau triomphe, se hâta de décerner de nouveaux honneurs au général, en lui accordant, à titre de récompense nationale, les drapeaux tricolores qu'il avoit portés à la bataille d'Arcole. Et pour ne laisser aucun doute sur les incroyables résultats de la journée de Rivoli et des combats précédens, on crut devoir les faire attester publiquement par un certificat du général Berthier (1).

La joie de cette victoire étoit d'autant plus grande que l'armée française avoit été sur le

---

(1) » Je certifie que, dans les différentes batailles qui
» ont eu lieu depuis le 19 nivôse jusqu'au 27 du même
» mois, l'état des prisonniers de guerre autrichiens, dont
» la revue a été passée, monte déjà à plus de vingt mille,
» et qu'il en arrive à chaque instant; que l'ennemi nous
» a laissé quarante-quatre pièces de canon avec leurs
» caissons, tous les bagages de la colonne du général
» Provera, et tous les drapeaux de ses corps, dont une
» partie a été brisée par l'ennemi. Je certifie que, d'après
» les ordres du général en chef, j'ai chargé le général

point d'être totalement défaite ; non-seulement nos deux ailes avoient plié, mais la droite avoit, dans sa retraite, perdu deux mille prisonniers et une partie de son artillerie.

Le général Provera avoit battu à Bellivaqua les corps français qui s'opposoient à son passage, et leur avoit fait 1500 prisonniers ; il avoit habilement trompé la vigilance des généraux Guieux et Augereau ; et tandis qu'il les tenoit occupés sur un point de l'Adige, avec la moitié de sa colonne, il avoit fait, pendant la nuit, passer l'autre moitié à cinq milles de là.

L'armée républicaine, tournée sur plusieurs points, se trouvoit dans la position la plus critique. Buonaparte mesuroit toute l'étendue du danger, et voyoit peu de moyens d'y remédier.

» de division Rey de conduire jusqu'à Grenoble la colonne
» de vingt mille prisonniers de guerre, par convois de
» trois mille, marchant à un jour de distance les uns
» des autres, et sous l'escorte de la 58e. demi-brigade,
» et d'un escadron de cavalerie.

» Ces trophées de la brave armée d'Italie sont faits
» pour étonner tellement nos plus vrais amis, que j'ai
» cru leur faire plaisir en les certifiant d'une manière
» officielle.

« *Signé* ALEXANDRE BERTHIER ».

Si l'on en croit l'auteur de l'Examen des campagnes d'Italie, Buonaparte se rappela alors cette maxime de l'Enéide de Virgile :

...Dolus an virtus quis in hoste requirat?

Qu'importent, quand il faut combattre un ennemi,
Le courage, ou la ruse?

Il fit proposer au général Alvinzi un armistice d'une heure, sous prétexte de rédiger les conditions d'une capitulation. Le feld-maréchal, incapable de soupçonner la mauvaise foi, eut l'imprudence de l'accorder. Un aide-de-camp du général en chef vint parlementer pendant quelques instants; à peine étoit-il de retour au camp français, que Buonaparte, sans attendre que l'armistice fût expiré, surprend les Autrichiens, encore livrés au repos, et porte le désordre et la confusion dans tous leurs rangs. Ce ne fut plus un combat, mais une déroute générale.

L'armée autrichienne désespérée se crut trahie, et ne balança point à accuser son général; ses plaintes arrivèrent jusqu'à Vienne, et le feld-maréchal, après plus de quarante ans de services glorieux, se vit réduit à aller défendre son honneur devant les tribunaux. Il ne le perdit point, on le jugea malheureux, mais non coupable; et loin de lui faire subir une condamnation flétrissante, l'empereur lui confia le commandement général de toute la Hongrie.

Cependant cette absolution ne put détourner entièrement les soupçons qui planoient sur sa tête, et il paroît constant que, lorsque le prince Charles passa à Laybach, les généraux Alvinzi, Davidowich, Quasnadowich, Metzaron et Provera, lui ayant fait demander la permission de lui présenter leurs hommages, ce prince refusa de les voir.

Le colonel, le lieutenant-colonel et plusieurs officiers du régiment de Latterman, furent condamnés à trente ans de prison, pour avoir manqué à leur devoir. C'étoit particulièrement à ce régiment qu'on imputoit la perte de la bataille de Rivoli: quoiqu'il eût reçu l'ordre exprès de renouveler le combat, il s'étoit replié à l'approche des Français, et leur avoit ainsi facilité le moyen de rompre la ligne impériale.

Après la déroute de l'armée autrichienne, les divisions de l'armée française en poursuivirent les débris sans relâche; ni les montagnes ni les neiges ne purent les arrêter; elles surprirent, enveloppèrent et combattirent des corps entiers, qui furent ou dissipés ou faits prisonniers. Trente leur rouvrit ses portes, Roveredo, Lavis et toutes les positions que les Français avoient prises précédemment, furent occupés de nouveau, et Buonaparte, sans inquiétude de ce côté, put songer à de nouvelles expéditions.

CHAPITRE XIV.

Capitulation de Mantoue; paix avec le Pape; arrivée du prince Charles.

L'objet qui occupoit le plus Napoléon étoit le siége de Mantoue. Cette ville, qu'il s'étoit flatté d'emporter de vive force, tenoit depuis huit mois. L'empereur avoit dépensé 500,000 florins pour les fortifications de cette place; elle étoit défendue par des officiers braves et expérimentés. Une sortie exécutée par la garnison, quelques mois auparavant, avoit coûté aux Français près de 4000 hommes tués et 600 prisonniers; la maladie en avoit moissonné un plus grand nombre. Buonaparte s'étoit vu réduit à lever le siége pour marcher contre Wurmser: il avoit perdu dans cette affaire toute son artillerie de siége, mais la victoire et l'invasion des États Romains lui avoient fourni les moyens d'attaquer de nouveau cette forteresse. Le maréchal Wurmser n'avoit rien négligé pour coopérer aux succès de l'armée autrichienne, et sauver la place par des sorties nombreuses et hardies. La garnison et les habitans souffrirent avec une constance inexprimable toutes les horreurs de la famine et de la maladie. Enfin, Wurmser ne put voir plus long-temps tant de sacrifices inutiles : les hommes mouroient tous les jours; plus de moyens de conserver la vie à ceux qui restoient; cinq mille chevaux avoient été mangés. Dans cette extrémité, il songea à sauver de braves soldats, et à les conserver encore à son pays : il offrit de capituler.

Buonaparte le traita avec tous les égards dus à son rang, à son âge, à ses talens, à sa valeur. La capitulation fut honorable : la garnison sortoit avec tous les honneurs de la guerre, se constituoit prisonnière, mais à condition de se rendre dans le Frioul pour y être échangée contre un pareil nombre de soldats français. Le maréchal Wurmser et sa suite, les officiers généraux, ceux de l'état-major, deux cents hommes de cavalerie, et cinq cents hommes au choix du feld-maréchal restoient libres, et le général français accordoit au général autrichien cent chariots, qui ne devoient pas être visités.

C'étoit, de la part du maréchal Wurmser, un acte de prévoyance et d'humanité. Mantoue renfermoit un grand nombre d'émigrés français qu'une loi barbare condamnoit à la mort : cette noble et généreuse action les sauva; trait d'autant plus digne de mémoire, qu'il étoit jusqu'alors sans exemple, et qu'on avoit vu des souverains livrer indignement ces infortunés à leurs impitoyables ennemis (1).

Le butin fait à Mantoue fut immense. On y trouva 500 bouches à feu, 17,000 fusils, 529,000 livres de poudre, 1,274,000 cartouches, 187,000 boulets, 14,000 bombes, une quantité considérable d'obusiers, de pièces de campagne, de chariots, de caissons, et des artifices de tous les genres. Buonaparte, au comble de ses vœux, se hâta de transmettre cette nouvelle au directoire ; dès qu'elle fut répandue à Paris, les partisans de Buonaparte signalèrent leur joie par des réjouissances extraordinaires. On se donna des banquets, le député Villetard (2) monta à la tribune du conseil des Cinq-Cents pour invectiver contre les royalistes.

---

(1) Les agens du gouvernement français ayant demandé au roi d'Espagne l'extradition de plusieurs émigrés, le gouvernement espagnol eut la cruelle lâcheté de les livrer, et ils furent exécutés à Toulouse.

(2) Il étoit d'Auxerre, et avoit remplacé à la convention le député Maure qui, après le 9 thermidor, s'étoit tué d'un coup de pistolet. Il parloit rarement, mais il écrivoit beaucoup. A l'époque où Buonaparte venoit de prendre Mantoue, le corps législatif étoit divisé en deux partis qui commençoient à se choquer avec beaucoup de violence. L'un tenoit pour le despotisme du directoire, l'autre vouloit l'observation de la constitution : c'étoit

« La superbe Mantoue est donc tombée au
» pouvoir des républicains! Agitez-vous péni-
» blement dans vos obscurs complots, vils par-
» tisans de la tyrannie ; ourdissez contre le
» peuple l'imposture et la perfidie; dévouez
» aux assassinats ses plus intrépides défenseurs :
» ces moyens sont dignes de vous et de votre
» cause. Depuis quand les lâches Sybarites
» prétendent-ils donner des fers aux hommes
» intrépides? Pygmées, qui façonniez dans les
» ténèbres le joug de la tyrannie des aides,
» des gabelles, des corvées, des droits féodaux,
» des dîmes et de toutes les vexations, vous
» flattez-vous de rendre à l'esclavage, à la mi-
» sère et aux humiliations les généreux enfans
» de la victoire? Non, j'en atteste l'éternelle
» raison, qui ne veut pas que la France victo-
» rieuse soit jamais dégradée à ce point.

» Les perfides! ils avoient leurré notre cré-
» dulité par les mots d'humanité et de justice;

---

dans le premier que Villetard s'étoit enrôlé ; il le soutint, avec beaucoup de persévérance, jusqu'au moment où le 18 brumaire vint lui offrir de nouvelles chances : il se déclara alors pour Buonaparte, et son républicanisme s'accommoda très-bien d'un emploi de sénateur et d'un titre de comte.

» mais ce prestige de la plus infâme hypocrisie
» vient d'être dissipé, le voile est tombé. Tout
» ce que l'ingénieuse cruauté des bourreaux
» a inventé de plus abominable, voilà le pre-
» mier don qu'apporteroient au peuple fran-
» çais, ces hommes si justes, si humains,
» à l'avènement de leur domination royale ».

Le député Lacombe-Saint-Michel ne parla pas avec moins d'énergie au conseil des Anciens, et, sur leur motion, on décréta que l'armée d'Italie, victorieuse de Mantoue, n'avoit jamais cessé de bien mériter de la patrie.

Un autre député demanda qu'on décernât à Buonaparte le surnom d'*Italique* : « Annibal,
» dit-il, n'a point fait en Italie ce qu'y a fait
» Buonaparte; Scipion, en Afrique, ne l'a
» point surpassé; et Rome reconnoissante l'ho-
» nora du nom d'*Africain*.

» L'Espagne décore ses chefs de ces titres
» glorieux; c'est ainsi qu'elle vient de décerner
» le titre de *Prince de la Paix*, au ministre
» qui a signé celle que la France vient de lui
» donner.

» La Russie ne néglige pas ce moyen de
» récompense, et le vainqueur de la Crimée
» a retenu le nom de *Taurique*. Le Français
» qui, dans huit mois de campagne, a forcé le

» roi des Alpes (1) à nous en donner pour
» jamais les clefs, celui des Deux-Siciles à une
» paix nécessaire...... Le Français qui va re-
» prendre à la Rome papale les trophées dont
» l'avoient ornée les Romains républicains....,
» mérite certes le surnom d'*Italique*, et le corps-
» législatif lui doit cet honorable décret ».

Cependant le décret ne fut pas rendu. Les royalistes étoient loin de vouloir accorder à Napoléon un semblable avantage, et les républicains réellement attachés à la liberté virent avec effroi une proposition, qui cachoit le dessein de servir un ambitieux et de l'élever sur *les ruines de la république*. On essaya même d'affoiblir l'éclat de sa gloire, en associant à sa renommée les compagnons de ses travaux.

Le général Augereau avoit pour père un modeste marchand fruitier de la rue Mouffetard : les employés du directoire se rendirent chez lui

---

(1) L'orateur ennoblit ici l'expression. Dans nos orgies révolutionnaires, on ne désignoit communément le roi de Sardaigne que par le sobriquet de *Roi des marmottes*; et tel étoit alors le mépris de toutes les convenances qu'on ne rougissoit pas d'employer ce mot ridicule et grossier, jusque dans le sein des assemblées législatives ; c'étoit avec la même dignité qu'un conventionnel nommé Taillefer traitoit de *pouilleuse* la nation espagnole.

pour honorer, en sa personne, l'intrépide armée d'Italie. C'étoit un vieillard de soixante-quinze ans, encore frais et vert : il reçut la députation dans son humble réduit, répondit à leur discours d'un ton simple et naïf, et accepta l'honneur de présider à un banquet frugal et patriotique. Il fut reçu aux applaudissemens d'une société nombreuse, et fut placé dans un fauteuil au haut de la table. On lui présenta un bouquet de laurier orné d'un ruban tricolore, et l'on chanta des couplets en honneur des pères assez heureux pour posséder des enfans tels que l'illustre guerrier que signaloient tant d'actions d'éclat.

Tandis qu'on s'occupoit de ces fêtes, Napoléon, après avoir envoyé au directoire les drapeaux conquis sur l'ennemi, commençoit une guerre moins redoutable, et s'apprêtoit à moissonner des lauriers faciles à conquérir.

Depuis long-temps le directoire méditoit l'anéantissement de la puissance pontificale : le soldat, exalté par le fanatisme républicain, se nourrissoit de l'idée d'aller relever au Capitole les statues de Brutus et de Cassius. Buonaparte en avoit pris l'engagement formel au commencement de sa campagne; l'effigie du pape avoit été brûlée publiquement à Paris, ses envoyés avoient reçu l'ordre de quitter la capitale dans vingt-quatre heures.

On accusoit Rome d'avoir, depuis les revers de l'armée française, changé de dispositions envers la république ; on lui reprochoit de la versatilité, de la perfidie ; on lui supposoit le projet de publier une croisade contre la France.

Cependant, il étoit certain que le gouvernement romain n'avoit rien négligé pour nous plaire : il avoit acquitté fidèlement toutes les conditions de l'armistice ; il avoit vu sans se plaindre l'armée française entrer sur son territoire, lui enlever les légations de Ferrare et de Bologne, y prêcher l'insurrection contre le souverain, s'emparer de ses citadelles, et proclamer dans ces nouvelles conquêtes la liberté et l'égalité.

Les envoyés de la république Miot et Cacault avoient été reçus avec la plus grande distinction : on trembloit de leur déplaire ; on portoit la complaisance jusqu'à mettre chaque jour en liberté une foule de sujets séditieux, payés par le directoire, pour fomenter des mouvemens révolutionnaires et préparer l'insurrection.

Loin de songer à porter les peuples à la désobéissance, Pie VI avoit adressé une admonition à tous les fidèles de France qui communiquoient avec le Saint-Siége ; elle respiroit la charité et la paix (1) : le pape y exhortoit les fidèles à révérer leur gouvernement, à se convaincre de cette maxime de saint Paul, que tout gouvernement vient de Dieu, et que, résister au gouvernement c'est résister à Dieu même. On avoit fait arrêter et punir sévèrement quelques hommes du peuple dont les

---

(1) A tous les fidèles catholiques, résidant en France, qui sont en communication avec le Saint-Siége apostolique, Pie VI, serviteur des serviteurs de Dieu, salut et bénédiction :

« La sollicitude pastorale, nos chers fils, dont notre sei-
» gneur Jésus-Christ a remis le dépôt en nos faibles mains,
» nous a fait un devoir de chercher à éclairer tous
» les fidèles, et particulièrement ceux qui sont exposés à
» de plus fortes tentations. C'est pourquoi nous croirions
» manquer à nous-mêmes si nous ne saisissions pas avec
» empressement toutes les occasions de vous exhorter à
» la paix, et de vous faire sentir la nécessité d'être soumis
» aux autorités constituées. En effet, c'est un dogme reçu
» dans l'église catholique, que l'établissement des gouver-
» nemens est l'ouvrage de la sagesse divine, pour pré-
» venir l'anarchie et la confusion, et empêcher que les
» peuples ne soient ballottés çà et là comme les flots de
» la mer ; aussi saint Paul affirme-t-il qu'il n'y a pas de
» puissance qui ne vienne de Dieu, et que résister à
» cette puissance, c'est résister à Dieu même. Ainsi, nos
» chers fils, ne vous laissez pas égarer : n'allez pas, par

discours ou la conduite tendoient à troubler l'ordre public. Pie VI, malgré la fermeté naturelle de son caractère, se flattoit d'adoucir ses implacables ennemis, et de détourner de ses états le terrible fléau de la révolution.

Vaine espérance! Une lettre interceptée devint le prétexte des accusations et de la guerre

---

» une piété malentendue, fournir aux novateurs l'occa-
» sion de décrier la religion catholique. Nous vous exhor-
» tons donc, au nom de notre seigneur Jésus-Christ, de
» vous appliquer, de tout votre cœur et de toutes vos
» forces, à prouver votre soumission à ceux qui vous
» commandent. Par-là vous rendrez à Dieu l'hommage
» d'obéissance qui lui est dû, et vous convaincrez vos
» gouvernemens que la vraie religion n'est nullement faite
» pour renverser les lois civiles; votre conduite les con-
» vaincra tous les jours de plus en plus de cette vérité;
» elle les portera à chérir et à protéger votre culte, en
» faisant observer les préceptes de l'Évangile et les régles
» de la discipline ecclésiastique. Enfin nous vous avertis-
» sons de ne point ajouter foi à quiconque avanceroit une
» autre doctrine que celle-ci, qui est la véritable doctrine
» du Saint-Siége apostolique; et nous vous donnons, avec
» une tendresse paternelle, notre bénédiction aposto-
» lique ».

Donné à Rome, à Sainte-Marie-Majeure, sous l'anneau du Pécheur, le cinq juillet 1796, et le vingt-deuxième de notre Pontificat.

Signé REV. CARDINALIS BRASCHI.

la plus injuste : cette lettre étoit du cardinal Busca, elle n'exprimoit que les inquiétudes du souverain pontife et le désir d'une alliance avec l'empereur d'Allemagne ; on y parloit d'une guerre de religion, mais comme d'un projet que la sagesse et la piété du pape ne lui permettoient pas d'embrasser; elle étoit d'ailleurs écrite avec beaucoup de modération.

Mais Buonaparte n'avoit besoin que d'une occasion ; il proclame aussitôt la trahison de Rome, déclare l'armistice rompu, donne ordre au ministre Cacault de quitter la cour du souverain pontife, et publie contre elle le manifeste suivant :

« Le pape a refusé formellement d'exécuter
» les articles 8 et 9 de l'armistice conclu à
» Bologne. La cour de Rome n'a cessé d'armer,
» et d'exciter, par ses manifestes, les peuples
» à la croisade. Ses troupes se sont approchées
» de Bologne jusqu'à dix milles, et ont menacé
» d'envahir cette ville.

» La cour de Rome a entamé des négocia-
» tions hostiles contre la France avec la cour
» de Vienne. Le pape a confié le commande-
» ment de ses troupes à des généraux autri-
» chiens ; il a refusé de répondre aux avances
» officielles qui lui ont été faites pour l'ouver-
» ture d'une négociation de paix. En consé-

» quence, je déclare que l'armistice, conclu
» entre la république française et la cour de
» Rome, est rompu ».

A ce violent manifeste il ajouta une proclamation non moins violente : il s'annonçoit comme un vengeur terrible et inexorable; il se vantoit d'avoir, en six mois, fait cent mille prisonniers des meilleures troupes de l'empereur; il déclaroit que tout village, toute ville où l'on sonneroit le tocsin à l'approche de l'armée française seroit brûlé, et ses municipaux fusillés; il menaçoit des plus terribles châtimens les communes sur le territoire desquelles un français seroit assassiné; il promettoit protection et bienveillance aux prêtres qui se conduiroient suivant les principes de l'Évangile, en réservant aux autres des punitions exemplaires, mais il se chargeoit d'interpréter lui-même les principes de l'Évangile.

En ce moment le pape étoit réduit à ses propres ressources ; Naples, Parme, Turin avoient traité; Modène étoit envahie; la Toscane occupée par les Français; et Venise, toujours renfermée dans son système de neutralité, se voyoit elle-même près de devenir la proie de l'armée conquérante. Pie VI trouva dans le dévouement de ses peuples des secours et une résistance inattendus; ses soldats même, si décriés chez les autres nations, osèrent se montrer intrépides et belliqueux.

La division du général Victor se mit aussitôt en marche, et se porta sur Imola, dont le siége épiscopal étoit alors occupé par le cardinal Chiaramonti, élevé aujourd'hui sur le trône pontifical sous le nom de Pie VII; c'étoit un prélat recommandable par sa douceur et sa philantropie : il ne prêchoit alors ni la résistance ni la guerre; eh! qui pouvoit résister à Buonaparte? Au lieu d'irriter l'ennemi, il mit tout en œuvre pour le fléchir, il alla au-devant de lui, et par son exemple et ses discours disposa le peuple à la soumission. Sa conduite pacifique sauva du pillage sa ville et son diocèse; Buonaparte enlevoit alors tous les dépôts du mont-de-piété, le pontife bienfaisant se rendit auprès de lui, le supplia d'épargner sa ville épiscopale, se jeta à ses genoux, et lui offrit tout ce qu'il possédoit pour racheter ses chers diocésains. Buonaparte, toujours inexorable dans ces sortes d'occasions, se laissa néanmoins toucher, et se contenta, en échange du mont-de-piété, de toute l'argenterie du cardinal, des bijoux, des croix, des diamans qui ornoient la chapelle épiscopale; et, sans égard pour la noble et généreuse hospitalité que l'évêque lui avoit donnée dans son palais, il fit tout enlever.

Le cardinal Chiaramonti joignoit aux vertus évangéliques un esprit tolérant, et un cœur humain et bienfaisant; on lui a même reproché d'avoir poussé ces vertus jusqu'au républicanisme, et l'on cîte de lui une homélie où il ne se montre point éloigné des idées démocratiques. Ce discours fut adressé au peuple de son diocèse, dans la république Cisalpine, le jour de Noël 1797.

Le prélat, après avoir recommandé la soumission aux autorités constituées, fait observer que ces autorités elles-mêmes sont soumises aux lois; que la loi exerce sa puissance sur tous les membres du corps social, soit pour protéger ou diriger, soit pour récompenser ou punir; que c'est dans cette puissance commune et impassible de la loi, que réside l'égalité civile, don précieux de la nature, qui met en harmonie toutes les parties du corps politique.

« Loin que la forme du gouvernement dé-
» mocratique soit contraire aux principes de
» l'Évangile, elle demande au contraire, elle
» exige la pratique des vertus qui ne s'acquiè-
» rent qu'à l'école de J. C.

» Si vous les pratiquez, elles seront le gage
» de votre bonheur, de votre gloire, et de
» la splendeur de notre république. Les vertus
» morales consistent dans l'amour de l'ordre;

» ce sont elles qui feront de nous de bons et
» estimables démocrates, mais de cette démo-
» cratie pure dont le but unique est de travailler
» au bonheur de tous, d'abjurer les haines,
» l'ambition, la mauvaise foi, et de respecter
» les droits d'autrui, en remplissant ses propres
» devoirs.

» Considérez, mes frères, les illustres citoyens
» dont s'honora la république romaine, et les
» moyens qu'ils employèrent pour mériter la
» reconnoissance et l'admiration publiques.
» Rappellerai-je le courage de Mutius Scævola,
» de Curtius, des deux Scipions, de Torqua-
» tus, de Camille, et de tant d'autres qui s'illus-
» trèrent dans ces temps mémorables ! Leurs
» éloges, tracés par les plus habiles écrivains,
» sont encore la leçon des peuples et l'instruc-
» tion de la postérité.

» Tandis que les Grecs dissertoient savam-
» ment dans les écoles sur la philosophie, les
» Romains pratiquoient la vertu, sans disputer
» sur sa nature, sans le secours des écoles, sans
» la couvrir orgueilleusement du manteau phi-
» losophique. La simplicité de leurs mœurs
» repoussoit cette éloquence étudiée, cette sub-
» tilité de dialectique, qui discutoit les prin-
» cipes au lieu de les mettre en pratique.

« La grandeur et la renommée que s'acqui-
» rent ces illustres républicains furent, suivant
» l'autorité de saint Augustin, le prix qu'un
» Dieu juste voulut décerner à leurs travaux
» et à leurs vertus. Si, comme le pense Caton,
» et comme l'enseignent les pères de l'église,
» leurs nobles qualités rehaussèrent encore
» l'éclat de la liberté romaine et méritèrent à
» ce grand peuple des bienfaits temporels, à
» combien plus forte raison ne devons-nous
» pas reconnoître la nécessité de la vertu dans
» notre république démocratique, nous qui ne
» portons pas des hommages profanes au pied
» des divinités étrangères » ?

Ainsi, lorsque la république cisalpine fut établie, l'évêque d'Imola n'hésita point à se faire républicain, à recommander la soumission aux nouvelles autorités, à prêcher les principes du nouveau gouvernement. Il cherchoit alors la paix de l'église; il l'a cherchée depuis auprès du même homme devenu bien plus puissant; il a porté pour lui sa complaisance jusqu'au dernier degré : quelle récompense en a-t-il reçue ?

Les Français, en entrant sur le territoire du souverain pontife, ne s'attendoient pas à une guerre bien longue et bien périlleuse; ils se représentoient les soldats du pape fuyant à leur aspect ; cependant les troupes pontificales ne se montrèrent point sans courage.

Elles coupèrent les ponts, se retranchèrent sur la rivière de Sénio, qu'elles bordèrent de canons, et reçurent avec intrépidité les troupes françaises ; mais il leur étoit difficile de résister au nombre, à l'impétuosité et à l'expérience des premiers soldats de l'Europe. Le général Lasnes fit attaquer leurs batteries, tourna leur position, et, après un combat assez vif, leur enleva quatorze pièces de canon, huit drapeaux, leur fit près de mille prisonniers, et tua quatre à cinq cents hommes. Buonaparte, dans son rapport, assure que, pendant le feu, plusieurs prêtres, un crucifix à la main, exhortoient les soldats au carnage : ce trait pourroit faire honneur au courage des prêtres, mais les républicains aimoient à supposer partout l'influence des ministres de la religion, et les calomnioient pour les perdre (1).

---

(1) On poussa l'esprit de calomnie jusqu'à supposer une bulle du pape ainsi conçue :

« A tous nos bienaimés et enfans catholiques, nos
» frères en Jésus-Christ, Salut : Nous vous prions, pour
» le bien de l'église et du Saint-Siége, de prendre les
» armes pour défendre la religion. Tous ceux qui tueront
» un Français feront un sacrifice agréable à Dieu, et
» leurs noms seront inscrits parmi ceux des élus du Sei-
» gneur ».

D'Imola, l'armée française marcha successivement sur Faenza, sur Forli, et sur Césène, patrie du souverain pontife. Le tocsin sonnoit à Faenza, le peuple, quoique sans appui, paroissoit néanmoins disposé à résister; l'artillerie et la baïonnette des Français forcèrent bientôt cette malheureuse ville à recevoir la loi du vainqueur. Buonaparte délibéroit s'il la livreroit au pillage; sa politique lui donna un autre conseil : il affecta de ne voir dans ce soulèvement que l'ouvrage des prêtres, il fit venir ceux qui n'avoient pas pris la fuite, rassembla les moines, et leur adressa les plus terribles menaces.

Quelques-uns, effrayés de leurs propres dangers, consentirent à le servir. Le général des Camaldules se rendit à Ravenne, pour disposer cette ville à la soumission ; un prieur de bénédictins fut chargé de la conversion de Césène. En peu de jours, la Romagne, le duché

On prétendoit que dans une autre bulle, il avoit promis quarante ans d'indulgence, et même le paradis à quiconque s'armeroit pour sa cause. Ces fictions démagogiques n'obtinrent aucune croyance; elles étoient trop ouvertement en opposition avec le caractère de Pie VI pour qu'on pût y ajouter foi.

Il paroît plus constant que le saint père ne se refusoit pas aux jouissances gastronomiques : on dépensoit chaque

d'Urbin et la Marche d'Ancône tombèrent sous le joug de la république française. On trouva à Ancône plus de soixante pièces de canon, vingt-deux mille boulets, trois mille fusils.

De son côté, le général Marmont marchoit sur Notre-Dame-de-Lorette. Cette conquête étoit depuis long-temps un objet de convoitise pour Buonaparte ; il se flattoit d'y trouver des richesses immenses, et de grossir sa fortune de la dépouille de ce temple célèbre ; il fut trompé dans ses espérances. Le général autrichien Colli, qui commandoit l'armée pontificale, fit enlever les objets les plus précieux, et les républicains n'y trouvèrent que la valeur d'environ un million. Napoléon envoya au directoire la madone, dépouillée de tous ses ornemens, et quelques reliques retirées de leurs châsses (1). Ses troupes

---

jour une quantité de viande immense, pour lui faire un consommé. Il ne mangeoit que des poulets et du gibier désossé ; il aimoit le vin étranger, et en buvoit copieusement. Lorsque, par une indigne et lâche persécution, le directoire l'eut fait traîner en prison, il obtint la permission de garder son cuisinier, artiste de bouche très-renommé à Rome.

(1) Rien de plus impertinent que la lettre écrite à ce sujet, au directoire, par la commission des arts :

« Le général en chef, en recueillant, pour la république, » les objets que Colli, général du pape, n'avoit pas eu le

continuèrent leur marche, et il étoit à quarante lieues de Rome, lorsque le cardinal Mattei lui écrivit pour l'engager à suspendre une conquête qui ne pouvoit ajouter aucune gloire à ses armes.

Ici s'ouvre une correspondance devenue célèbre, parce qu'elle ne porte aucun de ces signes de hauteur et de violence qui caractérisoient les relations ordinaires du général en chef. Tout y respire la décence et la modération.

___

» temps d'enlever de Loretto, s'est emparé des objets por-
» tatifs, dont on s'étoit servi pour abuser de la crédulité
» des peuples, et qui consistent :
» 1°. Dans l'image de bois, prétendue miraculeuse,
» de la Madonna ;
» 2°. Dans un haillon de vieux camelot de laine moiré,
» que l'on a dit avoir été la robe de Marie ;
» 3°. Dans trois écuelles cassées, de mauvaise faïence,
» qui ont, dit-on, fait partie de son ménage.
» Cet enlèvement a été fait par le citoyen Villetard,
» en présence du citoyen Monge, et du citoyen Moscati,
» médecin de Milan. De peur qu'on ne puisse douter de
» l'authenticité de ces pièces, le sceau du général en chef
» a été apposé sur chacune d'elles, en cire rouge, et sem-
» blable à celui qui est apposé au bas du procès-verbal ».

Par la suite Buonaparte renvoya la statue à Pie VII, lors du concordat ; mais il l'envoya nue, et ne songea guère à restituer l'argenterie et les trésors qu'il avoit trouvés dans la chapelle.

Le cardinal Mattei connoissoit mieux que tout autre le caractère de Buonaparte; il avoit su fléchir son courroux, et le désarmer dans une circonstance périlleuse. Il étoit à Ferrare à l'époque où les Français, sans déclaration préalable, entrèrent dans cette ville : Buonaparte arrivé au palais du prélat, l'aborde avec fureur, et le menace de le faire fusiller sur-le-champ; le cardinal, sans s'effrayer, n'oppose à la violence du général que la douceur et la résignation, et demande d'une voix calme un quart d'heure pour se préparer à la mort. Le sang-froid, la dignité du prélat, la vertu empreinte dans tous ses traits, déconcertent l'impitoyable général; la vie du cardinal Mattei est respectée, et, quelques instans après, une conversation pleine d'amitié s'établit entre eux. Pourquoi, dit le cardinal, cette guerre faite au Saint-Siége, qui n'est en guerre avec personne? Quel crime peut-on lui reprocher? — Que voulez-vous ? répondit le général, nous usons du droit du plus fort, et je ne puis vous dissimuler que je n'aie de vives inquiétudes pour Rome.

Il savoit en effet que le directoire étoit décidé à détruire la puissance pontificale; il avoit, pendant quelque temps, essayé d'obtenir du saint père la révocation des bulles contre la constitution civile du clergé. Le général

Hoche s'étoit rendu à Paris, auprès des envoyés de sa sainteté, pour négocier avec eux une pacification de la Vendée; mais le pape s'étant montré inaccessible à toutes les séductions, la chute de son trône avoit été résolue.

Le cardinal Mattei voulut de nouveau sauver la capitale du monde chrétien, et ce fut dans ce dessein qu'il écrivit au général en chef. Toute l'Europe fut surprise des respects et de la déférence de Buonaparte pour lui : il sembloit que les républicains eussent oublié leur âpreté accoutumée. On se crut revenu à ces jours de politesse et d'urbanité où, même en combattant, on n'oublioit point les égards et le ton de décence que les nations civilisées ont établis entre elles (1).

---

(1) Quelques mois avant que l'armée entrât sur le territoire romain, Buonaparte avoit écrit au cardinal Mattei une lettre que nos papiers n'ont point publiée, et à laquelle le cardinal avoit répondu avec beaucoup de fermeté.

Au cardinal Mattei.

« La cour de Rome a refusé d'accepter les conditions
» de paix que le directoire lui a offertes. Elle a rompu
» l'armistice; elle arme; elle ne respire que la guerre, et
» elle l'aura. Vous connoissez, cardinal, la force et la
» valeur de l'armée que je commande : pour détruire la
» puissance temporelle du pape, je n'ai besoin que de le

« J'ai reconnu dans la ettre que vous vous
» êtes donné la peine de m'écrire, monsieur
» le cardinal, cette simplicité de mœurs qui
» vous caractérise.... Je sais que sa sainteté a
» été trompée : je veux prouver à l'Europe
» entière la modération du directoire exécutif
» de la république française, en lui accordant
» cinq jours pour envoyer un négociateur à
» Foligno, où je me trouverai, et où je désire
» pouvoir contribuer, en mon particulier, à
» donner une preuve éclatante de la considé-
» ration que j'ai pour le Saint-Siége. Quelque
» chose qui arrive, monsieur le cardinal, je
» vous prie d'être persuadé de l'estime dis-
» tinguée avec laquelle je suis, etc ».

» vouloir. Allez donc à Rome ; éclairez le saint père sur
» ses vrais intérêts ; écartez les intrigans qui l'assiégent.
» Le gouvernement français me permet de recevoir des
» propositions de paix, et tout peut bien s'arranger. Je
» souhaite, monsieur le cardinal, que vous ayez, dans
» votre mission, tous les succès que mérite la pureté de
» vos intentions ».

Cette lettre étoit du 22 octobre 1796. Le cardinal Mattei répondit, le 2 décembre :

« J'ai mis sous les yeux du saint père, monsieur le
» général, la lettre que vous avez pris la peine de m'é-
» crire. Le souverain pontife a constamment fait tout ses
» efforts pour maintenir la paix ; dans les troubles qui,

Napoléon publia en même temps une proclamation par laquelle il prenoit sous sa protection les prêtres français émigrés. La loi, disoit-il, défend aux prêtres déportés de rentrer sur le territoire français, mais non pas de rester sur le territoire conquis par les armées françaises. Le général en chef, satisfait de la con-

« depuis sept ans, ont agité votre malheureuse patrie,
« il s'est toujours souvenu qu'il étoit le père commun des
« peuples chrétiens, et lorsque l'on cherchoit à égarer les
« enfans de l'église, par les plus dangereuses séductions,
« il a cru que l'indulgence étoit l'unique remède qu'il
« devoit employer, persuadé qu'un jour Dieu les éclai-
« reroit et les ramèneroit à de meilleurs principes. Les
« succès de votre armée en Italie ont tellement aveuglé
« votre gouvernement, que, par le plus intolérable abus
« de la prospérité, non content d'avoir tondu la brebis jus-
« qu'au vif, il veut encore la dévorer ; qu'il prescrit au
« pape de faire le sacrifice de sa conscience, en exigeant
« de lui la destruction des points fondamentaux qui font
« la base de la religion chrétienne, de la morale et de la
« discipline ecclésiastique. Sa sainteté, après avoir en vain
« conjuré le directoire d'écouter de plus raisonnables
« propositions, n'a plus qu'à se préparer à la guerre ;
« l'Europe décidera quel a été l'aggresseur. Votre armée
« est formidable, mais vous savez qu'elle n'est pas invin-
« cible ; nous lui opposerons toutes nos ressources, toute
« notre constance, toute la confiance que nous inspire la
« justice de notre cause, et surtout l'aide du Tout-Puis-
« sant. Vous dites que vous désirez la paix ; nous la dési-

duite de ces ecclésiastiques, les autorise à rester dans les états du pape, conquis par l'armée française.

Il ajoutoit à cette faveur celle d'assurer aux prêtres la subsistance, un logement et un entretien honnête ; il assignoit cette dépense sur les monastères d'Italie, enjoignoit à chaque couvent d'acquitter exactement les fonds des-

---

» rons plus vivement que vous : proposez-nous des con-
» ditions modérées, et telles que nos alliés puissent y
» souscrire ; vous nous trouverez prêts à céder. Sa sain-
» teté fera tous les sacrifices qui sont compatibles avec
» ses devoirs ; nous ne doutons point, monsieur le général,
» que vous ne soyez par vous-même enclin aux principes
» de justice et d'humanité ; et je m'estimerai toujours
» heureux de pouvoir coopérer avec vous à la grande
» affaire de la pacification ».

Ce fut après cette lettre que Buonaparte rappela le ministre Cacaut. Il écrivit au cardinal :

« L'influence des étrangers à Rome sera la cause de sa
» perte. Les paroles de paix que je vous avois portées ont
» été étouffées par des hommes pour qui la gloire de Rome
» n'est rien. Vous êtes témoin que je voulois éviter les
» horreurs de la guerre ; l'aveuglement et l'obstination
» de la cour de Rome s'y sont opposés. Quelque chose
» qui arrive, je vous prie d'assurer à sa sainteté qu'elle
» peut rester sans inquiétude à Rome. Comme premier
» ministre de la religion, il trouvera protection pour lui
» et pour vous ; mon premier soin sera de n'introduire
» aucun changement dans la religion qui est établie ».

tinés à cette dépense ; faisoit défense, sous les peines les plus sévères, aux soldats, aux habitans des villes, aux prêtres ou religieux d'Italie, de molester, sous quelque prétexte que ce fût, les prêtres émigrés. Il terminoit sa proclamation par ces mots d'une rare bienveillance :

« Le général en chef verra avec plaisir ce que
» les évêques et les autres prêtres charitables fe-
» ront pour améliorer le sort des prêtres dé-
» portés ».

Ces adoucissemens étoient dus en partie aux vues politiques du général, et aux conseils d'un religieux minime, son ancien professeur de mathématiques à Brienne, qu'il avoit emmené avec lui en Italie, et qu'il avoit chargé de rédiger sa correspondance avec le Saint-Siége.

Le directoire, instruit de la conduite de son général, entra facilement dans les mêmes vues, et rendit un arrêté qui autorisoit le ministre des relations extérieures à délivrer des passeports à tout prêtre français qui voudroit se rendre en Italie, dans la partie des états du pape occupée par l'armée républicaine.

Il les mettoit sous la protection du général en chef, et leur assuroit les mêmes avantages qu'aux autres ecclésiastiques.

Si ces dispositions n'avoient eu pour principe que des sentimens d'humanité, le général et le directoire auroient mérité la reconnoissance de tous les cœurs généreux ; mais il étoit bien difficile d'attendre une bonne action d'hommes fanatisés par l'esprit de révolution, ou dirigés par la politique de Machiavel. Sous l'habit de prêtre, on fit passer en Italie une foule d'émissaires chargés de propager les principes de la république, et d'attiser sourdement le feu de l'insurrection. Plusieurs parcouroient les villages en missionnaires, se faisoient payer leurs messes, et en disoient plusieurs, le même jour, en divers endroits. Le scandale de leurs mœurs découvrit bientôt la fraude, et l'on fut obligé de les éloigner; mais d'autres travailloient plus adroitement, et tout paroissoit prêt pour une explosion générale; lorsque le pape prit le parti d'envoyer des ambassadeurs au général en chef; il ne lui restoit alors que la Sabine, le patrimoine de saint Pierre et la campagne de Rome. L'effroi étoit répandu dans la ville ; la famille du pape, les grands seigneurs, les personnes riches profitoient de la nuit pour sauver leur fortune, et envoyer à Naples leurs effets les plus précieux. L'insurrection se manifestoit sur tous les points, on créoit des municipalités; on plantoit des arbres de la liberté : il ne restoit au pape d'autre parti à prendre que de quitter Rome, ou de s'en remettre à la générosité du vainqueur. Le cardinal Mattei se flatta de fléchir le général en chef, et se rendit à Tolentino avec le cardinal Galeppi, le duc Braschi et le marquis Messino, envoyés de sa sainteté.

Ils arrivèrent au camp le 13 février : Buonaparte les reçut avec les égards dus à leurs qualités personnelles et au caractère dont ils étoient revêtus; mais, en les comblant de politesse, il n'oublia pas qu'il étoit maître des destinées de Rome, et se montra inflexible dans ses prétentions.

Il accordoit la paix au saint père, mais il lui imposoit de renoncer à toute alliance avec les puissances coalisées. Il exigeoit qu'il fermât ses ports à tout bâtiment armé contre la république française; qu'il renonçât pour toujours à tout droit sur la ville d'Avignon, le comtat Venaissin, les légations de Bologne, de Ferrare et de la Romagne; qu'il payât, avant le cinq mars, quinze millions sur la somme de seize millions, qui restoit due suivant l'armistice conclu à Bologne, le 21 juin précédent; qu'il fournît à l'armée française 800 chevaux de cavalerie et 800 chevaux de trait; qu'il payât en outre à la république française, en argent, en diamans, ou en valeurs quelconques; une autre somme de quinze millions, savoir : dix millions dans le cours du mois de mars, et cinq millions dans le mois d'avril ; que sa sainteté désavouât le meurtre du secrétaire d'ambassade Basseville, et mît à la disposition du gouvernement français une somme de 300,000 francs, pour être répartie entre les personnes qui avoient souffert de cet événement; qu'elle laissât enfin, entre les mains de ce même gouvernement, la ville d'Ancône et ses dépendances, jusqu'à la conclusion de la paix continentale. Le général en chef s'obligea de son côté à évacuer l'Ombrie, Pérugia, Camerino, aussitôt que les articles relatifs au paiement des contributions auroient été exécutés. Ce traité fut signé le 19 février.

Le cardinal Mattei, en annonçant cette nouvelle au cardinal Busca, secrétaire d'état, lui mandoit :

« Le traité est signé ; j'envoie un courrier en
» porter la nouvelle à votre éminence. Les
» conditions sont très-dures, et semblables en
» tout à la capitulation d'une place assiégée.
» C'est ainsi que s'est exprimé plusieurs fois le
» vainqueur, et j'ai palpité, tremblé jusqu'à
» présent pour sa sainteté, pour Rome, et pour
» tout l'état. Rome cependant est sauvée, ainsi
» que la religion, malgré les très-grands sacri-
» fices qu'on a faits ».

Napoléon écrivit aussi au pape : « La paix
» entre la république française et votre sainteté

» vient d'être signée. Je me félicite d'avoir pu
» contribuer à son repos particulier ; j'engage
» votre sainteté à se méfier des personnes qui
» sont à Rome, vendues aux cours ennemies
» de la France, ou qui se laissent exclusive-
» ment guider par les passions haineuses qui
» entraînent toujours la perte des états. Toute
» l'Europe conçoit les inclinations pacifiques
» et les vertus conciliatrices de votre sainteté.
» La république française sera, j'espère, une
» des amies les plus sincères de Rome. J'envoie
» mon aide-de-camp, chef de brigade, pour
» exprimer à votre sainteté l'estime et la véné-
» ration parfaite que j'ai pour sa personne,
» et je la prie de croire au désir que j'ai de lui
» donner, dans toutes les occasions, des preuves
» de respect et de vénération ».

Cette lettre ne ressembloit guère à la proclamation que le général avoit publiée en entrant sur le territoire romain ; mais alors il falloit effrayer le souverain pontife, et terminer promptement une guerre dont les longueurs auroient pu détourner Buonaparte des opérations plus importantes qui le rappeloient vers le Tyrol (1).

---

(1) Il est probable que Napoléon ne vouloit point la destruction de la puissance pontificale. Plus éclairé que le directoire, il voyoit toute l'influence qu'exerçoit encore

L'Autriche, trois fois vaincue, ne perdoit rien de sa confiance, et nourrissoit encore l'espoir de rappeler la victoire sous ses drapeaux. Ses armées sembloient renaître à mesure qu'on les détruisoit ; et Buonaparte, toujours vainqueur, voyoit sans cesse sa gloire et le fruit de ses conquêtes exposés aux chances de la fortune, et aux hasards de la guerre. Si les armes autrichiennes avoient été malheureuses en Italie, le prince Charles avoit, sur les bords du Rhin, soutenu glorieusement l'honneur de la patrie, et forcé les Français à cette retraite célèbre, qui ne fut pas moins honorable pour celui qui la faisoit que pour celui qui nous avoit forcés à la faire.

Au sortir de l'adolescence, ce jeune prince s'étoit montré digne des plus hautes destinées. Il étoit, dit un de nos plus célèbres publicistes, du très-petit nombre d'hommes vantés dans leur jeunesse, qui n'eussent point dé-

---

la religion sur les peuples, et peut-être se ménageoit-il d'avance ce moyen de succès, pour monter à la puissance suprême. Il prouva, à l'époque de son élévation au trône, qu'il croyoit encore l'intervention du pape utile aux souverains. Les patriotes exclusifs d'Italie furent très-mécontens de la conduite du général en chef envers le pape ; mais dès lors il commençoit à être assez puissant pour braver leurs clameurs.

menti une réputation précoce. Sa valeur personnelle, poussée jusqu'à la témérité, avoit plus d'une fois étonné l'ennemi, raffermi les troupes ébranlées, et alarmé les témoins de ses exploits. Avec une santé délicate, on l'avoit vu braver les fatigues, l'intempérie des saisons, les veilles, les rigueurs du froid, comme un simple volontaire. Présent partout où le danger l'appeloit, unissant la vigilance à la fermeté, et l'activité à la prudence, il s'étoit montré également capable de commander, de se faire craindre et de se faire aimer. Peu de généraux étoient plus populaires avec plus de sévérité. Il joignoit l'affabilité d'un prince poli et généreux à la gravité et à l'assurance d'un capitaine. Son instruction, fruit d'une éducation soignée et d'une noble émulation, avoit perfectionné sa capacité naturelle.

En prenant le commandement de l'armée d'Italie, il conservoit encore le titre de général de l'armée du Rhin; car son nom étoit si cher aux soldats, qu'on auroit craint de leur enlever entièrement leur jeune héros. Le général Mack, désigné pour lui succéder, devoit prendre ses ordres et les communiquer à l'armée. Les généraux Kray, La Tour et Werneck passèrent avec lui en Italie; ainsi c'étoit des deux parts les plus intrépides et les plus habiles capitaines qui alloient se mesurer entre eux.

Arrivé au camp, son premier soin fut d'y rétablir la discipline : plusieurs officiers étoient accusés publiquement de s'être mal conduits, il voulut qu'ils fussent jugés, et les envoya devant les tribunaux.

Les deux armées furent bientôt en présence. Depuis la victoire de Rivoli, les Français occupoient les bords de la Piave et du Lavisio; le prince Charles occupoit l'autre rive, mais les forces des deux généraux n'étoient pas égales. La justice oblige de dire ici que, malgré tous les sacrifices de l'Autriche, l'armée du prince Charles ne s'élevoit guère au-delà de 50,000 hommes; l'armée française étoit beaucoup plus nombreuse, car si l'Autriche avoit fait tous ses efforts pour donner au prince Charles une armée digne de sa haute réputation, le directoire n'avoit point oublié non plus ce qu'il devoit à son général et à l'armée d'Italie : on avoit tiré des divisions entières de l'armée du Rhin. Le général Bernadotte, déjà célèbre par ses talens et sa bravoure, alloit conquérir en Italie de nouveaux lauriers. Les sommets des Alpes, les rigueurs de la saison, les précipices, les neiges, rien n'avoit arrêté la marche des soldats français. Buonaparte se voyoit à la tête de la plus belle armée qu'il eût encore commandée, et se nourrissoit déjà de l'espoir d'aller à Vienne, dicter à l'empereur les conditions de la paix.

Il écrivoit au gouvernement français : « Si » l'on me seconde sur le Rhin, j'entrerai bientôt » dans la capitale des états autrichiens ; si l'on » ne me seconde pas, j'y entrerai encore ».

Les premiers combats furent tous à l'avantage des Français : leurs victoires précédentes, leur audace, la réputation extraordinaire qu'ils s'étoient acquise dans toute l'Europe, en imposoient aux soldats allemands ; et dans les affaires de poste, l'ennemi tenoit rarement devant les moindres détachemens de l'armée républicaine.

Le général de division Guieu commença par reprendre la position de Trévise; le général Walther ayant rencontré un petit corps d'ennemis le poursuivit jusqu'à son camp sur la Piave. Le général Murat attaqua un retranchement et le força; plusieurs autres officiers se distinguèrent dans de semblables actions. Ces petits combats servoient à entretenir la confiance du soldat, à intimider l'ennemi, et à soutenir la réputation des armes françaises.

Le mois de mars fut employé à des opérations plus sérieuses ; le 12, l'armée française tenta le passage de la Piave : les eaux étoient fort basses, quoique, dans cette saison, elles soient ordinairement grossies par les pluies ; le passage étoit facile, mais il falloit forcer les Autrichiens qui défendoient l'autre rive. Ils se battirent d'abord avec beaucoup de courage, et arrêtèrent l'armée française un jour tout entier; bientôt la crainte d'être tournés leur fit abandonner leur camp de la Campana, et, pendant la nuit, ils allèrent prendre position derrière le Tagliamento.

Le général Massena poursuivoit l'arrière-garde ennemie, il parvint à l'envelopper, et lui fit six à sept cents prisonniers. Dans ce nombre se trouvoit M. de Lusignan, officier français au service d'Autriche, qui se battit avec une rare intrépidité, et ne se rendit qu'après avoir perdu presque tout le corps qu'il commandoit. On l'accusoit d'avoir usé de cruauté envers les malades français à Brescia; mais il étoit rare que ces sortes d'accusations fussent prouvées; elles étoient communément le fruit de la haine et du fanatisme qu'inspire l'esprit de parti.

Toutefois, Buonaparte écrivit au directoire au sujet de cet officier : « J'ordonne qu'il soit » conduit en France, sans pouvoir être » échangé ».

Ce ton étoit peu respctueux; mais la puissance de Buonaparte s'accroissoit tous les jours par de nouveaux succès, et le directoire qui, depuis plusieurs mois, avoit en secret prononcé sa destitution, se voyoit de plus en plus dans l'impossibilité de la lui signifier.

Le Tagliamento, derrière lequel l'armée autrichienne s'étoit retirée, est une rivière peu profonde ; cependant son bassin tortueux rend le cours de ses eaux assez rapide. Buonaparte essaya inutilement d'y jeter un pont, le courrant ne le permit pas, mais rien ne l'arrêtoit ; il donna ordre au général Guieu de passer la rivière sur la droite des retranchemens ennemis, et au général Bernadotte de la passer sur la gauche.

Le général Duphot, à la tête de la vingt-septième demi-brigade d'infanterie légère, se jeta dans la rivière, et parut bientôt de l'autre côté ; le général Murat fit le même mouvement : toute la ligne se mit en mouvement, malgré le feu terrible de l'ennemi. L'archiduc Charles avoit fait sonder avec soin toutes les parties de la rivière qui étoient guéables, et les avoit fait défendre par de fortes batteries, qui en rendoient l'approche redoutable. Les Français leur avoient opposé des batteries non moins redoutables : la perte fut considérable de part et d'autre ; on se battit avec acharnement depuis midi jusqu'à la fin du jour. Enfin la victoire resta fidèle aux enseignes françaises, et le Tagliamento fut passé.

Napoléon, en rendant compte de cette victoire, écrivit que le prince Charles n'avoit eu que le temps de se sauver; qu'on avoit pris à l'ennemi six pièces de canon, et cinq cents hommes; des rapports plus fidèles diminuent beaucoup ces avantages.

Il paroît certain que les Autrichiens firent leur retraite avec tant d'ordre et de secret que l'armée française n'en eut connaissance que le jour suivant, lorsque l'ennemi étoit déjà au-delà d'Udine, et se disposoit à passer le Lisonzo. L'auteur de l'Examen de la campagne de Buonaparte en Italie, assure que l'on ne perdit pas une seule pièce de canon; quant aux prisonniers, il n'en dispute pas le nombre.

On n'étoit point encore à la fin du mois de mars, et déjà les montages du Tyrol et de la Carinthie étoient franchies; l'empire autrichien se déployoit sous les yeux de l'armée républicaine, comme autrefois, du haut des Alpes, elle avoit vu les belles et riches contrées de l'Italie. Le prince Charles se conduisoit en habile général, mais il voyoit mieux qu'un autre l'impossibilité d'enlever aux Français les conquêtes qu'ils avoient faites. Il n'étoit point lui-même sans admiration pour le génie, l'audace et les triomphes d'un général de vingt-sept ans, qui remplissoit l'Europe du bruit de son nom. Il ne voyoit pas sans alarme les principes de la liberté se répandre successivement parmi les peuples, et entraîner les sujets dans une conspiration générale contre les souverains. La paix lui sembloit l'unique barrière à opposer aux ravages de la démagogie; et lorsque Buonaparte en avoit fait la proposition au général Wurmser, il n'avoit point hésité à l'appuyer de tout son crédit. De son côté, le directoire, occupé de ses débats avec les conseils législatifs, sentoit la nécessité de s'affermir par un ordre de choses moins exposé aux vicissitudes de la fortune, et le général Clarke étoit depuis quelque temps à Vienne, chargé de négociations.

Tout annonçoit donc que la campagne ne seroit pas de longue durée; elle fut en effet plus promptement terminée qu'on ne l'avoit espéré. Le prince Charles s'étoit emparé de Palma-Nuova, sur le territoire vénitien, et songeoit à s'y fortifier; son ardent rival ne lui en donna pas le temps. Le 18 mars, le général Bernadotte se porta au-delà de cette place et prit une position avantageuse; le général Guieu et le général Serrurier se joignirent à ce mouvement, et l'ennemi, forcé de se retirer précipitamment, laissa à Palma-Nuova trente mille rations de pain, et près de mille quintaux de farine.

De Palma-Nuova à Gradisca, la distance n'est que de quelques milles : les généraux Bernadotte et Serrurier marchèrent contre cette forteresse. La rivière de Lisonzo fut passée sans difficulté ; et, tandis que le général Bernardotte attaquoit de front la citadelle, le général Serrurier, maître des hauteurs qui la dominoient, ôtoit à la garnison tout espoir de retraite. Le commandant autrichien se défendit avec bravoure, et nos soldats, emportés par leur honneur, s'étant avancés, la baïonnette en avant, jusque sous les remparts, furent reçus par des décharges de mitrailles et de balles, qui nous tuèrent beaucoup de monde, et forcèrent nos troupes à la retraite.

Mais que pouvoit le courage d'un petit nombre de braves enfermés dans un fort, contre une armée puissante et victorieuse ? Le général Bernadotte écrivit au commandant autrichien :

« Vous vous êtes défendu, monsieur, comme
» un brave homme, et par là, vous vous êtes
» acquis l'estime des militaires. Mais une plus
» grande obstination de votre part seroit un
» crime que je ferois retomber sur vous princi-
» palement ; et, pour me justifier vis-à-vis de la
» postérité, je dois vous sommer de vous rendre

» dans dix minutes, sans quoi, je ferai passer
» votre troupe au fil de l'épée. Épargnez le
» sang ; les échelles sont prêtes, les grenadiers
» et les chasseurs demandent l'assaut à grands
» cris ».

Le commandant capitula, sortit avec les honneurs de la guerre, et la garnison se constitua prisonnière entre les mains des Français. Buonaparte, dans son rapport au directoire, la porta à trois mille hommes, mais elle n'étoit réellement que de sept cents, qui s'étoient conduits avec une rare intrépidité. Ils avoient ordre de tenir trois jours, pour retarder la marche de l'armée républicaine, et l'empêcher d'inquiéter l'armée autrichienne, qui se retiroit vers la Styrie. Ils accomplirent leur devoir avec valeur et fidélité.

Les deux rives du Lisonzo se trouvoient libres, et rien ne s'offroit pour arrêter la marche triomphante des Français; la terreur étoit générale. Près d'entrer dans la province de Goritz, Buonaparte adressa une proclamation aux habitans de cette contrée :

« Une frayeur injuste a devancé l'armée fran-
» çaise. Nous ne venons ici ni pour vous con-
» quérir, ni pour changer vos mœurs et votre
» religion. La république française est l'amie
» de toutes les nations : prêtres, nobles, bour-

» geois, qui formez la population de la province
» de Goritz, bannissez vos inquiétudes; nous
» sommes bons et humains. Je protégerai vos
» personnes, vos propriétés, votre culte, j'aug-
» menterai vos priviléges, et je vous restituerai
» vos droits ».

Il ordonnoit ensuite que l'on célébrât, dans toutes les églises, le service divin comme à l'ordinaire. Il maintenoit toutes les lois civiles et criminelles; mais il supprimoit toutes les autorités autrichiennes, abrogeoit toutes les formes d'administration, et nommoit un gouvernement central composé d'hommes qu'il savoit lui être affidés.

Il trouva dans la ville de Goritz des provisions considérables. L'ennemi avoit abandonné dans sa retraite tous ses magasins de vivres et de munitions de guerre; on trouva dans les hôpitaux treize cents malades, qu'on n'avoit pas eu le temps d'enlever.

Deux jours après, Trieste ouvrit ses portes: l'armée républicaine prit possession des mines d'Hydria, où elle trouva pour deux millions de métal prêt à être employé : « Conquête pré-
» cieuse, écrivoit Buonaparte, et fort utile à
« nos finances ».

L'ennemi avoit laissé une de ses divisions cernée par un corps de troupes françaises; le général envoya à son secours des troupes arrivées de Clagenfurt, et leur donna l'ordre d'attaquer le général républicain. C'étoit Massena, à qui l'armée avoit donné le surnom d'enfant chéri de la victoire. Le combat eut lieu sur le sommet glacé d'une montagne couverte de neige, et presque au-delà des nuages. C'étoit un spectacle assez remarquable, que de voir les foudres des hommes éclater au-dessus du séjour même du tonnerre. Le combat fut sanglant et opiniâtre : la cavalerie, en chargeant sur la glace, éprouvoit des accidens qui portoient le désordre dans les rangs ; il y avoit trois pieds de neige dans plusieurs endroits occupés par la ligne française. C'étoit pour la première fois peut-être que ces lieux inaccessibles se trouvoient rougis par le sang humain.

Enfin les Autrichiens plièrent ; on leur fit un grand nombre de prisonniers, et l'armée républicaine continua sa marche triomphante. La Chinse est un poste important, d'une défense facile ; les Autrichiens y avoient cinq cents hommes qui s'étoient extraordinairement retranchés : le corps commandé par le général Guieu, les attaqua, les força, et plein d'admiration pour la courageuse résistance qu'ils opposèrent, leur accorda la vie sauve.

L'ennemi précipitoit sa retraite, mais rien ne pouvoit retarder l'infatigable activité des Français. Leurs marches rapides et hardies trompoient partout les calculs des généraux autrichiens. Massena ayant franchi les Alpes Italiques s'étoit emparé du débouché des Alpes Noriques, à travers lesquelles les Autrichiens avoient engagé leurs bagages. Leur colonne, prévenue par le général français, tomba entre ses mains : on prit cinq mille hommes, trente pièces de canon, quatre cents chariots chargés de bagage.

Buonaparte envoya au directoire vingt-quatre drapeaux, qui furent présentés par l'adjudant-général Kellerman, fils du général de ce nom. Parmi ces dépouilles, on voyoit onze bannières enlevées aux troupes pontificales, conquête facile et peu glorieuse, mais que le jeune guerrier sut apprécier à sa juste valeur.

Au milieu de tant de sujets de satisfaction, le directoire, triste et soucieux, ne laissoit entendre que des plaintes, ne parloit que le langage de la colère ou de la terreur. Dans l'impossibilité de régner par l'amour et l'estime des Français, il cherchoit son salut dans la discorde, entretenant lui-même les partis, et combattant les royalistes par les jacobins, et les jacobins par les royalistes. Cette politique égoïste et turbulente faisoit de la France un théâtre de désordres, de haines et d'anarchie; la nation fatiguée désiroit un nouvel ordre de choses. Les royalistes songeoient au rétablissement de la monarchie; les jacobins au rétablissement de l'égalité; tous conspiroient contre le directoire. Ainsi le gouvernement accéléroit sa ruine par les moyens même qu'il employoit pour la prévenir.

Dans cette situation, il ne lui restoit d'appui que dans les généraux et les armées, ressource plus dangereuse peut-être que le mal même (1). Après les premières victoires remportées sur l'archiduc Charles, le président du directoire écrivit des lettres de félicitation aux généraux Berthier, Bernadotte, Massena, et plusieurs officiers d'un grade moins élevé.

Les triomphes de l'armée d'Italie se succédoient avec une rapidité extraordinaire. Le prince Charles, incapable de tenir la campagne, bornoit toute sa gloire à faire une retraite honorable: il se retiroit lentement, évitant

---

(1) Le directoire combloit de présens les généraux dont il redoutoit l'ascendant. Après avoir donné au général Hoche douze des plus beaux chevaux de ses écuries, il lui fit encore présent d'une somme de 300,000 francs. On ne donna rien au général Moreau, qui n'inspiroit pas assez de crainte pour mériter une pareille marque de bienveillance.

toute action générale, tandis que l'armée française, toujours pleine d'activité, pénétroit dans l'intérieur de l'Allemagne, et sembloit inaccessible à toute idée de crainte ou de danger.

Un corps d'Autrichiens occupoit la position de Lavis ; les divisions des généraux Joubert, Delmas, et Baraguey d'Hilliers l'enveloppent, et, après un combat sanglant, lui enlèvent quatre mille prisonniers, trois pièces de canon, deux drapeaux, et lui tuent deux mille hommes; l'ennemi se replie sur la rive droite de l'Adige, et paroît vouloir tenir dans cette position; les généraux français l'y suivent, le tournent, lui coupent la retraite de Botzen, le forcent de se jeter dans les montagnes, et entrent eux-mêmes dans la ville.

Le corps qu'ils poursuivoient étoit commandé par le général Laudon, et soutenu d'un grand nombre de Tyroliens qui s'étoient levés en masse et se battoient avec beaucoup d'intrépidité. Le général Joubert ne leur donne pas le temps de se reconnoître; il laisse une force suffisante à Botzen, et marche droit à Clausen. Les impériaux s'y étoient retranchés sur des hauteurs qui sembloient inaccessibles; l'attaque fut vive et concertée avec beaucoup d'habileté ; la fortune fut long-temps incertaine. Les Tyroliens faisoient des prodiges de valeur, et se battoient en désespérés; les Français, repoussés plusieurs fois, renouveloient l'attaque avec une incroyable opiniâtreté; ils perdirent, dans cette affaire, près de quatre mille hommes. Enfin, l'infanterie légère étant parvenue à grimper des rocs inabordables, l'ennemi, percé par le centre, fut obligé de céder, et se retira en laissant quinze cents prisonniers.

C'est dans cette affaire qu'on attribue au général Dumas un trait de courage qui rappelle les anciens prodiges de l'histoire romaine. On assure que, seul, il arrêta sur un pont un escadron de cavalerie ennemie qui vouloit passer, et que, par cet acte d'une incroyable audace, il donna aux siens le temps de le rejoindre. Les écrivains étrangers qui se sont occupés de notre histoire ne paroissent pas très-convaincus de la vérité de ce fait.

Brixen et Botzen, dont les Français se trouvèrent maîtres dans l'espace de quelques jours, offrirent à l'armée des magasins considérables, et surtout une grande quantité de farines, dont elle avoit un grand besoin.

CHAPITRE XV.

Continuation des hostilités; lettre du général en chef de l'armée française au prince Charles; armistice de Léoben; signature des préliminaires de paix.

MAITRE de deux places importantes, Buonaparte sentit la nécessité de profiter de ses avantages, et de presser son ennemi par la rapidité de ses mouvemens et la hardiesse de ses entreprises. Des bataillons ennemis, nouvellement arrivés du Rhin, défendoient les gorges d'Inspruck : le général Joubert les attaqua, les força, tua deux cents hommes, fit six cents prisonniers, enleva deux pièces de canon.

En même temps trois divisions françaises, commandées par le général Massena, passèrent les gorges qui de l'État Vénitien conduisent en Allemagne, et, dans l'espace de quelques jours, elles se trouvèrent sur la Drave. Willach, où l'ennemi avoit quelques forces, ne fit aucune résistance, et, le jour même, nos troupes entrèrent à Clagenfurth.

Cette ville n'est pas à 60 lieues de Vienne. L'effroi devint extrême dans la capitale. On se hâta d'emballer le trésor public et toutes les richesses que renferme une grande ville ; on appela au secours de la patrie tous les hommes en état de porter les armes ; des ingénieurs se rendirent dans la vaste plaine de Neustadt, pour y tracer un camp : les étrangers eurent ordre de s'éloigner.

Buonaparte écrivoit au directoire : « Si les » armées du Rhin secondent mes opérations, » j'irai à Vienne ; si elles ne le font pas, j'irai » encore ».

Cependant l'empereur, moins effrayé que ses sujets, étoit loin de perdre toute espérance, et paroissoit résolu de soutenir la guerre avec une nouvelle énergie. Trois cent mille Hongrois, alarmés des dangers de la patrie, se levèrent pour la secourir (1). Les Tyroliens, naturellement fiers et belliqueux, s'armèrent de toutes parts. L'ardeur n'étoit pas moindre dans les autres états de l'empire. La levée en masse de l'Autriche avoit produit près de quatre cent mille hommes. Les Croates et les Esclavons

---

(1) L'auteur des *Campagnes des Français en Italie*, affirme que la noblesse hongroise, pour assurer le succès de cette levée, déclara que quiconque ne suivroit pas le ban seroit coupé par morceaux. C'est une odieuse calomnie qui ne mérite point l'honneur d'une réfutation.

couroient au combat dans le dessein de couper la retraite aux républicains. Chaque jour de nombreux bataillons se rendoient à l'armée du prince, que fortifioient aussi des corps considérables venus de l'armée du Rhin.

On évaluoit les pertes de l'armée autrichienne à douze ou quinze mille hommes. Elles alloient être réparées par des secours immenses.

Buonaparte se trouvoit engagé dans un pays où les communications étoient difficiles ; ses positions pouvoient être attaquées séparément par des forces supérieures ; il laissoit loin de lui l'armée du Tyrol, qui n'avoit pu s'avancer encore au-delà de Botzen et de Brixen. Le général Joubert, qui commandoit un corps de vingt-cinq mille hommes, avoit perdu une grande partie de sa colonne; un régiment autrichien sous les ordres du colonel Casimir avoit attaqué et repris Fiume : la fermentation étoit extrême dans les États Vénitiens ; un soulèvement général pouvoit mettre l'armée dans la situation la plus critique, et lui faire perdre en quelques semaines le fruit de près de deux ans de combats et de victoires.

Buonaparte sentoit tous les dangers de sa position, et se livroit avec inquiétude aux moyens de l'améliorer, lorsque tout à coup il se vit tiré d'embarras, par un de ces événemens imprévus qui lui ont donné depuis tant de confiance dans son étoile. Le marquis de Gallo, gentilhomme de la chambre du roi de Naples, venoit d'être nommé ambassadeur à la cour de Vienne. Il traversa le camp de Buonaparte, et s'y arrêta pour en obtenir des passeports. Le général saisit habilement cette occasion, entretint l'ambassadeur napolitain, et affectant le ton d'un vainqueur généreux et modéré, lui laissa entrevoir le désir d'arrêter l'effusion du sang, et de sauver la monarchie autrichienne. Le marquis de Gallo se chargea des premières négociations à cet égard, et les conduisit si heureusement que, peu de jours après, il revint au camp sonder les dispositions ultérieures du général français.

Buonaparte, charmé d'un succès si prompt, avide de tous les genres de gloire, et ravi de pouvoir se montrer à l'Europe comme le pacificateur de l'Italie, après en avoir été le vainqueur, se hâta d'adresser au prince Charles la lettre suivante :

« Les braves militaires font la guerre et dési-
» rent la paix: celle-ci ne dure-t-elle pas depuis
» six ans? avons-nous assez tué de monde et
» fait de maux à la triste humanité? Elle ré-
» clame de tous côtés. L'Europe, qui avoit pris

» les armes contre la république française, les a
» posées. Votre nation reste seule, et cependant
» le sang va couler encore plus que jamais : cette
» sixième campagne s'annonce par des présages
» sinistres ; quelle qu'en soit l'issue, nous tue-
» rons de part et d'autre quelques milliers
» d'hommes de plus, et il faudra bien que l'on
» s'entende, puisque tout a un terme, même
» les passions haineuses.

» Le directoire exécutif de la république fran-
» çaise avoit fait connoître à sa majesté l'empe-
» reur, le désir de mettre fin à la guerre qui
» désole les deux peuples ; l'intervention de la
» cour de Londres s'y est opposée : n'y a-t-il
» donc aucun espoir de nous entendre ? et faut-
» il, pour les intérêts ou les passions d'une na-
» tion étrangère aux maux de la guerre, que
» nous continuions à nous entr'égorger ? Vous,
» monsieur le général en chef, qui, par votre
» naissance, approchez si près du trône, et êtes
» au-dessus de toutes les passions qui animent
» souvent les ministres et les gouvernemens ;
» êtes-vous décidé à mériter le titre de bienfai-
» teur de l'humanité et de vrai sauveur de l'Alle-
» magne ? Ne croyez pas, monsieur le géné-
» ral, que j'entende par-là qu'il ne vous soit pas
» possible de la sauver par la force des armes ;
» mais, dans la supposition que des chances

» de la guerre vous deviennent favorables,
» l'Allemagne n'en sera pas moins ravagée.
» Quant à moi, monsieur le général en chef, si
» l'ouverture que j'ai l'honneur de vous faire
» peut sauver la vie à un seul homme, je m'es-
» timerai plus fier de la couronne civique que
» je croirois avoir méritée, que de la triste
» gloire qui peut revenir des succès militaires.
» Je vous prie de croire, monsieur le général
» en chef, aux sentimens d'estime et de con-
» sidération distinguée avec lesquels je suis
» votre humble serviteur ».

Il étoit facile de reconnoître dans cette lettre le ton d'un homme étranger à ces formes d'une politesse noble et délicate, qui distinguent les hommes d'un rang élevé : jamais on n'avoit parlé de cette manière à un grand prince, aussi recommandable par l'éclat de ses talens militaires que par l'élévation de son rang. Sous les voiles dont Buonaparte cherchoit à s'envelopper, on voyoit percer la rudesse d'un soldat et les mœurs d'un homme cruel. C'étoit le loup revêtu de l'habit du berger.

Le prince Charles répondit avec dignité :

« Assurément, tout en faisant la guerre, mon-
» sieur le général, et en suivant la vocation de
» l'honneur et du devoir, je désire, ainsi que

» vous, la paix pour le bonheur des peuples
» et de l'humanité.

» Comme néanmoins, dans le poste qui
» m'est confié, il ne m'appartient pas de scruter
» ni de terminer la querelle des nations belli-
» gérantes, et que je ne suis muni, de la part
» de sa majesté l'empereur, d'aucun plein pou-
» voir pour traiter, vous trouverez naturel,
» monsieur le général, que je n'entre avec
» vous en aucune négociation, et que j'attende
» des ordres supérieurs pour un objet d'une
» aussi haute importance, et qui n'est pas fon-
» cièrement de mon ressort.

» Quelles que soient au reste les chances
» futures de la guerre, ou les espérances de la
» paix, je vous prie de vous persuader, mon-
» sieur le général, de mon estime et d'une
» considération distinguée ».

C'étoit le 31 mars que cette correspondance avoit eu lieu. Dès le lendemain le général français, pour couvrir d'un air d'assurance l'embarras de sa position, notifia aux peuples de la Carinthie, qu'il se disposoit à faire la conquête de leurs villes : sa proclamation n'avoit rien de menaçant ; il s'annonçoit comme un ami, comme un philantrope, qui portoit les armes à regret, et n'aspiroit qu'à donner la paix aux peuples ; il s'attendrissoit sur les maux de la guerre, et promettoit aux sujets de l'empereur d'en adoucir pour eux toutes les rigueurs.

« L'armée française, disoit-il, ne vient pas
» dans votre pays pour le conquérir; elle est
» l'amie de toutes les nations, et particulière-
» ment des braves peuples de Germanie. Le
» gouvernement français n'a rien épargné
» pour terminer les calamités qui désolent le
» continent; mais la cour de Vienne a refusé
» de l'entendre. Des ministres corrompus par
» l'or de l'Angleterre trahissent l'Allemagne
» et leur prince, et n'ont plus de volonté que
» celle de ces insulaires perfides, l'horreur de
» l'Europe entière.

» Eh bien! malgré l'Angleterre et les mi-
» nistres de la cour de Vienne, soyons amis.
» La république française a sur vous les droits
» de conquête: qu'ils disparoissent devant un
» contrat qui nous lie réciproquement. Vous
» ne vous mêlerez pas d'une guerre qui n'est
» pas de votre aveu; vous fournirez les vivres
» dont nous pourrons avoir besoin. De mon
» côté, je protégerai votre religion, vos mœurs
» et vos propriétés. Je ne retirerai de vous
» aucune contribution: la guerre n'est-elle pas
» elle-même assez horrible? ne souffrez-vous
» pas déjà trop, vous, innocentes victimes des
» sottises des autres? Toutes les impositions que

» vous avez coutume de payer à l'empereur
» serviront à indemniser des dégâts insépara-
» bles de la marche d'une armée, et à payer
» les vivres que vous nous aurez fournis ».

Jamais on ne s'étoit joué plus cruellement de la simplicité des peuples. Toute l'Italie savoit de quelle manière Buonaparte protégeoit la religion, les mœurs et les propriétés. Les ruines fumantes des villes qu'il avoit brûlées, attestoient sa sensibilité pour *les innocentes victimes des sottises des autres*. Mais chaque peuple se flattoit d'échapper à ces horribles calamités, et ces proclamations hypocrites obtenoient presque toujours le succès qu'on s'en promettoit.

Dans l'espace de quelques jours l'armée française s'empara de Neumarck et de plusieurs positions gardées par les Autrichiens. L'arrière-garde ennemie perdit cinq à six cents hommes. De son côté l'armée républicaine eut à regretter le chef de brigade Carrère, officier d'un grand courage et d'un talent distingué. Mais ces avantages changeoient peu de chose à la situation de Buonaparte, et le danger devenoit chaque jour plus pressant. L'arrivée de deux plénipotentiaires autrichiens changea la face des choses : c'étoient les généraux Bellegarde et Merveldt. Ils étoient chargés de traiter de la paix avec le général en chef; et ils lui remirent une note conçue en ces termes :

« Sa majesté l'empereur et roi n'a rien de
» plus à cœur que de concourir au repos
» de l'Europe et de terminer une guerre qui
» désole les deux nations. En conséquence de
» l'ouverture que vous avez faite à son altesse
» royale par votre lettre de Clagenfurth, sa
» majesté l'empereur nous a envoyés auprès
» de vous pour traiter de cet objet et d'une si
» haute importance. Son altesse royale désire
» une suspension d'armes de six jours, afin
» de pouvoir, avec plus de célérité, parvenir à
» ce but désiré, et que tout concoure à ré-
» tablir la paix entre les deux grandes nations ».

Buonaparte fit une réponse où il affecta de garder ce ton de modération et de générosité qu'il avoit déployé dans sa première lettre.

« Dans la position militaire des deux armées,
» une suspension d'armes est toute contraire à
» l'armée française; mais si elle doit être un
» acheminement à la paix tant désirée et si
» utile aux deux peuples, je consens sans peine
» à vos désirs ».

L'armistice fut en effet signé dans le jour même, et les conférences s'ouvrirent entre le général et les plénipotentiaires. On vit alors se renouveler, dans les deux camps, cet échange de politesse et d'égards, ces devoirs d'urbanité que les nations civilisées ont établis entre elles, et que l'exaltation d'un républicanisme ombrageux et farouche sembloit avoir fait oublier. Le prince et le général en chef se visitèrent mutuellement, se donnèrent des témoignages d'une estime réciproque, et le 18 avril on signa à Léoben les préliminaires d'une paix également nécessaire à la France et à l'Autriche. Par ce traité, l'empereur renonçoit pour lui et ses successeurs à toute prétention sur la Belgique.

Il reconnoissoit les limites de la France telles que les avoit décrétées le gouvernement républicain.

Il consentoit à l'établissement et à l'indépendance d'une république dans la Lombardie.

On s'étonna en Allemagne de la célérité avec laquelle ce traité avoit été conclu. Jusqu'alors la cour de Vienne avoit montré des dispositions beaucoup moins favorables, et le général Clarke, envoyé par le directoire auprès du cabinet d'Autriche pour y porter des paroles de paix, n'avoit pu obtenir une audience. On se flattoit que dans la position où se trouvoit l'armée impériale, on pourroit obtenir des conditions plus favorables ; on soupçonnoit qu'un résultat si inattendu étoit l'effet d'intrigues puissantes, et le baron de Thugut ne paroissoit point à tout le monde au-dessus de tout soupçon.

L'Autriche faisoit en effet des sacrifices immenses. Elle renonçoit à l'une de ses plus riches et de ses plus importantes possessions sur les frontières de France. Elle perdoit l'Italie, et laissoit auprès de ses états s'établir une république démocratique, foyer de discordes et d'insurrection. Mais on n'avoit rien oublié pour l'intimider. Le directoire avoit ordonné de démolir la forteresse de Mantoue et de combler le port de Trieste.

Le sort de la république française étoit bien différent. Par ce traité, elle entroit en paix avec toutes les nations du continent. Les brillantes victoires de ses armées animoient le soldat d'une nouvelle audace; l'établissement d'une république en Lombardie, mettoit toute l'Italie à sa disposition ; et l'Angleterre, réduite à ses propres moyens, ne lui donnoit plus que de légères inquiétudes. Ainsi, au-dehors, la France sembloit n'avoir plus rien à redouter : il n'en étoit pas de même au-dedans. Le gouvernement soupçonneux et tyrannique du directoire grossissoit chaque jour le nombre des mécontens et lui suscitoit des ennemis redoutables. La nation française, naturellement fière, ne pouvoit s'accoutumer à être gouvernée par des hommes qu'elle n'estimoit pas. On se rappeloit encore avec un regret amer ce gouvernement doux et paternel des Bourbons sous lequel la France avoit joui de tant de bonheur. Le vœu de la nation se manifestoit de toutes parts et inspiroit au directoire les plus vives alarmes. D'un autre côté, il ne voyoit qu'avec une extrême inquiétude un général, jeune, ambitieux, entreprenant, qui n'attendoit pas ses décrets pour se décider, et sembloit aspirer à l'autorité suprême.

Placé ainsi entre les royalistes et ses propres armées, il combattoit les royalistes par les jacobins, et quand ceux-ci s'emportoient au-delà du but, il les réprimoit en suspendant le cours de ses proscriptions contre les royalistes.

Cette politique timide et ambiguë, l'obligeoit à chercher de nouvelles guerres pour occuper les soldats, et à multiplier les actes de despotisme pour contenir les partis. Il étoit méprisé des uns, haï des autres. Dans cette situation critique, il employoit l'adresse au défaut de la force, et pour occuper les armées sans avoir trop à craindre de leurs triomphes, il avoit l'art de suspendre leur activité par des négociations qu'il prolongeoit à dessein, reculant toujours le terme sans ôter toute espérance.

Lorsqu'on apprit à Paris que Buonaparte avoit

sous les yeux de la garnison française, à tous les excès de la plus turbulente démagogie. Le podestat fut chassé, l'arbre de la liberté planté, le peuple proclamé souverain, et la ville vota sa réunion à la république Cispadane. Cette république n'étoit point encore constituée, mais son fondateur s'occupoit de son organisation prochaine. Dès que cette révolte fut connue, on en accusa hautement la France. Un gazetier, nommé Taglioretti, ayant donné les preuves les plus évidentes de l'intervention de cette puissance, fut arrêté et jeté dans un cachot. Venise effrayée ne fit rien pour son salut. Elle avoit à sa disposition un corps d'Esclavons considérable. Les autres provinces de Terre-Ferme montroient une résolution forte et déterminée. Chaque ville, chaque commune lui envoyoit des députés pour l'assurer de son inébranlable fidélité. On pressoit le sénat de repousser la force par la force; on offroit des armes et de l'argent. En acceptant ces propositions, en joignant ses forces à celles de l'empereur, le gouvernement vénitien pouvoit faire une diversion puissante, et inquiéter vivement l'armée française. Sa politique timide l'emporta encore. Il témoigna beaucoup de reconnoissance à ses sujets, et les livra à toutes les horreurs de l'insurrection et de l'anarchie.

Libres de toutes craintes, les démagogues redoubloient d'audace, et leurs conquêtes s'étendoient rapidement. Dans l'espace de quelques jours, toute la Terre-Ferme fut en feu : cent cinquante Bergamasques marchèrent sur Brescia, pour délivrer leurs frères de l'oppression. Les frères ne les avoient point attendus : la multitude en armes portoit la terreur dans toute la ville; le gouverneur étoit en fuite; le provéditeur arrêté; et la garnison, forte de deux mille hommes, avoit mis bas les armes, à l'exception de deux compagnies de *Capelletti*. Ces braves, retranchés dans une position favorable, se défendirent avec une rare intrépidité, et ne cédèrent qu'après avoir épuisé toutes leurs munitions. Leur courage et leur fidélité méritoient des éloges : ils furent traités en ennemis et livrés à une commission militaire.

On fit à Brescia ce que les insurgés avoient fait à Bergame. La ville fut déclarée libre et réunie à la république cispadane; on proclama le règne de la liberté et de l'égalité, et le peuple souverain signala son avénement au trône par le pillage et la violence. La Val-Sablia et plusieurs villages s'étant montrés fidèles au souverain, on y envoya des détachemens de patriotes brescians, et ces malheureux pays furent livrés à toutes les horreurs d'une révolution farouche et sanguinaire. On brûla sur la place publique les titres et les diplômes de cent familles nobles, et tous les lions ailés qui étoient combustibles. On voyoit parmi les plus fanatiques patriotes, des prêtres prêchant le nouvel évangile, et dansant autour de l'arbre de la liberté. L'évêque lui-même, et l'archi-prêtre d'Azola, publièrent des mandemens en faveur de la démocratie. Mais ces excès de fureur et de bassesse soulevèrent tout ce que l'état vénitien contenoit encore d'hommes attachés au maintien des lois et de la tranquillité publique. On s'arma dans les campagnes. La ville de Salo surprit un détachement de patriotes et les fit prisonniers. Les feux de la guerre civile s'allumèrent de toutes parts, et le parti républicain parut cette fois devoir succomber sous le poids de l'indignation publique.

Au premier bruit de ce danger, Milan se hâta d'armer trois mille hommes sous les ordres du chef de brigade Pini, et de les envoyer au secours des insurgés : on comptoit dans cette troupe un grand nombre de Polonais, qui avoient mis bas les armes quelque temps auparavant et avoient quitté les rangs autrichiens pour passer dans l'armée française. On y remarquoit aussi quatre curés armés de sabres, marchant à la tête des patriotes de Come. On se battit avec fureur. Les campagnes furent inondées de sang ; la petite ville de Salo fut assiégée dans les formes, et bientôt après livrée aux flammes. Une multitude de paysans s'étoit rassemblée en armes, aux environs de Bergame ; les patriotes l'attaquèrent, la taillèrent en pièces, et les cadavres des vaincus furent exposés sous l'arbre de la liberté. On massacra impitoyablement cinquante malheureux faits prisonniers, qui ne voulurent pas crier *vive la liberté*. On réduisit en cendres tous les villages fidèles à leur souverain. On fusilla deux curés coupables du même courage.

Buonaparte, satisfait et tranquille, contemploit son ouvrage, et se disposoit à terminer cette sanglante tragédie, par la ruine de Venise. Déjà on avoit publié contre cette malheureuse ville, les libelles les plus incendiaires ; et répandu contre ses magistrats les calomnies et les bruits les plus absurdes. On fabriquoit des manifestes atroces qu'on lui imputoit. On répandit à Brescia une prétendue proclamation du provéditeur Battaglia, dont on supposoit avoir l'original, et qui contenoit des dispositions plus dignes d'une horde de barbares que d'un peuple civilisé :

« L'ardeur fanatique, disoit-on, des brigands
» ennemis de l'ordre et des lois a excité le

» peuple facile de Bergame, à devenir rebelle
» à son légitime souverain, et à envoyer une
» horde de scélérats gagés, dans d'autres villes
» et provinces de l'état pour les soulever.

» Nous engageons les très-fidèles sujets à
» prendre en masse les armes contre ces en-
» nemis du prince, à les dissiper, à les exter-
» miner, sans faire quartier à qui que ce soit
» quand même il se rendroit prisonnier.

» Que personne ne doute de l'heureux suc-
» cès de cette entreprise, l'armée autrichienne
» a enveloppé et complètement battu les Fran-
» çais dans le Tyrol et le Frioul, et poursuit
» les restes de ces hordes sanguinaires et irré-
» ligieuses qui, sous prétexte de faire la guerre
» aux ennemis, dévastent les pays et pillent les
» sujets de la république, qui s'est montrée
» amie sincère et neutre. Les Français ne peu-
» vent donc aider et secourir les rebelles. Nous
» attendons même le moment favorable pour
» leur couper la retraite qu'ils sont forcés de
» faire.

» Nous invitons en outre les Bergamasques
» et les autres peuples qui sont restés fidèles,
» à chasser les Français de la ville et des châ-
» teaux qu'ils occupent contre le droit des
» gens, et de s'adresser à nos commissaires
» pour avoir les instructions opportunes et la

« paie de quatre livres par jour, pour tout le
« temps qu'ils seront en activité ».

Il suffisoit de la plus légère attention pour reconnoître la supposition d'un acte aussi absurde (1). Mais tout absurde qu'il étoit il n'en produisit pas moins son effet. Un cri d'indignation retentit parmi les patriotes et dans toute l'armée, et l'on demanda à grands cris la destruction de Venise.

Pour entretenir ces dispositions, on fit publier à Milan une espèce de manifeste contre le sénat vénitien. On y disoit : Que ce gouvernement s'étoit constamment appliqué à inspirer aux peuples de la Terre-Ferme une haine implacable contre les Français; qu'il avoit facilité l'approvisionnement des armées autrichiennes; fait passer au service de l'empereur un nombre considérable de Croates et d'Esclavons; fait fabriquer à Brescia, à Bergame et dans les arsenaux de Venise des armes qu'on envoyoit publiquement aux armées autrichiennes. On lui reprochoit d'avoir donné asile au prétendant de France, et aux émigrés de sa suite, qui tramoient ouvertement des projets de contre-révolution; d'avoir répandu les nouvelles les plus désastreuses sur les armées d'Ita-

---

(1) Il avoit été fabriqué à Milan par des jacobins.

lie; d'avoir établi des bureaux de contre-révolution à Vérone, Bergame et Brescia; d'avoir armé les paysans pour assassiner les Français sur les grands chemins; d'avoir salarié des malfaiteurs pour infester les grandes routes et rendre impossible l'approvisionnement de l'armée républicaine. On lui faisoit un crime d'avoir employé la force pour réprimer la révolte; on lui imputoit les soulèvemens des paysans, le meurtre des patriotes à Salo, et tous les désastres qui avoient suivi l'insurrection de Bergame; enfin on regardoit comme une rupture ouverte, une déclaration formelle de guerre, le soin que Venise avoit pris de protéger, par les armes, le reste de ses possessions de Terre-Ferme. Cette déclaration avoit été publiée le 6 avril : le 9 du même mois Buonaparte écrivit un doge de Venise :

« Dans toute la Terre-Ferme, les sujets de la
» sérénissime république sont sous les armes :
» le cri de ralliement est *mort aux Fran-*
» *çais.* Le nombre des soldats qui en ont
» été les victimes se monte déjà à plusieurs
» centaines; vous affectez en vain de désavouer
» les attroupemens que vous-mêmes avez pré-
» parés. Croyez-vous que, quand j'ai pu porter
» nos armes au cœur de l'Allemagne, je n'au-
» rai pas la force de faire respecter le premier

» peuple du monde? Pensez-vous que les lé-
» gions d'Italie puissent souffrir les massacres
» que vous excitez? Le sang de nos frères
» d'armes sera vengé, et il n'est pas un seul
» bataillon français qui, chargé de cette mis-
» sion généreuse, ne se sente trois fois plus de
» courage et de moyens qu'il ne lui en faut
» pour vous punir. Le sénat de Venise a ré-
» pondu par la plus noire perfidie à notre
» générosité soutenue à son égard.

» Je prends le parti de vous envoyer mes
» propositions par un de mes aides-de-camp
» et chef de brigade : *La guerre ou la paix.* Si
» vous ne prenez sur-le-champ toutes les me-
» sures pour dissiper les attroupemens, si vous
» ne faites aussitôt arrêter et remettre entre
» mes mains les auteurs des meurtres qui se
» commettent, la guerre est déclarée : je vou
» donne vingt-quatre heures. Les temps de
» Charles VIII sont passés.

» Si, malgré la bienveillance que vous a
» montrée le gouvernement français, vous
» me réduisez à vous faire la guerre, ne pensez
» pas que le soldat français, comme les bri-
» gands que vous avez armés, aille ravager les
» champs du peuple innocent et malheureux:
» non, je le protégerai et il bénira jusqu'aux

» forfaits qui auront obligé l'armée française
» de l'arracher à votre tyrannique gouverne-
» ment ».

Venise consternée n'opposa à l'arrogance de cette lettre que la soumission la plus humble. Le doge s'abaissa aux pieds du conquérant de l'Italie, déclara, au nom de son gouvernement, que la conduite et les intentions du sénat avoient toujours été pures; qu'il avoit mis tous ses soins à entretenir l'union et la bonne amitié entre le peuple français et le peuple vénitien; qu'il ne croyoit pas qu'on pût regarder comme un crime les précautions qu'il avoit prises pour empêcher que le feu de la révolte ne s'étendît plus loin; que, si quelques délits particuliers avoient été commis à son insçu, il étoit prêt à les poursuivre, et à livrer les coupables au général français; il le prioit seulement de seconder les vues de la république en contribuant avec lui à rétablir la tranquillité dans les villes au-delà du Mincio. Le doge désavouoit en même temps la proclamation attribuée au provéditeur Bataglia, et la déclaroit fausse et calomnieuse (1); il supplioit Buonaparte de

---

(1) Le sénat avoit en effet publié à ce sujet un manifeste qui portoit tous les caractères de la franchise et de la sincérité :

vouloir bien écouter les députés que lui envoyoit le sénat.

Après cette réponse, le sénat redoubla de soins et d'attentions envers les Français. Les magistrats de Vérone se distinguèrent surtout par leur zèle pour le maintien de la paix. La garnison française étoit traitée avec tous les égards possibles ; on souffroit avec une patience

---

« La conduite de la république de Venise, disoit-il, au
» milieu des agitations et des troubles de l'Europe, a tou-
» jours été et est encore si loyale, et ses maximes de neu-
» tralité et d'amitié envers toutes les puissances belligé-
» rantes ont été publiques et si notoires, qu'elle n'a pas
» jugé jusqu'à présent digne de son attention les tenta-
» tives insidieuses des malveillans, tendant à élever des
» doutes sur la droiture de ses intentions. Cependant
» leur perfidie étant parvenue jusqu'au point de répandre
» les calomnies les plus injurieuses sur la sincérité de ses
» dispositions pacifiques, en supposant une fausse procla-
» mation datée de Vérone, en date du 22 mars 1797, par
» laquelle on attribue au provéditeur extraordinaire
» Bataglia, des principes opposés à ceux que le gouver-
» nement a toujours professés, et des expressions offen-
» santes envers une nation amie du sénat, la républi-
» que de Venise se trouve dans la nécessité de désavouer
» solennellement cette pièce, et d'avertir ses fidèles su-
» jets de ne pas se laisser tromper par de telles séduc-
» tions, et de ne pas supposer que les principes d'amitié
» et de bonne intelligence envers la nation française

exemplaire l'arrogance des républicains (1); on évitoit toute occasion de discorde et de troubles. Les hôpitaux étoient remplis de blessés; ils y étoient traités avec tous les égards dus à l'humanité souffrante. Les deux nations ne sembloient animées que de sentimens de paix et de bienveillance. Tout à coup un cri retentit dans le camp de Buonaparte : « *Les blessés français sont égorgés à Vérone;* » *on a renouvelé contre eux les vêpres siciliennes* ». Le sang venoit en effet de couler;

» soient altérés en aucune manière. Le sénat est d'ailleurs » convaincu que la loyauté de cette nation saura reconnoître le but perfide de pareilles calomnies, et qu'en » les couvrant du mépris qu'elles méritent, elle s'empressera de conserver à la république de Venise cette juste » confiance à laquelle celle-ci a des droits incontestables, » par la constance de ses sentimens ainsi que par la fermeté de son irréprochable conduite ».

(1) Cette arrogance étoit extrême dans toutes le villes où pénétroient nos armées. Des hommes fanatisés par l'athéisme entroient dans les églises et insultoient au culte public. A Venise, quelques-uns de ces patriotes à bonnet rouge ayant rencontré des prêtres chargés du viatique, attaquèrent, le sabre à la main, ce cortége religieux, et le dissipèrent. Ces farouches défenseurs de la liberté se signaloient par les excès de la plus violente tyrannie. Ils s'emparoient des cafés, insultoient les femmes, maltraitoient leurs époux, etc.

plus de deux cents victimes avoient été immolées dans une révolte imprévue ; les hôpitaux avoient été ensanglantés. Mais quels étoient les auteurs de cet horrible attentat ? par qui avoit-il été médité ? faut-il le dire ? Un bruit funeste se répandit que c'étoit de la main même des Français que le sang de nos soldats venoit d'être versé ; que ce crime avoit été conçu par notre propre gouvernement, dans notre propre camp, pour en faire retomber l'accusation sur Venise innocente, et l'accabler tout à la fois de la haine des nations et de la vengeance des républicains. Ce bruit fut répété par les journaux, propagé par des écrivains d'un caractère au-dessus du soupçon, et dénoncé à la tribune du conseil des cinq cents. Personne ne doutoit en effet que le directoire ne fût capable de concevoir un pareil attentat, et son général en chef capable de l'exécuter. Des exemples récens pouvoient justifier tous les soupçons (1).

---

(1) A l'époque où les Piémontais méditoient une révolution dans leur pays, quelques-uns d'entre eux s'adressèrent au commandant français d'une des forteresses, et le conjurèrent de leur indiquer les moyens de réussir dans leur projet : « Que les patriotes, dit-il, prennent l'uni-
» forme des soldats piémontais, et feignent d'attaquer les
» Français. J'enverrai contre eux un détachement ; ils

On savoit que la perte de Venise étoit résolue, et que, pour l'assurer, tous les moyens étoient également bons. Une des conditions particulières de l'armistice de Léoben, portoit que Mantoue rentreroit sous la domination de l'Autriche. On vouloit éluder cet article, et l'on ne voyoit point de compensation plus convenable que l'état Vénitien. Il falloit donc ou trouver, ou créer un prétexte pour commencer cette guerre injuste, et anéantir, comme coupable, un gouvernement qui n'avoit à se reprocher que sa foiblesse et sa trop imprudente circonspection.

Ce qui confirmoit les soupçons publics, c'est que quelques jours avant que Vérone devînt le théâtre d'une scène horrible, on annonçoit publiquement que la révolution étoit près d'y éclater; que l'esprit républicain y étoit excellent, et que les patriotes n'attendoient qu'un moment pour se montrer (1). On étoit donc au-

---

» tireront, je ferai tirer; on accusera le roi de Sardai-
» gne, et la révolution est faite ».

Les députés patriotes n'étoient point encore à la hauteur des vertus civiques. Cette indigne supercherie leur fit horreur, et le mouvement n'eut pas lieu.

(1) « La fermentation du patriotisme est ici (à Vérone)
» au plus haut degré. On annonce l'explosion comme
» très-prochaine. Je n'aurois jamais cru trouver cette

torisé à croire que c'étoit de leurs propres mains que l'explosion avoit été préparée. Il est constant que les magistrats de Vérone ne donnoient lieu à aucune plainte : la garde civique faisoit le service de la police intérieure. Elle étoit commandée par les hommes les plus sages et les plus distingués de la ville. Les forts étoient occupés par des garnisons françaises. Le général en chef ne cessoit d'assurer les magistrats de ses intentions pacifiques; cependant il accordoit une protection ouverte aux révoltés de Brescia et de Bergame. Les esprits les plus clairvoyans ne doutoient pas qu'il n'eût l'intention de faire une révolution à Vérone.

Le marquis de Bevilaqua éclaira le gouverneur et les provéditeurs sur les dangers de la patrie. On résolut d'abord de prévenir le mal en proclamant spontanément les principes de la république française, en plantant l'arbre de la liberté. Mais, avant, on crut devoir pressentir le commandant de la garnison : c'étoit le général Beaupoil. Il répondit que les mouvemens de Brescia et de Bergame s'étoient faits

---

» ville dans de si bonnes dispositions. Le nombre des pa-
» triotes est imposant et augmente chaque jour, malgré
» les mesures inquisitoriales qu'emploie le gouverne-
» ment ». (*Moniteur*, an *V*, n°. 229.)

librement, sans l'intervention des Français ; que les Véronais étoient les maîtres de repousser les attaques des Brescians et des Bergamasques, et que jamais l'intention du directoire n'avoit été de troubler les états de Venise et de porter aucune atteinte aux lois de la république vénitienne.

Cependant tout se préparoit en secret pour une insurrection; des émissaires cisalpins entroient dans la ville sous l'uniforme français, qu'ils quittoient ensuite, pour se mêler aux patriotes véronais.

Les magistrats, rassurés par les promesses du de Buonaparte, n'étoient occupés qu'à maintenir l'harmonie entre les deux nations. Les soldats et officiers vénitiens avoient ordre d'éviter toutes les occasions de discorde, tous les prétextes de plainte. On redoubloit de soins envers les blessés; les Français répandus dans l'intérieur de la ville étoient l'objet des attentions les plus bienveillantes; tout enfin n'annonçoit que des dispositions pacifiques; lorsqu'un jour, un Esclavon et un soldat républicain prirent querelle; le républicain blessé rentra au fort en assurant que les soldats vénitiens égorgeoient les soldats français. A l'instant le canon du fort tire sur le palais des gouverneurs; l'alarme se répand dans toute la ville; le peuple irrité s'assemble, s'arme, se porte partout où il espère trouver des vengeances à exercer; il attaque les Français, pénètre dans l'un des trois hôpitaux, immole à sa furie tout ce qui se présente à lui, force les maisons où les Français étoient retirés, les poursuit dans les rues, les pousse jusqu'au fort, où il seroit entré avec eux, s'il eût eu plus d'audace. Dès ce moment le désordre devient général : le gouverneur, les provéditeurs effrayés s'empressent d'arrêter le tumulte, et de sauver les officiers et les soldats républicains, de la fureur du peuple. Douze cents d'entr'eux sont conduits comme prisonniers au palais du gouvernement.

Le fort, dominé par des maisons élevées, étoit assailli par une multitude égarée et fanatique qui tiroit sur les républicains. L'armée française ne manqua point à sa bravoure ordinaire; elle fit une sortie sur un grand nombre d'assaillans, et incendia les maisons qui incommodoient la citadelle.

Cinq jours se passèrent ainsi au milieu des hostilités et des alarmes. Enfin les partis se rapprochèrent. Le comte Emili, l'un des provéditeurs de la ville, homme chéri des Véronais et recommandable par les plus belles et les plus nobles qualités, se présenta en parlementaire au général Beaupoil, justifia auprès de lui les magistrats et les principaux habitans de Vérone, offrit de se constituer en ôtage avec les gouverneurs, et parvint à rétablir la bonne intelligence entre les deux peuples. Mais la nouvelle de ce qui venoit de se passer étoit parvenue au quartier général, et déjà le général Kilmaine étoit en marche avec une division française. A son approche la consternation fut extrême : le gouvernement vénitien redoutoit une rupture, et quoique le peuple des villes et des campagnes fût prêt à s'armer, il sentoit trop l'impossibilité de soutenir une lutte si inégale. Les magistrats s'empressèrent donc d'obtenir du général Kilmaine les mêmes conditions que leur avoit accordées le commandant de la citadelle; et cet officier, content de leur soumission, entra dans la ville en vainqueur, mais en vainqueur désarmé. On proclama une amnistie générale et la paix parut entièrement rétablie. Les comtes Emili, Sanfermo, Garavetta, Gazzola, s'offrirent eux-mêmes comme ôtages avec les gouverneurs de la ville. Mais soit que le général Kilmaine ne fût point encore informé des intentions de Buonaparte, soit qu'il eût ordre de dissimuler jusqu'à ce que des forces plus considérables pussent menacer Venise d'une manière plus efficace et plus sûre, à peine commençoit-on à jouir de quelque repos, que le général Chabran entra à Vérone avec de nouvelles forces et de nouvelles instructions. Il eut à soutenir un combat très-vif au village de Santa-Croce contre des Esclavons et des paysans qui se battirent avec acharnement, et ne firent retraite qu'après avoir perdu toute leur artillerie.

Alors les résolutions du gouvernement français ne furent plus incertaines, et la perte de Venise parut décidée. Le général annula l'amnistie, déclara la ville affranchie de la domination vénitienne, et les patriotes triomphans élevèrent l'arbre de la liberté, aux cris mille fois répétés de *vive la république française !* Une foule de citoyens furent arrêtés ; les Esclavons et les soldats de ligne, désarmés et traités comme prisonniers de guerre. Buonaparte exigea qu'on désignât les auteurs des massacres exécutés le 17 avril. Les patriotes ne pouvoient en nommer aucun. Ils hésitèrent quelques jours; enfin comme il falloit des victimes, ils se décidèrent à en indiquer vingt-quatre qui furent aussitôt arrêtées et traînées en prison : c'étoient des hommes presque tous distingués par leur rang, leur naissance leur fortune ; ils n'avoient pris aucune part aux massacres, puisque la sédition s'étoit formée spontanément et par le simple effet du hasard. Ils n'en furent pas moins livrés à une commission militaire, et trois d'entr'eux furent condamnés à être fusillés. On comptoit parmi ces honorables victimes le comte Emili, le comte Verita et J.-B. Malenza. Le comte Scipion Maffei, de l'illustre maison de ce nom, dut son salut à sa femme qui, pour le sauver, fit le sacrifice de ses diamans et de tout ce qu'elle avoit de plus précieux en bijoux. Il fut acquitté ainsi que les SS. Antoine Padovani, Vincent Auregio, Jules Giova, N. Gazzola. On avoit aussi arrêté l'évêque de Vérone et trois de ses chanoines, pour lesquels on avoit les plus vives inquiétudes.

Le jour où le comte Emili subit son jugement fut un jour de deuil pour la ville. Les patriotes eux-mêmes parurent touchés de son malheur. On ne lui reprochoit d'autre tort que d'être entré à Vérone, le jour de l'insurrection, avec un détachement de paysans armés, et de s'être rendu maître d'un poste français. Mais ces paysans ne s'étoient réunis à lui qu'après avoir entendu le canon de la citadelle tirer sur la ville; ils n'avoient eux-mêmes commis aucun acte d'hostilité. Le comte Verita étoit moins digne de pardon: il avoit favorisé la désertion de quelques prisonniers autrichiens et les avoit armés pour la république (1).

Vérone s'attendoit à être livrée au pillage : elle fut sauvée par les généraux français. On se contenta de lui imposer une contribution de 5,600,000 fr. pour le paiement de laquelle on saisit les effets du mont-de-piété ; mais, afin de gagner la bienveillance du peuple, on rendit gratuitement les effets déposés pour des sommes très-légères.

Dejà Padoue et Vicence avoient arboré le drapeau tricolore et planté l'arbre de la liberté. L'armée française marchoit sur les places de Terre-Ferme qui restoient encore au gouvernement vénitien. Le sénat s'humilioit tous les jours davantage, mais le vainqueur étoit inexorable; et, pour ôter enfin toute espérance au gouvernement vénitien, Buonaparte publia le manifeste suivant :

« Buonaparte, général en chef de l'armée
» d'Italie, au quartier-général de Palma-Nuova,
» le 14 floréal an V (3 mai 1797).

» Pendant que l'armée française est engagée
» dans les gorges de la Styrie, et a laissé loin

---

(1) On fusilla aussi quelque temps après un pauvre capucin accusé d'avoir publié des écrits en faveur de son gouvernement, et contre les révolutionnaires.

» derrière elle l'Italie et les principaux établis-
» semens de l'armée, où il ne reste qu'un
» petit nombre de bataillons, voici la conduite
» que tient le gouvernement de Venise :

» 1°. Il profite de la semaine sainte pour ar-
» mer quarante mille paysans, y joint dix ré-
» gimens d'Esclavons, les organise en différens
» corps d'armée, et les porte en différens
» points pour intercepter toute espèce de
» communication entre l'armée et ses der-
» rières.

» 2°. Des commissaires extraordinaires, des
» fusils, des munitions de toute espèce, une
» grande quantité de canons sortent de Venise
» même, pour achever l'organisation des diffé-
» rens corps d'armée.

» 3°. L'on fait arrêter en Terre-Ferme tous
» ceux qui nous ont accueillis; on comble de
» bienfaits et de toute la confiance du gouverne-
» ment tous ceux à qui l'on connoît une haine
» furibonde contre le nom français, et spéciale-
» ment les quatorze conspirateurs de Vérone,
» que le provéditeur Prioli avait fait arrêter, il
» y a trois mois, comme ayant médité l'égorge-
» ment des Français.

» 4°. Sur les places, dans les cafés et autres
» lieux publics de Venise, on insulte et l'on
» accable de mauvais traitemens tous les Fran-

» çais, les dénommant du nom de jacobins,
» athées, régicides. Les Français doivent sortir
» de Venise, et peu après il leur est même dé-
» fendu d'y entrer (1).

» 5°. L'on ordonne aux peuples de Padoue,
» Vicence, Vérone, de courir aux armes, de
» seconder les différens corps d'armée, et de
» commencer enfin de nouvelles vêpres sici-
» liennes. Il appartenoit au lion de Saint-Marc,
» disent les officiers vénitiens, de vérifier le
» proverbe que *l'Italie est le tombeau des*
» *Français.*

» 6°. Les prêtres en chaire prêchent la croisade;
» et les prêtres, dans l'état de Venise, ne disent
» jamais que ce que veut le gouvernement. Des
» pamphlets, des proclamations perfides (2),

---

(1) Pour éviter toute espèce de troubles, le sénat de Venise avoit interdit l'entrée de la ville aux étrangers. Cette mesure ne regardoit pas plus les Français que les autres peuples. Pouvoit-on d'ailleurs faire un reproche à Venise d'avoir pris quelques précautions contre des êtres turbulens qui n'entroient dans les villes que pour y fomenter des troubles ?

(2) Il s'agit ici de la proclamation du provéditeur Battaglia dont Buonaparte connoissoit si bien la supposition, que quelque temps après il lui écrivit une lettre pleine d'éloges et de témoignages d'estime, où il lui disoit qu'on savoit bien que jamais il n'avoit composé la proclamation

» des lettres anonymes sont imprimées dans
» les différentes villes, et commencent à faire
» fermenter toutes les têtes : et, dans un état
» où la liberté de la presse n'est pas permise,
» dans un gouvernement aussi craint que se-
» crètement abhorré, les imprimeurs n'impri-
» ment, les auteurs ne composent que ce que
» veut le sénat.

» 7°. Tout sourit d'abord au projet perfide
» du gouvernement, le sang français coule de
» toutes parts ; sur toutes les routes, on inter-
» cepte nos convois, nos courriers, et tout ce
» qui tient à l'armée.

» 8°. A Padoue, un chef de bataillon et deux
» autres Français sont assassinés. A Castiglione
» di Mori, nos soldats sont désarmés et assassi-

---

publiée sous son nom. On avoit aussi fait publier à Brescia un écrit de trente-six pages, intitulé : *Les trames des Oligarques vénitiens*, ou *Rapport sur les papiers trouvés à Carina, le 5 germinal an V de la république*. L'objet de cet écrit étoit d'accuser la république de Venise d'avoir médité la ruine de l'armée française, et l'extinction de tout ordre démocratique en Italie ; d'avoir employé, pour réussir dans ce projet, les calomnies, les proclamations, les prophéties, etc. ; d'avoir entretenu des correspondances avec le général Laudon, etc. On reconnut bientôt que toutes ces pièces avoient été fabriquées à Milan, comme la proclamation du provéditeur.

» nés. Sur toutes les grandes routes de Mantoue
» à Legnano, de Cassano à Vérone, nous avons
» plus de deux cents hommes assassinés.

» 9°. Deux bataillons français, voulant rejoin-
» dre l'armée, rencontrent à Chiari une divi-
» sion de l'armée vénitienne qui veut s'opposer
» à leur passage : un combat opiniâtre d'abord
» s'engage, et nos braves soldats se font pas-
» sage en mettant en déroute ces perfides en-
» nemis.

» 10°. A Valeggio, il y a un autre combat;
» à Dezenzano, il faut encore se battre. Les
» Français sont partout peu nombreux; mais
» ils savent bien qu'on ne compte pas le nom-
» bre des bataillons ennemis lorsqu'ils ne sont
» composés que d'assassins.

» 11°. La seconde fête de Pâques, au son de
» la cloche, tous les Français sont assassinés
» dans Vérone. L'on ne respecte ni les malades
» dans les hôpitaux, ni ceux qui, en convales-
» cence, se promènent dans les rues, et qui
» sont jetés dans l'Adige, où ils meurent per-
» cés de mille coups de stylet. Plus de quatre
» cents Français sont assassinés.

» 12°. Pendant huit jours, l'armée véni-
» tienne assiége les trois châteaux de Vérone.
» Les canons qu'ils mettent en batterie leur
» sont enlevés à la baïonnette. Le feu est mis

» dans la ville, et la colonne mobile, qui arrive
» dans ces entrefaites, met ces lâches dans une
» déroute complète, en faisant trois mille
» hommes de troupes ennemies prisonniers,
» parmi lesquels plusieurs généraux vénitiens.

» 13°. La maison du consul français de Zante
» est brûlée dans la Dalmatie.

» 14°. Un vaisseau de guerre vénitien prend
» sous sa protection un convoi autrichien, et
» tire plusieurs boulets contre la corvette *la*
» *Brune.*

» 15°. *Le Libérateur de l'Italie*, bâtiment
» de la république, ne portant que trois à
» quatre petites pièces de canon, et n'ayant
» que quarante hommes d'équipage, est coulé
» à fond dans le port même de Venise, et par
» les ordres du sénat. Le jeune et intéressant
» Laugier, lieutenant de vaisseau, commandant
» ledit bâtiment, dès qu'il se voit attaqué par
» le feu du fort et de la galère amirale, n'étant
» éloigné de l'une et de l'autre que d'une portée
» de pistolet, ordonne à son équipage de se
» mettre à fond de cale; lui seul, il monte sur le
» tillac au milieu d'une grêle de mitraille, et
» cherche par ses discours à calmer la fureur
» de ces assassins, mais il tombe roide mort;
» son équipage se jette à la nage, et est poursuivi
» par six chaloupes montées par des troupes

» soldées par la république de Venise, qui tuent
» à coups de hache plusieurs qui cherchent leur
» salut dans la haute mer. Un contre-maître,
» blessé de plusieurs coups, affaibli, faisant sang
» de tous côtés, a le bonheur de prendre terre
» à un morceau de bois touchant au château du
» port; mais le commandant lui-même lui
» coupe le poignet d'un coup de hache :

» Vu les griefs ci-dessus, et autorisé par le
» titre XII, article 328 de la constitution de la
» république, et vu l'urgence des circons-
» tances,

» Le général en chef requiert le ministre de
» France près la république de Venise de sortir
» de ladite ville; ordonne aux différens agens
» de la république de Venise dans la Lombar-
» die et dans la Terre-Ferme vénitienne de l'é-
» vacuer sous vingt-quatre heures; ordonne
» aux différens généraux de division de traiter
» en ennemies les troupes de la république de
» Venise, de faire abattre dans toutes les villes
» de la Terre-Ferme le lion de Saint-Marc.
» Chacun recevra à l'ordre de demain une ins-
» truction particulière pour les opérations mili-
» taires ultérieures.   BUONAPARTE. »

La forme de ce manifeste n'avoit rien de
commun avec les formes usitées entre les puis-

sances européennes : c'étoit plutôt un arrêt de tribunal criminel qu'une pièce diplomatique.

A peine le sénat de Venise en eut-il connoissance que, glacé de terreur, il s'assembla extraordinairement. La ville étoit divisée entre deux partis: l'un disposé à des mesures énergiques, l'autre timide et peut-être vendu aux Français ; c'étoit le parti le plus nombreux. On soupçonnoit surtout le doge d'être dans les intérêts de Buonaparte. On députa au général deux nobles vénitiens pour fléchir son courroux. Napoléon étoit à Malghera. Il renvoya la députation sans l'entendre, en déclarant qu'il ne traitoit point avec une ville aussi perfide. Dans cette extrémité, les sénateurs tentèrent le seul moyen qui leur restoit de sauver la patrie, celui de déclarer abrogée la constitution actuelle, et de lui substituer une forme de gouvernement conforme aux principes de la république française. Cet avis, proposé par le doge, fut adopté à une majorité de 720 voix contre 5. En même temps, on reçut une note du ministre de France qui contenoit les dernières volontés du général en chef : il vouloit que, dans l'espace de quarante-huit heures, on arrêtât les inquisiteurs d'état et le commandant du Lido ; que le fort de Venise fût livré aux troupes françaises ; une partie de l'arsenal et la flotte de Venise mise à leur disposition; que toutes les personnes détenues pour leurs opinions politiques fussent rendues sur-le-champ à la liberté; la forme du gouvernement entièrement changée, et l'autorité confiée à un gouvernement provisoire. La ville de Venise étoit en outre imposée à une contribution de 80,000,000 de livres de Venise. Le grand conseil obéit; on décréta les arrestations demandées; et, pour mettre fin à cette déplorable révolution, on laissa au général Buonaparte le soin de nommer lui-même le gouvernement provisoire.

La ville étoit dans la plus grande confusion. Un attroupement composé de gens du peuple et de barnabotes (1) parcouroit les rues aux cris de *vive la liberté!* Le palais de Saint-Marc fut attaqué par les *patriotes* et bravement défendu par les Esclavons. On vit des ouvriers de l'arsenal et des gondoliers se battre dans les rues pour le maintien du gouvernement. Le sang couloit, le tumulte croissoit sans cesse, et la terreur

---

(1) Les républicains français appeloient les barnabotes de Venise, les sans-culottes de l'aristocratie. C'étoient des familles nobles, mais trop pauvres pour aspirer aux dignités de l'état. Elles étoient dans la dépendance absolue des premières familles de Venise, et n'avoient guère d'autre part au gouvernement que de donner leur suffrage.

étoit à son comble, lorsqu'enfin on prit le parti de nommer une municipalité provisoire, composée du doge, de M. Villetard, secrétaire de la légation française, du noble Battaglia, des avocats Gandolini et Spada. Ce dernier sortoit des Plombs, où il avoit été détenu pour ses opinions révolutionnaires. Dès lors, la révolution parut achevée, et l'on ne pensa plus qu'à faire triompher la cause de la démocratie. Pour assurer son triomphe, et achever d'exalter les esprits, on proposa d'ouvrir les prisons, et de les offrir aux regards du public. Ces sortes de spectacles ne manquent presque jamais leur effet. La multitude s'y précipita avec son impétuosité accoutumée : un groupe de patriotes prit sur ses épaules, et porta en triomphe dans toute la ville un vieillard qu'on disoit renfermé depuis quarante ans. Ce fut la seule victime intéressante qu'on put présenter à la pitié publique ; d'ailleurs les prisons ne renfermoient qu'un très-petit nombre de captifs.

Pendant plusieurs jours les nobles, les sénateurs et toutes les personnes connues par leur attachement aux lois de leur pays, furent exposés aux outrages et à la fureur des démagogues. Enfin, un corps de troupes françaises, commandé par le général Baraguey-d'Hilliers (1), entra dans la ville et apaisa le désordre.

Déjà Padoue et Vicence étoient occupées par l'armée républicaine ; ces deux villes n'avoient pas attendu l'arrivée des Français pour se déclarer ; elles recéloient depuis long-temps un grand nombre de factieux qui n'attendoient que l'occasion d'éclater.

Dès qu'ils croient le moment favorable, ils s'attroupent, se soulèvent, brisent les monumens, renversent les statues de ceux qu'ils appellent leurs oppresseurs, proclament la souveraineté du peuple et plantent l'arbre de la liberté.

Ainsi tout étoit en proie aux horreurs de l'anarchie dans l'étendue de l'état vénitien. La

---

(1) Le général Baraguey-d'Hilliers écrivoit à cette occasion :

» Grande nouvelle : la prise de Venise par les Français,
» qui n'y avoient pas mis le pied depuis le temps de Pe-
» pin. La destruction de l'exécrable oligarchie et son
» remplacement par une municipalité patriotique. Je me
» trouve ici avec six mille hommes et une superbe flotte.
» Les Esclavons, payés par le ministre d'Angleterre et
» par M. d'Entraigues, ont essayé de faire un mouve-
» ment ; ils ont pillé et dévasté cinq maisons des meil-
» leurs citoyens. Je suis arrivé à temps, et j'espère que
» tout va reprendre ici le ton démocratique ».

capitale offroit le spectacle le plus déplorable ; le lion de Saint-Marc, traîné dans la boue par les patriotes, servoit encore de sceau aux actes du gouvernement. Les républicains demandèrent qu'on lui substituât le bonnet de la liberté, et le bonnet fut adopté. On prescrivit la cocarde tricolore, blanche, verte et bleue ; on organisa une garde nationale ; on abolit et l'on brûla publiquement tous les symboles de l'ancien gouvernement, le livre d'Or, la corne ducale, et l'on en jeta les cendres au vent (1) ; les nobles furent forcés de quitter leurs titres et leurs dignités ; la dénomination de citoyen fut seule admise ; les actes publics portoient en tête *liberté ! égalité !* On inscrivit sur les enseignes militaires, au lieu de ces mots : *Pax tibi, Marce*, ceux-ci : *I diritti dell'uomo et del cittadino* ; on adopta le calendrier et le système arithmétique des Français. On exigea le serment civique du patriarche et de son clergé ; et, pour intéresser le peuple au triomphe du nouveau gouvernement, et lui donner une garantie de sa liberté, on lui distribua quinze mille ducats ; l'on ordonna que les prisons d'état seroient dé-

---

(1) Le livre d'Or contenoit les noms des patriciens ainsi que tous les attributs de l'autorité du doge. Il fut brûlé après un *Te Deum* chanté solennellement à l'église de Saint-Marc.

molies de fond en comble, et que, sur leurs ruines, on éleveroit deux pierres monumentales, avec ces inscriptions : *Prisons de la barbarie aristocratique triumvirale, démolies par la municipalité provisoire de Venise, l'an premier de la liberté italienne, le 25 mai.*

Buonaparte, maître de Venise, n'oublia ni les besoins de l'armée, ni ceux du directoire, ni sa propre fortune. Cette ville célèbre renfermoit des richesses immenses : c'étoit là que toutes les nations commerçantes venoient déposer le tribut de leur activité et de leur industrie; la mer étoit couverte de ses pavillons, ses magasins renfermoient une partie des richesses du monde; ses temples, ses monumens publics attestoient son opulence. En un mois tout disparut : plus de vaisseaux dans les ports (la flotte fut confisquée au nom de la république française, et conduite à Toulon); plus d'argenterie dans les églises; nudité complète dans les monts-de-piété. Le doge et d'indignes sénateurs, ses complices, s'étoient flattés, pour prix de leur complaisance, d'échapper aux charges de la guerre; leurs criminelles espérances furent déçues : ils furent, comme les plus fidèles sujets de l'état, soumis aux mêmes contributions, aux mêmes recherches, aux mêmes exactions. Rien ne fut respecté: ni richesses privées, ni richesses étrangères; la municipalité provisoire ordonna la levée d'un emprunt forcé d'un million de ducats à prendre sur les nobles, les négocians et autres personnes aisées; on leur enleva leurs chevaux, leurs voitures, et tout ce qu'ils possédoient d'objets de luxe; on mit le séquestre sur 2,300,000 fr., appartenant au duc de Modène, qui s'étoit sauvé à temps, emportant avec lui le reste de ses trésors. Venise fut ruinée, et sa fortune passa toute entière dans le camp des Français. Juste et terrible expiation de sa politique lâche et tortueuse : elle pouvoit, en se réunissant à la ligue générale des états italiens, sauver l'Italie; elle crut se sauver seule en se détachant de la cause commune; elle périt avec eux, et n'eut pas même la consolation de périr avec honneur.

Dans sa détresse elle se flattoit du moins de former un état libre et indépendant, sous des formes démocratiques; mais ses destinées n'étoient plus à sa disposition. Elle porta inutilement aux pieds du vainqueur, tantôt le vœu d'être réunie à la république transpadane, tantôt celui de se constituer en république démocratique : son humiliation ne fit qu'augmenter le mépris que lui témoignoit son vainqueur; on poussa même la cruauté jusqu'à déclarer que cette malheureuse cité devoit disparaître du tableau des cités de l'Europe, et être livrée aux flots de la mer (1). De toutes les villes d'Italie, ce fut celle que Buonaparte traita avec le plus de hauteur et de dureté: la municipalité provisoire, quoique dévouée à la cause française, procédoit avec ménagement et s'étudioit à conserver la tranquillité publique en cédant quelque chose aux dispositions du peuple; Buonaparte lui fit écrire par le général Victor:

« Les images de saint Marc sont encore debout sur tout votre territoire, et leurs admirateurs se flattent de vous forger de nouvelles chaînes; la municipalité de Venise, malgré la pompe qu'elle affecte de mettre dans ses manifestes, espère exercer encore une fois sur l'homme probe les fureurs de l'inquisition; avertissez vos concitoyens de ces intrigues contre-révolutionnaires; dites-leur que Buonaparte est là pour déjouer leurs projets. Ordonnez que toutes les statues et les images de saint Marc soient anéanties sur-le-champ, afin qu'elles ne puissent jamais troubler la tranquillité des hommes libres ».

Quatre heures après tous les saints Marc et leurs lions étoient sur la place publique, et la po-

---

(1) C'est l'opinion exprimée formellement dans un dialogue entre un Vénitien et un Milanais, inséré par ordre du directoire dans le n°. 281 du Moniteur (an V).

pulace révolutionnaire en fit *un auto-da-fé* aux cris mille fois répétés de *vive la démocratie ! à bas l'oligarchie !*

Enfin, Venise apprit bientôt que son sort étoit décidé, et qu'elle étoit destinée à passer sous le joug de l'Autriche ; sa perte fut en effet résolue à Udine, par les plénipotentiaires de Paris et de Vienne, et consommée dans le célèbre traité de Campo-Formio. Ses propres vaisseaux servirent à mettre la France en possession de Zanthe, Céphalonie, Corfou, et de toutes ses possessions dans la mer d'Ionie.

Ainsi tomba la plus florissante et la plus illustre des républiques de l'Europe moderne. Elle avoit, deux cents ans auparavant, bravé toutes les forces de la ligue de Cambrai ; elle avoit lutté contre toute la puissance de l'empire Ottoman, elle avoit échappé aux fureurs d'Attila et de Genseric ; elle ne put échapper à Buonaparte. Ceux qui se plaisent à faire intervenir le destin dans l'histoire des empires, remarquèrent que Venise avoit eu son premier doge en 697 ; qu'en 1297, elle se donna un doge représentant le corps aristocratique ; et qu'en 1797, elle perdit et son gouvernement et sa liberté.

Mais sa chute ne s'opéra point sans réclamation et sans bruit. Des écrivains courageux plaidèrent sa cause au tribunal de l'opinion publique (1), et le corps législatif lui-même, étonné de ce grand événement, n'hésita point à en demander compte au directoire.

Cette révolution avoit été conduite sans la participation des deux conseils, le directoire en avoit pris la responsabilité sur lui seul. M. Dumolard qui, plus sensé alors, loin de servir les factions, se chargeoit du devoir honorable de les combattre, M. Dumolard rompit le premier le silence, et, dans un discours plein de sages et courageuses réflexions, il exprima de justes plaintes sur la chute d'une république alliée :

« La renommée, dont on ne peut comprimer
» l'essor, a semé partout le bruit des conquêtes
» sur les Vénitiens et de la révolution éton-
» nante qui les a couronnées. Nos troupes
» sont dans leur capitale, leur marine nous est
» livrée, le plus ancien gouvernement de
» l'Europe est anéanti ; il reparoît en un clin
» d'œil sous des formes démocratiques. Nos
» soldats bravent les fureurs de la mer adria-
» tique, et sont transportés à Corfou pour
» consommer la révolution nouvelle.

» Qui croiroit que la représentation natio-
» nale n'a connu, comme les simples citoyens,

---

(1) Le célèbre publiciste Mallet-du-Pan fit paroître alors un écrit plein de chaleur et de courage.

» de pareils événemens que par la voix pu-
» blique? Si les faits qui sont annoncés sont
» exacts, il suit que le directoire a fait, en termes
» déguisés, la paix et la guerre, et, sous quel-
» ques rapports, un traité d'alliance avec Ve-
» nise, et tout cela sans votre concours.

» L'Europe et la postérité auront-elles à repro-
» cher à la France cette contradiction manifeste
» avec les principes qu'elle a proclamés? Ne
» sommes-nous donc plus ce peuple qui a dé-
» claré et soutenu, par la force des armes, qu'il
» n'appartient sous aucun prétexte à des puis-
» sances étrangères de s'immiscer dans la forme
» de gouvernement d'un autre état? Outragés
» par les Vénitiens, étoit-ce à leurs institu-
» tions politiques que nous avions le droit de
» déclarer la guerre? Vainqueurs et conqué-
» rans, nous appartenoit-il de prendre une
» part active à leur révolution inopinée? Je ne
» rechercherai point ici quel est le sort qu'on
» réserve à Venise, et surtout à la Terre-
» Ferme. Je n'examinerai point si leur enva-
» hissement, médité peut-être avant les atten-
» tats qui lui ont servi de motifs, n'est pas des-
» tiné à figurer dans l'histoire comme un digne
» pendant du partage de la Pologne. Je veux
» bien suspendre le cours de ces réflexions.
» Mais, l'acte constitutionnel à la main, je de-
» manderai comment le directoire peut justi-

» fier l'ignorance absolue dans laquelle il a
» laissé le corps législatif, sur cette suite d'é-
» vénemens extraordinaires.

» Ce silence affecté, je dois le dire, semble
» tenir aux ramifications d'un vaste système,
» dont on paroît craindre que vous ne com-
» primiez le développement. On s'est essayé
» sur Venise ; et fort de votre indulgence, on
» a fait, dit-on, sur la république de Gênes une
» tentative du même genre et non moins
» heureuse.

» Quand on a sous les yeux de tels exemples,
» il est permis de s'alarmer pour l'avenir.
» Un droit de navigation contesté nous me-
» nace, dit-on, d'une rupture avec les Suisses.
» J'aime à croire qu'on étouffera par des négo-
» ciations ce germe de discorde, et qu'on tien-
» dra quelque compte des antiques relations
» qui nous unissent avec le corps helvétique.

» Seroit-il possible qu'à Milan, un discours
» imprimé par l'ordre des sociétés populaires,
» et répandu avec profusion, eût provoqué la
» chute prochaine de tous les gouvernemens
» d'Italie, eût indiqué pour terme de leurs
» travaux révolutionnaires le jour où le pape,
» le grand-duc et le roi des Deux-Siciles se-
» roient renversés de leurs trônes ? Eh quoi !
» ces diverses puissances sont liées à nous par
» des traités solennels, et dans un pays où la

» volonté de la France est la suprême loi, l'on
» pourroit préparer leur destruction et sans
» votre aveu! Auroit-on oublié que le temps
» n'est plus des extravagances d'Anacharsis
» Clootz, que la nation française n'est plus
» une secte d'illuminés qui cherche à s'étendre,
» mais un peuple fier de sa liberté constitu-
» tionnelle, et qui veut en jouir en conservant
» l'indépendance des autres états?

» Représentans du peuple, l'Europe veut la
» paix, et vos commettans l'attendent de vous.
» Il est temps que le peuple français se repose
» après de si nombreux sacrifices; que nos in-
» trépides soldats viennent jouir, au sein de
» leurs familles, des témoignages de la recon-
» noissance publique; que le gouvernement
» s'occupe dans le calme de cicatriser les plaies
» de la révolution, et de restaurer nos arts,
» notre commerce et notre agriculture.

» Je veux éloigner de moi une responsabi-
» lité terrible. Elle pèsera sur notre mémoire
» si nous restons impassibles, lorsque nos
» droits sont méconnus; lorsque la guerre se
» déclare et se prolonge sans notre aveu; lors-
» que des éruptions volcaniques dans un pays
» conquis par nos armes, semblent menacer
» l'Europe de nouvelles convulsions; lorsque
» le démagogisme lombard peut réagir sur la

» France elle-même, et favoriser des espé-
» rances qu'on ne dissimule plus ».

Ce discours fit une vive impression sur l'assemblée. Les députés Boissy-d'Anglas, Doulcet de Pontécoulant et Bornes, s'exprimèrent à ce sujet avec énergie, et demandèrent hautement que le directoire justifiât sa conduite.

Mais dédaignant ces vains débats, et méprisant d'avance une assemblée dont la perte étoit résolue, le directoire, qui méditoit encore de nouvelles conquêtes et de nouvelles révolutions, ne répondit au corps législatif qu'en donnant à la conduite de Buonaparte une approbation solennelle et publique (1). Dès lors la ruine des empires d'Italie fut décidée, et ces malheureuses contrées livrées à toutes les combinaisons de la politique la plus impitoyable et la plus perfide.

---

(1) La lettre étoit ainsi conçue :

« Le directoire exécutif a pensé, citoyen général,
» qu'il devoit aux éminens services que vous avez rendus
» à la république depuis votre entrée en Italie, de vous
» en manifester hautement la satisfaction. Il vous déclare
» en conséquence, qu'il approuve pleinement la conduite
» politique et militaire que vous y avez tenue, notam-
» ment à l'égard de Venise et de Gênes.

» CARNOT, *président* ».

CHAPITRE XVII.

Révolution de Gênes.

Depuis l'entrée des Français en Italie, Gênes avoit goûté peu de repos. Cette ville célèbre par l'éclat de ses palais, la prospérité de son commerce, l'opulence de ses habitans et le faste de ses temples, offroit, comme Venise, un appât trop irrésistible à l'insatiable avarice des républicains français. Elle fut, comme Venise, livrée aux désastres de la révolution. Son gouvernement, tempéré par la démocratie, sembloit fournir peu de prétextes à l'ardeur de ces fougueux républicains qui vouloient affranchir les peuples de l'oppression de leurs tyrans. Gênes étoit sans tyrannie. Mais elle avoit des familles nobles, riches et puissantes; c'étoit assez pour les apôtres de la liberté et de l'égalité. On avoit en France armé le peuple contre les aristocrates; on arma le peuple de Gênes contre les oligarques. L'insurrection avoit été préparée avec beaucoup de persévérance et de soins. Dès l'année précédente des émissaires secrets s'étoient introduits dans la ville; le ministre de France avoit ordre de les protéger, de préparer sourdement la mine, et d'y mettre le feu dès qu'elle seroit prête à jouer. Cette terrible explosion eut lieu le 22 mai (1).

Le succès des émissaires français avoit été lent, et leur apostolat difficile. Le peuple paroissoit attaché à son gouvernement. L'ivroie de l'évangile révolutionnaire germoit avec peine, et pendant long-temps il ne fructifia que dans la boutique d'un apothicaire nommé Morando. C'étoit chez lui que se rassembloient les adeptes. Mais peu à peu le troupeau s'augmenta, la confiance des fidèles s'accrut; on forma des groupes; des orateurs pérorèrent; des poëtes composèrent des hymnes, et les chants patriotiques commencèrent à retentir dans l'enceinte de la ville.

Tant que le sort de la Lombardie fut incertain, le ministre français et ses complices se tinrent dans les bornes d'une prudente circonspection; mais lorsque l'indépendance de la république cisalpine eut été solennellement

---

(1) L'auteur de l'*Examen des Campagnes de Buonaparte en Italie* confond ici les faits et les dates. Il fixe au 17 septembre le soulèvement du peuple à Gênes. Il se trompe par conséquent de quatre mois. Il attribue à M. Cacault le complot et le succès de cette odieuse révolution. M. Cacault étoit alors à Rome, et non à Gênes. C'étoit M. Faypoul que le directoire avoit choisi pour son ministre auprès du gouvernement génois.

proclamée, alors les patriotes génois ne gardèrent plus de mesure.

Le dimanche 21 mai ils se rassemblèrent sur une place qui sert de promenade publique. On commença par des chansons, on finit par des actes de violence. Les nobles furent insultés ; on courut dans les rues, en criant, *à bas les excellences !* on se porta en foule au théâtre pour y faire chanter des hymnes révolutionnaires. Les portes en étoient fermées. On fut obligé de se retirer. Mais, avant de se séparer, on se rendit chez le ministre français pour lui demander l'élargissement de deux factieux, que le gouvernement avoit fait arrêter quelques jours auparavant. Le ministre promit d'adresser à ce sujet une note au gouvernement, et l'on se retira satisfait.

Le succès de cette première journée enflamma le courage des séditieux. Ils se reprochèrent d'avoir différé le bonheur du peuple et le triomphe de la liberté. Dès le lendemain, ils se rassemblèrent en grand nombre, proclamèrent la souveraineté du peuple, et nommèrent par acclamation cinq députés pour notifier leurs résolutions au sénat, et obtenir l'abolition du gouvernement. Le chef de la députation étoit l'apothicaire Morando; les autres étoient choisis dans les derniers rangs de la société.

Les patriotes restèrent assemblés, prêts à

tout entreprendre pour le maintien de la liberté et de l'égalité. Mais ils étoient sans armes. On se porta partout où l'on se pouvoit flatter d'en trouver. On s'empara du vieux Mole et de plusieurs batteries. Les troupes qui les gardoient n'opposèrent aucune résistance. Une troupe de forcenés courut au bagne, l'ouvrit, et, pour augmenter le nombre des patriotes, lâcha les galériens.

Qu'on imagine la terreur et la confusion de toute la ville ! Les gens riches fuyoient, les femmes effrayées cherchoient un asile contre la violence. Dans ce désordre, le gouvernement ne vit d'autre moyen de salut public, que de céder à l'orage, et d'accorder aux factieux ce qu'ils auroient bien su lui ravir. Il rédigea un acte par lequel il déclaroit qu'il étoit prêt à accorder au peuple toutes les concessions qu'il pouvoit réclamer. Il adressa une copie de cet acte au ministre Faypoul, en le conjurant de se rendre auprès des républicains, et de les engager à rendre le calme à leur pays. Le ministre céda aux instances du doge, pérora les patriotes, et ne changea rien à la disposition des esprits. Pour achever la révolution, il expédia un courrier au général en chef, et lui demanda des troupes.

Cependant le peuple génois, indigné contre les factieux, s'armoit de tous côtés, résolu de sauver la république et de conserver ses lois. Dans l'espace de quelques heures le palais fut entouré de citoyens de tous les rangs, prêts à verser leur sang pour le maintien du gouvernement. Ils se battirent avec une extrême bravoure; repoussèrent les patriotes, et les chassèrent jusqu'à leurs batteries, où le combat se prolongea une grande partie de la nuit.

La terreur saisit bientôt l'armée républicaine. Ces révolutionnaires pleins d'audace, qui avoient juré de vaincre ou de mourir, fuyoient de toutes parts. Plusieurs périrent sous le fer des Génois fidèles. Des Français, mêlés parmi eux, ne furent point épargnés. Des maisons suspectes furent enfoncées et pillées; et le ministre Faypoul lui-même, pour éviter une fin malheureuse, fut obligé de rester dans le palais jusqu'au soir. Le peuple le désignoit comme auteur de la sédition. On n'ignoroit pas qu'il venoit de demander des secours à Buonaparte, et l'on ne pouvoit douter que ces troupes ne vinssent pour appuyer la révolte. On exigea de lui qu'il écrivît à Buonaparte contre les rebelles, et qu'il contremandât les troupes qu'il avoit appelées. Le ministre effrayé consentit à tout, et n'obtint qu'à ce prix la liberté et la vie.

C'étoit une opinion généralement répandue, qu'il avoit dirigé lui-même ce mouvement révolutionnaire, et l'on prétendoit en avoir des preuves évidentes. Mais ce n'étoit pas des actes judiciaires qui pouvoient sauver le gouvernement génois; c'étoient des armées et des baïonnettes, et Gênes n'avoit rien à opposer à l'oppression qui la menaçoit. Cependant, fidèle à ses engagemens, elle s'occupoit de la nomination d'une junte, chargée d'examiner les demandes du peuple, et de donner à la forme du gouvernement toutes les améliorations dont elle étoit susceptible. Elle s'étoit empressée d'envoyer au général français une députation pour lui rendre compte des événemens, calmer son ressentiment, et détourner, s'il étoit possible, l'orage qui grondoit sur elle.

Inutiles efforts! c'étoit l'esprit de Buonaparte lui-même qui souffloit les tempêtes. Le jour même de l'insurrection, cinq bâtimens de guerre français s'étoient présentés à la vue du port. Napoléon, instruit par une députation de révolutionnaires, venoit d'envoyer un aide-de-camp à Gênes avec une lettre foudroyante pour le doge.

Il demandoit impérieusement l'élargissement de tous les Français arrêtés le jour de l'insurrection; des dédommagemens pour les maisons qui avoient été pillées; le désarmement du peuple et le châtiment de ceux qui avoient excité la multitude contre les Français. On en produisoit la liste. Le sénat consterné accorda les deux premières demandes; après de longs débats; mais il déclara qu'il ne lui étoit pas permis d'accéder à la troisième, attendu que ceux dont on demandoit la proscription n'étoient nullement coupables. Le ministre de France insista vivement, et menaça de quitter la ville le jour même, si l'on refusoit de livrer les victimes. La crainte fit ce que l'honneur défendoit. Le gouvernement accorda l'arrestation de deux inquisiteurs d'état, MM. Grimaldi et Spinola, et d'un noble génois, M. Cattanéo.

L'hôtel du ministre Faypoul étoit entouré d'une foule de patriotes armés, prêts à se porter au palais, si le gouvernement osoit résister. Dès qu'il sut qu'il avoit consenti à tout, il célébra sa victoire par les cris de *vive la république! vive la liberté! vivent les Français!* M. Faypoul se montra au balcon et fut salué par les plus vives acclamations.

Ces mouvemens séditieux imprimoient la terreur dans toute la ville. Les étrangers fuyoient, les nobles et les négocians les plus riches se hâtoient d'abandonner une ville où leur fortune et leur personne étoient exposées aux plus grands dangers. Après avoir signé quatre mille passe-ports, le gouvernement se vit obligé de les refuser, pour arrêter les progrès de l'émigration.

Mais les maux n'étoient point encore à leur comble ; Buonaparte et le ministre français s'exerçoient avec activité à consommer la ruine de cette malheureuse république. M. Faypoul se rendit à Montebello, auprès du général en chef, suivi d'un choix de patriotes. Après quelques jours de travail, on proposa une capitulation avec un projet de constitution provisoire.

Cette charte établissoit la souveraineté du peuple, l'abolition du régime oligarchique, l'établissement d'un pouvoir législatif en deux chambres, et d'un corps exécutif de dix membres. Tous les titres, toutes les distinctions, tous les priviléges étoient abrogés. Buonaparte se réservoit la nomination provisoire des membres du gouvernement. La république française promettoit sa protection à la république ligurienne, et la république ligurienne son argent à la république française. Ce fut, de tous les articles de la capitulation, le plus fidèlement exécuté.

Au milieu de ces sacrifices, les patriotes se livroient à tout le délire de la fièvre révolutionnaire. On brisoit les armoiries, on mutiloit les monumens ; chaque maison étoit ombragée d'un grand arbre de la liberté entouré de piques, chaque maison décorée de drapeaux tricolores. Le livre d'or, les antiques protocoles de la constitution furent brûlés au pied de l'arbre de la liberté. La reconnoissance publique avoit élevé des statues aux deux célèbres Doria; celle d'André portoit cette inscription, *Andreæ Doriæ quòd rempublicam diutiùs oppressam in pristinam libertatem vindicaverit.* « A André Doria, pour avoir rendu à la république long-temps asservie son antique liberté. » Ni ce témoignage honorable de son patriotisme, ni le souvenir de ses grandes actions, ne put le sauver de la massue révolutionnaire. Les deux héros tombèrent sous la main des Vandales. A la nouvelle de leur chute, Buonaparte, qui s'intéressoit à la gloire des héros, ne put retenir son indignation.

« Un excès de zèle, écrivit-il aux auteurs
» de ces désordres, doit-il vous emporter jus-
» qu'à méconnoître votre propre gloire! Quelle
» main barbare a pu frapper cet André Doria,
» le fondateur de votre liberté; ce héros de
» patriotisme qui refusa la souveraineté que
» lui offroit l'empereur d'Allemagne? Ne don-
» nez pas aux aristocrates, aux ennemis de la
» liberté, l'occasion de vous calomnier, et sa-
» chez que les vrais républicains honorent le
» mérite et la vertu partout où ils se trou-
» vent ».

Mais on répondit au général que le grand homme au sort duquel il daignoit s'intéresser, étoit indigne de sa sollicitude; qu'il avoit usurpé sa réputation; que s'il avoit refusé la souveraineté et sauvé la liberté de sa patrie, c'étoit pour les oligarques, puisqu'il avoit porté atteinte aux formes démocratiques du gouvernement. Doria ne fut donc point replacé sur son piédestal.

Il n'entre point dans le plan de cet ouvrage de décrire tous les maux de la ville de Gênes. Le vainqueur exigea une contribution de quatre millions. De toutes les cités d'Italie, ce fut celle qui présenta le plus douloureux exemple des désastres révolutionnaires. Le peuple et les nobles haïssoient également le nouvel ordre de choses. La force seule imposoit à cette malheureuse cité le joug des institutions démocratiques.

De nombreux soulèvemens, d'opiniâtres résistances ne faisoient qu'aggraver ses maux et irriter la fureur de ses tyrans. Il fallut employer la baïonnette et le fer des bourreaux pour établir la nouvelle constitution ; le sang coula sur les échafauds et dans les places publiques. On vit tomber la tête du jeune Brignole dont le père, lorsqu'il étoit doge, avoit prodigué à madame Buonaparte tous les soins de la plus délicate hospitalité (1). La naissance, la richesse et la vertu devinrent des crimes d'état.

---

(1) C'étoit au mois de décembre de l'année précédente que madame Buonaparte étoit venue à Gênes. Les parti-

Objets d'une fureur insensée, les nobles et les prêtres ne trouvèrent plus d'asile dans leur propre patrie.

En vain les Français, témoins de ces excès, s'efforcèrent-ils d'en suspendre le cours, il ne fut point en leur pouvoir d'éteindre l'incendie qu'ils avoient allumé; et lorsque Buonaparte quitta l'Italie, tout ce qu'il put donner de consolation à ces malheureuses contrées, ce fut d'exhorter les bourreaux à la modération, et les victimes à la patience.

---

sans de la révolution n'oublièrent rien pour lui rendre son séjour agréable. Madame Anne de Brignole, parente du doge, fit les honneurs de la ville. M. J. C. Serra, précédemment détenu à la tour comme chef d'un parti révolutionnaire, donna un bal brillant. L'assemblée étoit de douze cents personnes; mais on n'y avoit invité presque aucun noble. C'étoient des négocians et des bourgeois, tous attachés au système révolutionnaire. On y voyoit figurer en masse le club patriotique qui se rassembloit chez l'apothicaire Morando. Comme la fête avoit lieu le jeudi, il étoit probable qu'elle se prolongeroit jusqu'au vendredi. Ce jour étoit alors sacré: point de spectacles, de bals, d'alimens gras. Le sénat, pour lui conserver sa sainteté, rendit un décret qui enjoignoit à M. Serra de terminer son bal à minuit; mais ce décret avoit besoin d'être porté au tribunal des suprêmes pour être exécuté. Le tribunal eut peur, remit au lendemain, et les républicains s'applaudirent de pouvoir donner le scandale de danser et de manger gras un vendredi.

CHAPITRE XVIII.

Réunion des Fiefs impériaux ; mouvemens en Italie et en Suisse.

Il étoit impossible que la révolution exerçât ses ravages sur la république génoise sans les étendre sur les états voisins.

Les fiefs impériaux savoient déjà, par une cruelle expérience, ce qu'il en coûtoit pour provoquer le ressentiment des Français. Les cendres d'Arquata, brûlé quelques mois auparavant, étoient encore fumantes, et l'ancienne constitution subsistoit toujours. Ces petits états, au nombre de trente-quatre, offroient une population de quatre-vingt mille âmes. Depuis long-temps on prévoyoit qu'ils échapperoient difficilement à la révolution générale. Les apôtres de la liberté et de l'égalité s'y étoient introduits, et tout étoit disposé pour le succès de leur entreprise. La régénération de Gênes fut le signal de la révolution des fiefs. Le parti démocratique se souleva, mit les nobles en fuite, proclama la liberté et l'égalité, et demanda sa réunion à la république ligurienne. Buonaparte se hâta d'accéder à leurs vœux, et cette nouvelle proie alla grossir le nombre des victimes que dévoroit chaque jour le genie de la révolution.

Lucques et Saint-Marin conservoient encore leurs institutions, mais trembloient de tomber sous le joug. Le sénat de Lucques avoit comblé d'honneurs l'épouse du général en chef lorsqu'elle étoit arrivée dans leur ville. Cette ville étoit prête à tous les sacrifices pour conserver sa liberté; mais les progrès rapides de l'anarchie renouveloient chaque jour ses alarmes. Une députation envoyée à Buonaparte le trouva dans des dispositions favorables. Il assura le sénat de Lucques qu'il n'avoit rien à craindre, et que, n'ayant jamais donné de sujet de plainte à la république française, il ne pouvoit douter de son amitié et de sa protection. Vaines et trompeuses promesses! Tandis que le sénat de Lucques s'endormoit sur la foi des traités, on publioit dans le Moniteur une violente diatribe contre l'aristocratie Lucquoise.

On y disoit que, dès le commencement de la révolution d'Italie, les aristocrates de Lucques avoient employé leur infâme politique pour inspirer au peuple la haine de la république française; qu'on avoit institué une magistrature inquisitoriale pour sévir contre tous ceux qui manifesteroient quelque attachement à la France; que les tyrans de Lucques avoient fait usage de toutes les ressources de la perfidie aristocratique pour tromper le général en chef; que, pour comble de trahison, tandis qu'ils rendoient à madame Buonaparte toutes sortes d'honneurs, ils faisoient répandre le bruit que c'étoit pour la dernière fois qu'ils s'abaissoient devant les enseignes d'un barbare, et que bientôt ils jouiroient du bonheur de voir les hordes françaises fugitives et détruites. Le directoire déclaroit qu'il étoit impossible à la république française de protéger plus longtemps la tyrannie de Lucques, et que, depuis la révolution de Gênes, le bonheur des peuples réclamoit hautement un nouvel ordre de choses.

On envoya, en conséquence, ordre au général Berthier d'entrer à Lucques, et de demander à la république une contribution d'un million. La surprise du sénat fut extrême; mais il obéit, et les apôtres de la révolution étant venus s'établir à Lucques, il fallut bientôt reconnoître la souveraineté du peuple, renverser la noblesse, et abolir l'ancien gouvernement.

Le sort de la république de Saint-Marin ne fut guère différent. Buonaparte lui avoit envoyé au mois de février M. Monge pour l'assurer de son amitié, lui proposer la protection de la république française, et l'augmentation de son territoire. Les discours avoient été de part et d'autre fort éloquens. La république de Saint-

Marin paroissoit singulièrement flattée d'un honneur qu'elle n'avoit jamais reçu : elle ne vouloit point augmenter son territoire; mais elle exprimoit le vif désir de resserrer les liens de l'amitié entre elle et la grande nation qui avoit daigné s'apercevoir de son existence. Le député français et les chefs de la république se quittèrent fort satisfaits, et pour donner à la république un gage solennel de sa bonne amitié, Buonaparte lui fit présent de quatre pièces de canon. Tout sembloit donc présager l'avenir le plus heureux, et Saint-Marin paroissoit destiné à rester seul debout sur les ruines des autres républiques. Le directoire en avoit autrement ordonné.

Au mois de juin suivant, le peuple réclama l'exercice de sa souveraineté. La constitution de Saint-Marin étoit à la vérité démocratique, mais on représentoit qu'elle n'en étoit pas moins infectée d'aristocratie; qu'elle comptoit vingt ou trente familles qui se disoient nobles; qu'il étoit nécessaire de faire cesser une usurpation si contraire à l'égalité et à la souveraineté nationale, et que les progrès des lumières ne permettoient pas de souffrir plus long-temps un pareil scandale. En conséquence, le peuple, s'étant assemblé, déclara l'ancienne constitution abolie, supprima tous les titres de noblesse, et adopta en entier les principes qui régissoient la république française.

Ainsi s'étendoit partout l'incendie des principes démagogiques. Amis, ennemis, peu importoit : le directoire confondoit tout dans ses projets de conquête et d'asservissement.

Les cantons suisses possédoient en propriété et gouvernoient quatre bailliages italiens situés au-delà des Alpes. Lugano étoit le plus considérable. Jamais peut-être le gouvernement n'avoit moins pesé que sur ces bailliages : c'étoient de vraies républiques où le peuple avoit des représentans, où l'administration s'exerçoit avec douceur et paternité. Eh bien ! des prédicateurs forcénés, sortis des écoles révolutionnaires de Milan, se répandirent dans les bourgs et les villages de ces heureuses provinces pour y souffler l'esprit d'insurrection. Les habitans jouissoient au plus haut degré de cette liberté, de cette égalité qu'on venoit leur annoncer comme un nouvel évangile ; cependant ils se laissèrent enivrer du poison de ces mots magiques, et bientôt ils ne parlèrent plus que de briser leurs fers, de conquérir leur indépendance, de se donner une constitution fondée sur la liberté et l'égalité. Lugano, Locarno, Bellinzona et Mendrisio furent les villes où cette funeste épidémie se manifesta avec l'énergie la plus effrayante. La gazette de Lugano se distinguoit précédemment par la sagesse, la décence et l'impartialité; elle devint, en peu de temps, comme celle de Milan, le dépôt des plus fougueuses déclamations de la démagogie.

Pour assurer le succès de ces mouvemens d'insurrection, Buonaparte s'empressa de réclamer auprès des Suisses le droit de navigation sur le lac Lugano. Il prétendoit que ce droit appartenoit aux Lombards, et que les Français étant maîtres de la Lombardie, ils devoient jouir de toutes les prérogatives du peuple conquis. Il soutenoit que le refus qu'on avoit fait d'admettre les bâtimens français étoit une violation manifeste de ces droits, une sorte de déclaration de guerre. Il se plaignoit d'actes de violence, d'insultes faites au pavillon tricolore, et notifioit au gouvernement suisse qu'il alloit établir une croisière sur le lac, et qu'au moindre signe de résistance il sauroit venger l'honneur du pavillon national.

Le gouvernement helvétique, toujours disposé à la paix, incapable d'injustice et de violence, mais également incapable de foiblesse, fit examiner avec un soin particulier les prétentions du général français. On reconnut que les Lombards n'avoient aucun droit sur le lac; et, comme s'il eût été, dans cette affaire, question de justice, on crut qu'une simple résolution suffisoit pour satisfaire le général en

chef. Étrange méprise d'une nation confiante et vertueuse! Le courroux de Buonaparte ne fit que s'exalter davantage. Il répondit avec toute la hauteur d'un homme accoutumé à parler en despote : « Qu'il voyoit bien que la
» Suisse étoit influencée par les ennemis de la
» France; que plusieurs cantons avoient publi-
» quement manifesté leur haine pour les prin-
» cipes de la révolution; qu'ils en avoient
» protégé les ennemis; que la république
» française avoit bien d'autres griefs contre
» l'Helvétie, et notamment contre le canton
» de Berne; que si les états helvétiques ne
» changeoient pas de conduite, il sauroit bien
» les armes à la main obtenir la satisfaction
» qu'il demandoit ».

Cette réponse menaçante jeta la terreur dans les cantons. Celui de Berne surtout éprouva les plus vives alarmes, et, pour épargner à la Suisse les horreurs de la guerre et de la révolution, on se hâta d'envoyer auprès du redoutable général une députation chargée de fléchir son courroux. Mais que pouvoit une députation? la guerre étoit décidée. Buonaparte avoit été chargé d'allumer les premiers brandons de la discorde; il fut réservé à un autre d'incendier ces malheureuses contrées.

CHAPITRE XIX.

État de la France pendant les conquêtes d'Italie; adresses des armées au directoire; journée du 18 fructidor.

Tandis que la république étendoit ses conquêtes au dehors, et que les victoires de ses armées portoient au loin la gloire du nom français, l'intérieur de la France étoit livré à tous les déchiremens de l'esprit de faction et de révolte.

Le directoire, jaloux de sa puissance, effrayé de l'avenir, parce qu'il conservoit le souvenir du passé, divisé avec lui-même, également en butte aux jacobins qui regrettoient la licence de 1793, aux républicains qui lui reprochoient son despotisme, et aux royalistes qui aspiroient à le renverser, cherchoit par des efforts multipliés à conserver une autorité fondée par la violence, et désavouée par la nation.

Il ne pouvoit se dissimuler que le vœu public rappeloit au trône cette famille issue de saint Louis et de Henri IV, qu'une faction impie avoit proscrite, et dont l'amour s'étoit conservé dans le cœur de tous les Français.

On voyoit avec horreur les assassins du meilleur des princes, revêtus du manteau royal;

on avoit encore présent à la mémoire ces horribles prisons où la vertu avoit été précipitée ; ces échafauds où le sang le plus pur avoit coulé par torrens.

En vain les directeurs luttoient contre tant d'obstacles, le torrent de l'opinion les entraînoit ; le peuple rendu à la liberté s'étoit donné des représentans dignes de sa confiance, et dépositaires de ses sentimens ; les idées révolutionnaires cédoient aux idées d'ordre, de justice et de bienfaisance ; la raison reprenoit son empire ; la prospérité publique, croissant au milieu de ces nouveaux principes, augmentoit chaque jour les partisans de l'ancienne monarchie et les terreurs du directoire.

Les restes de l'ancienne convention s'épuroient tous les ans, et le corps législatif, renouvelé deux fois, ne comptoit plus dans son sein qu'un tiers de ces hommes de terreur et de sang, que les baïonnettes du 13 vendémiaire avoient conservés sur leurs chaires curules. Deux fois aussi le directoire s'étoit renouvelé, et la dernière élection lui avoit associé un homme étranger aux excès de la révolution, et justement considéré pour ses principes de sagesse et de modération. Ainsi, l'édifice révolutionnaire menaçoit ruine de toutes parts.

Les directeurs ne pouvoient porter sans effroi leurs regards dans l'avenir, et le vieux tiers de l'assemblée législative, complice des mêmes excès, partageoit les mêmes alarmes. Quel sort le temps leur réservoit-il en effet? Si le vœu national rappeloit au trône le légitime héritier de Louis XVI, à quels périls ne devoient pas s'attendre des hommes qui avoient accumulé sur leurs têtes tant de haines, de ressentimens et de mépris!

Dans l'agitation de ces pensées, ils songeoient à sortir du danger par une de ces mesures révolutionnaires qui les avoient servi si heureusement au 31 mai et au 13 vendémiaire; mais l'exécution de ce projet n'étoit pas sans difficulté, les députés des deux nouveaux tiers jouissoient d'une grande considération; ils ne sembloient, dans toutes leurs délibérations, animés que de l'amour du bien public. La représentation nationale comptoit dans son sein des hommes non moins distingués par la noblesse de leur caractère que par l'éclat de leurs services; c'étoit sous la présidence du général Pichegru que le conseil des cinq cents avoit ouvert ses séances. Les armées du Rhin et de la Moselle gardoient avec respect le souvenir de ses exploits; les soldats s'honoroient d'avoir servi sous ses ordres; les plus habiles capitaines se glorifioient d'être ses élèves ou ses amis.

L'armée d'Italie, seule, commandée par un homme nouveau, étranger à toute autre considération qu'à celle de la fortune, prêt à tout entreprendre pour servir son ambition, composée de soldats nourris dans les maximes révolutionnaires, exaltés par la victoire, et ne connoissant d'autre autorité que celle de leur chef; cette armée seule pouvoit entrer dans les vues du directoire. Mais il falloit, en s'assurant de son appui, se mettre en garde contre ses entreprises; car le directoire ne redoutoit pas moins les desseins de Buonaparte, que les projets des royalistes. Lui-même il n'ignoroit pas que sa destitution avoit été prononcée quelques mois auparavant, et peut-être n'attendoit-il que l'occasion de se venger. Il suffisoit d'observer sa conduite pour se convaincre qu'il devoit se détacher incessamment du système révolutionnaire, et qu'il ne s'en servoit que comme d'un instrument propre à accomplir ses ambitieuses résolutions; il étoit à craindre qu'il ne secondât le gouvernement au-delà de ses intentions, et qu'après avoir délivré le directoire de la rivalité des conseils, il ne délivrât la nation de l'autorité du directoire.

Mais il est des circonstances où les partis les plus opposés se concilient, où les intérêts les plus divers se rapprochent et se confondent; le directoire ajourna ses terreurs, et Buonaparte son ressentiment. Trop habile pour compromettre ses destins, il sentoit bien que l'heure n'étoit pas arrivée de s'élever à l'autorité suprême, la gloire de ses rivaux y mettoit trop d'obstacles : Pichegru, Moreau, Hoche, jouissoient encore d'une trop haute réputation ; il falloit attendre que l'art et le temps minassent ces grands édifices.

D'ailleurs son amour-propre s'irritoit des diatribes sanglantes que se permettoient contre lui les journaux opposés au parti révolutionnaire (1). Son caractère altier ne pouvoit souf-

---

(1) De toutes ces diatribes, aucune ne dut exciter plus vivement ses alarmes et son ressentiment, que l'article suivant, inséré dans la Chronique de Paris.

« A quels périls la république n'est-elle pas exposée, » lorsqu'à la tête des armées est un homme qui exerce » le pouvoir absolu d'un dictateur, se moque des lois, » brave l'autorité à laquelle il doit être soumis, ne re- » connoît aucun frein, et satisfait, sans opposition et » sans danger, les plus sanglans caprices ? Je parle de » Buonaparte, qui non-seulement est un citoyen dan- » gereux, mais encore un tyran cruel. Je laisse l'homme » féroce pour ne démasquer que l'homme dangereux. Il » ne pourra plus rien du moment qu'il ne sera plus rien ; » et le seul devoir que j'aie maintenant à remplir, est de » faire connoître les vues politiques de ce soldat auda- » cieux, qui réunit la vanité d'un enfant à l'atrocité » d'un démon.

» Certes, on ne peut refuser des talens à Buonaparte ; » ses succès parlent pour lui. Ses victoires sont trop ré- » centes et trop utiles pour qu'on y cherche des causes

frir aucune contradiction, et quand le directoire sonda ses dispositions, il le trouva tout prêt à le servir.

Le plan du directoire étoit concerté avec adresse. Dès l'époque des élections, on s'étoit appliqué à diffamer les opérations du peuple, en supposant l'intervention ou l'influence du royalisme. Les journaux affidés au gouvernement ne cessoient de répandre des alarmes sur l'avenir, et de calomnier les hommes les plus

---

» extraordinaires. Il combat comme Alexandre, et né-
» gocie comme Philippe; mais il est citoyen à la manière
» de César. C'est à la manière de César qu'il aime l'éga-
» lité, et c'est avec tout le mépris qu'avoit César pour
» le sénat de Rome, que Buonaparte parle du gouver-
» nement actuel de la France.

» C'est Gustave au milieu des combats; mais, comme
» Gustave, il veut un trône pour s'y placer lui-même,
» et une couronne pour en orner sa tête. Les satrapes
» du grand roi eurent moins de puissance, et montrè-
» rent sûrement moins d'insolence dans l'exercice de
» leur pouvoir, que n'en montre Buonaparte.

» Buonaparte a un plan, et la place qu'il occupe n'est
» pour lui qu'un moyen de l'exécuter. Il sait que sans
» argent on ne peut rien faire, et il emploie tous les
» moyens de se former un trésor. Outre les contribu-
» tions qu'il exige, et dont il dispose, il se fait donner
» des sommes énormes pour lui-même, et s'attribue gé-
» néralement tout ce qui peut lui convenir dans la spo-
» liation des pays qu'il dévaste : tout l'argent pris est

dignes de la confiance publique. On répandoit dans les provinces, dans les armées, des pamphlets satiriques contre les députés les plus distingués des deux chambres ; on y désignoit surtout le nouveau tiers comme un assemblage de conjurés résolus d'opérer la contre-révolution. On éveilloit les sollicitudes des acquéreurs des biens nationaux, des fonctionnaires républicains, des prêtres constitutionnels. On effrayoit le peuple du retour des corvées, des aides, des dîmes, de la gabelle et de toutes les plaies de l'ancien régime. Les associations révolutionnaires disséminées sur tous les points

---

» remis entre les mains de plusieurs banquiers, à Gênes,
» à Livourne, à Venise. Déjà des sommes très-consi-
» dérables ont été envoyées en Corse.

» Buonaparte ravage l'Italie, 1°. pour s'enrichir ; 2°.
» pour la républicaniser à sa manière ; 3°. pour fonder
» une république fédérative, et se former, de tous ces
» pays, un état dont il seroit le protecteur. C'est au di-
» rectoire à examiner tout ceci. On a dû lui faire passer
» de plus amples détails. Qu'il songe à la hauteur avec
» laquelle il est traité par Buonaparte ; qu'il pèse toutes
» les circonstances de son commandement et de ses ac-
» tions ; et, s'il le juge un républicain, il faut convenir
» que la république est une étrange chose ».

Cette courageuse diatribe produisit un effet extraordinaire dans le public. Le directoire affecta d'en poursuivre l'auteur ; mais il est probable qu'il fut fort aise de le sauver.

de la France, étoient dans une activité perpétuelle. On n'entretenoit les esprits que de conspirations : tantôt c'étoit celle des drapeaux blancs, tantôt celle de l'abbé Brotier qui, avec 150,000 fr. et le secours de quelques journalistes, prétendoit rétablir le roi sur le trône.

Des députés se rassembloient à Clichy; Clichy devint l'objet des plus odieuses et des plus violentes déclamations. Les fonctions administratives et judiciaires étoient remplies par des hommes ennemis du despotisme et de la terreur. Les patriotes des départemens furent chargés de les dénoncer comme des *chouans, des agens de contre-révolution, des conspirateurs royaux*. Bientôt les administrations et les tribunaux ne furent plus peuplés que de vétérans de la révolution, de patriotes exaltés, restes des anciens comités révolutionnaires; on n'entendit plus que des cris d'insurrection contre les *deux tiers*, qui vouloient ramener les institutions féodales, et livrer le peuple à ses tyrans. Les conseils n'étoient pas sans inquiétude; mais ils se voyoient soutenus par la majorité de la nation : le directoire étoit divisé en deux partis; MM. Carnot et Barthélemy tenoient publiquement pour les deux chambres. On se flattoit de détacher le directeur la Réveillère, ou d'éloigner Barras; on se rassuroit sur la haute considération dont jouissoit le général Pichegru; et le résultat de toutes les délibérations dans les réunions privées étoit, *ils n'oseront pas.*

Cependant ils osèrent. Le 14 juillet, Buonaparte célébroit à Milan l'anniversaire de la révolution française. La fête avoit été annoncée par une proclamation solennelle, et la proclamation, en rappelant les efforts de la patrie et des armées pour la conservation de la liberté, déclaroit que la liberté étoit en danger, et qu'elle réclamoit l'assistance de ses braves défenseurs.

« Soldats, c'est aujourd'hui l'anniversaire du
» 14 juillet. Vous voyez devant vous les noms
» de vos compagnons d'armes morts au champ
» d'honneur pour la liberté de la patrie. Ils
» vous ont donné l'exemple. Vous vous devez
» tout entiers à la république; vous vous devez
» tout entiers au bonheur de trente mil-
» lions de Français; vous vous devez tout en-
» tiers à la gloire de ce nom, qui a reçu un
» nouvel éclat par vos victoires.

» Soldats, je sais que vous êtes vivement
» affectés des malheurs qui menacent la patrie;
» mais la patrie ne peut courir de dangers
» réels. Les mêmes hommes qui l'ont fait
» triompher de l'Europe coalisée, sont là. Des
» montagnes nous séparent de la France; vous
» les franchiriez avec la rapidité de l'aigle, s'il

» le falloit pour maintenir la constitution, dé-
» fendre la liberté, protéger le gouvernement
» et les républicains.

» Soldats, le gouvernement veille sur le dépôt
» des lois qui lui est confié. Les royalistes, dès
» l'instant qu'ils se montreront, auront vécu.
» Soyons sans inquiétude, et jurons par les
» mânes des héros qui sont morts à côté de
» nous pour la liberté, jurons sur nos nou-
» veaux drapeaux, *guerre implacable aux en-*
» *nemis de la république et de la constitution*
» *de l'an III.* »

L'armée ne manqua point de répondre à l'appel de son général. Les camps retentirent d'hymnes en l'honneur de la liberté, et d'imprécations contre ses ennemis.

Des cris de mort se mêlèrent à la joie des banquets, et dès le lendemain des adresses menaçantes succédèrent aux chants patriotiques.

« C'est avec indignation, disoit l'état-major,
» que nous avons vu les intrigues du royalisme
» vouloir menacer la liberté ; nous avons
» juré de maintenir la constitution de l'an III,
» de défendre la liberté, de soutenir le gou-
» vernement et les républicains ; nous avons
» juré, par les mânes des héros morts pour
» la patrie, guerre implacable à la royauté
» et aux royalistes. Tels sont nos sentimens et

» ceux des patriotes : qu'ils se montrent, les
» royalistes, et ils auront vécu !

Cette adresse étoit signée du général A. Berthier; les autres étoient rédigées dans le même esprit : mais la plus remarquable étoit celle de la 29e. demi-brigade d'infanterie : elle étoit datée de Mantoue, le 10 thermidor, et adressée au directoire. Il faut la citer pour donner une idée du fanatisme et de la démence de ces temps.

« Citoyens directeurs, de tous les animaux
» produits par le caprice de la nature, le plus
» vil est un roi; le plus lâche, un courtisan; et
» le pire de tous, un prêtre.

» Quel sentiment a dû animer la 29e. demi-
» brigade d'infanterie légère, lorsque son
» oreille a été frappée des cris de sa patrie?
» Celui d'une vengeance terrible! Quoi! des
» scélérats marchandent, négocient, met-
» tent à prix notre liberté! Il faut un roi,
» disent-ils; eh bien, va, cours, tu en trouve-
» ras en Allemagne et ailleurs. Tu désires un
» maître, nous n'en voulons d'autre que la
» loi. Si les coquins qui troublent notre chère
» France ne sont pas bientôt écrasés par les
» moyens que vous possédez, appelez l'armée
» d'Italie, appelez la 29e. légère; elle aura
» bientôt, à coups de baïonnettes, chassé, ba-

» layé chouans, caratistes, Anglais, etc. Tout
» fuira devant leurs fronts redoutables : armés
» par la justice, notre victoire est certaine.
» Oui, citoyens directeurs, oui, nous jurons
» de poursuivre ces faux frères, ces assassins,
» jusque dans la garde-robe de leur digne pa-
» tron Georges III, et nous finissons par vous
» assurer que le club de *Clichy* subira le
» même sort que celui du *Rincy* ».

Ces nobles modèles d'éloquence républicaine furent adressés à toutes les administrations de France, et portés à Paris par le général Augereau ; mais le directoire avoit encore quelques raisons pour en différer la publication. Il falloit, pour l'exécution de ses desseins, faire marcher des troupes sur Paris, et la constitution avoit fixé un rayon au-delà duquel il n'étoit pas permis aux armées de s'avancer. Le directoire eut recours à ses ressources ordinaires. Il appela des départemens cette foule d'hommes sans fortune, sans principes et sans aveu, qu'il avoit armée au 13 vendémiaire, et qui n'attendoit que l'occasion de ressaisir le poignard qu'on avoit fait tomber de ses mains. Il fit entrer en secret, et sous divers déguisemens, des soldats de différentes armes, et se disposa à frapper le coup qui devoit ramener la terreur sur la France, et, sous le nom de la liberté, la soumettre de nouveau à la tyrannie révolutionnaire.

Mais, quelque soin qu'il prît de se cacher, ses desseins se déceloient de toutes parts. Les deux directeurs fidèles à la constitution n'ignoroient rien de ce qui se passoit, et s'occupoient à en prévenir les effets. La marche des troupes n'étoit plus un secret dans les départemens; les conseils recevoient chaque jour des avertissemens. On délibéroit à Clichy, mais la crainte de violer les formes constitutionnelles rendoit les délibérations lentes et timides. On prétendoit triompher de la force des baïonnettes par la force de l'opinion et la puissance des lois. On rendit des décrets; on ordonna l'organisation de la garde nationale; on chargea un comité de présenter des mesures de salut public. Qui le croiroit? la commission proposa sérieusement de sauver la patrie en fixant, par douze poteaux, le rayon constitutionnel.

Cette résolution des conseils indigna le public et égaya le directoire. C'étoit lui donner le secret de leur foiblesse, et augmenter sa confiance. Dès lors il ne dissimula plus : les troupes franchirent en riant le rayon constitutionnel, entrèrent à Paris sous les yeux des députés, annoncèrent hautement le motif de leur arrivée, et convainquirent enfin les représentans du peuple que l'opinion publique, sans canons et sans armes, étoit une mauvaise garantie, et que, de tous les droits, le droit du plus fort étoit toujours le plus sûr. A la vue des préparatifs formés contre eux, les députés les plus braves furent frappés d'effroi, et cessèrent de coucher chez eux.

Cependant on savoit chaque jour ce qui se passoit dans le conseil des insurgens; le général Danican, de retour à Paris, avoit trouvé le moyen de s'introduire dans une réunion de jacobins, sous le nom de Ranci : l'assemblée se tenoit à l'Estrapade, chez un révolutionnaire nommé Cardinaux. Plus de deux cents initiés s'y réunissoient. Le général instruisoit les conseils, heure par heure, de ce qui se tramoit contre eux. Le jour fatal approchoit, et l'on sentoit enfin la nécessité de prendre un parti courageux. Un député du conseil des Cinq-cents devoit dévoiler tout le complot à la tribune de l'assemblée; un des complices de la conspiration consentoit à être nommé; la perte de trois directeurs sembloit assurée. Rien de tout cela n'eut lieu. Je ne sais quelle stupeur avoit frappé les hommes les plus distingués par leur courage et leur esprit; la veille du 18 fructidor, le général Pichegru sembloit anéanti; il fut impossible de lui arracher une parole. Personne ne pouvoit se rendre compte de cette inconcevable immobilité; on crut depuis qu'il attendoit des instructions du roi, et qu'il espéroit les recevoir encore à temps. Il se trompa.

Le lendemain, l'appareil des armes, la force publique déployée dans les rues, sur les ponts, aux barrières, autour des salles du corps législatif, annonça à la représentation nationale qu'il ne lui restoit plus d'autre existence que celle que le directoire vouloit bien lui conserver.

Pendant la nuit, le général Augereau avoit arrêté, par ordre du directoire, les membres des conseils qui formoient le comité des inspecteurs de la salle. C'étoient le général Pichegru, les représentans Aubry, Willot, Delarue, etc. On s'étoit également assuré de la personne du directeur Barthélemy; Carnot, averti à temps, avoit pris la fuite. Les membres des conseils, complices du directoire, se réunirent à la salle de l'Odéon et aux Écoles de Médecine, prêts à décréter ce que le triumvirat leur prescriroit. On confirma toutes les mesures du directoire, on annula les élections de quarante-neuf départemens; et, sur la proposition d'une commission formée dans la matinée, on condamna à la déportation quarante et un membres du conseil des Cinq-cents, et treize du conseil des Anciens (1). On comprit dans la même pros-

---

(1) Les députés qui formoient cette liste honorable étoient, pour le conseil des Cinq-cents: MM. Aubry, Aimé,

cription les deux directeurs Carnot et Barthélemy, le ministre de la police Cochon, les généraux Miranda et Morgan, le commandant des grenadiers du corps législatif (Ramel), l'abbé Brotier, M. de la Villeurnois, Duverne de Prêle, M. Suard de l'académie française, M. d'Ossonville, inspecteur de la police, et l'ex-conventionnel Mailhe. Le lendemain, la proscription tomba sur les écrivains qui s'étoient signalés par leur zèle contre le despotisme du directoire et le régime révolutionnaire. Quarante-deux journaux furent supprimés (1), et leurs auteurs, rédacteurs, proprié-

---

Bayard, Boissy-d'Anglas, Borne, Bourdon de l'Oise, Cadroi, Couchery, Delahaye, Delarue, Doummer, Dumolard, Duplantier, Duprat, Gilbert-des-Molières, Henry-de-la-Rivière, Imbert-de-Colomès, Camille Jordan, Jourdan des Bouches-du-Rhône, Gau, La Carrière, Le Marchand de Gomicourt, Lemerer, Demersan, Madier, Maillard, Noailles, André de la Lozère, Mac-Curtain, Pavie, Pastoret, Pichegru, Polissart, Praire-Montaut, Quatremère de Quincy, Saladin, Siméon, Vauvilliers, De Vaublanc, Villaret de Joyeuse, Willot.

Pour le conseil des anciens : MM. Barbé de Marbois, Dumas, Ferrant-de-Vaillant, Laffond-de-Ladebat, Laumont, Muraire, Murinais, Paradis, Portalis, Rovère, Tronçon-du-Coudray et Blain.

(1) C'étoient *le Mémorial*, *le Messager du Soir*, *le Miroir*, *les Nouvelles politiques*, *l'Observateur de l'Europe*, *Perlet*, *le Petit Gauthier*, *le Postillon des Armées*,

taires, entrepreneurs, directeurs, condamnés à la déportation. On comptoit parmi les gens de lettres attachés à la rédaction de ces feuilles, des hommes d'un mérite distingué, tels que MM. Delaharpe, de Fontanes, de Vauxcelles, l'abbé de Boulogne, l'abbé Sicard, Michaud, Souriguère, Gallais, Richer de Serisy ; et plusieurs d'entre eux avoient déjà subi la proscription du 13 vendémiaire. On livra aux tribunaux la plupart de ceux qui ne furent point compris dans cette liste, et l'auteur de ces mémoires eut cet honneur.

Ces mesures violentes, qui rappeloient les proscriptions de 1793, jetèrent la capitale, et bientôt toute la France, dans la consternation. Le directoire se hâta de justifier sa conduite en

---

le Précurseur, la Quotidienne, les Rapsodies, le Spectateur du Nord, le Tableau de Paris, le Thé, la Tribune publique, le Véridique, l'Argus, les Annales Catholiques, les Actes des Apôtres, l'Accusateur public, l'Anti-Terroriste, l'Aurore, le Censeur des Journaux, le Courrier de Lyon, le Courrier extraordinaire, le Courrier républicain, le Cri public, le Défenseur des vieilles Institutions, le Déjeuner, l'Écho, l'Éclair, l'Europe littéraire, la Gazette française, la Gazette universelle, le Grondeur, l'Impartial Bruxellois, l'Impartial Européen, l'Invariable, le Journal des Journaux, le Journal des Colonies, le Journal Général de France, l'Abréviateur universel.

adressant à la nation une sorte de manifeste où il exposoit les motifs de cette nouvelle révolution.

Il accusoit les membres des deux conseils d'avoir formé le dessein de renverser la république et de rétablir le trône des Bourbons. Il s'appuyoit des révélations faites par Duverne de Prêle contre le général Pichegru, et des pièces trouvées dans le portefeuille de M. le comte d'Entraigues. Ce gentilhomme français avoit été arrêté à Trieste dans les premiers jours de juin : il étoit attaché à la légation russe, et muni, en cette qualité, d'un passe-port du ministre français Villetard. Il étoit en pays étranger ; les lois sur l'émigration ne lui étoient point applicables : cependant on se saisit de sa personne, on s'empara de ses papiers, on le conduisit prisonnier à Milan. Son portefeuille ne renfermoit rien de sérieux ; c'étoient des morceaux de littérature, quelques pièces de vers, de la musique, etc. Le directoire fit annoncer que le portefeuille de M. d'Entraigues étoit de la plus haute importance pour le salut de la république ; qu'il contenoit les preuves évidentes d'une vaste conspiration ourdie contre le gouvernement ; qu'il démontroit jusqu'à l'évidence la complicité des députés et des journalistes frappés le 18 et le 19 fructidor, et qu'en joignant ces pièces aux déclarations de Duverne de Prêle, à la correspondance de Le Maître, saisie deux ans auparavant (1), aux actes du procès de l'abbé Brotier et de M. de la Villeurnois, il ne pouvoit plus rester de doute sur les desseins des conjurés. Il étoit d'autant plus difficile de repousser ces accusations, que M. d'Entraigues s'étoit soustrait à ses gardiens, et ne pouvoit par conséquent s'expliquer sur l'authenticité de ces papiers. Mais on disoit au directoire : Si la correspondance de Le Maître vous a convaincus, à l'époque du 13 vendémiaire, que les représentans du peuple, dont on accuse aujourd'hui la fidélité, étoient réellement des conspirateurs, pourquoi ne les avoir pas traduit alors devant les tribunaux ? pourquoi n'invoquer cette correspondance si précieuse que deux ans après l'avoir saisie ? Pourquoi avez-vous reçu dans votre sein l'ambassadeur Barthélemy, complice de la conjuration ? Pourquoi avoir conservé auprès des cantons suisses un ministre qui n'aspiroit qu'à vous renverser ? En vérité, Messieurs, vous avez

---

(1) M. Le Maître étoit un ancien secrétaire général des finances. Il fut arrêté en 1795, saisi de pièces relatives au rétablissement de la maison de Bourbon. On prétendoit que ces pièces inculpoient tous ceux qui s'étoient déclarés au 13 vendémiaire contre la convention. On n'eut jamais aucun doute sur la fausseté de ces pièces. L'accusé fut livré à une commission militaire, et condamné à mort.

trop de bienveillance. Vous alléguez les déclarations d'un de vos prisonniers, nommé Dunan ou Duverne de Prêle (selon qu'il lui convient); mais, de bonne foi, quelle confiance voulez-vous que nous inspire un homme qui vient trahir le parti qu'il a servi, accuser ses complices, et racheter sa liberté par la plus lâche et la plus insigne perfidie? Ou Duverne est un homme de bien, et alors il ne pouvoit livrer ses amis à la vengeance du parti révolutionnaire; ou c'est un scélérat, et ses dépositions ne méritent plus aucune croyance (1). Quant aux pièces trouvées dans le portefeuille de M. d'Entraigues, si elles sont authentiques comme vous le prétendez, pourquoi ne les avoir pas fait reconnoître par les accusés? pourquoi leur avoir refusé l'appui des lois? pourquoi n'avoir produit contre eux aucun témoin? Pourquoi vous être enfin constitués tout à la fois accusateurs, jurés, juges et parties?

Voilà ce que la justice et la raison opposoient aux directeurs. Mais ils répondoient à tout avec des soldats, des baïonnettes, et la lâche complicité des députés jacobins qui restoient

---

(1) On accusoit Duverne de Prêle de vivre dans un commerce infâme avec sa propre sœur. Il avouoit lui-même qu'il l'avoit fait passer pour sa femme.

aux deux conseils. Quelques jours après le 18 fructidor, la France vit transporter dans une cage de fer l'élite de ses représentans, et parmi eux, cet illustre général vainqueur de la Hollande, que ses victoires et ses vertus avoient rendu cher à sa patrie et célèbre dans toute l'Europe. L'indignation étoit à son comble, mais la terreur retenoit tous les bras; et la nation, encore une fois asservie, se vit réduite à attendre de l'avenir une meilleure destinée.

Cependant, des écrivains prêts à louer tous les gouvernemens, pourvu que les gouvernemens leur assurent des places et des richesses, vantoient la sagesse et l'humanité du directoire; et, dans une fête où l'on plantoit l'arbre de la liberté, l'on entendit M. B. Constant exalter ces hautes vertus.

« Les préjugés, disoit-il, l'orgueil, la cupi-
» dité, la vengeance, la superstition, toutes les
» passions ignobles ou furieuses, se sont ralliées
» autour de l'idée d'un roi ».

L'orateur indiquoit ensuite au directoire les mesures qui lui restoient à prendre pour consolider son glorieux ouvrage.

« Il ne faut pas que sur toute l'étendue de
» la république il se trouve, dans une fonction
» quelconque, depuis l'administrateur muni-
» cipal de la plus petite commune jusqu'aux
» dépositaires suprêmes de l'autorité exécu-

» tive, depuis le commis le plus subalterne du
» bureau le plus obscur jusqu'au ministre
» chargé de la gestion la plus importante, un
» seul homme qui ne soit solidaire de la liberté
» républicaine, qui n'ait contracté envers elle
» d'indissolubles engagemens, qui ne porte
» dans son âme la confiance de sa force, la
» certitude de sa durée, et l'abandon du plus
» entier dévouement pour elle ».

Enfin, terminant par une péroraison digne de ces beaux temps, il disoit : « Non, ce n'est
» pas la puissance d'une assemblée qui s'est vue
» détruite, ce ne sont pas trois hommes qui
» en ont asservi sept cents, ce n'est pas la force
» armée qui a subjugué les mandataires de la
» nation ; c'est le sentiment patriotique qui a
» démêlé la contre-révolution dans une faction
» qui dominoit les conseils, comme ils l'a-
» voient jadis démêlée dans les projets de la
» cour ».

Il est constant que Buonaparte avoit eu la plus grande part à la journée du 18 fructidor. Il y trouvoit l'occasion de satisfaire sa jalousie contre Pichegru, sa haine contre Aubry, ses ressentimens contre les gens de lettres attachés à la rédaction des journaux. C'étoient des officiers de l'armée d'Italie qui présidoient à l'exécution des ordres du directoire. On avoit confié au général Augereau le commandement de la division militaire de Paris, celui de la ville au général Verdière, et celui de l'artillerie au général Dommartin.

On a rapporté plus haut la proclamation de Buouaparte pour la fête du 14 juillet. A la suite de cette proclamation, il rassembla dans un banquet somptueux l'élite des officiers et soldats de son armée et l'on y porta les toasts suivans : *A la constitution de l'an III; au directoire exécutif, qu'il anéantisse les contre-révolutionnaires qui ne se déguisent plus !* Ce toast étoit celui du général A. Berthier. Celui du général Lannes fut plus expressif : *A la destruction du club de Clichy. Les infâmes ! ils veulent encore des révolutions ! que le sang des patriotes qu'ils veulent assassiner retombe sur eux !*

L'adresse du chef de brigade L...e, commandant l'infanterie légère, ne respiroit que le carnage : « Tremblez, vils soutiens du des-
» potisme, prêtres infâmes, sacriléges sicaires
» royalistes, demandez à la terre qu'elle vous
» engloutisse ! Il n'y a plus de pitié pour vous;
» nous vous avons jugés à mort; c'est une
» heure épouvantable qui sonnera, nous pas-
» serons comme la foudre, etc. »

On eût dit que l'esprit de Marat étoit passé dans les camps d'Italie; mais la plupart des adresses avoient été rédigées par le directoire lui-même. Il crut se sauver par la journée du 18 fructidor, il ne fit que préparer sa perte.

CHAPITRE XX.

Suite du 18 fructidor; troubles dans l'intérieur; embarras du Directoire; Buonaparte est chargé du commandement des provinces méridionales.

La journée du 18 fructidor, en privant la France de l'élite de ses représentans, fit disparoître les dernières traces de justice et d'humanité. On vit, au nom de la liberté, reparoître toutes les horreurs de la tyrannie. L'esprit de 1793 sembla rentrer dans le sein des deux conseils, et les représentans du peuple ne se distinguèrent plus que par une déplorable émulation de servitude et de cruauté.

Usurpant le pouvoir suprême, le Directoire couvrit les murs de la capitale de lois de terreur et de sang. Un décret condamna à être fusillé sur-le-champ, quiconque parleroit de la royauté, de la constitution de 1793 et de la maison d'Orléans. On enjoignit, sous la même peine, à tout Français inscrit sur une liste d'émigrés, de quitter Paris dans l'espace de vingt-quatre heures, et la France dans quinze jours. Plusieurs infortunés, qui n'avoient eu aucune connoissance de la loi, ou ne l'avoient regardée que comme une mesure comminatoire, furent impitoyablement mis à mort.

On prescrivit aux prêtres, aux fonctionnaires publics, aux employés du gouvernement, un serment de haine à la royauté et d'amour à la république : comme si les affections du cœur étoient à la disposition de l'esprit. On autorisa le Directoire à déporter, à son gré, tous les ministres du culte qui lui paroîtroient troubler l'ordre public (1). On ordonna les visites domiciliaires pour découvrir les proscrits fugitifs, et l'on condamna à la peine de mort quiconque ne se soumettroit point à l'arrêt de sa déportation. Les mesures les plus atroces furent proposées contre les nobles, les privilégiés et tous les Français qu'on pouvoit soupconner de haine pour la tyrannie républicaine. Le député Boulay D. L. M.

---

(1) Cette loi fut exécutée avec tant d'équité, qu'on expédia pour la Guiane, en qualité de prêtres, de malheureux paysans qui avoient porté la soutane aux cérémonies de l'église, de pauvres chantres de village qui avoient femme et enfans. L'auteur de ces mémoires fit rendre à sa famille un vigneron du village de Thorigny, retenu comme prêtre dans les prisons d'Auxerre, et confondu avec les assassins et les voleurs, parce qu'il n'avoit pas le moyen de payer sa nourriture et son lit dans la maison d'arrêt.

n'hésita pas à déclarer que la république n'avoit qu'un moyen de salut, celui de se défaire de tous ses ennemis; qu'il falloit ou les tuer ou les déporter : que les déporter étoit le parti le plus sage (1). Il proposa, en conséquence, au nom d'une commission spéciale, la déportation générale de toute la haute noblesse, et l'interdiction de toute la noblesse du second ordre.

Merlin de Douai et François de Neufchâteau

---

(1) On peut voir les débats à ce sujet dans le Moniteur de l'an 5 et de l'an 6, n.ᵒˢ 53, 5, 6, 7, 8, 27, 28, 31, 32. L'on n'exagère rien ici. Ce Boulay D. L. M. avoit été nommé membre du corps législatif par les électeurs de Nanci. Il exerçoit dans cette ville la profession d'avocat, et jusqu'à sa nomination, il avoit paru fort attaché à la cause de la noblesse et des gens de bien. Mais ses vertus firent naufrage à la table du directoire, et, depuis son élection, il ne sembla plus occupé que d'une pensée, celle de conquérir la faveur des chefs du gouvernement. Il est du nombre de ces grands républicains, de ces ennemis implacables des nobles, qui n'ont point hésité à se décorer de cordons et de titres sous l'empire de Buonaparte. Il est constant qu'on délibéra deux fois si l'on ne feroit pas fusiller tous les députés arrêtés, et qu'ils ne dûrent la vie qu'aux représentations du directeur la Réveillère, et d'un chef de division de la police nommé *Dondeau*, qui depuis fut ministre de la police.

remplacèrent au directoire Carnot et Barthélemy. La terreur devint générale (1).

Des députés qui avoient vécu dans l'intimité des proscrits, se firent un honteux mérite de nier leur amitié, ou d'aggraver leur malheur par de lâches accusations; et, pour comble d'opprobre, on trouva jusque parmi les victimes elles-mêmes des êtres assez dégradés pour baiser la main qui les frappoit, et louer la justice et la clémence de leurs bourreaux. Les âmes les plus élevées n'échappèrent point à la contagion générale. Jusqu'au jour de sa chute, le général Pichegru n'avoit trouvé que des admirateurs; il trouva des défections au milieu même de ses amis : le bras qui sembloit devoir le soutenir, fut le premier à l'accabler, et la France douta long-temps que le général Moreau eût écrit au directoire et adressé à son armée les lettres et la proclamation, dont les mémoires de ce temps ont conservé le déplorable souvenir (2).

---

(1) La justice oblige de dire que si M. François de Neufchâteau commit un acte de foiblesse en acceptant la place de directeur, il ne se montra nullement partisan des mesures tyranniques, et que l'on trouva en lui un magistrat doux et paisible.

(2) La lettre étoit datée du 19 fructidor, et adressée au directeur Barthélemy. Le général Moreau y rappeloit qu'il

C'étoit le 4 septembre qu'on avoit transféré au Temple les députés proscrits. Plusieurs d'entre

avoit saisi la correspondance du général Kinglin, composée de deux ou trois cents lettres. Il ajoutoit qu'il étoit d'abord décidé à ne donner aucune publicité à cette correspondance ; mais que voyant à la tête des partis un homme qui, dans une place éminente, jouissoit de la plus grande confiance, il avoit cru devoir en prévenir le directoire pour que l'on pût faire éclairer ses démarches, et s'opposer aux coups funestes qu'il vouloit porter à son pays. Il finissoit par ces mots :

« J'avoue, citoyen directeur, qu'il m'en coûte infini-
» ment de vous instruire d'une pareille trahison, d'autant
» plus que celui que je vous fais connoître a été mon ami,
» et le seroit encore, s'il ne m'étoit connu ; je veux par-
» ler du représentant du peuple Pichegru. Il n'y a que
» la grande confiance que j'ai en votre patriotisme et en
» votre sagesse qui m'a déterminé à vous donner cet avis.
» Les preuves en sont plus claires que le jour, mais je
» doute qu'elles puissent être judiciaires ».

La proclamation étoit d'un ton plus décidé.

« Soldats,
» Je reçois à l'instant la proclamation du directoire,
» du 18 de ce mois, qui apprend à la France que Piche-
» gru s'est rendu indigne de la confiance qu'il a si long-
» temps inspirée à toute la république, et surtout aux
» armées.
» On m'a également instruit que plusieurs militaires,
» trop confians dans le patriotisme de ce représentant,
» d'après les services qu'il a rendus, doutoient de cette
» assertion. Je dois à mes frères d'armes, à mes conci-

eux avoient autrefois pris part au funeste procès de Louis XVI. En revoyant le lieu d'où ce prince n'étoit sorti que pour aller à la mort, ils ne purent se défendre d'un sentiment profond de douleur et de repentir. Un d'entre eux (Rovère), en approchant de la chambre de cet infortuné monarque, se sentit repoussé comme par une main invisible : il se couvrit les yeux, et recula avec effroi en se frappant le front.

Aucune victime ne chercha à se soustraire au sacrifice. Plusieurs étoient d'un âge avancé, d'autres laissoient en France une femme et des enfans chéris : ils s'élevèrent tous au-dessus des foiblesses de l'humanité, et supportèrent avec un admirable courage un malheur plus grand peut-être que la mort même.

La garde des députés avoit été confiée au gé-

» toyens, de les instruire de la vérité. Il n'est que trop
» vrai que Pichegru a trahi la confiance de la France en-
» tière. J'ai instruit un des membres du directoire, le
» 17 de ce mois, qu'il m'étoit tombé entre les mains une
» correspondance avec Condé et d'autres agens du pré-
» tendant, qui ne laissoit aucun doute sur cette tra-
» hison. Le directoire vient de m'appeler à Paris, et dé-
» sire sûrement des renseignemens plus étendus sur cette
» Correspondance.

» Soldats, soyez calmes et sans inquiétude sur les évé-
» nemens de l'intérieur. Croyez que le gouvernement,
» en comprimant les royalistes, veillera au maintien de
» la constitution républicaine que vous avez juré de dé-
» fendre ».

néral D........ C'étoit un misérable récemment sorti du bagne de Toulon, où il avoit été condamné par un conseil de guerre, pour vol, meurtre et incendie dans la Vendée. Une figure farouche répondoit à une âme plus farouche encore, *monstrum nullâ virtute redemptum.*

Il fut chargé de conduire les victimes à Rochefort, avec une escorte de six cents hommes et deux pièces de canon. Il seroit impossible de décrire tous les actes de férocité qu'il commit à leur égard. Le 8 septembre, à deux heures du matin, ils montèrent dans des cages de fer, et traversèrent tout Paris pour sortir par la barrière d'Enfer et prendre la route d'Orléans. D....... eut la lâche cruauté de faire arrêter les voitures devant le palais des directeurs, afin que les valets de ces premiers magistrats pussent se repaître de cet odieux spectacle. Quelques membres jacobins du conseil des cinq-cents, qui tenoient leur séance à l'Odéon, ne rougirent point de venir les insulter. Ils partirent de Rochefort le 21 septembre, jour anniversaire de la fondation de la république, après avoir éprouvé sur la route toutes les humiliations, tous les tourmens que pouvoit leur faire essuyer leur féroce conducteur (1).

---

(1) Ce ne fut point D....... qui les accompagna jusqu'à Rochefort; il avoit été lui-même arrêté en route par

Lorsque, au 21 mai 1793, le parti de la montagne avoit exécuté, contre celui de la Gironde, le même attentat que venoit de se permettre le directoire, presque toute la France prit les armes; la Normandie, l'Anjou, le Maine, le Lyonnois, la Provence, le Languedoc, ou-

---

ordre du directoire, pour les vols et pillages qu'il commettoit tous les jours. On trouva sur lui huit cents louis qui lui avoient été remis pour les frais du voyage, et qu'il s'étoit appropriés. Il fut remplacé par l'adjudant-général G......, homme d'une âme aussi impitoyable que D....... Les députés arrêtés le 18 fructidor, et conduits au Temple, étoient au nombre de treize : MM. Rovère, Pichegru, Willot, Delarue, Bourdon-de-l'Oise, Perrée, Tupinier-Jarry, Delametherie, Descourtils, Dauchy-de-Rumare, Fayolle. On amena ensuite MM. Aubry, Lafond-Ladebat, Barbé-de-Marbois, Tronçon-Ducoudray, Goupil-de-Préfeln, de Murinais, Maillard, Launois, Piédoue-d'Héritot, d'Ossonville, et Ramel, commandant de la garde du directoire. Le général Augereau avoit arrêté, de sa propre main, son illustre camarade d'armes Pichegru, et arraché les épaulettes au commandant Ramel, qui avoit failli périr dans cette lutte. Le directoire avoit rassemblé, pour cette expédition, l'élite des généraux révolutionnaires, Lemoine, Santerre, Tunk, Yon, Rossignol, Pujet-Barbantane, Châteauneuf-Randon, Fournier, etc. La veuve Ronsin s'étoit jointe à eux en habit d'amazone, et secondoit bravement D......

(*Mém. de Ramel et de Carnot.*)

vrirent des asiles aux proscrits : Lyon, Marseille, Toulon, Bordeaux, fermèrent leurs portes aux envoyés des vainqueurs. Les proscrits eurent au moins la consolation de trouver des amis. Ceux du 18 fructidor en trouvèrent peu. La capitale, opprimée tout à coup par la force des armes, n'osa élever une seule plainte, faire entendre une seule réclamation en faveur des victimes de la tyrannie directoriale. La plupart des départemens partagèrent la stupeur générale. Toute la France étoit dans le deuil, mais personne n'osoit rien entreprendre.

Les seules provinces du Languedoc et de la Guienne eurent le courage de donner quelques signes d'intérêt à leurs députés, et de s'armer pour leur cause. M. Camille-Jordan, frappé par le décret du 18 fructidor, répandit, dans les provinces du midi, une protestation contre l'attentat du directoire. On s'arma dans quelques villes; et M. de Saint-Christot, gentilhomme français, s'étant mis à la tête d'une force armée considérable, entra sans résistance dans les villes du Saint-Esprit, Boulène, Sainte-Cécile et Valréas. Montauban se souleva et ne fut soumis qu'après que l'administration centrale eut rassemblé contre elle une force de quinze mille hommes. A Marseille, à Toulouse, à Nismes, on poursuivoit avec fureur tous les complices du directoire, tous les anciens agens de la terreur. Des symptômes d'insurrection se manifestèrent dans une grande partie des provinces méridionales, et peu s'en fallut qu'on ne vît renaître cette guerre civile, dont les fureurs avoient ensanglanté la France quatre ans auparavant. Le directoire, effrayé de ces mouvemens, eut encore recours aux généraux de l'armée d'Italie. Il conféra le commandement des départemens méridionaux à Buonaparte, et donna ordre au général Bernadote de se rendre à Marseille. Napoléon étoit encore trop occupé pour pouvoir quitter l'Italie; mais il adressa aux soldats et aux habitans du midi une de ces proclamations menaçantes qu'il avoit coutume de répandre pour effrayer les peuples.

« Soldats et citoyens, disoit-il, le directoire
» vous a mis sous mon commandement mili-
» taire. Cette tâche, pénible pour moi, sera
» utile à votre tranquillité. Des hommes en-
» nemis de la liberté cherchent en vain à
» vous égarer. Patriotes, républicains, rentrez
» dans vos foyers. Malheur à la commune qui
» ne vous protégera pas! malheur aux corps
» constitués qui couvriroient de l'indulgence le
» crime et l'assassinat!

» Généraux, officiers, soldats, protégez
» les républicains. Ne souffrez pas que les hom-
» mes couverts de crimes, qui ont livré Tou-
» lon aux Anglais, qui nous ont obligés à un

» siége long et pénible, qui ont dans un seul
» jour incendié treize vaisseaux de guerre, ren-
» trent et nous fassent la loi.

» Administrateurs municipaux, juges de paix,
» nous serons vos bras, si vous êtes à la cons-
» titution et à la liberté; nous serons vos enne-
» mis, si vous n'êtes que les agens de Louis XVIII
» et de la cruelle réaction que soutient l'or de
» l'étranger ».

Il publia ensuite une adresse à l'armée d'Italie, pour l'instruire des événemens du 18 fructidor. Il félicitoit le directoire de son courage et de son triomphe, s'applaudissoit du châtiment des proscrits, et déclaroit qu'il s'honoreroit éternellement de la haine des traîtres, des tyrans et des esclaves.

L'armée répondit aux sentimens de son général, et s'empressa de les exprimer dans des adresses semblables, qu'on afficha avec ostentation dans toutes les communes de la république.

Ainsi fut terminée cette journée désastreuse que le directoire ne rougit pas d'appeler jour de *justice* et de *clémence*, pour laquelle on décréta une fête annuelle, que de lâches poëtes n'eurent pas honte de célébrer par des hymnes (1),

---

(1) En Hollande, la journée du 18 fructidor fut célébrée par des illuminations et des bals : M. N., ministre de France, en donna l'exemple.

et qui replongea la France dans toutes les calamités dont elle sortoit à peine, détruisit son commerce, anéantit son crédit, prépara la banqueroute de l'état, enfanta la conscription et ralluma les feux mal éteints d'une guerre universelle.

A Cadix, on pavoisa les vaisseaux français qui étoient dans le port.

M. Tr...é disoit dans une ode au directoire :

« La royauté ! parole impie !
Quoi ! nous reprendrions des fers !
Nous, l'exemple de l'univers !
Nous, l'effroi de la tyrannie !
Un traître a voulu des cordons !
Et nous aurions perdu nos braves !
Et les Héros seroient esclaves ! etc.

Le général A. avoit donné, à Chaillot, un déjeuner splendide, où se trouvoient Rossignol, et quelques autres hommes de cette trempe ; on y agita si l'on tueroit, ou si l'on se contenteroit d'arrêter les députés. On devoit, en cas de besoin, brûler la cervelle au général Pichegru.

CHAPITRE XXI.

Négociations avec l'Angleterre ; réunion des plénipotentiaires à Lille ; rupture des conférences ; Buonaparte est désigné pour le commandement de l'armée d'Angleterre.

Quoique le sang eût cessé de couler en Italie, la paix n'étoit point encore décidément conclue avec l'Autriche. Le directoire reculoit sans cesse le moment heureux qui devoit opérer la réconciliation des deux peuples. Buonaparte, indigné de ces délais, impatient d'avancer le cours de ses destinées, se montroit aussi pressé de conclure, que le directoire sembloit disposé à différer (1). Ainsi, quels que fussent

---

(1) Voici ce qu'on lisoit textuellement dans le Moniteur, au sujet du traité de Léoben :

« Souvent une fausse politique a été plus funeste que
» dix victoires n'ont été utiles. On se demande avec dou-
» leur, que signifie la cession de la Belgique ? N'étoit-elle
» pas française avant que Buonaparte partît de Gênes ?
» Et que nous donne-t-on pour rendre les trois quarts de
» l'Autriche ? Que veut dire l'établissement d'une répu-
» blique lombarde ? N'existe-t-elle pas dès long-temps ?
Pourquoi ne nous dit-on pas ses limites ? Pourquoi nous

les efforts du gouvernement, la paix devoit bientôt ramener en France une armée entreprenante et victorieuse, commandée par un général ambitieux et accoutumé à se faire obéir. L'Angleterre seule pouvoit encore occuper l'ardeur de nos soldats ; depuis long-temps on l'entretenoit de l'idée d'une entreprise hardie qui mettroit le comble à sa gloire et à sa fortune, en arrachant à la Grande-Bretagne le sceptre des mers. L'armée prête à braver toutes les résistances, accoutumée à triompher de tous les obstacles, ne voyoit plus qu'avec impatience l'intervalle qui la séparoit de son ennemi. L'Irlande soulevée attendoit les Français. M. Pitt voyoit avec inquiétude l'orage se former dans le lointain, et, quoique capable de faire tête à tous les dangers, craignait néanmoins d'ex-

---

» parle-t-on de celles de la France dans les endroits où le
» roi de Bohème ne possède rien ? Auroit-il conservé la
» prétention de stipuler pour d'autres que pour lui ? Aurions-nous abandonné la sage maxime de ne faire
» que des paix particulières ? La profonde sagacité de
» Buonaparte l'a-t-elle abandonné dans un moment si
» décisif ? Sa position étoit-elle plus brillante que solide ?
» A-t-il éprouvé quelque revers que nous ignorons ? L'esprit s'égare dans toutes ces questions ».

(*Moniteur*, an 6, n°. 24.)

poser plus long-temps sa patrie aux chances toujours douteuses de la guerre.

Dès le mois de septembre de l'année précédente, le gouvernement anglais avoit envoyé en France lord Malmesbury pour entamer des négociations. Ce premier essai n'avoit point été heureux ; après de longues discussions sur la Belgique, que la France entendoit garder, et que l'Angleterre entendoit qu'elle restituât, le ministre des relations extérieures de France avoit enjoint au noble lord de quitter Paris dans les vingt-quatre heures ; insulte inouie, qu'aggravoit encore le caractère de celui qui la faisoit (1), et qui devoit bientôt se renouveler. Après six mois d'interruption, les deux gouvernemens parurent disposés à se rapprocher. L'Irlande devenoit tous les jours plus menaçante. Secondés par quelques secours du directoire, les insurgés s'étoient emparés de plusieurs places fortes, et déclaroient ne vouloir poser les armes que quand ils auroient conquis leur indépendance. Le sang avoit coulé, et l'insurrection prenoit à chaque instant un caractère alarmant.

L'Angleterre se lassoit d'une guerre qui épuisoit ses finances, entretenoit dans ses provinces

---

(1) Ce ministre étoit Charles Lacroix.

l'esprit d'innovation et de révolte ; et fermoit à ses vaisseaux la plus belle et la plus riche contrée du continent. Après tant de désastres, pendant lesquels nos manufactures avoient péri, tandis que les siennes avoient acquis un nouveau degré de prospérité, elle aspiroit au rétablissement d'une paix qui ouvriroit à ses fabriques de nouvelles sources de richesses, et lui permettroit de verser dans nos provinces le superflu de son industrie.

Prête à faire pour son intérêt le sacrifice de son amour propre, l'Angleterre choisit de nouveau pour son interprète le même lord Malmesbury, que le ministre français avoit traité avec tant de hauteur.

Les conférences s'ouvrirent le 8 juillet ; lord Malmesbury y apportoit des intentions droites, des vues franches et sincères. Le directoire étoit disposé moins favorablement. Au lieu de procéder de bonne foi, il chargea ses plénipotentiaires (1) d'incidenter sur des points imprévus et minutieux. Les rois d'Angleterre prennent, depuis le couronnement de Henri VI à Paris, le titre de rois de France. Les ministres

---

(1) C'étoient MM. Maret, Pléville-le-Peley et Letourneur, l'ex-directeur. Ils avoient pour secrétaire M. Colchen. Après le 18 fructidor, ils furent remplacés par MM. Treilhard et Bonnier.

français exigèrent qu'avant toute négociation, le roi de la Grande-Bretagne renonçât à ce titre.

En 1793, les Anglais, maîtres de Toulon, s'étoient emparés de la flotte française, et l'avoient emmenée dans les ports d'Angleterre. Le directoire demanda des indemnités.

Le gouvernement anglais, n'ayant point prévu ces difficultés, n'avoit donné à cet égard aucune instruction à son ministre. Lord Malmesbury représenta vainement que ces questions étoient d'un ordre secondaire ; qu'elles ne pouvoient retarder l'ouverture des conférences ; qu'avant tout il étoit de nécessité d'établir les bases de la négociation ; qu'une fois posées, il seroit facile de discuter les intérêts subordonnés. Les plénipotentiaires français avoient ordre d'insister ; il fallut consulter le gouvernement : les réponses arrivoient lentement, les affaires d'Irlande s'embrouilloient de plus en plus. Lord Malmesbury pressoit ; enfin on lui déclara que la république française ne pouvoit agir sans avoir auparavant consulté ses alliés : c'étoit de la Hollande qu'il s'agissoit. Cette malheureuse contrée étoit alors en proie à tous les désastres des révolutions ; elle avoit une assemblée nationale, des patriotes, des orateurs, un gouvernement nommé sous l'influence du directoire français, n'agissant que par ses ordres, partageant tous ses intérêts, toutes ses passions. Ses réponses furent de nature à suspendre le cours de toute conférence. Il fallut demander de nouvelles explications, et se résoudre à de nouveaux délais.

Le directoire, en guerre avec les deux conseils, vouloit avant tout terminer ce débat; il craignoit l'esprit qui dominoit dans les deux chambres; il savoit qu'elles étoient peu favorables à ses desseins révolutionnaires. Ses opérations sur l'Irlande avoient été l'objet de plaintes graves et d'accusations sérieuses : il temporisoit à dessein (1).

Mais lorsque la fortune eut couronné son entreprise, quand il se vit maître d'agir à son gré, alors il ne garda plus de mesure; il rappela ses premiers plénipotentiaires, et leur substitua deux hommes d'un caractère plus propre à rompre les traités qu'à les conclure ; il les investit de pleins pouvoirs, et les chargea

---

(1) Le 6 mars 1797, dans la séance du conseil des cinq-cents, M. Dumolard avoit demandé avec beaucoup de chaleur des explications sur un débarquement de forçats opéré en Irlande, et faits prisonniers par les troupes anglaises. Le directoire avoit en effet tiré des bagnes de Brest et de Rochefort quatorze à quinze cents hommes qu'il avoit mis sous les ordres d'un général français. Ils avoient fait leur débarquement en Irlande, et s'étoient rendus sans avoir tiré un coup de fusil. Ces misérables, rejetés depuis sur les côtes françaises, ont formé des bandes de chauffeurs qui ont désolé les provinces.

de tracer autour du ministre anglais le cercle de Popilius. Arrivés à Lille, ils demandèrent à lord Malmesbury s'il étoit muni de pouvoirs indéfinis, et lui signifièrent qu'ils ne traiteroient que sur le principe de l'absolue restitution de toutes les conquêtes faites par l'Angleterre, tant sur la France que sur les alliés.

Ces étranges propositions déconcertèrent l'ambassadeur; il en témoigna son étonnement; il demanda la continuation des conférences sur les bases qu'on avoit adoptées; mais Treilhard, déployant alors toute la hauteur et la fierté d'un ambassadeur républicain, tira de sa toge un arrêté du directoire, et lui signifia l'ordre de sortir du territoire français dans l'espace de vingt-quatre heures.

La nouvelle de ce second affront excita à Londres une indignation générale. Les ministres comprirent que tout projet de paix étoit impraticable avec un gouvernement qui n'apportoit dans les négociations que la ruse et l'artifice; et de part et d'autre on s'apprêta à soutenir la guerre avec une nouvelle ardeur.

Il falloit couvrir aux yeux de l'Europe l'excès d'une démarche si étrange. Le directoire n'éprouva à cet égard aucun embarras, et, recourant à ses moyens ordinaires, il protesta de la pureté de ses intentions, de l'ardeur de ses vœux pour la paix. Il accusa la bonne foi de l'Angleterre; et ordonna à ses plénipotentiaires de rester à Lille jusqu'au 25 de vendémiaire, pour y attendre le retour de lord Malmesbury. Il fit en même temps fabriquer, dans ses bureaux, une lettre qu'on attribua au plénipotentiaire de la Grande-Bretagne, et dans laquelle on lui faisoit dire tout ce qui pouvoit le rendre ridicule et justifier la conduite du directoire. On y parloit de la journée du 18 fructidor comme d'un événement funeste pour l'Angleterre; on y représentoit les députés proscrits comme les complices du cabinet de Londres, et lord Malmesbury s'applaudissoit d'avoir trompé le gouvernement français, et suspendu ses grands desseins par l'espoir trompeur d'une prochaine conciliation.

Cet écrit, d'une ironie froide et insultante, loin de tromper personne, mit dans tout son jour l'artifice et la duplicité du directoire, et les hommes d'un esprit éclairé ne virent dans cet événement que le présage de nouveaux excès et de nouvelles calamités.

En rompant les négociations de Lille, le directoire crut voir un moyen d'occuper un général dont l'ambitieuse inquiétude lui inspiroit les plus vives alarmes. Il falloit d'ailleurs imposer à l'opinion publique en choisissant pour commander l'expédition d'Angleterre un homme d'une réputation éclatante auquel rien ne paroissoit impossible. Le sage et habile Pichegru venoit d'être transféré dans les déserts de la Guiane ; Hoche étoit mort, et mille bruits fâcheux en couroient à la honte du directoire ; Moreau, malgré sa pusillanime politique, venoit de perdre et la confiance du gouvernement et le commandement de l'armée. Buonaparte s'offroit donc seul aux glorieuses destinées qui alloient s'ouvrir pour les généraux français.

Il ne paroissoit point d'ailleurs éloigné du projet d'une guerre maritime. Après les événemens du 18 fructidor, il s'étoit non-seulement empressé d'en prévenir l'armée de terre, il avoit encore étendu sa prévoyance jusque sur l'armée de mer ; il avoit adressé aux marins de l'escadre de l'amiral Brueys une proclamation où il ne dissimuloit point le désir de s'associer à sa gloire.

« Camarades, disoit-il, les émigrés, maîtres
» des deux conseils, s'étoient emparés de la tri-
» bune. Le directoire exécutif, les représen-
» tans restés fidèles à la patrie, les républicains
» de toutes les classes, les soldats se sont ralliés
» autour de l'arbre de la liberté ; ils ont invo-
» qué les destins de la république, et les parti-
» sans de la tyrannie sont aux fers.

» Camarades, dès que nous aurons pacifié le
» continent, nous nous réunirons à vous pour

» conquérir la liberté des mers. Chacun de
» nous aura présent à la pensée le spectacle
» horrible de Toulon en cendres, de notre ar-
» senal, de treize vaisseaux de guerre en feu, et
» la victoire secondera nos efforts.

» Sans vous, nous ne pourrions porter la
» gloire du nom français que dans un petit coin
» de la terre; avec vous, nous traverserons les
» mers, et la gloire nationale verra les régions
» les plus éloignées (1). »

Ces dispositions étoient trop heureuses pour que le directoire ne s'empressât point d'en profiter. Le 26 octobre il rendit un arrêté qui portoit : qu'une armée se rassembleroit sans délai sur les côtes de l'Océan; qu'elle porteroit le nom d'armée d'Angleterre, que le général Buonaparte en prendroit le commandement en chef, et que provisoirement elle seroit commandée par le général Desaix. Par une circonstance particulière, à laquelle il est probable que le hasard ne présida pas seul, cet arrêté fut publié le jour même où Napoléon faisoit présenter à Paris, par le général Berthier, le traité définitif de Campo-Formio.

---

(1) Cette proclamation étoit du 26 septembre, et ce n'étoit que le 19 du même mois que l'on avoit appris, à Paris, la rupture des négociations entre lord Malmesbury et les plénipotentiaires français.

CHAPITRE XXII.

Traité de Campo-Formio; rappel de La Fayette; établissement de la république Cisalpine et de la république Ligurienne; fin des campagnes de Buonaparte en Italie.

Depuis l'armistice de Léoben, la situation de l'Italie n'offroit qu'un foible aliment à l'infatigable activité de Buonaparte. Tous les plans de révolutions étoient accomplis, et il n'entroit pas alors dans les vues du directoire d'en commencer de nouvelles. Napoléon lui-même sentoit la nécessité de diminuer le nombre d'ennemis qui menaçoient la république; et c'est une justice que l'histoire doit lui rendre, qu'à cette époque il s'occupa franchement de la paix, et pressa souvent le directoire de la conclure. Il soutenoit avec raison qu'une paix ne pouvoit être solide qu'autant que les clauses en étoient tolérables pour le parti vaincu; que trop de hauteur et trop d'exigence pouvoient irriter l'amour-propre d'une nation, et la porter au désespoir; que les sacrifices que l'on exigeoit de l'Autriche étoient assez douloureux pour elle, sans lui en imposer de nouveaux. Mais le gouvernement français répondoit mal à ses instances : les directeurs Carnot et Barthélemy entroient seuls dans ses vues. Les trois autres traitoient d'infâme l'armistice de Léoben, et soutenoient qu'on y avoit indignement compromis les intérêts de la France. Il est certain qu'ils craignoient et haïssoient Buonaparte, et que, même après s'être servis de lui pour le succès du 18 fructidor, ils ne renonçoient point au projet de le perdre. L'ascendant que lui donnoient l'éclat de ses victoires et le dévouement de ses soldats, leur inspiroit une frayeur toujours croissante; ils voyoient d'avance en lui Marius ou César, et ne redoutoient rien tant que son retour. Chaque jour leur génie ombrageux inventoit de nouveaux incidens pour retarder la paix. Le traité de Léoben portoit que Mantoue seroit restituée à l'empereur, et le directoire vouloit conserver cette forteresse. Napoléon soutenoit en vain que Pizzighitone suffisoit pour la sûreté de la république cisalpine : Rewbel, Barras et Laréveillère s'obstinoient à réclamer Mantoue. Enfin, Buonaparte proposa de céder les ruines de Venise pour les remparts de Mantoue. C'étoit, malgré l'état déplorable de la république vénitienne, accorder à l'empereur plus qu'on ne retenoit; cependant, le directoire consentit à cette proposition; et, après cinq mois de débats, les plénipotentiaires signèrent un traité, qu'on appela traité de Campo-Formio, et qui fut réellement négocié au quartier général de Passériano.

Buonaparte parut aux dernières conférences plutôt en souverain qu'en simple général; il avoit une garde brillante, une suite nombreuse, de magnifiques voitures, de magnifiques équipages. Ses présens n'étoient pas d'une moindre somptuosité, et l'on ne dissimula pas même dans le Moniteur, que les diamans du souverain pontife ne lui avoient point été inutiles pour soutenir l'honneur de la libéralité française.

Par le traité de Passériano, l'empereur d'Allemagne renonçoit pour lui et ses successeurs, en faveur de la république française, à tous ses droits sur la Belgique; il laissoit à la république française la possession, en toute souveraineté, des îles vénitiennes de Corfou, Zanthe, Céphalonie, Sainte-Maure, Cérigo.

La république accordoit à l'empereur la Dalmatie, l'Istrie, les îles vénitiennes de l'Adriatique, les bouches du Cattaro, la ville de Venise, les Lagunes et les pays compris entre les états héréditaires et l'Adriatique.

L'empereur reconnoissoit la république cisalpine comme puissance indépendante, et renonçoit en sa faveur, pour lui et ses descendans, à tous les droits auxquels il pouvoit prétendre avant la guerre.

S. M. impériale s'engageoit à ne recevoir dans chacun de ses ports, pendant le cours de la guerre, plus de six bâtimens armés en guerre, appartenant à chacune des puissances belligérantes.

Elle s'engageoit également à céder au duc de Modène le Brisgaw, en indemnité des pays que ce prince avoit perdus en Italie.

Les parties contractantes s'obligeoient à tenir à Rastadt un congrès uniquement composé des plénipotentiaires de l'empire germanique et de ceux de la république française, pour la pacification entre ces deux puissances.

L'empereur et la république française conservoient entre eux le même cérémonial, quant au rang et aux étiquettes, qu'on avoit observé avant la guerre.

Ce traité fut porté à Paris par le général Berthier, et ratifié le 26 octobre par le directoire. Mais, outre les conditions ostensibles, il y en avoit de secrètes, qui ne furent connues que long-temps après. L'empereur d'Allemagne s'engageoit à employer ses bons offices, à l'époque de la paix avec l'empire germanique, pour assurer à la république française une ligne qui comprendroit la rive gauche du Rhin depuis la frontière de la Suisse, au-dessous de Bâle, jusqu'au confluent de la Nèthe, Manheim, la ville et forteresse de Mayence, les deux rives de la Nèthe, les deux rives de la Roër, Juliers et son arrondissement, etc.; et, dans le cas où l'empereur ne pourroit réussir à obtenir la cession de cette ligne, il s'engageoit formellement à ne fournir que son contingent à l'armée de l'empire. Il consentoit encore à la navigation libre du Rhin et de la Meuse en faveur des Français, et renonçoit à la souveraineté du comté de Falkenstein. De son côté, la république française promettoit d'employer ses bons offices pour obtenir à l'empereur l'archevêché de Salzbourg, et une partie du cercle de Bavière. Le Fricktal devoit être réuni à la république helvétique, à laquelle on se proposoit d'enlever quelques possessions. La Prusse ne devoit faire aucune acquisition nouvelle. Les deux puissances contractantes s'obligeoient à faire céder les fiefs impériaux aux républiques Cisalpine et Ligurienne. Enfin, on devoit faire cause commune au congrès, et se concerter sur les moyens d'indemniser les princes d'Allemagne dont le traité pouvoit blesser les intérêts.

Il étoit facile de prévoir toutes les suites d'une semblable convention : elle recéloit des germes de discorde et de guerre éternelle; elle compromettoit la dignité de l'empereur, en montrant à l'Europe le chef de l'Empire sacrifiant à ses intérêts particuliers les intérêts publics dont il étoit le protecteur et le conservateur né. Elle offroit le honteux spectacle de deux puissances trafiquant, dans les ténèbres, du territoire, de la sûreté et de la souveraineté des nations; elle servoit la perfidie naturelle du directoire, en lui fournissant les moyens d'asservir le cabinet autrichien, et de l'enchaîner à sa politique par une stipulation que l'honneur ne lui permettoit pas d'avouer. De là toutes les défiances, tous les schismes, toutes les craintes qui éclatèrent dans le congrès de Rastadt, et prolongèrent si long-temps les malheurs de l'Europe.

Il ne restoit plus à Buonaparte, pour achever son ouvrage, que d'établir sur des bases solides les républiques qu'il venoit de créer. Ce n'étoit pas assez de s'être montré grand général, il restoit une autre gloire à acquérir : celle de se montrer grand législateur.

Les comités de constitution formés à Milan et à Gênes déployoient peu de génie, d'accord et de résolution. Leurs plans étoient attaqués tous les jours par les orateurs des clubs. Les prétentions des villes nouvellement soumises au régime révolutionnaire et leurs nombreuses rivalités arrêtoient la marche des modernes Lycurgues. Il falloit un dictateur qui accordât tous les partis, conciliât toutes les opinions, en parlant en maître. Buonaparte se chargea de ce rôle. Il réunit à la république la Valteline, qui, depuis plusieurs mois, s'étoit mise en insurrection, avoit planté l'arbre de la liberté et proclamé son indépendance. Il accorda à cette province, à Chiavenne, à Bormio, six députés ; déclara nationaux les biens de l'ordre de Malte situés dans la république Cisalpine ; donna à cette république cinq directeurs, un conseil des anciens composé de quatre-vingts membres, un grand conseil composé de cent soixante députés. Il partagea le territoire en vingt départemens, établit des cantons, des municipalités, des tribunaux, des divisions militaires, et régla l'administration sur le modèle de l'administration française. La justice et la police formoient deux ministères ; il les réunit en un seul, et en chargea le général français Bignol ; il convoqua les assemblées primaires, et décida que vingt-cinq mille Français resteroient dans la Lombardie et seroient entretenus aux frais de la république.

Il usa de la même autorité envers la république Ligurienne. Elle s'étoit donné une constitution plus propre à renverser les lois qu'à les établir. Il en suspendit la publication, et se réserva le droit de l'approuver ou de la refuser. Il régla le nombre des députés de chaque conseil, supprima les administrations de district, rendit l'exercice des droits de citoyen à la noblesse et au clergé, qu'on en avoit exclus ;

fixa l'administration civile et militaire, et réprima, par l'ascendant de son autorité, les excès du fanatisme démagogique. Enfin, comblé de gloire, chargé des lauriers révolutionnaires qu'il venoit de moissonner, il se disposa à revoir cette capitale de la république française, ou il étoit arrivé pauvre et obscur, et dans laquelle il rentroit comblé de puissance et de richesses.

Avant son départ, Milan frappa une médaille en son honneur, et lui décerna le titre d'*Italique*. Toutes les villes qu'il avoit conquises à la liberté républicaine lui prodiguèrent les surnoms de *grand*, de *héros*, et lui témoignèrent, dans de nombreuses adresses, le regret qu'elles éprouvoient d'être séparées de lui. Mais les états d'Italie qui avoient échappé à la révolution générale, virent avec joie s'éloigner ce météore redoutable, dont le voisinage leur avoit inspiré tant de terreur.

Ici se terminent les campagnes de Buonaparte en Italie. C'est, de toutes les époques de sa vie, la plus étonnante et la plus glorieuse. Moins de deux ans s'étoient écoulés depuis qu'il avoit quitté la capitale. A l'âge de vingt-six ans, sans grade dans l'armée, sans illustration dans les camps, n'ayant d'autre titre à la confiance du gouvernement qu'un dévouement qui sembloit sans bornes, et quelques témoignages d'une bravoure impitoyable donnés au siége de Toulon, il se trouve tout à coup général en chef d'une grande armée. Elle manque de tout, et il ne désespère de rien ; sans tentes, sans magasins, sans équipemens, il descend des montagnes, marche à l'ennemi, le bat, et, depuis ce jour, son armée court de triomphes en triomphes. L'empire rassemble toutes ses forces, et toutes ses forces disparoissent devant les légions françaises ; ses plus habiles généraux, ses plus vieux capitaines cèdent à la fortune d'un jeune héros que la victoire semble avoir adopté. Il gagne des batailles et il fonde des états. Au milieu des fureurs de la guerre, il honore les sciences, les lettres et les arts (1) ; il protége et visite les savans ; il élève un monument à la mémoire de Virgile ; il assure à sa patrie des conquêtes plus

---

(1) Après la signature de l'armistice de Léoben, il avoit établi un journal, intitulé *l'Europe vue de l'armée d'Italie*, dans lequel il inséroit souvent des articles de sa composition. Il cherchoit les gens de lettres, mais comme des instrumens utiles à ses desseins. Il fit une visite à l'astronome Orriani, et lui adressa une lettre qu'on fit insérer avec ostentation dans les journaux. Il reprocha aux Mantouans d'avoir oublié que Virgile étoit né près leurs murs ; il lui fit élever un monument ; et, dans le même temps, il frappa Mantoue d'une contribution militaire.

belles que celles des provinces, la possession des chefs-d'œuvre de la Grèce et de l'Italie. Venise, Milan, Rome, Bologne, se dépouillent de leurs plus précieux ornemens pour enrichir le Muséum parisien, magnifique dépôt des plus sublimes ouvrages sortis de la main des hommes (1).

---

(1) Nous croyons devoir en publier ici l'état exact :
SCULPTURE.

L'Apollon; le Méléagre; le Torse; l'Antinoüs (du Vatican); l'Adonis; l'Hercule Commode; l'Apollon des Muses; le Discobole; le Faune flûteur; le Torse de Cupidon; le Pâris; le Zénon; le Discobole (2e.); le Jules César; l'Auguste; le Tibère en toge; l'Adrien; le Phocion; le Démosthènes; le Sardanapale; le Sextus-Hippericus; l'Antinoüs (du Capitole);

La Melpomène; l'Uranie (différentes des suivantes):

La Vénus; la Junon; la Flore; l'Ariane; la Vestale; la petite Cérès; l'Amazone; la Minerve; la Santé; l'Uranie; la Terpsichore; la Polymnie; la Melpomène; la Thalie; la Clio; la Calliope; l'Euterpe; l'Érato; le Trajan; le Posidippe; le Ménandre; le Berger s'arrachant une épine du pied; le Gladiateur mourant; la Vénus accroupie; la Cléopâtre; le Laocoon; l'Amour et Psyché; Jupiter; Homère; Alexandre; Jupiter Sérapis; Ménélas; Junius Brutus; Marcus Brutus; l'Océan; Caton et Porcie; deux Sphinx; trois Candélabres; trois Autels; le Tombeau des Muses; le Tibre, et divers autres morceaux.

PEINTURE.

De Raphael. La Transfiguration; l'Assomption; le Couronnement de la Vierge; la Vierge; l'Annonciation; l'Ado-

Il comble de richesses ses généraux et ses soldats; il leur inspire une ardeur martiale

ration des Mages; le Baptême de Jésus-Christ; la Foi, l'Espérance et la Charité; la Résurrection de Jésus-Christ.

Du P. Pérugin. — La Résurrection; la Sainte Famille; saint Augustin et la Vierge; Mariage de la Vierge; la Vierge et Saints de Pérouse; les Prophètes; saint Benoît; sainte Placide; sainte Scholastique; le Père Éternel; saint Sébastien; saint Augustin; saint Barthélemi; saint Paul; saint Jean; la Vierge; Déposition de la Croix; une Vierge.

Du Guerchin. — La Circoncision; sainte Pétronille; saint Thomas. — Du Dominiquin. Saint Jérôme; martyre de sainte Agnès. — Caravache. Descente de croix. — Annibal Carrache. La Piété; la Nativité. — D'André Sacchi. Saint Romuald; un Miracle. — D'Albani. Une Vierge; saint François. — Du Guide. La Fortune; Martyre de saint Pierre. — De Garofaldo. La Vierge. — Du Poussin. Martyre de saint Erasme. — Du Valentin. Martyre de saint Gervais. — Du Corrège. La Vierge de saint Jérôme; la Vierge à l'écuelle. — Du Titien. Le Couronnement. — Du Procaccini. Le saint Sébastien.

Objets destinés au Musée d'histoire naturelle.

L'Herbier de Haller; — Collection de substances volcaniques, par Spallanzani; — Minéraux du P. Pini à Milan; — Minéraux de l'Institut de Bologne; — l'Herbier d'Aldrovande, en 16 vol. — Collection de marbres et pierres fines de l'Institut de Bologne; — Figures manuscrites d'Aldrovande, en 17 vol.; — Aiguilles de cristal de roche.

Objets destinés à la Bibliothèque nationale.

Manuscrits de la bibliothèque Ambroisienne, et de celle de Brera; — Manuscrits de l'Abbaye de Saint-Salvador de Boqui les met au-dessus de tous les dangers; il les élève presque au-dessus de l'humanité.

Voilà ce qu'offrent de grand, de prodigieux les campagnes d'Italie. Mais si, près de ce tableau, on présente le spectacle des calamités sans nombre répandues sur cette malheureuse contrée; si, à côté des monumens des arts, on place les cadavres des hommes et les ruines des villes, l'embrasement des campagnes, les pillages des temples et des palais; les combats des citoyens armés les uns contre les autres, les attentats de la démagogie, le désespoir et la nudité des peuples, quel sujet de douleurs l'humanité ne trouvera-t-elle pas dans de semblables conquêtes? L'Italie, livrée à l'avidité des Français, perdit, dans l'espace de dix-neuf mois, plus de sept cent dix millions. Un écrivain en a fait le relevé, et la

---

logne; — Les donations faites à l'église de Ravenne sur papyrus, en 490 et 491; — Manuscrit de Joseph sur papyrus; — Manuscrit sur l'histoire des papes; — un Virgile manuscrit ayant appartenu à Pétrarque, avec des notes de sa main; — Manuscrits de la main de Galilée, sur le flux et le reflux, et sur les fortifications; — Carton des ouvrages de Léonard de Vinci; — douze manuscrits de L. de Vinci sur les sciences; — Tables anatomiques de Haller, avec des additions et corrections de sa main; — Livres d'anciennes éditions provenant des bibliothéques Ambroisienne, de l'institut de Bologne, de l'Abbaye de Saint-Salvador, et de l'université de Pavie.

justice exige de dire que ses calculs sont d'une affreuse exactitude (1).

Tableau des contributions, réquisitions, exactions exercées sur les villes d'Italie, pendant les premières campagnes de Buonaparte.

Lombardie et autres districts de la république cisalpine	62,000,000
Duché de Parme	3,650,000
—— de Modène	10,000,000
Venise, par articles du traité du 16 mai 1797	6,000,000
Trois légations, Bologne, Ravenne et Ferrare	12,000,000
Roi de Naples	15,000,000
Gênes	4,000,000
Rome	30,000,000
Toscane	8,000,000
Argenterie, mobilier des églises de la Lombardie, des trois légations, de l'État Vénitien, du Modénois, de l'État Romain	65,000,000
Mont-de-Piété de Milan, enlevé par le général M...., sur l'ordre de Buonaparte	19,000,000
Monts-de-Piété de Bologne, Ravenne, Modène, Venise, Rome, etc.	37,000,000
Caisses des hôpitaux à Milan et plusieurs autres villes	5,000,000
Le mobilier de l'archiduc *Ferdinand*, à Milan et à Monza, et 160 ballots d'effets précieux saisis à Bergame, ville neutre, par ordre de Buonaparte, et vendus à l'enchère	2,000,000
(On vendit jusqu'aux parquets, aux chambranles de marbre, aux châssis des croisées.)	
Nécessaire précieux donné par la feue reine de France à l'archiduchesse, pris à Bergame et passé à madame Buonaparte	60,000
TOTAL	278,710,000

---

(1) Mallet du Pan, dans le Mercure Britannique.

D'autre part............	278,710,000
Mobilier, bibliothèque, effets appartenans aux conseillers de conférence fugitifs.............	1,000,000
Vaisselle, mobilier, effets de l'évêque de Tarente, enlevés en présence du maître-d'hôtel de Buonaparte, et emballés en 52 caisses.............	700,000
Supplément de contributions levé à Milan et dans la Lombardie................	28,000,000
Rançon des decurioni et autres otages envoyés en France................	1,500,000
Vente de permissions d'habiter leurs campagnes, aux propriétaires sommés par ordonnance de rentrer à Milan................	2,200,000
Saccagement des *Ville* vénitiens et des palais sur la Brenta, meubles, dorures, tableaux, statues, chevaux, voitures, vendus à l'enchère ou conservés par les pillards.............	6,500,000
Enlevés au duc de Modène à Venise contre la foi des traités...............	2,650,000
Spoliation à Vérone, Padoue, Venise, caisses publiques, contributions en argent, partie du trésor de Saint-Marc, effets de l'arsenal, bronzes, statues, tableaux................	27,585,000
Gratifications reçues par Buonaparte et son armée, des républiques de Gênes et de Venise, depuis le mois de mai jusqu'au mois de décembre 1796, par forme de sauve-garde............	2,500,000
Total.......	351,760,000

A ce total de trois cent cinquante-un millions sept cent soixante mille francs, il faut ajouter le produit des réquisitions innombrables extorquées, soit à titre de prêt, soit en denrées ou en marchandises, soit en argent; les enlèvemens d'hommes, de chevaux, de bestiaux, de voitures; les corvées de toute espèce, les magasins vidés pour le service des armées françaises; les emprunts imposés à différentes reprises, au duc de Parme, à la république de Gênes, à celle de Lucques, au grand-duc de Toscane; le pillage des magasins et greniers publics appartenant aux hôpitaux, aux communautés, aux villes, à l'état; les incalculables profusions des agens civils et militaires; les vols de tableaux, de vases, de statues, dans les maisons particulières (1), par des officiers, commissaires, em-

---

(1) Des Français attachés aux armées républicaines coupoient, chez leurs hôtes, les toiles des tableaux, les séparoient de leurs cadres, et les enfermoient dans leurs malles la veille de leur départ. On faisoit une réquisition de draps; on les vendoit aux habitans; on les leur reprenoit, et on les revendoit dans une autre ville. Les draps bleus enlevés à Milan furent d'abord vendus à des Milanais, puis remis en réquisition et revendus à Gênes, où l'on ne tarda pas à les retrouver. A l'entrée des troupes françaises à Milan, on exigea des juifs une fourniture de trois mille matelas. La ville de Padoue voulant garder son Saint-Antoine, fut obligé de le racheter pour trente-quatre mille francs. Les villes de Milan et de Modène fournissoient l'argent nécessaire aux dépenses de madame Buonaparte. Un officier de l'armée d'Italie, sur le point de partir pour la France, ayant passé la nuit avec une femme publique de Pavie, la paya avec un bon de cinquante sequins sur la municipalité de cette ville, qui

ployés de l'armée ; les levées de grains, fourrages, denrées de toute espèce, dans le Véronais et l'État Vénitien, et payées avec des bons dont la somme s'élevoit à dix-huit millions, et qui n'ont jamais été acquittés. On peut, sans exagération, porter cette somme à trois cent cinquante millions; de sorte que dans l'espace de quelques mois, les campagnes de Buonaparte ont coûté à l'Italie plus de sept cents millions. Que seroit-ce, si l'on ajoutoit à ces actes de déprédation, à ces concussions des vampires révolutionnaires, la confiscation des biens des émigrés, la vente des biens ecclésiastiques, le mobilier des maisons religieuses, etc.? L'esprit s'effraie de ces calculs, recule devant tant d'horribles dévastations.

Napoléon a remporté de grandes victoires ; mais ce n'est pas à la puissance de son génie, à la force de ses armes qu'il en doit toute la gloire. Il a soufflé parmi les peuples l'esprit de discorde et de révolte ; il a soulevé les pauvres contre les riches, les sujets contre leurs princes; il s'est partout fait précéder d'une avant-garde de brigands et d'agitateurs révolutionnaires, destinés à préparer dans l'ombre les triomphes de l'armée, et à marquer ses logemens.

---

l'acquitta, mais le conserva. Les pillages particuliers étoient tels, que Buonaparte fut forcé de livrer quelques-uns de ces pillards à des commissions militaires.

« Il a rompu tous les liens sociaux qui unissent les hommes ensemble ; il a corrompu le peuple, en semant partout le mépris des mœurs, de la religion et de l'autorité (1), en le rendant faux et cruel. Il a vaincu par les conspirations autant que par les armes ; il a flétri ses lauriers par des actes de barbarie et de fausseté dont l'histoire ancienne et moderne n'offre aucun exemple.

Jamais Buonaparte n'a été peint d'une manière plus vraie et plus énergique que par l'auteur d'un écrit publié à Venise, sous le titre de *I Romani nella Grecia* : *les Romains dans la Grèce* (2). C'est une histoire allégo-

---

(1) Depuis l'entrée des Français en Italie, le clergé et la noblesse étoient l'objet des plus cruels outrages. Les églises étoient pillées, les cérémonies du culte interrompues par les plus scandaleuses irrévérences. L'archevêque de Milan ayant fait chanter un *Te Deum* pour célébrer la fondation de la république, l'hymne sainte fut interrompue par des hymnes patriotiques et des chansons de garnison. L'archevêque fut obligé de renoncer à cette cérémonie.

(2) Cet écrit est de M. Barzoni, qui, après l'avoir publié, fut obligé de s'exiler de sa patrie pour se soustraire aux ressentimens de Buonaparte. Onze éditions données dans l'espace de moins de deux ans, attestent assez le mérite et l'intérêt de cette production. Elle a été traduite en anglais par M. Adams, président des États-Unis d'Amérique.

rique des campagnes de Napoléon en 1796 et 1797. Son portrait y est tracé sous le nom du consul Flaminius, devenu célèbre dans l'histoire romaine par sa cruauté et les dilapidations qu'il exerça dans la Grèce. L'auteur le considère comme homme de guerre et comme homme d'état.

« Comme homme de guerre, dit-il, Flaminius étoit intrépide dans les combats, capable de soutenir des fatigues et des travaux qui semblent au-dessus de la nature humaine. Habile à tout prévoir même au sein des combats; sachant, du milieu des désastres, se créer des ressources imprévues, et s'élever au-dessus des infidélités de la fortune; concertant ses projets avec justesse, portant dans ses vues une rare perspicacité; d'un génie surprenant, soit pour saisir l'occasion favorable à ses desseins, soit pour pénétrer ceux de ses ennemis; cachant sa pensée avec artifice, plus artificieux quand il sembloit la découvrir; d'une fécondité inépuisable en expédiens; toujours disposé à tenter les entreprises les plus difficiles, quelquefois même l'impossible; ne laissant rien au hasard de ce qui pouvoit être dirigé par la prudence; prêt à tout hasarder quand la prudence lui sembloit inutile; cachant ses projets les plus importans sous le calme le plus serein; emporté quelquefois comme par une fièvre ardente vers les tentatives les plus extraordinaires. Tel étoit Flaminius dans les camps et à la tête de ses armées.

» Comme homme d'état, c'étoit un être d'une adresse, d'une profondeur d'astuce, d'une impénétrabilité merveilleuse ; sans foi, sans religion, sans morale, sans principes, mais habile à se couvrir du manteau de ces vertus, quand elles pouvoient servir à ses desseins; dur par caractère, emporté, colère, mais maître de lui, capable de se composer, également propre à prendre les traits farouches d'un tyran, et la douceur, la souplesse, la complaisance d'un flatteur ; habile à reconnoître le moment de faire le bien, sans avoir dans le cœur les dispositions de le vouloir; laconique et grave dans son langage ; impénétrable dans ses discours comme dans sa conduite; constamment assailli, constamment dominé par une suite rapide de vues, de désirs, de projets, tous tendans à l'accroissement de son pouvoir; prêt à sacrifier à ses intérêts l'amitié, la reconnoissance et jusqu'à la réputation de ses amis; employant la calomnie à trahir l'un, à supplanter l'autre, à discréditer celui-ci, à perdre celui-là, à écarter par tous les moyens possibles (1) tout ce qui pouvoit porter obstacle à

---

(1) M. Adams s'explique encore plus franchement que

son ambition; non moins adroit à parler aux hommes un langage conforme à leurs pensées, qu'à dissimuler ses propres sentimens; sachant descendre dans toutes les profondeurs du cœur humain, et toucher les cordes les plus utiles à ses intérêts; ambitieux comme Alexandre, avare comme Pygmalion, perfide comme Lisandre, trompeur comme Pisistrate: voilà quel étoit Flaminius, voilà le libérateur des nations.

» Après avoir établi par les armes sa puissance dans la Grèce, il entreprit de lui donner des lois, et, sans consulter ni les mœurs, ni les usages, ni les convenances des lieux, il imposa aux vaincus le code des lois romaines. Mais, pour assurer davantage sa conquête, il se réserva le choix des magistrats et des représentans du peuple. Alors, on vit sortir du chaos de la corruption tout ce que la société cachoit de plus vil et de plus corrompu. Les tribunaux, les conseils, les administrations en furent infestés. Pour se maintenir sur le théâtre où ils venoient d'être appelés, ces misérables, rebut de l'humanité, cherchèrent des appuis dans la plus vile populace, flattèrent les passions les

---

l'auteur italien: prêt, dit-il, à employer le fer ou le poison pour écarter tout ce qui pourroit porter obstacle à son ambition.

plus grossières, exaltèrent ses espérances, irritèrent ses ressentimens, et livrèrent leur patrie à tous les désastres de la licence, de l'insubordination, à tous les excès qu'on peut attendre d'une multitude sans principes et sans lois.

» Cependant, afin de conserver encore quelque apparence de respect pour les mœurs et la vertu, Flaminius plaça, à côté de cette tourbe impie, des hommes d'une réputation intacte et d'une probité généralement reconnue. Association monstrueuse qui rappeloit le supplice de Mézence. En vain ces hommes de bien s'efforcèrent-ils d'inspirer quelque sagesse et quelque humanité à leurs indignes collègues, ils se virent bientôt forcés de condescendre à toutes leurs volontés.

» Dès-lors les orages de toutes les passions se grossissent et se déchaînent sur les malheureuses provinces de la Grèce. Plus de constitution, plus de lois; celle même des douze tables ne fut plus regardée que comme une simple théorie, qui n'étoit point encore applicable aux vaincus. Chaque jour vit naître une multitude de décisions arbitraires qu'on intituloit fastueusement : *libres émanations de la volonté nationale.* Dans cette effroyable confusion d'idées, le code des lois se réduisit à une informe mosaïque d'emprisonnemens, d'exils, de confiscations, de proscriptions : l'art de gouverner ne fut plus que celui de détruire.

» Une multitude d'hommes ardens, de têtes volcanisées, se réunirent et formèrent des clubs de sophistes démagogues. Des orateurs ambulans se répandirent dans les places, dans les campagnes, dogmatisant avec emphase; semant leurs maximes anarchiques avec une jactance audacieuse; dénaturant et la langue et les idées; traitant de fanatiques, de royalistes, d'aristocrates, tous ceux qui conservoient encore quelque respect pour les lois, la morale et les souverains.

» Bientôt l'heure des martyrs arriva. Pour établir leur règne impie, les anarchistes avoient besoin de conspirations. Ils en inventèrent. On chercha les coupables dans les temples, au pied des autels, dans les palais; on pénétra la nuit dans l'asile inviolable du citoyen; l'époux fut arraché du lit de son épouse, le père des bras de ses enfans.

» Ni la vieillesse, ni la vertu, ni la beauté, ni les larmes, rien ne put toucher ces tyrans impitoyables. Au milieu de ces désastres, Flaminius poursuivoit le cours de ses conquêtes et de ses rapines. Ses troupes occupoient toutes les provinces de la malheureuse Grèce. Il avoit établi dans chaque ville un préfet qui commandoit en souverain ; les magistrats municipaux étoient sous la dépendance des préfets, et ceux-ci sous la dépendance de Flaminius. Presque partout les plus riches citoyens étoient enlevés de leurs maisons, confinés dans des citadelles, d'où ils ne pouvoient sortir que par le sacrifice total de leur fortune.

» La Grèce désarmée, sans défense, fut livrée au débordement d'un torrent d'exactions ; de pillages, d'extorsions militaires, dont le calcul effraie l'imagination. Les propriétés publiques et privées furent regardées comme des dépouilles qui appartenoient aux Romains. Flaminius, ses tribuns, ses préteurs, ses commissaires, ses centurions, ravirent tout sans rendre aucun compte. L'avarice des derniers arrachoit ce qui avoit échappé aux premiers. Ni les trésors de deux rois, ni les richesses de tant de provinces, ne pouvoient assouvir l'avidité de quelques capitaines. Leurs tentes étoient un vaste gouffre, où alloient s'ensevelir tous les trésors de la Grèce.

» Le pays étoit tenu de fournir tous les jours aux légionnaires le pain, le vin, la viande, l'habillement. Mais bientôt ces héros qui s'intituloient les patrons du globe, se lassent de ce genre de subsistance; ils imposent des taxes eux-mêmes, et l'invasion des propriétés devient générale. Les villes capitales, celles du second ordre, les villages, n'offrent que le spectacle de la misère et de la ruine : les finances s'épuisent partout.

» On enlève aux propriétaires le vin, le blé, les fourrages ; et pour insulter aux vaincus, les Romains se font un jeu cruel de dissiper ces richesses. On arrache aux artisans les instrumens de leur travail, aux mères leurs enfans pour les transformer en soldats ; on porte une main sacrilége jusque sur les autels ; on brise les statues des dieux, chefs-d'œuvre de la main de Praxitèle, pour en arracher quelques ornemens d'une foible valeur. Enfin, la rapacité de ces indignes légionnaires n'épargne pas même les instrumens de l'agriculture. On ravit au malheureux cultivateur sa charrue, sa houe et ses chevaux ; les champs restent stériles. La misère étend partout ses hideux lambeaux. Tous les ordres de la société tombent dans l'indigence et l'avilissement.

» Au milieu de la désolation générale, les Romains occupoient des palais magnifiques, passoient les jours et les nuits assis dans des banquets splendides, ou plongés dans l'ivresse des plaisirs ; ils dormoient sur des lits magnifiques, et le peuple avoit à peine de la paille pour reposer sa tête.

» Et comme si tant de maux n'eussent pas été suffisans, les Romains répandirent encore dans la Grèce la subversion des lois, la corruption des mœurs, le mépris de la religion. Élevés au sein des discordes civiles, des guerres étrangères, accoutumés au spectacle des combats, du meurtre et du sang, ces farouches républicains étoient inaccessibles à tout sentiment d'humanité, et regardoient la pitié comme un préjugé, comme une foiblesse indigne d'une âme courageuse. Ils parloient de meurtre, de pillage, comme d'une action ordinaire. Leur exemple ne trouva que trop d'imitateurs, et la Grèce se vit bientôt couverte d'une multitude de misérables nés dans son propre sein, et se livrant sans frein et sans remords à tous les excès qu'enfantent la licence et la subversion des lois.

» Quand un état est tombé dans la misère et l'esclavage, il est difficile de conserver parmi les femmes la pudeur et la fidélité. Les Romains trouvèrent en elles une conquête facile. La richesse de leurs casques, la beauté de leurs panaches flottans dans les airs, cet air triomphant et victorieux, ce ton de jactance et d'orgueil avec lequel ils parloient de leurs exploits, cette forfanterie militaire qui trouble si facilement la tête des femmes, devinrent autant de lacs dans lesquels elles tombèrent bientôt. Elles hésitèrent d'abord entre le devoir et la licence; mais la licence prévalut, et ce sexe léger se livra sans frein à ses pernicieux séducteurs. Cependant la nuit couvroit encore de ses voiles leur honteuse défaite. Mais comme si les orgies nocturnes ne suffisoient point aux Romains, ils portèrent la corruption jusque dans la corruption elle-même.

» On les vit violer les épouses en présence de leurs époux, réduits à dévorer cet affront, à ensevelir leur opprobre dans un silence désespérant. D'autres furent enlevées de la maison conjugale, traînées par leurs ravisseurs sous un autre ciel, loin de leur terre natale, loin de ce qui pouvoit leur être cher. Et quand elles eurent assouvi la brutalité de leurs cruels pirates, elles restèrent abandonnées à elles-mêmes, en proie à la misère, à la honte et au désespoir (1).

---

(1) M. Adams, dans sa traduction, ajoute ici le récit d'une aventure tragique arrivée à une jeune personne, qu'un officier de l'armée d'Italie avoit enlevée :

« Un officier d'un rang considérable, ayant employé,
» pour séduire une jeune personne, toutes les ressources
» de l'artifice, parvint à lui inspirer de l'amour. Captivée
» par ses manières insinuantes, l'élégance de sa personne,
» les protestations solennelles d'un amour inviolable, elle
» se décida enfin, les larmes aux yeux, la poitrine gonflée
» par ses soupirs, à lui faire l'aveu de sa passion. Tendre
» et confiante victime, elle ne se doutoit pas que sa
» foiblesse alloit la mettre à la merci de son vainqueur.

» Pour achever l'humiliation et le dernier abaissement de la Grèce, ils ébranlèrent la re-

» Après mille preuves de sincérité et de tendresse, elle
» oublia la dignité de son sexe, le soin de son honneur,
» l'intérêt de son propre cœur, et s'abandonna sans ré-
» serve au monstre qui l'avoit séduite. Mais après avoir as-
» souvi sa passion, le monstre, la repoussa avec une barbarie
» inouïe. Frappée de son malheur, l'infortunée tomba
» sans connoissance sur la terre, et y resta long-temps
» froide et insensible. Enfin, la nature reprenant insen-
» siblement ses forces, son œil mourant se rouvrit à la
» lumière. Elle recouvra la parole, et s'adressant aux
» pierres qui l'environnoient, elle leur demanda de
» s'amollir à la vue de sa douleur et de ses larmes, et
» de lui prêter une pitié dont le cœur d'un Romain n'étoit
» pas capable. Elle adjura son ravisseur, au nom du sacri-
» fice qu'elle lui avoit fait, d'un sacrifice plus cher que la
» vie, celui de son innocence, de réparer au moins son hon-
» neur; elle le conjura par les larmes, les gémissemens,
» les sanglots, de prendre compassion d'elle, de ne pas
» l'abandonner au mépris, à la misère et au désespoir.
» Mais le perfide, la regardant avec un sourire cruel, ne
» rougit point de la livrer à son malheureux sort.
» Abandonnée de sa famille, méprisée des compagnes
» de son enfance, oppressée par le remords, sans au-
» cune ressource pour soutenir ses jours infortunés, elle
» résolut de mettre un terme à tant de maux, et
» s'empoisonna. Avant que le poison eût produit son
» effet, elle souleva sa tête mourante, et tournant vers

ligion jusque dans ses fondemens les plus profonds. Les dogmes les plus sacrés, les vérités les plus saintes, furent qualifiés de grossières superstitions. Les prêtres, les autels, les cérémonies religieuses, devinrent l'objet des plus insultantes dérisions. Les vases sacrés, les ornemens des pieuses solennités, furent abandonnés aux usages les plus profanes. Les dieux de la patrie furent brisés jusque sur leurs autels, et leurs temples transformés en tavernes. Les tombeaux, ces asiles inviolables, si chers à tous les hommes, ces demeures consacrées à la paix, furent violés pour en dépouiller les hôtes silencieux.

» Au milieu de ce chaos d'adversités, de ce bouleversement de toutes les lois divines et

---

» le ciel ses yeux qui s'éteignoient, elle implora sa clé-
» mence pour l'action qu'elle venoit de commettre, le
» priant, s'il étoit possible, de laisser tomber sur sa tête
» coupable la rosée de sa miséricorde céleste, et de laver
» la tache de son crime : en achevant ces prières, elle
» expira ».

Cette anecdote est-elle vraie ? N'est-elle qu'un roman inventé par M. Adams pour répandre plus d'intérêt sur son récit ? C'est une question que je ne saurois décider. Mais, quelque horrible que soit l'action du séducteur français, sera-t-elle jamais comparable à celle du séducteur anglais, décrite avec des couleurs si vives dans le Spectateur d'Adisson ?

humaines, Flaminius, enivré des vapeurs du pouvoir, entouré du vain appareil de la grandeur et de l'opulence, semblable à un satrape insolent, résidoit à Chalcis. Il avoit des gardes, une cour, une suite nombreuse; il recevoit de toutes les villes, de toutes les provinces de la Grèce, des ambassadeurs, des princes, des magistrats, des personnages de toute condition, qui venoient présenter des suppliques, des plaintes, des réclamations, et implorer son secours.

» Il écoutoit à peine, et d'un air distrait et impatient; il répondoit quelques mots brusques et interrompus, comme un homme fatigué de plaintes importunes et occupé d'affaires plus sérieuses.

» Cependant, à force de sollicitations, on obtenoit quelquefois une promesse de tout réparer. Mais, voici quels étoient ses moyens de justice : il ordonnoit en secret d'enlever les carrosses, les chevaux, et tous les objets de luxe qui servoient aux plaisirs; et, après le pillage, il publioit un ordre du jour dans lequel il annonçoit avec ostentation qu'il avoit chassé, de ses légions, ces brigands qui déshonoroient les enseignes de la liberté. Il faisoit dépouiller les temples de leurs ornemens les plus riches et les plus révérés, et quand il étoit maître de ces dépouilles, il déclaroit publiquement qu'il vouloit faire un exemple de ces exécrables sacri-léges. Il faisoit enlever tous les trésors des monts-de-piété ; et, quand ils étoient entièrement dévastés, il s'emportoit avec violence contre les auteurs de ces vols honteux, et promettoit de les faire punir d'une manière terrible. Mais ses agens, instruits de ses intentions secrètes, continuoient impunément le cours de leurs brigandages.

» Ainsi le cruel auteur de tant de désastres se faisoit un jeu de la bonne foi, de la justice, et de tout ce que les hommes ont de plus sacré. Non content de voir à ses pieds une nation humiliée, ruinée, désespérée, il ajoutoit l'insulte à la cruauté, en répétant souvent qu'elle n'étoit pas digne de ses bienfaits; qu'elle ne ressentoit ni les feux sacrés de la liberté, ni ceux du patriotisme. Il lui reprochoit de manquer de cette fierté, de cette énergie, qui caractérisent les vrais républicains. Mais si quelquefois le peuple, rappelant son courage, et poussé par le désespoir, se soulevoit contre ses oppresseurs, s'il entreprenoit de repousser la force par la force : alors, plus de grâce et de pitié, le fer et la flamme le punissoient d'avoir osé déployer cet amour de la patrie, cette énergie républicaine, dont on l'accusoit auparavant de ne pas ressentir les nobles inspirations. Cependant Flaminius n'en continuoit pas moins de vanter ses bienfaits, de se donner pour le libérateur des peuples, de réclamer publiquement leur reconnoissance.

» Les jardins d'Alcinoüs étoient célèbres dans tout l'univers par l'étendue et le charme de leurs ombrages; Flaminius les demanda confidentiellement comme une récompense de ses grands services; un désir de Flaminius étoit un ordre; les représentans de la Grèce, dans une assemblée extraordinaire, lui en firent le don solennel. Mais au moment où l'on vint les lui offrir, il les refusa, parce que, dans l'intervalle, le bruit de cette usurpation s'étoit répandu jusqu'à Rome, et avoit retenti dans toutes les provinces : ce qui n'empêcha pas néanmoins qu'on ne vantât sa modestie et son noble désintéressement.

» Tandis que les vaincus gémissoient sous son horrible tyrannie, le bruit de ses exploits, exagérés par la renommée, voloit chez toutes les nations étrangères, et lui assuroit la plus éclatante réputation. Pour lui, toujours occupé de ses projets ambitieux, toujours constant dans leur poursuite, il employoit également pour leur succès la force et la ruse, la douceur et la cruauté, l'affabilité et la hauteur. Se servant de la piété des uns, de la crédulité des autres, de la scélératesse d'un grand nombre et de la lâcheté de tous, pour grossir et s'élever un jour à l'empire suprême de Rome (1); cruel, vindicatif, prêt à s'irriter à la moindre contradiction, il laissoit de temps en temps percer son naturel féroce. Un village ayant refusé de payer une contribution exorbitante, il le fit incendier. Deux villes ayant donné le même exemple, il en ordonna le sac. Les Étoliens, à son entrée dans la Grèce, avoient refusé de se déclarer pour lui; il remplit d'abord leur pays de troubles et de désastres, le livra ensuite à ses redoutables légions, et créant un tribunal moins avare peut-être, mais non moins cruel que lui, il fit décapiter les hommes les plus recommandables, parce qu'ils avoient défendu leurs propriétés, leurs lois, leurs autels. Après l'exécution, on vit les bourreaux saisir leurs têtes par les cheveux, et les exposer pâles, décolorées, les lèvres ouvertes et encore tremblantes, aux regards d'une multitude consternée et saisie d'effroi. Le sang de ces victimes innocentes demandoit vengeance aux hommes, la demandoit à la la terre, la demandoit au ciel : ni les hom-

---

(1) Ceci a été écrit en 1798. On peut en conclure que dès-lors Buonaparte étoit jugé par les esprits clairvoyans.

mes, ni la terre, ni le ciel, ne répondirent à ses plaintes.

» Enfin, Flaminius fit la paix avec Philippe, et abandonna à leur sort des provinces qui avoient arboré l'étendard de la liberté. Il laissa ceux qui s'étoient armés contre les grands, exposés à tout le ressentiment des grands. Il avoit livré les aristocrates aux fureurs des patriotes; il abandonna les patriotes au courroux des aristocrates, et sema dans ces malheureuses contrées des germes de haine et de fureur inextinguibles.

» Après tant de maux, il quitta son palais pour retourner à Rome, mais non sans faire disparoître toutes les traces de ses actes d'iniquité. Le peuple le proclama le héros du monde, le sénat lui décerna les honneurs du triomphe; et l'Italie le vit monter au Capitole avec une modestie effrontée, traînant après son char les dépouilles des ennemis, et les trésors de toute la Grèce ».

Ici finit le récit de l'auteur italien (1). Son

---

(1) Cet ouvrage comprend encore la suite des guerres d'Italie; mais elles n'ont plus de rapport avec Buonaparte. Ce sont encore des pillages, des meurtres, des incendies, des dévastations de tous les genres; mais l'horreur n'en appartient qu'au directoire.

écrit est plein de chaleur et d'indignation; mais il n'excède point les bornes de la vérité. L'auteur pouvoit le charger encore d'une foule de traits d'avarice, de perfidie et de cruauté qui ne déceloient que trop fréquemment le naturel de Buonaparte et ses dispositions à la tyrannie.

Après la funeste journée du 13 vendémiaire, quelqu'un de ses amis lui ayant témoigné le regret d'avoir vu couler le sang français: « Si » la cour, dit-il, en avoit fait autant en 1789, » il n'y auroit pas eu de révolution (1).

Sa conduite envers la république de Venise fut le comble de la déloyauté. Il calomnia ce malheureux gouvernement, il l'accabla de tout le poids de son oppression, mais il eut huit millions pour en faire la cession à l'Autriche.

Si l'on en croit quelques mémoires, l'armée d'Italie n'étoit pas seulement composée de soldats français, on y comptoit une foule d'aven-

---

(1) On a dit aussi et publié récemment, dans un de nos journaux, qu'à l'époque du 20 juin, au moment où les hordes révolutionnaires enfonçoient les portes du château des Tuileries, Buonaparte, se trouvant au jardin, se réunit à un groupe, reprocha au roi sa trop grande foiblesse, et dit: *Si je commandois au château, les choses se passe-roient autrement.* Cette anecdote est controuvée; Buonaparte étoit alors en Corse.

turiers de toutes les nations, piémontais, nicards, génois, lombards, savoyards, qui se livrèrent à toutes sortes de désordres.

A peine Buonaparte étoit-il maître de Mantoue, que l'on jeta dans un cachot un Mantouan qui avoit conduit dans le Tyrol un Anglais chargé de rédiger le journal des opérations de l'armée d'Italie.

Après l'entrée des Français à Venise, l'armée républicaine, qui occupoit Venise, Udine, Padoue, fit main basse sur toutes les propriétés russes, anglaises, portugaises.

Tel étoit l'état de dénûment où le pape se trouva à la suite de son traité de paix avec Buonaparte, qu'on fut obligé de mettre en réquisition jusqu'aux bagues dont le prix passoit 300 francs. Dans le cours de la guerre avec le Saint Père, des paysans ayant pris les armes pour leur légitime souverain, le village de Tavoletto fut livré aux flammes et réduit en cendres. Après le traité de paix, quelques communes qui, à l'instigation des Français, avoient arboré l'étendard de la liberté, s'indignèrent de se voir remises sous le joug de leur ancien souverain; elles insultèrent les républicains et parurent disposées à soutenir leur indépendance. Le général Rusca marcha à la tête d'une colonne mobile, se porta sur ces communes, et la petite ville de Fossombrone fut livrée à la plus terrible des exécutions militaires.

Les journaux étrangers accusèrent l'armée française de s'être livrée à des excès inouïs pendant son séjour sur les frontières de l'Autriche; d'avoir pillé de fond en comble la ville de Judenbourg dans la haute Styrie; d'avoir enlevé presque tous les chevaux et tous les chariots des habitans de la Carinthie et du Carniole. Les excès devinrent tels pendant la retraite de l'armée française, que les généraux permirent aux habitans de la campagne de tuer sur-le-champ tout Français qui s'éloigneroit du camp au-delà de cent pas.

Partout les républicains se conduisoient comme en pays ennemi, et se déshonoroient par des excès qui depuis n'ont été que trop imités par leurs ennemis; ils levoient des contributions, forçoient les magasins, violoient les propriétés, enlevoient l'argenterie et les ornemens des églises. Cette mesure eut lieu à Udine, le jour même où l'on plantoit l'arbre de la liberté.

Le directoire avoit chargé Buonaparte de réclamer, auprès de l'empereur d'Autriche, MM. de La Fayette, de Latour-Maubourg et Bureau-de-Puzy (1); il obtint leur liberté; mais

---

(1) L'arrêté du directoire étoit du 24 avril. Les pri-

dans le temps même où il remplissoit cet honorable devoir, il sollicitoit et obtenoit du gouvernement suisse le bannissement de M. Mallet-du-Pan, parce que cet écrivain courageux avoit osé prendre pitié de l'Italie, et parler avec liberté des exploits et des concussions de Napoléon.

Au mois de juin 1796, lorsque l'armée française, paroissant menacer Rome, se jeta tout à coup sur Livourne, Buonaparte se rendit à Florence, et y fut reçu avec des honneurs extraordinaires par le grand-duc. A la suite d'un banquet somptueux, le souverain de Toscane présente à Buonaparte une épée magnifique, gage de bonne amitié entre le général et lui; Buonaparte fléchit le genou pour la recevoir, puis l'élevant en l'air : *Je jure,* dit-il, *à votre A. I.* de ne m'en servir jamais que pour la défense de sa personne et de ses états. Il venoit de signer,

---

sonniers ne sortirent de la forteresse d'Olmutz que le 27 août suivant. L'Autriche exigeoit de M. de La Fayette qu'il partît pour l'Amérique, et qu'il ne rentrât jamais dans les états autrichiens sans la permission spéciale de l'empereur. M. de La Fayette répondit qu'il avoit lui-même l'intention de passer en Amérique, mais qu'il ne vouloit pas qu'on lui en fît une loi ; qu'il ne rentreroit jamais dans les états autrichiens, à moins que son gouvernement ne l'investît de fonctions qui exigeroient sa présence dans les états de sa majesté impériale. Il signa cette déclaration.

une heure auparavant, la prise de possession de Livourne, et, en sortant de chez le prince, il fit sommer le ministre Manfredini d'expulser de la Toscane l'abbé Dejeon, agent du roi de France, et les émigrés dont la présence lui inspiroit des alarmes (1).

Jamais Buonaparte n'a parlé dans ses rapports des pertes de l'armée française. Il est constant néanmoins qu'elles furent souvent très-considérables. Le 6 avril 1797, le général autrichien Kerpen ayant effectué sa jonction avec le général Laudon, ce mouvement obligea les Français à se retirer par la vallée de Paster. Ils furent poursuivis jusqu'à Brunoken; et perdirent dans leur retraite près de 4000 hommes, tant tués que prisonniers. Le 24 du même mois, dans le combat qui eut lieu près de Brixen, l'armée française perdit encore près de cinq mille hommes. L'attaque du pont de Lodi, celle du pont d'Arcole, la défaite de l'armée française sur les bords de l'Adige, coûtèrent la vie à un grand nombre de jeunes et braves guerriers. Les histoires des guerres d'Italie, publiées jusqu'à ce jour, se taisent sur ces échecs; mais le directeur Carnot en convient dans ses

---

(1) Plusieurs gentilshommes français, et notamment M. le baron d'Imbert, furent témoins de cette odieuse et cruelle jonglerie.

mémoires. Il avoue même que, dans un temps de détresse, Buonaparte lui ayant demandé quinze mille hommes, il lui en fit passer trente. On peut estimer à près de quarante mille hommes les pertes de l'armée française dans le cours des deux campagnes (1).

Si Buonaparte a couvert d'un grand éclat le nom français par ses nombreuses victoires, il a aussi jeté, le premier, le fondement de ces haines immortelles qui ont fini par armer l'Europe toute entière contre nous. Il a le premier appris aux peuples à rompre les liens qui les unissent à leurs souverains; il a non-seulement

---

(1) Au mois de février 1797, on distribua à Paris, dans les deux conseils, le tableau des campagnes faites par les armées républicaines. Il en résultoit que, depuis le 8 septembre 1793 jusqu'au 19 février 1797, les troupes françaises avoient remporté deux cent soixante et une victoires, trente et une en batailles rangées; tué à l'ennemi cent cinquante-deux mille six cents hommes; pris trois cent trente-huit places fortes ou villes importantes, trois cent dix-neuf forts, camps ou redoutes; enlevé sept mille neuf cent soixante-trois bouches à feu, cent quatre-vingt-six mille sept cent soixante fusils, quatre millions trois cent quatre-vingt-huit mille livres de poudre, deux cent sept drapeaux, cinq mille quatre cent quatre-vingt-six chevaux, etc. Mais on ne joignoit pas à ce tableau celui des hommes, des chevaux, des bouches à feu que nous avoient coûté ces brillans exploits.

renversé des trônes, mais ruiné la religion, les mœurs et les lois. Il a, pour assurer ses triomphes, déchaîné toutes les passions, cherché des auxiliaires dans les dernières classes de la société, et dans les derniers replis du cœur humain : de sorte qu'on le trouve dans cette première partie de sa vie politique, tel qu'il s'est montré dans tout le reste, religieux et impie, audacieux et réservé, prodigue et avare, modeste et arrogant, doux et cruel, suivant la nature et la diversité de ses vues; également indifférent au crime et à la vertu, au bien et au mal, au mensonge et à la vérité, au commandement et à l'obéissance, pourvu qu'il pût servir son ambition et assurer l'accomplissement de ses desseins ultérieurs. La plus grande gloire de Buonaparte n'est pas d'avoir gagné des batailles, mais d'avoir su se mettre au-dessus des autres hommes, les commander, les attacher à sa fortune, les intéresser à ses succès. Personne ne sut mieux que lui imiter ce Grec célèbre qui avoit appris à ses oiseaux à répéter sans cesse : *Psaphon est un Dieu.*

CHAPITRE ADDITIONNEL.

On a publié en 1797, chez le libraire Dupont, rue de Richelieu, à Paris, un petit écrit intitulé : *Quelques notices sur les premières années de Buonaparte, recueillies et publiées en anglais par un de ses condisciples, et mises en français par le citoyen B.* Comme l'intention de l'auteur de ces mémoires est de ne rien négliger pour faire connoître le personnage célèbre dont il écrit l'histoire, il a cru devoir en extraire quelques notes.

Buonaparte, étant entré à l'école militaire de Brienne, se distingua bientôt par la singularité de son caractère. Il étoit sombre, concentré, sans amitié pour ses camarades. Un d'eux l'ayant un jour plaisanté sur la soumission de la Corse à la France : *J'espère bien*, répondit-il, *être un jour en état de lui rendre son indépendance.*

On donnoit aux élèves de l'école une portion de jardin qu'ils s'amusoient à cultiver; il palissada le sien, et ne souffrit pas que personne y entrât; bientôt, ne le trouvant pas assez grand, il attaqua la propriété de ses voisins, et les força à lui céder leur petit enclos.

Les remontrances, les mortifications, les châtimens même ne pouvoient rien sur son caractère indomptable. Jamais on ne parvint à l'amener à aucun sentiment de bienveillance pour ses jeunes compagnons d'armes. Comme il avoit rang de capitaine dans son petit bataillon, on assembla un conseil de guerre qui le déclara indigne de commander ses camarades dont il repoussoit l'amitié. On lui lut la sentence qui le dégradoit, et il n'en parut point affecté. Cependant, après quelque temps de disgrâce, ses condisciples se rapprochèrent de lui, et le choisirent pour directeur de leurs jeux. Il n'en imagina d'autres que des attaques et des batailles à coups de pierres. Les supérieurs de l'école supprimèrent les jeux, et réprimandèrent le général qui n'en parut nullement affligé. Il se retira dans son jardin comme dans un fort, et cessa de se mêler avec ses camarades. Cependant l'hiver ayant ramené les neiges, on vit reparoître toute son humeur guerrière. Il faisoit des redoutes, des retranchemens, des bastions, qu'il défendoit avec des pelotes de neige.

En 1785, l'école célébrant la fête de S. Louis, loin de prendre part à la joie de ses camarades, il troubla leurs plaisirs, et se livra à un violent excès de colère, parce qu'une explosion de poudre avoit causé quelque dommage à son jardin; il poussa même la violence jusqu'à frapper, d'un instrument de jardinage, un des jeunes élèves qui lui-même étoit blessé. L'indignation souleva contre lui le reste de l'école ; elle l'attaqua avec fureur dans ses retranchemens, et l'y força.

L'étude des mathématiques étoit celle à laquelle il se livroit de préférence; il montroit peu de goût et faisoit peu de progrès dans les autres parties de ses études; aussi donna-t-il souvent dans le cours de sa vie des preuves d'une singulière ignorance (1). En 1785, il sortit de l'école militaire de Brienne pour aller à Paris. Ses connoissances mathématiques le firent désigner pour l'arme de l'artillerie. Il entra, comme nous l'avons déjà rapporté, dans le régiment de la Fère. A l'époque de la révolution, il se déclara avec chaleur contre le parti du roi, et faillit, un jour, être jeté dans

---

(1) Lorsque les circonstances l'eurent élevé à la puissance souveraine, il se trouva souvent dans la nécessité de parler des économistes et des jansénistes. Jamais on ne put lui faire comprendre la différence entre le père Quesnel, célèbre par ses cent et une propositions, et le docteur Quesnay, l'un des plus habiles économistes. Il disoit toujours, en parlant de ceux-ci : *votre père Quesnel n'est qu'un rêveur.*

43

la rivière par quelques-uns de ses camarades, qui tenoient avec enthousiasme pour la cause royale.

On peut prendre une idée de la détresse qu'éprouvoit alors sa famille, dans une lettre que madame Lætitia Buonaparte écrivit en 1788 au comte de Brienne, ministre de la guerre; elle conjure S. E. d'accorder à Louis Buonaparte, son quatrième fils, une place dans une école militaire. Elle fait valoir la charge d'une nombreuse famille, composée de huit enfans, et sa qualité de veuve d'un homme qui a toujours bien servi le roi; elle s'autorise de la conduite de son second fils Napoléon qui, admis en 1778 à l'école de Brienne, a su profiter des bontés du roi, et se mettre en état de le servir. Elle rappelle au ministre que, cinq ans auparavant, M. Buonaparte père a conduit à Paris son troisième fils Lucien, dans l'espérance qu'on lui donneroit à Brienne la place de son frère Napoléon qui alloit en sortir; mais que cette espérance a été frustrée, et que Louis a continué d'être à charge à sa famille; elle gémit de n'avoir pas les moyens de donner à tant d'enfans une éducation conforme à leur état, et de ne pouvoir les mettre à même de servir avec succès Sa Majesté.

Elle finit en se prosternant aux pieds du trône, protestant à M. de Brienne que huit pupilles seront les organes des vœux qu'elle adressera au ciel pour sa conservation.

Paoli ayant, comme on sait, emmené Napoléon avec lui en Corse, il s'y conduisit avec une extrême ingratitude, et une violence qui ensanglanta plus d'une fois sa patrie. Il avoit vainement essayé de se rendre intéressant dans le cours des mouvemens révolutionnaires ; ses talens n'ayant frappé personne, il chercha à s'en venger d'une manière éclatante. L'escadre du contre-amiral Truguet étant arrivée à Ajaccio, et la légion marseillaise ayant débarqué, Napoléon s'introduisit dans ses rangs pour en connoître l'esprit. Il la trouva disposée selon ses vues, il l'anima contre les royalistes, et courut les rues avec elle, en criant : *Mort aux aristocrates !* En un instant tous les quartiers de la ville furent remplis de terreur; des cannibales entrent dans la citadelle, forcent les prisons, saisissent un malheureux, le pendent au mât du pavillon, lui tranchent la tête et la promènent dans la ville. Arrivés sur la place, ils retrouvent leur ami Napoléon qui les embrasse ; ils établissent le tribunal de la lanterne, et y attachent cet écriteau tracé de la main même de Buonaparte : *Tremate, aristocratici, l'ora della vendetta è venuta : tremblez aristocrates, l'heure de la vengeance est arrivée.* Le lendemain la ville étoit déserte, tout le monde avoit fui pendant la nuit.

Deux clubs fort opposés de sentimens et d'opinions s'étoient formés à Ajaccio. L'un, qu'on appeloit le club des aristocrates, étoit présidé par le contre-amiral et avoit pour secrétaires MM. Cunéo et Graziani. L'autre, qu'on appeloit le club des patriotes, avoit pour président M. Levic (Jérome), et pour secrétaires MM. de S.......e, Joseph Buonaparte, et Antoni, vicaire de l'évêque constitutionnel. Le jour même de la fête de Pâques, les deux clubs s'assemblèrent; à quatre heures on annonça au club des patriotes une députation du club présidé par le contre-amiral. L'orateur fut admis. Il exposa qu'il étoit impolitique qu'une petite ville telle qu'Ajaccio eût deux clubs; que la prolongation d'un pareil abus ne pouvoit qu'entretenir la discorde, nourrir des haines, enfanter des désordres. Il exhorta les membres des deux sociétés à la réconciliation et à la paix, et finit par demander la réunion des deux clubs. Napoléon s'empara de la tribune, combattit la proposition avec beaucoup de chaleur, et termina son discours par proposer de chasser l'orateur. Lucien succéda à Napoléon et parla dans le même sens. Plusieurs orateurs pérorèrent en faveur de la proposition, repoussèrent tous les argumens de Lucien et de Napoléon, et firent une vive impression sur l'assemblée. Le président se disposoit à mettre la question aux voix, lorsque Napoléon, voyant sa cause perdue, se met à la fenêtre, et crie comme un forcené : *Aux armes! aux armes! exterminez les aristocrates!* Le peuple s'arme en effet, et dans un clin d'œil la place est couverte d'une foule d'hommes prêts à se porter à tous les excès. Le président avoit levé la séance. Il sort suivi d'un grand nombre de membres du club. Il pérore la multitude, parvient à la calmer, et l'orage est ajourné. La troisième fête de Pâques, MM. Abbatucci, Santelli, Graziani et Martinengo, membres du club des aristocrates, sont invités par un de leurs amis à passer la journée à la campagne. Le soir, à leur retour, ils sont attaqués par une foule de forcenés qui avoient à leur tête Napoléon. On fond sur eux à coups de crosse. M. Abbatucci est blessé à la tête; M. Graziani, à la poitrine; les autres sont heureusement secourus par leurs amis.

A la suite de ces excès Buonaparte fut banni de sa patrie, et son nom voué à l'exécration publique par un acte solennel dressé par l'assemblée générale tenue à Corte, le 27 mai 1793, et présidée par le général Paoli.

Il paroît qu'à cette époque il passa à Londres, soit dans l'intention de se venger de Paoli, et d'obtenir des secours pour soumettre la Corse, soit pour se soustraire à un mandat d'arrêt décerné contre lui par le représentant Lacombe Saint-Michel. La convention le soupçonnoit d'avoir, avec quelques autres conjurés, le projet de remettre l'île aux Anglais; elle avoit en conséquence chargé ses commissaires de s'emparer de sa personne, mais il leur échappa par la fuite. Ce qui est constant, c'est que le général Miranda assura avoir à cette époque reçu sa visite, et la lui avoir rendue à l'hôtel des Adelphes dans le Strand. Ce fut, dit-on, de Londres qu'il se rendit en France assez tôt pour se trouver au siége de Toulon.

Après ce siége, il revint à Marseille, où sa famille étoit dans le plus grand dénûment, donna des secours à sa mère et à ses sœurs, qui parurent en public vêtues avec une sorte d'ostentation. Mais la conduite de Buonaparte à Toulon avoit laissé des impressions si fortes contre lui, qu'un jour ces dames se promenant au *Meillan*, elles furent entourées par une foule immense, insultées et réduites à fuir précipitamment (1).

Peu de temps après, Buonaparte ayant été

---

(1) Ce fut à cette époque qu'elles furent obligées de quitter leur loge au théâtre.

destitué, toute sa famille retomba dans la misère ; et lui-même, ne sachant à quel parti se résoudre, songea à se jeter dans la carrière dramatique. Il apprit un grand nombre de rôles, composa quelques pièces de théâtre, et sollicita, à Paris, l'honneur de débuter au Théâtre de la République dans l'emploi des jeunes premiers, se réservant sans doute plus tard celui des tyrans.

Comme on ne doit rien dissimuler de ce qui peut servir à le faire connoître en bien comme en mal, voici une anecdote qu'on a consignée dans quelques recueils :

« Après la longue et sanglante affaire d'Ar-
» cole, il voulut lui-même parcourir et visiter
» le camp. Il prend un simple habit d'officier,
» et commence sa ronde. Il trouve une senti-
» nelle profondément assoupie, la tête ap-
» puyée sur la crosse de son fusil. Il le sou-
» lève doucement, prend le fusil et fait la fac-
» tion pendant deux heures, au bout desquelles
» on vient le relever.

» Le soldat se réveille ; il se voit sans armes ;
» un jeune officier fait sa faction à sa place. Il
» est saisi d'effroi ; il tremble bien davantage,
» lorsque, regardant attentivement l'officier, il
» reconnoît le général en chef. Ciel ! s'écrie-
» t-il, je suis perdu. — Non, lui répond le
» général, après tant de fatigues il est bien per-

» mis de s'endormir ; mais une autre fois prends
» mieux ton temps. »

Il faudroit bien des traits de ce genre, si celui-ci est vrai, pour effacer tous les actes d'inclémence commis depuis par Buonaparte.

FIN DU PREMIER VOLUME.

TABLE
DES CHAPITRES
DU TOME PREMIER.

                Page

Chapitre I. De la Corse............... 11

Chapitre II. Naissance et éducation de Buonaparte. 63

Chapitre III. Siége de Toulon; commencement de la fortune de Buonaparte.............. 81

Chapitre IV. Journée du 13 vendémiaire; promotion de Buonaparte au grade de général en chef de l'armée de l'intérieur............. 139

Chapitre V. Suite de la journée du 13 vendemiaire; mariage de Buonaparte; sa nomination au commandement en chef de l'armée d'Italie...... 169

Chapitre VI. Ouverture des campagnes d'Italie.. 189

Chapitre VII. Entrée de Buonaparte à Milan; soumission de Rome, de Naples, de Venise. Insurrections; victoires; conquêtes nouvelles....... 228

Chapitre VIII. Passage du Mincio; entrée des Français à Vérone. Louis XVIII obligé de quitter cette ville; détails sur ce prince......... 249

Chapitre IX. Siége de Mantoue; entrée des Français à Bologne, Ferrare, Urbin, Livourne. 329

Chapitre X. Revers des Français; prise de Vérone, de Brescia; siége de Peschiera par les Autrichiens; mouvemens en Italie; inquiétudes du Directoire; levée du siége de Mantoue; bataille de Castiglione; victoire des Français. 364

Chapitre XI. Retraite des Autrichiens derrière la ville de Trente; reprise du siége de Mantoue; passage de l'Adige; bataille de Roveredo; prise de Trente; bataille de Bassano; Wurmser forcé de se retirer à Mantoue; nouveaux avantages des Français; nouvelle armée autrichienne sous le commandement du général Alvinzi. 396

Chapitre XII. Fêtes à Milan et à Gênes, pour la fondation de la république; reprise de l'île de Corse; traité de paix entre la France, Naples et Parme; bataille d'Arcole. 417

Chapitre XIII. Suite des victoires de Buonaparte; défaite du général Alvinzi; reddition de Mantoue. 437

Chapitre XIV. Capitulation des Autrichiens à Mantoue; arrivée du prince Charles. 451

Chapitre XV. Continuation des hostilités; lettre du général en chef de l'armée française au prince Charles; armistice de Leoben; signature des préliminaires de paix. 497

Chapitre XVI. Insurrection de Bergame, Brescia,

Page

Crema; massacres à Vérone; entrée des Français à Venise; destruction de cette république. . . . 511

Chapitre XVII. Révolution de Gênes. 552

Chapitre XVIII. Réunion des fiefs impériaux; mouvemens en Italie et en Suisse. 563

Chapitre XIX. État de la France pendant les conquêtes d'Italie ; adresse des armées au directoire; journée du 18 fructidor. 570

Chapitre XX. Suites du 18 fructidor; troubles dans l'intérieur; embarras du directoire; Buonaparte est chargé du commandement dans les provinces méridionales. 593

Chapitre XXI. Négociations avec l'Angleterre ; réunion des plénipotentiaires à Lille; rupture des conférences ; Buonaparte est désigné pour le commandement de l'armée d'Angleterre. . . . 605

Chapitre XXII. Traité de Campo-Formio ; établissement de la république cisalpine et de la république ligurienne; rappel de M. de La Fayette; fin des campagnes de Buonaparte en Italie. . . 615

Chapitre additionnel. 655

FIN DE LA TABLE.

NOTES ET CORRECTIONS.

Page 14. — La petite araignée venimeuse, dont il est parlé dans cette page, s'appelle *marmignato*. Sa piqûre n'est dangereuse que dans les mois les plus chauds de l'année, ceux de juillet et d'août. Le premier symptôme de la morsure est l'engourdissement de la partie lésée ; les autres symptômes se développent successivement et ressemblent à ceux qui résultent des poisons narcotiques. Les habitans de la campagne ne connoissoient autrefois d'autre remède à cette blessure, que d'enfermer le malade dans un four médiocrement chauffé. On la guérit maintenant par les alcalis pris intérieurement. Cet insecte est gros comme une petite noisette. Il est laborieux et prévoyant, et, comme le castor, il se creuse une habitation dans la terre, et la ferme à l'aide d'une porte circulaire et en soupape (1).

Ibidem. — Les Grecs, qui sont aujourd'hui à Ajaccio, habitoient Carghèse, village dans le golfe de Sagone, bâti par M. de Marbœuf. Au commencement de la révolution, les paysans des environs leur déclarèrent la guerre, parce qu'ils avoient constamment refusé de s'allier par des mariages avec les indigènes. On en vint aux armes ; les Grecs furent vaincus, leur colonie presque détruite, et ses restes forcés de se disperser. Quelques colons fixèrent leur domicile à Ajaccio.

Page 15. — S'il est vrai que la langue corse soit un mélange de grec, d'italien, d'arabe, de latin, il faut néanmoins ajouter que, parmi les personnes bien nées, on ne parle que l'italien.

Ibidem. — Il n'est pas bien démontré que les Corses battent habituellement leurs femmes. Il est en Corse, comme partout ail-

---

(1) Cette note et la plupart des suivantes ont été communiquées par M. S. né en Corse, et fort instruit de ce qui concerne son pays.

leurs, des hommes d'un caractère grossier, qui poussent quelquefois la brutalité jusqu'à frapper leurs femmes ; mais ce n'est point un usage reçu. En cas d'infidélité, un Corse ne battroit pas sa femme ; il feroit quelque chose de plus, il la tueroit. Dans les querelles de famille à famille, querelles souvent sanglantes, les femmes sont toujours ménagées par les deux partis.

Page 49. — Il faut ajouter, au sujet de Paoli, qu'il écrivit à J. J. Rousseau pour obtenir une constitution sage et libre. Ce célèbre écrivain lui en envoya une qui fait honneur à son génie, mais que les intérêts politiques et les passions des hommes n'ont pas permis qu'on mît en pratique.

Page 52. — On lit : M. de Marbœuf ayant témoigné le désir de se rendre *à Bastia par la Corse* : c'est une faute d'impression, qui rend la phrase absurde : il faut lire : ayant témoigné le désir de se rendre à Bastia *en passant par Corse*.

Page 55. — On trouve ici un tableau de l'île de Capraïa, qui pourroit bien aujourd'hui paroître de pure imagination. Le fléau de la révolution, qui a tout bouleversé, n'a point épargné le petit rocher de Capraïa. Les Français l'ont épuisé par leurs réquisitions. Il compte aujourd'hui quatorze à quinze cents habitans. Les passions y dominent comme partout ailleurs. Les charmes de la vie primitive n'y sont plus connus. Les femmes sont exclusivement chargées de la culture de la terre ; mais chacun récolte le produit de son champ. On en retire un peu d'orge, de menus grains et de vin ; ce vin est délicieux.

Page 62. — Il faut ajouter à l'éloge de Paoli, que ce vertueux citoyen avoit légué, avant sa mort, une somme considérable pour l'établissement d'une université dans son pays natal ; que le conseil général du département du Golo en ayant eu connoissance, supplia Buonaparte de procurer à son pays l'avantage d'un don si précieux, et qu'il s'y refusa constamment. Mais ce legs ne sera sûrement point perdu sous le règne de Louis XVIII.

Page 78. — On envoya en Corse *Lacombe, Saint-Michel et Salicetti* ; lisez : *Lacombe-Saint-Michel, Delchaire et Salicetti.*

Ibidem. — Au lieu de *Porzio*, lisez : *Bozio*. Un peu plus loin, on trouve encore *Lacombe et Saint-Michel* : il faut toujours lire *Lacombe-Saint-Michel*.

Page 79. — On y lit que Buonaparte se fit nommer, en Corse, lieutenant colonel de la garde nationale. On a été induit en erreur sur ce fait. Napoléon n'obtint jamais de grade dans sa patrie : il commanda des rassemblemens, mais sans autres droits que ceux qui proviennent de la force, du désordre et de l'anarchie.

Page 83. — Il est constant que Napoléon se présenta devant Ajaccio avec deux frégates, dans le dessein de bombarder sa propre patrie; mais Paoli y avoit envoyé cinq mille hommes commandés par MM. Colonna, Simon, Tartaroli, etc., qui l'attendirent de pied ferme. Le héros, instruit que la place étoit en état de braver ses menaces, se retira sans oser rien entreprendre. M. Masseria étoit alors allé à Toulon, solliciter l'appui des puissances coalisées, pour chasser de Corse les troupes de la convention.

Page 85, *à la fin.* — Les Français débarquèrent, près de Cagliari, sous le commandement du général Casabianca. On se battit pendant la nuit, on perdit huit cents hommes, et l'on s'aperçut au jour que l'ennemi n'avoit eu aucune part à ce combat.

Page 184. — On connoît en France deux familles nobles du nom de Tascher, dont l'une a quelquefois cherché à se confondre avec l'autre. Celle à laquelle appartenoit l'impératrice Joséphine, est françoise d'origine, et très-ancienne, quoique sans illustration; l'autre est de Suisse, et n'a de commun avec la première que le nom. Les armoiries des deux maisons sont très-différentes.

Page 222. — On a rapporté dans cette page une lettre attribuée au général Beaulieu. Le lecteur aura facilement compris que cette lettre est tout-à-fait controuvée.

Page 253. — On y lit : *la citadelle de Coblentz est susceptible de défense;* il faut lire : *la citadelle d'Eheirenbreisten, voisine de Coblentz, est susceptible de la plus longue défense* (elle est aujourd'hui détruite).

PAGE 263. — Le nom exact du château habité par les princes, pendant leur émigration, sur les bords du Rhin, n'est pas *Schoenbursth* ; mais *Schoenbornslust*, c'est-à-dire, *délices de Schoenborn*, nom de l'électeur qui l'a fait construire.

On trouvera, dans le cours du volume, quelques légères fautes de typographie qu'on n'a pas cru devoir indiquer ici, parce que la pénétration du lecteur sera plus que suffisante pour les reconnoître.

L'auteur de ces mémoires recevra, avec reconnoissance, toutes les observations que l'on voudra bien lui adresser.

FIN DES NOTES ET CORRECTIONS.

www.ingramcontent.com/pod-product-compliance
Lightning Source LLC
Chambersburg PA
CBHW050104230426
43664CB00010B/1430